「平等」理念と政治

大正・昭和戦前期の税制改正と地域主義

佐藤健太郎

吉田書店

「平等」理念と政治——大正・昭和戦前期の税制改正と地域主義

目次

・引用文中の［　］は、引用者が補った文言である。また、引用に際しては、原則として旧字体は新字体に改め、仮名遣いは元のままとしたほか、振り仮名を補ったところがある。
・東京朝日新聞を「東朝」、読売新聞を「読売」などと略記した。

はじめに――視角と課題

――わたしが自分に課した真実であれという信条は、事柄の真実性よりもむしろ正義と公正の感情にもとづいている――J・J・ルソー(1)

視角

各個人が人格という本質において平等であり、それゆえに平等な取り扱いを受けるべきであるという理念は、近代国家および社会における基本的原理の一つである。平等と、その裏返しとしての差別と格差の問題は、例えば身分、宗教、人種、性差、経済などさまざまな面で争点となる。

平等が問題となるのは、個人の間だけではない。国内においては地域間格差が問題になりうるし、国際社会にあっては、主権国家間の平等が主張される。また、法律・制度における平等は、その法制度の正当性という意味で、不可欠な要素をなしている。

そして、平等であることが正しく、または平等であらねば不公平であり、公正さを欠くという価値観は、「正義」の概念に支えられている。この「正義」に基づく平等の理念は、何をどこまで「平等」にするのが「正しい」のかという問いかけを生む。形式的か実質的か、絶対的か相対的かといった、よく知られた各種の「平等」概念は、そのあらわれである。そして、ある政策を主張する時、「正しさ」すなわち主張の正当性を明示することは、その政策の大きな根拠となり、また力ともなる。

現実の政治過程においては、正義概念に基づく「正しい平等」がさまざまに主張される。その正義、そして「平等」の主張のされ方は、各個人（あるいは地域、国家）が有する問題意識によって大きく異なる。例えば、経済的状況を「平等」にすることが必要だとしても、それが誰にとってのどのような「平等」なのかが問題になることは想像できようし、また、貧富の矯正を「悪平等」として否定するとしても、それが、経済活動の自由が平等に保障されるべきであるという考えの下に主張されているのであれば、それもひとつの「平等」を主張するものと考えられる。

したがって、政治の過程は、何が「平等」であり公正なのかという、諸価値の争いの過程でもある。ある「平等」の実現を目指す主張や政策は、ほかの「平等」との関わりにより、変質、融合、消失し、あるいは実現する。時に生々しく、しばしば幻滅を持って捉えられる政治の現実と、時に空々しく、しばしば幻想として扱われる政治的理想。その両者が出会う場を、相対立するものとしてだけではなく、相互作用が形づくる政治的空間として捉え、政治の根源に関わる「平等」の問題を通じてその空間のありようを提示すること、すなわち「理念の政治史」を描くことが本書の意図するところである。

課題

本書の課題は、戦前における政党政治の時代を中心に、個人、制度、地域のそれぞれのレベルに現れる「平等」の問題を、その理念と政治過程に着目しながら論じることにある。(2)

なぜこの時期を扱うのか。それはこの時期に現れた「平等」をめぐる諸課題が、それぞれ重要な問題であるというだけではなく、思想（理念）と政治過程の関わりを考える上で、興味深い様相を呈していると筆者が考えるからである。

大雑把に概括するならば、明治末期に至るまでの日本の国家目標は、近代国家化を進め、不平等条約を改正することにあった。日英同盟締結（一九〇二年）、日露戦争の勝利（一九〇五年）、関税自主権確立（一九一一年）を経て、日本が「一等国」になったという自己認識が見られるようになったのは、明治国家の目標が達成されたことを意味していた。

しかしまた、本書が扱う日露戦後、第一次大戦後は、この明治国家の問題点が認識されてくる時代でもあった。「藩閥」に代わり、政党が存在感を増していくなかで問題にされたのは、例えば中央集権的国家システムである。また、貧富の格差が社会問題となっていくなかで、社会政策の必要が認識され、社会主義がアカデミックな思想として認識されるようになる。租税制度でこれを見れば、地租が国税徴収額第一位の座から転落し、所得税中心の租税体系が確立され、それを前提とした税制改正案が議論されるようになる。また、日本経済における農業の地位低下は、繁栄する都市と疲弊する農村という対照的構図となって現れ、地域間の経済的格差が問題にされるようになる。疲弊農村への対策は昭和期に至るまでの大きな問題であり、これが五・一五事件、二・二六事件の背景をなすものであったことはよく知られていよう。

政権という点に着目すれば、この時期は、藩閥と政党間の円滑な政権授受である桂園時代（桂太郎内閣、西園寺公望内閣）に始まっている。政党による政治は、大正期にあっては原敬内閣を代表格とし、昭和期には、政友会、民政党の二大政党による政治へとつながっていく。政党に基礎を置く政権は、五・一五事件によって犬養毅内閣が倒れるまで継続する。後継の斎藤實内閣も、多くの閣僚が政党から選出された政権であり、政党はなお存在感を保っていた。

その後の一九三〇年代半ば以降においては、結果的に政党政治は復活せず、戦時体制の構築や戦争遂行が国家的課題となっていく。「非常時」の時代状況の下、軍部を中心とする勢力が力を増していくことは周知の通りである。

本書が扱う時代はまた、その前後と比べ、言論の自由が比較的保たれていた時期であった。「平等」の理念に基づく主張が活発に行われ、それが「言論の府」として機能する議会の下に、あるいは政党に基礎を置く内閣の下に集約され、実現が目指された時代とも言える。したがって、理想と現実の相互作用が作り出す政治的空間の提示という本書の視角が、明確な形で現れる時代である。本書がこの時代を扱うのは、以上の理由である。

また本書は、平等についての諸課題のうち、特に税制改正問題と地域に関わる問題の二つを主要分析テーマとする。なぜこの二つなのだろうか。

それはこの二つのテーマが、政治学において無視し得ない重要性を持っているのはもちろんのこと、それぞれが平等の問題とわかちがたい結びつきを持っているからである。本書ではこの二つのテーマを、平等という同じ分析平面に置いて論じることとなる。それについても、簡単に触れておきたい。

まず、租税制度は、その根柢において平等への契機を深く持つものである。租税平等（公平）主義は、近代的租税制度の根本的要件である。もっとも、ここで言う「平等」が指すものは、一概には決められない。例えば、所得税を課す場合に、免税点を設けて一定以下の収入を非課税とし、さらに累進税によって高所得者への税率を段階的に上げていく場合、それは平等な税制であるといえるだろうか。これについては差し当たり、負担能力に対して平等な租税を課すのだから平等である、という正当化の論理を示しておこう。しかしこれには、負担能力という曖昧な基準によって高所得者に不当な重税を課す不平等な税であるという反論が可能である。

このように、ある「平等」は、ある公正さ、あるいは〝真の平等〟という観点から、常に問い直され続けるものである（もちろんこれは税制に限った話ではない）。ある「平等」よりもほかの「平等」が正しいと主張するには、それを正当化する論理が必要であり、究極的には正義の観点からその正しさが証明されるものである。

ただし租税制度それ自体が、理論的な正しさから演繹的に生まれるわけではない。租税徴収権は、近代国家においては政府の専有に係るものであり、租税は政府の財政需要ゆえに必要とされる。そしてある税制度の導入や改正は、現実の政治過程のなかで行われる。本書が対象とする時期において、国税は租税法律主義に基づき、議会によって承認された法によって規定される。だからある税制改正案が法律として成立するためには、その改正が理論的に「正しい」かどうかということよりも、政権中枢の意向や政府与党の議席数、財政収支の状況、選挙と結びつく輿論の反応といった、さまざまな政治的要因が重要である。

しかしだからといって、税制改正において「平等」を問うことが無意味になるわけではない。租税は、市民社会という観点から見れば、公共性を保障する資源になるものであるが、租税徴収権が国家の重要な権力であり、そしてそれが国民の生活負担に直接関わるものである以上、国家と国民は、租税をめぐる緊張関係のなかにある。イギリス名誉革命、アメリカ独立戦争、フランス革命といった近代国家形成上の重要な転換点が、いずれも税制問題に端を発していたことはよく知られているし、現代日本の状況を見ても、新税導入や増率が大きな政治的コストを必要とすることは明らかであろう。

だから、税制問題に手をつけ、何らかの変更を企図する主体は、なぜ税制改正が必要なのか、どのようなメリットが生まれるのか、負担の平等が確保されうるのか、といった問いに応答しなければならず、そのためには理念に基づいた正当化が必要になるのである。

したがって、税制改正をめぐる政治過程全体を捉えるためには、税をめぐる理念の問題を、制度における「平等」の問題として、また、個人や地域の「平等」の問題として考察していくことが必要である。

次に、地域に関わるさまざまな政治課題も、本質的には「平等」と深い関わりを持つものである。本書で扱う「地域」とは、ある国家内の「部分」として認識される構成単位を指す。それは本書では、道府県、市町村という行政単位として、東北や北陸というあるイメージを持つ広域単位として、または「雪害地域」という、共通の課題を抱える集合単位として現れる。地域の「平等」の問題は、国家とこれら地域の間における「平等」の問題として、そしてある地域とある地域の間における「平等」の問題として現出するのである。

例えば地方分権という課題は、国家と地方の間における統治権の分配問題、すなわち「平等」な関係性の問題と見ることができる。本書で取り上げる知事公選問題は、地域における統治者の選出方法という、制度における「平等」を問うものでもあった。

また、分権の重要な要素となる財源の分配は、地租委譲問題という税制改正の問題として現れる。これは、単に国と地方間における財源分配の割合を再構成するという意味だけではなく、国民であり地域住民である個人の負担を、より公正にするという目的をも持つものであり、やはり個人や制度に関わる「平等」をめぐる問題であった。

さらに地域の「平等」は、国家と地方という垂直関係のみならず、地域間の水平的平等の問題としても現れる。地域間の「平等」が問題になるケースとしては、まず政治的な「平等」をめぐるものが考えられる。例えば、ある地域が特殊な地域とされ、ほかの地域が保持している権利を得ていないケースである。本書で触れる沖縄県の場合は、長年にわたり、特別な地方制度が適用される特殊地域としての扱いを受けていた。特別制度が撤廃され、沖縄県が制度上他府県と同等の扱いを受けるようになったのは、沖縄県設置から五〇年近くの時を経た一九二一年のことである。これにより、沖縄県の念願であった法制度における形式的「平等」が達成されたのである。

しかしこの「平等」は、程なく経済的な面での「不平等」という論点から糾弾される。経済的苦境に陥った沖縄県から、本来は特別な対応が必要であるはずの沖縄に、政府が形式的で画一的な制度を適用しているのが問題であるという批判が生じたのである。しかしあまりに特別な対応を求めれば、以前のような特別制度に戻ることになりかねない。これが沖縄のジレンマであった。

画一的制度は、個人または地域を匿名的な一要素とすることにより、普遍的で形式的な「平等」を実現する。それは、種々の事情を捨象することで得られる「平等」であるが、それがまた不平等感にもつながる。種々の事情すなわち特殊性に着目することは、彼我の差異を明らかにすることによって、不平等な取り扱いをする根拠になりうるが、特別な配慮を実行しうる要因ともなるのである。

そもそも、明治初期における地租改正は、旧幕時代において地域ごとに異なっていた地租を、「公平画一」の観点によって全国的統一を図ったものであった。しかし、その際に政府が定めた法定地価は不公平な算定によるものであり、実態を反映していないという不満は常に存在した。特に、薩長藩閥政府の威光により、山口と鹿児島の地価が低く設定されているという批判には根強いものがあった。

しかし、田畑ごとに地価が異なるとしても、地租の税率は（北海道を除き）全国一律、「公平画一」である。鹿児島・山口だけは税率を低くするとか、東京のみは高くするとか、そのような規定は存在しない。しかし、全国一律平等な税率で地租を徴収することは、実質的には不平等なのではないだろうか。雪害に苦しむ東北や北陸、さまざまな面で経済的遅れを取っている沖縄は、特殊な事情を抱えているということを理由に、地租が軽減されるべきではないだろうか。これが地租法改正法案の論理であった。

こうした言説は、自らの負担軽減のみを求める、利己的な地域像という印象を与えるかもしれない。しかし、所得税に免税点を設け累進税を適用し、勤労所得を不労所得よりも優遇しているとするならば、すなわち、個人においては、経済状態や所得の形態によって特別な措置が取られるのであれば、地域が同じ視点から負担の軽減を求めることは、不当な要求であるといえるだろうか。本書は、この要求が正当か否かを直接的に論ずるものではないが、地域の「平等」が租税の「平等」と結びついて語られていることに注目したい。

すなわち本書は、「平等」と密接に関係し、また相互に関係し合う租税と地域の問題を通じて、「平等」の理念が現実の政治過程にいかに関わったかを明らかにするものである。

各章の構成

次に、具体的な分析課題とその視角を、各章の構成によって説明する。

第1章の具体的分析課題は、第一に、今ではほとんど脚光を浴びることがない財政学者神戸正雄（かんべまさお）の思想的歩みを、河上肇――当時を代表する思想家の一人であり、『貧乏物語』で社会に衝撃を与えた――と対比しながら論じることである。時期的には明治末から第一次大戦前後を対象とする。

この章ではまず、のちの税制改正案で財産税を主張する神戸正雄が、どのようにその思想を形成していったかを示す。これは第2章で論じる税制改正案の前提をなすものである。また、明確な社会主義者となる以前の河上肇の思想を、当時の代表作である『貧乏物語』を軸としながら、北一輝や山路愛山といった同時代の思想家との知的関係性を明らかにし、『貧乏物語』に集約される河上の思想を明らかにする。これは神戸の思想を理解する補助線としての意味を持つ。

以上の二つの点は、思想が形づくられる磁場と、それが主張されるべきであると認識される、思想面での「時勢」への関心を背景にするものである。

その意味で、当時の思想空間を見るに当たり無視できないのは、社会主義思想である。一言で言えば、それは特に経済的な「平等」を理想として掲げるものである。しかし本書の主要な関心は、社会主義思想そのもの、あるいはある人物が社会主義をいかに「正しく」理解したかを論じることにはない。そうではなく、社会主義が投げかけた「平等」の主張が、非社会主義者（「反」社会主義ではなく）によっていかに受けとめられ、非社会主義的な思考といかに結びつき主張されていたのか、それが本書の関心である。

第1章が続けて社会政策論を分析するのも、この関心を踏まえてのものである。まず明らかにしたいのは、社会政策論と社会主義の関係に留意しながら、神戸や河上の思想を理解することである。そして、社会政策と税制理論の結合形態である社会政策的税制論の特徴を抽出し、それに対する神戸の立場を示すことで、第2章における税制改正論を理解する思想的枠組みを示すことである。

以上のようにこの第1章は、第2章の前提としての意味を持つ章であるが、章全体に通底する問題の関心は、国家、社会という公的空間における個人の「平等」という問題を、思想的な側面から捉えることにある。

第2章の主要課題は、臨時財政経済調査会（以下、「財調」）で議論された税制改正案をめぐる政治過程の分析である。時期的には原敬内閣、高橋是清内閣の一九二〇年前後を主な対象とする。ここで問題にされたのは、地租と営業税を地方財源として委譲し、代替財源として財産税を導入するという案である。この税制改正案は、昭和初期の田中義一内閣に至るまで問題となる委譲問題の発端として知られるものである。個別の論点については、第2章で詳しく述べるが、本書がこれを課題として取り上げる視角と目的について触れておこう。

本書では、租税をめぐる議論を、制度における「平等」の議論として把握する。負担の公正＝平等という点は、そもそも近代における租税原則の重要な一つである。さらに、財調における税制改正案の場合は、財源委譲すなわち地方と国家の財源配分の適正さをめぐる問題であり、換言すれば国家と地方の関係における「平等」の問題であった。委譲案がこの時期に政治的課題となったのは、財源の少ない地域は、それ相応の財政支出にとどまるべきだという高橋是清の地方自治論が大きな影響を与えたからであった。この思想は、画一的制度の下で各地方が「平等」な支出をするのではなく、それぞれの実情に応じた、身の丈に合った自治が望ましいという地方自治観を背景にするものであった。また財産税は、国家が租税によってどの程度の財産権を侵害しうるか、新税の導入が誰にとっての「平等」を意味するのかという点が問題とされた事例であった。これはいかなる論理を以て主張され、そして失敗したのだろうか。

これらのことを念頭に置いた上で、第2章が分析するのは、第一に、高橋是清を軸とした税制改正論の展開である。原敬内閣で蔵相を務め、原敬の後継首相（兼蔵相）となる高橋是清は、どのような思想を背景にこれに取り組んだのだろうか。

第二に、神戸正雄をもう一つの軸に据え、財産税論に着目しながら論じる。財調という場は、学者としての神戸の理想が、現実の政治過程と接合する場であった。第1章で明らかにした神戸の思想を前提に、これを描く。

そして第三に、高橋と神戸がその渦中にあった政治過程を、政党や各利益団体の行動と論理に着目しながら明らかにする。論述の過程で、第三党として政権に遠い位置にあった国民党の動きに注目しているのは、理想を求めるその主張が、政策課題を「時勢」にするものとして、政治を動かしていると考えられるからである。

第3章で扱う諸問題は、地域の「平等」をめぐる政策に関するものである。これは時期的には、昭和初期の田中義一内閣前後をひとつの中心にしている。画一主義批判が顕在化するこの時期において、地域と国家、または地域間の「平等」という問題はいかに捉えられたのだろうか。そしてどのような解決策が目指され、どのような帰結を招いたのだろうか。その要因は何であったのだろうか。

この章では、画一主義批判が問いかける問題の所在を明らかにした上で、第一の問題として、当時における究極的な地方分権策であった知事公選問題を取り上げ、政党が知事公選を唱え、それが実現しなかった過程を、大正期からの歩みのなかで論じる。そして第二の問題として、政友会の看板政策となり、地方分権を財源の面で保障するものとして提示された委譲案が、結果的に実現しなかった過程を明らかにする。

以上の二点は、地域と国家の関係を再構築する案として主張されたものであったが、無数の思惑が蠢動する現実の政治過程のなかで、これらがどのように挫折していったかを、政治史的視角から考察したい。

第三に、山形県選出の衆議院議員であった松岡俊三の雪害運動について、その理念と行動を実体的に示した上で、地租法改正法案を主要なテーマとして論ずる。松岡の主張は、制度における画一的平等＝形式的平等に対する批判を背景とするものであった。委譲案の挫折後、民政党内閣の下で成立した地租法は、全国一律な税率の適用を維持するものであったが、これに対し松岡は、雪害地域への税率軽減を求めて地租法の改正を図ることになる。地租法の画一的側面を追及したのは、沖縄選出の議員も同様であった。沖縄がかつて求めたのは、差別的地方制度の撤廃（＝画一的平等の実施）であったが、その後の経済的苦境を背景に、画一主義が問題の根幹として認識されるようになったのであった。

地域の「特殊」性を根拠にする「平等」の主張は、各地域をどのように結びつけ、それぞれの結末を用意するであろうか。すなわちここでの主要な視角は、「平等」を求める論理と、それが実現へ向かう過程の両面を分析することにある。

以上が各章ごとの具体的分析テーマである。早速、本論に入ることとする。

第1章　神戸正雄の思想形成過程と河上肇

——個人・社会・国家の思想空間

神戸正雄〔『経済論叢』八四巻六号、一九五九年より転載〕

河上肇〔国立国会図書館ウェブサイトより転載〕

序

本章の主たる課題は、第一に財政学者神戸正雄の思想形成過程を分析することにあり、第二に神戸がその思想を育んだ思想空間を描き出すことにある。

第2章で述べるように、原敬内閣が設置した臨時財政経済調査会で、財産税導入と地租・営業税の委譲を主眼とする税制整理案をリードしたのは、京都帝国大学の財政学者である神戸正雄であった。こうした事実自体は、地租・営業税の両税委譲問題（後述）の文脈ではよく知られたものである。では、神戸正雄はどのような思想的歩みを経た上で、斬新な税制整理案を主張するに至ったのだろうか。その歩みは、神戸の主張にどのように反映され、臨時財政経済調査会の議論をいかに導いていったのだろうか。

ある制度の実現が主張される時、それは現状への批判や理想社会の実現といった制度理念を基にするものである。たとえそれが、理念を抜きにした損得感情に過ぎない場合であっても、その正当化のためには、何らかの理念が必要とされる。

そしてとりわけ租税制度においては、負担の公平、平等という理念が重要である。誰にとってのどのような「平等」なのかが問われることは、なぜそのような租税が必要なのかという課税主体（政府）の正当性が問われることでもある。そのため、「正しい」と観念される租税制度は、それを主張する者が属する社会集団の利害や、正義観、問題意識によって異なることになる。したがって、税制改正論を分析するためには、その背景となる思想を理解することが必要である。これが、神戸の思想的歩みを租税制度に関わる理念（後述の社会政策的税制論）と併せて析出する意味である。

次に、神戸と同時代の思想空間を描出するという、もう一つの課題の意義について触れておこう。吾々が、過去に遡ってある人物の思想や主張を見る時、そこには何かしらの特徴的な様相を見出すことができるであろう。そしてそれが、独自性に溢れた思想の幹として目の前に現れる場合、吾々はその一本の大きな木の下で、実り落ちた果実の収集に追われることになる。そしてともすると、その木が森全体のなかで保っている個性と、生命の広がりを見落とすことになりがちである。

もちろん、これまでなされてきた多くの優れた思想的研究は、こうした点に自覚的であった。本書もこれを意識し、神戸の主張や思想を、同時代的な思想家との関連で理解することを目指す。それは、さまざまな思想が形づくる思想空間を把握し、そこにおける思想の共時性と共振性を見ることによって、思想を奥行きのあるものとしてつかむためである。

具体的には、神戸正雄の同僚であった河上肇を一つの分析軸とし、さらに河上に集約される他の思想家たちを参照しながら、自由で平等であるべき個人が、国家、社会との関係でどのように位置づけられていたのかを検討し、その思想空間との関わりで神戸の思想を捉えることが第一の目標となる。これは、当時における思想の可動領域、つまりある思想を生み出し規定する思想空間という視覚から神戸の思想を位置づけることである。次に、社会政策学会と社会政策的税制論を、社会主義思想との関係で分析しながら、これらに対する神戸の関わりを明らかにし、神戸の思想の全般的特質を描き出すことが第二の目標となる。

そして、上記のそれぞれの視角から描き出される神戸の立場は、一言で言えば「折衷主義」である。本書では神戸正雄を、社会主義、社会政策論などのなかで揺れ動きつつ、税制改正に自らの構想を反映させようとした実践的学者として扱う。本書の関心は、思想家がいかに「正しく」社会主義を理解し実践したか（あるいはその間違いを指摘したか）、ということにあるのではない。リアリズムに裏打ちされた理想をいかに実現していくか、理想を現実に適合させる時、いかなるアプローチがあり得たか。それを明らかにすることによって、社会主義的理念に共鳴する非社会主義者の典型として神戸を位置づけ、その意味を考察することにある。

以下、まずは第一次世界大戦前までの神戸の足跡をたどり、その思想の概略を提示することにしよう。

第1節　「折衷主義者」神戸正雄

1　性格と経歴、河上肇――神戸正雄とは何者か？

神戸正雄（かんべまさお）（一八七七年生～一九五九年没）は、戦前においては、河上肇と並び称される京都大学の「進歩的」財政（租税）学者として著名であり、[1]全一〇巻に及ぶ『租税研究』を代表作とする数多くの著作を残している。また、戦後には京都市長のほか、地方行政調査委員会議（いわゆる神戸委員会）の議長を務めている。しかし、神戸の財政論、租税論が今日問題とされることは稀であるし、さらにはその租税論に表現されている思想的背景や実践的な活動の意義はあまり問題にされてこなかった。[2]それにはいくつかの理由を挙げうる。

第一に、神戸の租税論は、欧米における租税理論の展開と各税の実施状況をリサーチし、日本への具体的適用を考察する傾向を有している。[3]それは同時代的な政策提言として意味を持つものではあるが、時が経つと歴史的な文脈以外では問題にされにくくなるものである。

第二に、神戸は臨時財政経済調査会の委員に就任する前後から、自他共に認める「租税博士」として著名になっていくが、そのことは、社会問題全般に対して発言を続けていた神戸のもう一つの側面を忘却させるものであった。この点に関してさらに重要なのは、「折衷主義」と呼ぶのがふさわしい神戸の立ち位置である。神戸は積極的に折衷主義的であろうとしていた。

「極端と極端とは火と水との如く異なるも私は両者の云ふ処を考へ現状を維持して一歩一歩理想に近づき度い[4]」

「即ち私の考は全く不徹底である。不徹底ではあるが其代りに調和を得て居る。然らば私が何う考えて居るかといふと、私は現代の資本家本位の経済組織にも賛成しないと同時に、之に対し有力なる反対たる労働者本位の社会主義的組織にも賛成しない。私は資本家と労働者とが対等の地位に立つて生産を共営し、分配を平等にするの組織を薦む[5]」

「で私の考は折衷的である。随つて我利一遍の資本家にも理解されなからうし、争闘により徹底したる新社会を作らんとする人々をも納得せしめ得ぬかも知れない[6]」

といった神戸の言説はその傾向をよく表すものである。

神戸は自由主義を無条件に肯定する立場ではなかったが、社会主義とも一定の距離を保っていた。これは、社会問題を穏健かつ漸進的に解決しようとする社会政策学会の立場に通じるところがある。事実神戸は、社会政策学会の最盛期を担った会員の一人であった。しかしそのなかでも神戸は折衷的であり、関心は政策を現実に適用するこ

	神戸正雄	河上肇
生没年	1877－1959	1879－1946
出身	愛知県	山口県
帝大卒年	1900	1902
京大赴任年	1902	1908
留学期間	1904.9－1907.7	
	1913.12－1914.12	1913.10－1915.2
発行個人誌	『時事経済問題』	『社会問題研究』
（期間）	1922－1930	1919－1930

とにあったから、社会政策の哲学を構築しようとした福田徳三など、同学会の中核的人物に比べると影が薄い。また、戦前の社会政策学会は、社会主義否定の立場を取っていたがゆえに、その功績については戦後長らく否定的な見解が支配的であり、その取り上げられ方も、社会主義との対抗関係に焦点が当てられる傾向が強かった[(7)]。だから、声高に社会主義を批判することもなかった神戸の存在は、社会主義の擁護者としても有力な好敵手としても問題にされなかったと考えられる。

そして第三に、神戸の評価を決定づけたと思われるのは、河上肇『自叙伝』における神戸の描かれ方である[(8)]。一九二八年、河上肇は社会主義への実践的関与を問題にされ、京大から追放されることになるが、神戸は京大経済学部の長老として、そして河上の友人としてこの件に関わり、結果として河上の追放を黙認するのであった。これを境に両者の関係は途絶え、河上は「一身の保全に抜目のない男」、「総ては自己の責任回避が主眼である」と神戸への怒りを露わにしたまま生涯を終えるのである[(9)]。没後の河上は、戦前における代表的知識人として、その苦難の道のりも含めあらためて高く評価されていくことになる。この河上肇の神戸評が持った意味は大きかったと考えられる[(10)]。

さて、本章は、この河上肇との対比で神戸正雄を理解することを意図するものである。「求道の精神[(11)]」により、やがてマルキシズムへと歩んでいった河上と、折衷主義的で小市民的印象を与える神戸とでは、その歩みは対照的に見える。しかし両者はその経歴だけではなく、個人、社会、国家の関係を考察しながら、種々の立場を「調和」（あるいは「折衷」）することによって解決を図ろうとしていた点で、その立場は意外に近い。

また、神戸の論説の端々からは、神戸が河上を相当に意識していたことがうかがえる。ここではその一例として、神戸が河上の『貧乏物語』を「近年の著書論文中、影響の最大なりしは、河上肇博士の貧乏物語ならんと存候」と評価していたことを挙げておこう。[12] そして『貧乏物語』が投げかけた問題——貧富の格差、国家の役割、「金持ち」の責任、そして「道義」による解決——は、神戸が向き合うことになる税制改正問題、特に財産税導入論にも通じる課題だったのである。

具体的な考察に入る前に、まずは神戸の経歴を確認しておこう。神戸正雄は、代々神官を務める家系の三男として生まれ[13]、一八九七（明治三〇）年東京帝国大学法科（政治学科）に入学する。東大の若手研究者を中心とする研究会が、自らの名称を「社会政策学会」と定めたのは実にこの年のことであった。[14] 神戸は入学早々にして、学会の中心人物である金井延の講義を聴講している。[15] 神戸の周りには、一学年上に河津暹、一年後輩には河上肇、さらにその二年下には小川郷太郎と、のちに社会政策学会に関わりを持つ若き学徒たちが続いていた。[16] 神戸はこうした知的環境に囲まれて学生生活を送ったのであった。東大卒業後、神戸は一九〇二年から京大で教鞭を執るが、その翌年には小川郷太郎、一九〇八年には河上肇が京大に迎えられている。

さて、個人の思想を見る際には、その経歴や性格を語る必要があることは言を俟たないが、とりわけ神戸の場合は、その思想とパーソナリティの関係を指摘する必要がある。神戸は自らの生活態度を、慎重、協調、勤勉、規律、倹約、奉仕、生活（飲酒の禁止）と総括している。[17] こうした信条は、折衷主義（慎重、協調）にも通じるし、合理的で禁欲的な生活こそが神戸の理想であったことがわかる。京大時代は、決まった時間に研究室に現れ、学食のチキンライスを食べてはまた研究室に戻る生活を続け[18]、その研究室には無駄話を避けるため、来客用の椅子を置いていなかったなど、神戸の合理的な性格を物語るエピソードは数多く残っている。[19]

神戸の生家は決して裕福ではなく、書物は友人に借りるか図書館で読むのが常であり、財政学に興味を持ったのは、節約に対する関心からであったと述懐している。[20] 父の遺産を郷里の小学校に寄附するなど、財産には恬淡であろうとしており、奢侈や財産への執着には、ほとんど生理的な嫌悪感さえ見せていたのであった[21]。こうした金銭面への潔癖性は、学問は金によって進歩する、だから経済は軽蔑すべきものではない、とあえて語るメンタリティとなって[22]、神戸の内面に沈潜することとなる。

2　学者としての歩み――道義性と社会主義

東大卒業後の神戸の業績は、専門分野である租税の面では、セリグマンの累進税論の翻訳などを挙げうるが[23]、それと同時に、社会主義への関心も早くから高く、マルクス主義者であった時期のゾンバルトの主著『十九世紀に於ける社会運動及社会主義』（初版）の訳書を著している[24]。同書においてゾンバルトは、革命のような過激な手段を否定しつつも、マルクス的な「社会主義的未来国家」への展望を示している[25]。神戸は同書の内容には深く踏み込まず、「近時我邦漸く社会主義社会問題の声世上に喧伝するの際本書の如きは最時需に適切なるもの」と簡潔に紹介するのみにとどめているが[26]、穏健な修正マルクス主義――やがてゾンバルトはマルクス主義を否定するに至る――を取る同書の立場は、のちの神戸の立場とも整合的なものであった[27]。

その後神戸は、一九〇四年夏に文部省派遣の留学生に選出される。これは日露戦争さなかのことであり、戦費の都合上、派遣事業が危ぶまれるなかでの留学決定であった。それゆえ神戸の感激はひとしおであり、この時から禁酒をしたのも、国家のため研究に専心することを決意したからであったという[28]。ドイツに向かった神戸は、所得税研究で有名なシャンツに師事するが、その学説だけでなく、研究者としての姿勢の面でも学ぶことが多かったようであり、冷静で公平な視点を持つためには規律ある生活が必要だと悟ったことを回想している[29]。研究の面では、日本の現状を紹介するため『日露戦争と日本国民経済』を発刊し[30]、さらに「日本の租税制度の発達史」、「日本の公債」、「租税原則について」と題する論稿を、シャンツの主宰する雑誌“Finanz-Archiv”に掲載している[31]。

これら論稿のタイトルからもうかがえるように、神戸の関心は、本国から派遣された留学生として、日本の財政政策を海外に紹介することに向かっていた。また、滞在中に発表した租税原則論では、「国家全体の利益を進むるに最適当なるが如き方法にて租税制度を成形」することを、租税の最上原則に掲げた点が注目される。[32] 神戸は国際社会における日本の経済的地位を踏まえながら、財政学を国家発展に活用する道を模索していたのであり、帰国後の研究もこの方向性に沿ったものになる。

シャンツの下で一年半ほど研究に励んだ神戸は、ベルギー、イギリス、アメリカなどを視察しながら、帰国の途につく。ドイツを含めたこれらの国で、神戸は財政学研究の傍ら社会事業の調査にも当たっていた。[33] イギリスでは、所得税の脱税行為が少ないことを確認し、[34]「品性高く道義的信念厚く着実にして且つ堅忍」なイギリスの国民性を高く評価するようになる。[35]

ほぼ三年ぶりに帰国した神戸は、『京都法学会雑誌』、それに河上肇が編集兼発行者を務める『日本経済新誌』を中心に、財政以外の諸分野にわたる活発な執筆活動を開始する。[36] この時期における神戸の根源的な関心は、財政・経済と、道徳の関係にあった。例えば神戸は、自由競争による人類の進歩を肯定し、欧米を中心とする国際経済競争のなかで、日本国民が勇往邁進することを説く。[37] しかし現実には人種の差異、日露戦後の膨張への警戒心、領土・資源・資本の欠乏といった面で日本は不利な立場に置かれている。さらに日本人は、道義的欠陥（「不義安逸吝引淫売投機利食主義」）を抱えている。この道義的欠陥を克服し、「外敵に対しては共同一致」して発展することこそが、経済政策を根柢から支える道筋であるというのが神戸の論理であった。

こうした道義的要因への関心はまた、社会問題への関心へとつながっていく。その端的な表れが「道義院」設立論である。[38] 河上肇が、「衣食足りて礼節を知る」の一節をさまざまに組み替えながら社会問題を論じたことは有名な事実であるが、神戸は、「衣食足つて追々堕落に陥る」ケースの多さを指摘する。神戸が堕落として否定するのは、酒色に溺れるといった類のことはもちろん、富豪による美術骨董の蒐集もまたそうであった。なぜならそれは、剛健の気風を損ない、やがて国家の衰亡をもたらすものだからである。文部省の美術奨励をも批判する神戸が提唱したのが、道義院の設立である。政府機関である道義院は、善行美徳を奨励する出版物を無料（あるいは廉価）で配布することなどを事業とし、富豪もこれに協力することが前提とされている。「人は衣食足らば礼節を知るべきものなり。衣食足れる者は人に礼節を知らしむるの義務もあるものなり」というのが、神戸の衣食礼節論であった。

神戸の経歴と性格を背景に持つ、このような富豪への眼差し、潔癖ともいえるほどの禁欲的な眼差しは、大逆事件についての踏み込んだ発言にも反映されている[39]。神戸は社会主義関連の著作を禁圧することよりも、社会を健全にすることが必要だとし、例によって遊廓や芸妓の存在を心身面と金銭面（浪費）から批判する。欧米は個人本位だが日本人は家族本位であると日本人の徳性を自慢するような者に限って、かえって遊蕩にふけっていることを神戸は恥じる。そして神戸は大逆事件を念頭に置き、「不平の徒」の未熟さを憐れみ憎むとしながら、その動機が上流社会の遊蕩に端を発していたのではないかと指摘する。「上流人士」が自ら改めることなしに「危険思想」を取り締まっても、何ら効果がないのである。

こうした神戸の主張は、社会主義と一定の親和性を持つものである。しかしより正確に言えば、ここで神戸が問題にしていたのは、貧富の差、階級の差それ自体ではない。神戸が一義的に重要としているのは、「上流人士」が、「善き事を為し公共に尽すことを楽とするの一層大なる楽たること」を理解すること、つまり彼らが、道徳性＝公共性を持って、国家の発展のために尽くすことであった。

以上のような神戸の問題意識、すなわち対外的な危機意識を背景にした国家的視点、そのための非道義的な気風の排除、富豪への嫌悪感から来る社会主義との一定の親和性、といった思想的枠組みは、その後も強固に継続していくことになる。

そして、この道義的な要因への関心は、本来の専門である租税論と結びつき、租税の道義的基礎として観念されることになる。つまり「公共全体」が必要とする租税のために、個人が財産的犠牲を負うのは当然であり、むしろそれは公益に尽くす快楽となるというのが神戸の論理であった。ここで国家は、その財政需要と租税制度が公正であるよう、やはり道義上の義務を負う存在として観念されていた。[40]

神戸のこうした立場を、「国家至上主義」と括ってしまうのは、半面的な捉え方であろう。例えば神戸は、京大の同僚である戸田海市による、日本＝団体主義（没我主義）、西洋＝個人主義（主我主義）という定義に異論を述べ、日本の国民性を「粗野なる個人主義」と規定する。[41]

なぜなら日本人は、個人の人格を完成することなしに、国家という外部のために尽くすことを強いられており、一見公益のために尽くしているように見える行動でも、実際は世間的な評価・視線を気にしてのもの、つまりは私欲に基づく個人主義と言うべきものだからである。また、国家のために尽くすことも、ある意味では個人主義でしかない。なぜなら、世界のなかで（日本のみの）国益を主張することは、世界レベルでの公益をないがしろにするものだからである。順序としては、個人が人格を確立し、公共利益の価値を自覚することによって国家（さらには世界）が成り立つのであり、そのような国家であるからこそ、個人は自ら犠牲を厭わないのである。これが神戸が念頭に置く国家の理想像であり、それは現実の国家を超える、公共的な存在としての国家である。この基準から、現に存在する国家のありようが批判されていくことになる。

それはまた、神戸が浅薄な理想主義者であったことを意味しない。この時期の神戸が、国家の正義を訴え、軍備緊縮、中国の領土保全を提唱したのは、単純なコスモポリタニズムからではなく、上述したような国際的経済競争への意識を背景にするものであった。そして欧米文化の導入については、日本の軍隊でも欧米式を採用している以上、よいものは躊躇なく取り入れていくべきであるという合理的な立場を取っていた。[42]逆にその合理主義は、欧米

に遅れを取っている日本が、欧米式の夏休みを取るべきではないという、禁欲的な主張にもつながることになる。(43)

以上本節では、神戸正雄の経歴を確認しながら、第一次世界大戦前における神戸の思想的特質を概略的に示した。合理主義的、禁欲的、道徳的発想を基盤に持つ神戸は、その視点を国家の公共性の問題に向けていた。そしてそれは、税制論を含む神戸の思想にとって、重要な核であり続けるのである。

本章では以上のことを前提に、神戸正雄と社会政策学会との関係、政治的活動、そして租税論について分析していく。しかしその前になすべきことは、本節で示した河上肇との対比という視角に基づき、河上肇を代表とする同時代の思想を、神戸の思想を意識しながら分析することである。同時期において、個人、社会、国家の関係はいかに捉えられたのか。「平等」をめぐる問題はいかに思考され、そしてどのような希望が託されたのか。それぞれの思想の関係に留意しながら、この問題を論じたい。同時代的な思想空間をつかむことは、神戸の思想的特質と実践面での活動意義を、よりクリアに理解することにつながるものとなろう。

第2節　『貧乏物語』をめぐる思想空間——河上肇、山路愛山、北一輝、ベルゲマン

1　『貧乏物語』と「夢の国」——問題の所在

一九一三年一〇月、河上肇は大戦前夜の欧州へと留学する。翌年夏、世界大戦勃発の報をベルリンで知った河上は、戦禍を避けるためイギリスに避難し（同じく留学中の神戸正雄はパリからイギリスへと逃れた(1)）、一九一五年二月

に帰国を果たす。大戦の主戦場となった欧州で、各国の戦時政策を実見したことは、大戦後の日本が進むべき道を思考する上で、河上に少なからぬ影響を与えることになる。[2]

河上は、大戦勃発前後のドイツ、避難先のイギリスでの状況をリアルタイムに綴り、「大阪朝日新聞」に寄稿していたが、この比較文明史的な随筆は『祖国を顧みて』として単行本化される。[3] そして一九一六年九月から同じく「大阪朝日」で連載され、やはり単行本化されるのが『貧乏物語』であった。[4] 以下、『貧乏物語』の概略を本書に必要な限りで確認し、そこに至るまでの河上の思想的歩みをたどりながら、河上にとっての国家の意味、社会政策の意義、他の思想家との知的関係性を明らかにしていきたい。

まずは、よく知られた話から始めよう。『貧乏物語』は上・中・下の三部構成であり、「驚くべきは現時の文明国に於ける多数人の貧乏である」（九頁）[5]で始まる上編「如何に多数の人が貧乏して居る乎」では、欧米諸国が、国としては富んでいても多くの貧乏人を抱えていることが統計的に明らかにされ、自由放任主義の本家たるイギリスが、今や社会政策（児童に対する給食、養老年金）によって貧乏問題に対処していることに焦点が当てられる。[6]

中編「何故に多数の人が貧乏して居る乎」では、道具の発明により経済的発達を遂げてきた人類が、近代においては機械を発明・利用することによってさらに飛躍的な生産力を実現したこと、それにもかかわらず多数の貧民が存在していることが指摘される。

これは矛盾する事態のようだが、そうではない。問題は、生活必需品の分配の不適切さにあるのではなく、そもそも初めから生活必需品が充分に生産されていないことにある。なぜなら「私人の金儲仕事」（六一頁）に従事する生産者は、購買力がある富裕者の需要、すなわち奢侈贅沢品の需要に対しては、それがいかに有害無用なものであろうと生産を拡大していくが、需要に一定の限界がある生活必需品については、価格維持のためにあえて「其生産力を抑へて居る」（六四頁）からである。したがって、貧乏の問題は分配問題のようでいて、実は生産問題（生産組織）と密接な関係を有しているのである。

このように述べてきた河上は、下編「如何にして貧乏を根治し得べき乎」で、まずは中編での要旨を、

「(一) 現時の経済組織にして維持せらるゝ限り、

(二) 又社会に甚だしき貧富の懸隔を存する限り、

(三) 而して又、富者が其の余裕あるに任せて、妄りに各種の奢侈贅沢品を購買し需要する限り、

貧乏を根絶することは到底望が無い」（六五頁）

とまとめる。そしてこの条件に対して取りうる解決策として、①富者自らが奢侈贅沢を廃止すること②「何等かの方法」で貧富の懸隔を匡正すること③生産事業を国家自らが担当すること（経済組織の改造）、の三つの策を提示する（六五～六六頁）[7]。

第二策である貧富の匡正とは、一言で言えば穏健無難な社会政策を指すが、「社会政策の実施は多くは社会主義の一部的または漸進的実現」（九六頁）であり、究極的には第三策につながるものとして、立ち入った分析はされない。

この流れからして、第三策は「社会主義」を意味すると見るのが自然である[8]。だが河上は、これを「社会主義」の名の下に分析することは避け、それと同意義で「名の争い」に過ぎない（八三頁）とする「国家主義」の語を用いている。ここに、河上が置かれていた言論の制約状況を見取ることは、当然に必要である[9]。

そして第三策は、用語の面だけではなく内容的にも、マルクス主義としての社会主義とは一線を画する主張にな

っている。それは、既存の国家を是認した上で、その国家が生産事業を掌握するという主張であり、私有財産制否定を必然的に導くものではない。河上は、この国家主義（つまり社会主義）を「利他主義」と規定し、利己主義たる個人主義（自由放任主義）と対置するが（九四頁）、それがどの程度の国家主義であるべきかは曖昧なままにされている。下編で多く言及されるドイツについて、全工場の六割が政府事業になっていることを紹介はしているものの（八〇頁）、生産組織を具体的にどう改造し、私有財産制との折合いをどうつけるかについては論じられないのである。さらにはこの国家主義を担う主体についての議論もなされていない[10]。既存の権力構造には手をつけず、単に国家が生産事業へ介入するのであれば、当時社会政策との関係で議論されていた、官営事業の拡張だけで事が足りてしまうのではないか[11]。

しかし河上はこれらの点を充分に論じぬまま、最終的解決策として、富者の自発的奢侈廃止論（第一策）、つまり富者の道徳的精神に期待する結論を導き出す。社会組織の改造も個人の精神改造も、理想郷に到達する手段として重要ではあるが（九四頁）、精神改造のほうがより根本的な策だからであり（九六頁）、制度による強制には限度があるためである（九九頁）。それが、「貧乏物語は貧乏人に読んで貰ふよりも、実は金持に読んで貰ひたいのであつた」（九九頁）という告白につながり、同書全体の結論にもなるのである。

この結論は、「富者の道徳責任論であり、彼らに対する節倹のお説教」と評されるものであり[12]、ともすれば言い古された儒教道徳の繰り返しという印象も受けるが、かつての河上の論稿に見られた、清貧をある種の理想とする立場を排し[13]、資本家の奢侈が実は貧乏の原因につながるという〝見えざる手〟の関係を示し、そこから、資本家が自分のためではなく、貧乏人のために倹約をする「利他的」勤倹論を主張している（一〇三頁）という点で、単純な勤倹論とは異なる意義と魅力を有しているといえるだろう。

だが、自発的節倹論がより根本的な解決策であったとしても、組織改造論が不要になるわけではない。それが充分に論じられなかった大きな理由が、言論の制約という事情にあったことは繰り返し確認する必要がある。[14]河上と近しい関係にあった瀧本誠一は、自発的奢侈廃止論を言論制約の所産とし、上・中編までの議論を見れば真の結論が組織改造論にあることは明白だとしたが、[15]このような見方は当時の識者にある程度共有されていたものであったろう。[16]

では、組織改造論について本来書かれるべきであったこと、すなわち河上の真意はどこにあったのだろうか。それを探るには、『貧乏物語』執筆前後の経緯を踏まえた上で、同時期の論稿から河上の心中を推し量る必要があるだろう。そして、この問題関心に沿った分析のなかでは、杉原四郎がその先鞭をつけた「夢の国」論とでも言うべき議論が有益である。[17]

「夢の国」とは河上にとっての理想国家を意味する。「大阪朝日新聞」で『貧乏物語』の連載が始まる約一〇カ月前、河上は気心の知れた櫛田民蔵に対し「小生此頃貧民の事ばかり考へ居候」、「追々社会主義の伝道にも力を分つ積りです」などとして「現の世より夢の国へ」と題する社会主義論を「大阪朝日」に連載する意向を告げていた。[18]その三カ月後に行われた「貧困」と題する講演では、「近頃になつて初めて此の現の世から其の夢の国に通り越す坂路を発見したのである」とし、貧困問題を解消して理想の世界に進む方策を、第一次大戦開始後の「独逸の社会政策」に見出している。[19]これらは、『貧乏物語』の原型と見なすことができるものである。さらに、その後間もなく書かれたと見られ、表紙に「棄稿」と記された河上の講演メモ「現の世より夢の国へ」[20]は、『貧乏物語』と同様の議論を展開した上で、貧困解決策として以下のような結論を提示する。

「そこで最後に話を夢の国に引き入れて、然らばどうしたら善いかと云ふに、私は此の天下の生産力を支配する全権をば、凡て　天皇陛下に帰し奉ることにしたいと思ふ。恰も維新の際諸侯が封土を皇室に奉還したやうに、今日の経済界に於ける諸侯が其事業を国家に奉還して、世俗に謂ふ三菱王国の主人も、三井王国の主人も、其他一切の事業家資本家が尽く国家直属の官吏となり、かくて吾々六千万の同胞は億兆心を一にして働く、尽く全力を挙げて国家社会の為に働く、其代り其れ々々の天分に応じ必要に応じて国家より給与をうけて、何人も貧困線以上の生活程度を維持すると云ふ、さう云ふ世の中にしたいものと私は切望して居ります。今日独逸が四方に敵を受けて未だ敢て屈せざる所以は、戦時になつてから正に私の理想とする所を或程度まで実行しつゝあるが為めである。私は我国が平時にあつて此理想を実行すること一日早ければ一日だけの利益がある、一日後（おそ）ければ一日だけの損があると確信して居る。此理想を実行するの外には、此貧乏国を救ふて欧米諸国を凌ぐに至るの策はないと確信して居る者であります」

［引用に際して、平仮名書きに改めた］

つまりは、（広く経済に関わる）生産力を天皇＝国家に「奉還」するという改造構想である。河上がこの「夢の国」構想を自ら進んで「棄稿」としたのか、やむを得ず放棄したのかは判然としない[21]。そしてこの奉還論的立場は、『貧乏物語』が言及する「経済組織改造論者」の主張と同一のものである[22]。ただし『貧乏物語』では、こうした経済組織改造論は充分に論じられず、資本家の自発的精神改良により、資本家が実質的な意味での「社会の公僕、国家の官吏」になるという理想が語られていたのであった（一一〇頁）[23]。これは精神的、道徳的なものへと転化した生産力奉還論であり、個人が公共性を意識することが提言されている（に過ぎない）のであるが、経済的なものにせよ道徳的なものにせよ、河上の奉還論的発想が根深いものであることを物語っているように見える。

そしてこの「夢の国」論は、「天皇を担いだ国家社会主義革命[24]」との評価に見られるように、一応「国家社会主義」として把握しうるものではある。実際に河上は『貧乏物語』上梓後間もなく、国家社会主義実現のために熱弁を振るったことがあったという。[25]

しかし問題は、ここで言う「国家社会主義」が何を意味するのかということにある。本書ではひとまずそれを、「国家主義と社会主義との結合形態」という極めてゆるやかな関係概念で定義する。そこから問う必要があるのは、河上にとって、国家（主義）や社会（主義）が意味するものは何であったのかということ、そして「夢の国」論と『貧乏物語』の関係である。

それを考える上でまず言及する必要があるのは、河上の議論に影響を与えることになったと推定される、山路愛山の国家社会主義論である。河上との議論の共通性に着目しながらこれに触れよう。山路は『現代金権史』[26]のなかで、富豪による金権支配の由来と現状を分析し、三井、三菱といった財閥が、一個の王国であり政府となっている有様を描いている。そして結論部分では、労働者のストライキの原因を、貧困そのものではなく、雇用者が法外な利益を貪っていることへの反感に見出している。

そこで山路が「金持の世界が新道徳を建つべき時代」として提唱するのは、富豪が旧幕時代の名君のように振舞うことであり、ストを煽動する「人才」を積極的に登用しつつ、「金持が自身を以て国家社会の為めに管財人なりと心得ること」であった。私有財産とは、国家の便宜上、一時的に個人に預託されているに過ぎないものだからである。

これは財界人に対し、戦略としての道徳を薦める議論であり、他者の貧困に対する責任を重視した『貧乏物語』とは根本的な部分で異なっているが、河上が富者に「自分が天下の為に万人に代つて其財産を管理して居ると云ふ信念」[27]を求め、自発的な道徳的対応を説いたのと同様の論理展開がなされていることは明らかであろう。

この山路の議論の根底にあったのが、国家社会主義論であった。自ら幹部を務めた国家社会党[28]の宣伝書としての意味を持つ『社会主義管見』[29]では、「日本国民の総体は一家族なり」との家族的国家観の下、人民の父母である皇室による東洋的王道政治に「日本固有」の社会主義＝国家社会主義を見出し[30]、日本の歴史を、（天皇を中心とする）国家と、紳士閥（富豪）、平民の三元論で説明し、国家と平民の連合により富豪勢力を「統御」することを訴えていた。

こうした山路の主張を、北一輝は「今日の経済的大名階級に向つてその生産権と土地生産機関とを国家に——或者は天皇に——奉還せしめんと論ずる」立場とまとめ、「生産権奉還の経済的尊王攘夷論」と名づけた上で、資本家の良心に期待する非現実的な論であると批判していた[31]。

河上は、少なくとも北一輝を通じて、このような山路の議論に触れていた。北一輝による山路批判の部分に、河上は傍線と括弧を以て注目していたからである[32]。そして先述の「夢の国」論の論理こそは、まさに北の言う「生産権奉還の経済的尊王攘夷論」と同じ立場、すなわち山路と同様の論理展開であった。

また河上は、ある論稿において、「日本なる大国家の下に三井三菱岩崎住友藤田の如き無数の小国家」があることを指摘し、社会主義とは「国家内の小国家を撲滅して凡ての経済的権力を中央に集中せんとする主義」であり、その理想は「資本家てふ諸侯に資本てふ封土の奉還を請求する」ことにあると述べているが[33]、ここでの社会主義の定義も、山路のそれと共通している[34]。河上が、江戸後期の思想家佐藤信淵を社会主義者として論じたのも、社会主義を経済的権力と資本の国家集中という定義で理解する見方があってのことである[35]。こうした社会主義観は、山路の議論にも河上の「夢の国」論にも共通して見られるものであった。

ところで山路は、自らの議論をドイツ社会政策学会保守派のA・ワグナーに依拠して正統化していたが[36]、そのA・ワグナーは、自身の社会政策を「国家社会主義」と位置づけ、社会政策と国家社会主義をほぼ同じ意味で用いていた[37]。山路の国家社会主義論もそれと符牒を合わせるかのように、政策的には社会政策の一部実施を主張するものになっている[38]。ここで改めて留意すべきことは、少なくともある時期までにおいては、社会政策論（講壇社会主義）と「国家社会主義」を同じものとして捉える理解が、決して珍しいものではなかったということである。だからこそ北一輝は、講壇社会主義と「国家社会主義」を同列に置いてそれを一括りに否定しようとしたし[39]、高畠素之が、自らの思想を社会政策論とは異なる「国家社会主義」として打ち出す際の苦心もそこにあったのである[40]。

河上もまた、同じ思想空間にあった。河上が、（日本の）社会政策学会を、「国家社会主義」を奉じ「民主社会主義」に対抗する存在と位置づけていたのはその一つの表れである[41]。さらに河上は、社会政策論と社会主義を実行手段の面で一線を画すものとしながらも、両者を経済的不平等の是正策として同列に扱う志向をしばしば見せていた[42]。これは例えば、社会政策論と社会主義の差異を強調し、社会政策論独自の哲学的根拠を確立しようとした福田徳三とは著しい対照をなしている[43]。

要約するならば、この時期の河上にとって、国家社会主義的な概念は、社会政策と社会主義を架橋するものとして存在していた。国家による急進的な平等政策を社会主義と捉えるならば、国家による穏健な平等政策たる社会政策との違いは、政策程度の差異に過ぎないものとなるからである。佐藤信淵の議論やドイツの戦時政策を、ある時は社会政策と規定し、ある時は社会主義として扱っているのは、これを反映したものである[44]。

以上の点を確認した上で、あらためて「夢の国」論に議論を引き戻すと、そこで表白されている河上の構想は、天皇への生産権奉還という一見ラディカルなものに見えつつも、実質的には国家主義的な福祉国家構想と言うべきものであり、のちに河上が「国家資本主義」として否定する立場と同種の主張と見ることができる[45]。

再度具体的に確認するならば、「夢の国」論で河上が直接的に論じているのは、あくまで資本家「諸侯」の官吏化であり、労働者にしても、地主から小作農までを含む農民の存在にしても、それらは国家社会のために働く「六千万の同胞」のなかに解消されているのが第一の特徴である。そして第二に、それぞれの「天分」に応じて給与を受け、貧困線以上の生活程度を維持するとあるように、最低限以上の賃金を保障することに重点は置かれるが、所有財産の制限や管理という側面への関心が極めて希薄であることがうかがえる。第三に、この「夢の国」を運営する政治組織の変革については、何らの構想も示されていないということが指摘できる。そして第四に見落とすべきでないことは、「奉還」の持つ意味である。大政奉還がそうであったように、「奉還」とは少なくとも形式的には自発的に行われるものである。資本家は自発的に生産権を国家に返還すべきなのであって、国家が強制的に収奪するのではない。「奉還」は原理的には道徳的当為を意味するのである（そのような期待は無意味であるというのが、北の山路批判のポイントでもあった）。

ここまで論じると、河上の「夢の国」構想が、『貧乏物語』で示された自発的奢侈廃止論に限りなく近いものになることがわかる。逆に上述した特徴が示す如く、国家社会主義の理論としては漠然としており、論じられない部分があまりに多すぎるといえるだろう。

このような結論が導出されたのは、理想の公共的空間を強制的手段によって実現することに対し、河上が慎重であったからにほかならない。したがって、『貧乏物語』で経済組織改革論をより自由に論ずる余地があったとしても、その行き着く先は、個人の自発性に期待を寄せ、道徳的当為を説くものになっていたのではないだろうか。

その点は、本節の最後でもう一度触れることにするが、そもそもこのような結論を導くことになる河上の国家（主義）観、社会（主義）観はいかなるものだったのだろうか。さらに分析の時期を遡り、『貧乏物語』に至るまでの思想的軌跡を明らかにしたい。

2　思想の共振——北一輝、ベルゲマン、社会進化論

かつて内田義彦は、明治期の河上の思想には「国家主義的色彩」が濃厚に表れていたが、河上のなかには新しい思想と古い思想が「混濁」しており、河上が持つ合理性が徐々に前面に出ることにより、河上の国家主義にも変化

が生じたこと、そしてそれは、大逆事件の前後に発表された一連の論稿につながることを論じ、以後の研究に大きな影響を与えた[46]。

河上の思想を、内田のように複数の軸で把握しようとするならば、「尊王論者」として括られる時期の河上にも、その後の変化を予感させる思考様式を見出すことは難しくない。本書は「国体論」に注目する議論を行うため、この点に触れておく。

河上は早くから国体論およびそれと密接に関係する憲法論に関心を寄せていたが、東大を卒業して間もなく発表した二編の論稿では、天皇と憲法の関係について論じ、少なからぬ反響を巻き起こしていた[47]。河上は、「君主国体」と「立憲政体」という穂積八束流の分類をそのまま受容した上で、両者をつなぐ帝国憲法、とりわけ七三条一項の規定「将来此ノ憲法ノ条項ヲ改正スルノ必要アルトキハ勅命ヲ以テ議案ヲ帝国議会ノ議ニ付スヘシ」を問題にする。「議ニ付ス」とは、議会が天皇に対し「協賛」するのと同じ意味を有するのだろうか[48]。

穂積と同じく河上の恩師であった一木喜徳郎は、天皇の意思は議会の意思に反しても貫徹されうるが、その場合は国務大臣が違憲の責を負うものと論じていた。この、「違憲だが有効」という解釈を河上は否定し、統治権の総攬者である天皇の意思の絶対性を掲げる。日本は立憲君主国であっても、他国とは違う「異彩」あるものを有しているからである。したがって議会は、人心緩和のために一応意見を聞き置かれる程度の存在意義しか有さないことになる。議会の意思が天皇の意思に反することはあり得ないのである。

このような論理展開からは、強力な国体論者としての河上像が浮かび上がる。しかし、ここでの河上の論理は、条文に込められた立法者の意図を法理上から解釈しようとするものであり、一木への反論も、「違憲だが有効」という政治的整合性の取れた、しかし法理上矛盾した解釈に対する問題意識を背景にしていると見ることができる。したがって、「天皇絶対主権説[49]」を唱えたとされるこの国体論は、憲法の正当な法理解釈を希求した結果提示された、一つの立場に過ぎないのである。

それはいかなる意味を持つであろうか。河上は例えば『社会主義評論』のなかで、人類の平等という一種の信仰を持っている社会主義者は、尊皇心＝愛国心を欠いており、「我国体と国家とに適せざるものと信ぜらる、なり」と評している。(50) これは尊皇論者河上による社会主義批判として理解しうるものである。(51)

しかし見逃してならないのは、その先にある河上の真意である。河上は、社会主義者には尊皇忠君の思想がないとする一方、その立場は信仰と情の問題に関わるがゆえに、理を以て排斥することはできないとも主張していたのである。(52) この論理においては、尊王忠君思想も、個人の信条という価値水準で捉えられる相対的なものとなることが理解できよう。さらにその延長上で河上が求めたのは、言論の自由の保障であり、言論には言論で応酬すべきこと――弾圧ではなく――であった。ここにはすでに、価値の強制的実現に対する河上の慎重な姿勢と、終始神経を使い続けることになる言論の自由という問題が示されていることが注目に値する。

また、この時期の河上が、農本主義的な立場から、関税による米価調節という保護貿易主義を主張していたこともよく知られた事実である。これは国家主義の政策面における現れと理解することができよう。しかし河上の国家主義は、全体の調和を念頭に置くという点で、利益勢力としての農業界を一歩離れた視点から見ることを可能にしていた。のちに河上は外米への課税を否定する立場に転換する。(53) これを河上の国家主義が転換した証左と見ることは妥当であるが、真の国益と、国益の名の下に主張される私益が別なものであることについて、河上は古くから自覚的であった。(54) 経済と道徳の調和が目指されるのと同様に、商業と農業は調和すべきものとされていたし、農業の将来を「奢侈的農業」に見てそれを推奨したように、(55) 農業内部においても経済＝商業的要素とのバランスは意識されていたのであった。(56)

そして、これらの調和を実現すると同時に、国民の自由意思を実現することが、河上が国家に与えた役割である。(57)

国家は全体利益の調整者となり、それによって自由が実現する。かかるヘーゲル的国家観は、当時の知識人にある程度共有されたものであり、その後マルクス主義の立場からは、楽観的に過ぎるものとして批判される思考様式であることは周知の通りである。しかし河上の議論（そして前述の神戸正雄のそれ）が示す通り、この思考様式は、国家を無条件に肯定する国家主義を意味するのではなく、あるべき国家像の立場から現状の国家を見る、現状批判としての国家主義を意味するものである。理想的な国家のあり方を求め続ける河上が、時勢に応じてある時点での国家主義を修正することは当然取るべき態度であったろう。

しかし、そうであるとするならば、河上に刺激を与え、国家像の再考を要請したものは何だったのであろうか。それは『貧乏物語』にどうつながっていくのだろうか。この問いに答えるために考察しておきたいのは、河上と同じく帝国憲法七三条に着目し、社会進化論的立場から国家による自由の実現を希求した北一輝についてである。北の社会進化論は、理念・道徳の進化という点で、河上に影響を与えたと考えられる。以下、北と河上の思想が同時代の思想として振幅する様――思想の共時性と共振性――に着目しながら、この点を考察することとしよう。[58]

北一輝（輝次郎）は一九〇六年、弱冠二三歳にして『国体論及び純正社会主義』を自費出版する（以下、『国体論』と略す）。[59]福田徳三が「天才の著作」と評し、河上も「読売新聞」紙上でその概略を紹介した同書は、[60]内容の激越さゆえ刊行直後に発禁処分を受けることになる。

北が「純正社会主義」の見地から論破しようとするのは、「所謂講壇社会主義といひ国家社会主義と称せらるゝ鵺的思想」（同書「緒言」一頁）であり、要するに社会政策論の不徹底さへの批判であった。[61]具体的な標的にされたのは、社会政策学会の大物である金井延、田島錦治らであるが、河上もこの一派として批判されている。北が強調するのは、「個人々格の覚醒」（一〇頁）であると同時に、個人と「同一異名」である社会（および国家）の絶対性であり[62]、つまりは個人と社会が一体となって進化するという意味での社会進化論が理想として掲げられる。それはダーウィニズム＝生存競争としての社会進化論ではなく、それを超える、相互扶助としての社会進化論であった[63]。北の理想は、「此の不平等なる社会を打破して平等と自由とにより て新社会を組織」することにある（五〇頁）。

以上の見地から北が説く具体的政策は、土地と生産機関の公有である。分配論ではなく生産論こそが社会主義の真髄なのであり、それが維新革命（明治維新）によって実現した「公民国家」の取るべき道とされる。しかし、北が激越な調子で論じる実現手段は、つまるところ「理想郷に入るべき第一歩の発明」（四二〇頁）である、投票による多数決であった[64]。したがって運動論としては、合法的社会主義の範疇に収まる純然たる啓蒙運動が唱えられることになる（三八五頁）。

そして、かかる社会主義論を説く上で避けられなかったのが、「国体論」をめぐる議論である。直接的には、社会主義論が「国体」に抵触するか否かという問いに応答する必要があったためだが、北の議論全体の趣旨からすれば、「国体論」批判はそれ以上の意味を有するものであった。国家主権論に基づく社会主義を唱えるのであれば、国家における天皇の位地を明確にする必要があったし、さらには国家主義の下で個人の覚醒を求める以上、自由――とりわけ思想言論のそれ――を阻害する「国体論」は排除されるべきだったからである。

これに関し北はまず、明治維新後における国体＝国家の本質を、人格として実在する国家自身に求めている（二三八頁）。個人としての明治天皇は「維新革命の民主々義の大首領」（三五四頁）であり、その明哲への期待は繰り返し表明されるが、天皇はあくまで国家に従属し、国家に義務を負う一つの「機関」であるとされる（二一三頁、二一八頁）。その主要な根拠になったのが、かつて河上も着目した憲法七三条一項である。その位置づけは、河上とは真逆であった。憲法改正という国家意思の表白に際し、天皇が議案を「帝国議会の議に付すべし」とあるのは、天皇単独では主権者になり得ないことを意味しており、つまり天皇は統治権を総攬する存在ではないというのが、北が展開した論理である（二三一～二三六頁）。したがって、天皇の絶対性と正統性を記紀神話から説き起こすいわゆる「国体論」は、実は真の国体を破壊する「復古的革命主義」にほかならないことになる（二一一頁）。

このように、天皇を「民主々義の大首領」とする北の議論は、壮大な擬制をともなう解釈ともいえるだろう。しかしいわゆる「国体論」が、「王政復古」として現れた天皇の存在を極限まで高めようとしたものであるとするならば、北の主張は、立憲君主制という天皇の近代的側面を、「公共」の観点から極限まで高めようとすることにあったといえよう(65)。

天皇を民衆のための公共的存在と見なし、それを阻害するものを斥けようとするこの論理が、のちの『日本国家改造法案大綱』で展開される天皇親政論につながることは指摘可能である。だがここでは、北の「国体論」批判が、何よりも思想の自由を念頭に置いたものであったことに注意しておきたい。北が「国体論」の持つ威力をローマ法王にたとえ（二一〇九頁）、「国体論」の天皇像を「迷信の捏造による土偶」（二一〇頁）として悪罵する際、その念頭にあったのは「日本天皇は固より羅馬法王に非らず。天皇は学理を制定する国家機関に非らず」（二六九頁）として、まずは思想信仰の自由を確保することであった。

ただし北が言う思想信仰の自由とは、あくまで社会の利益を阻害しないことを前提にするものであり、個人が社会を離れて自由であることを意味するものではない。「人は只社会によりてのみ人となる」（八五頁）からであり、したがって、本源的自由を有する個人の契約という観点から社会を捉えるルソー流の社会契約説は、「偏局的個人主義」であり、個人の自由独立を蹂躙する「偏局的社会主義」と共に、不充分なものとされる（一〇七頁）。そして北の説く社会民主主義（純正社会主義）こそが、「偏局的個人主義」と「偏局的社会主義」を統合し、社会進化に寄与するものとされるのである（一二〇頁）(66)。

以上のような論理は、北独特のものであるように見えるかもしれない。しかし直接的には、パウル・ベルゲマンに大きな影響を受けているものと考えられる。そのことを以下に指摘したい[67]。実は、「人は只社会によりてのみ人となる」とは、北が抽出したベルゲマンのエッセンスであった[68]。当時ベルゲマンは「社会的教育学」の論者として（すなわち教育学者として）日本に紹介され始めており、吉田熊次、杉山富槌、熊谷五郎、稲垣末松がそれぞれ邦訳を刊行していた[69]。北は「ベルゲマンの社会的教育学が我国に於ても三種の翻訳を有し」としており（八五頁）、これら邦訳のいずれかを見比べたものと思われる。今日では無名の存在であり、北一輝との関係も意識されてこなかったベルゲマンなる人物は、何を主張し、北にどのような影響を与えたのだろうか。北の議論と対比させることを念頭に、それを考察することとしよう（以下、稲垣末松訳『社会的教育学綱要』を用い、章・頁数を本文中に記す[70]）。

ベルゲマンの提唱する「社会的教育学」は、個人主義的な教育方針を、「社会を離れて個人なし」（六頁）という「社会主義」的見地から批判しつつ、しかし個人主義の有用性をも引継ぐことにその眼目がある。ベルゲマンが描くのは、教会権力が学問芸術を圧迫していた状況（「教会的社会主義」、三二頁）にあって、個人の内面的信仰の確保という、本来的には個人主義的な性質を持つキリスト教が改革を起こし（宗教改革）、それ以降個人主義が優勢となり、ついには過度な個人主義となるに至ったという歴史の流れである。だから批判の対象になるのは、過度な個人主義と、かつての教会権力のような「社会主義の均一主義」（四六頁）の両方であった。つまり、「極端過激なる個人主義」と「偏隘固陋なる社会主義」を統一し、発展させることが彼の主張である（第三章[71]）。「真理は両極端の中間にあり」（四九頁）という記述を引くまでもなく、彼の念頭にあるのが、両極の折衷ないし調和にあることは明らかであろう。

またベルゲマンは、個人の精神と同様に、社会精神という普遍的なものが実在することを論証し、個人精神はこれにより成立するものとする（第九〜十一章）。だが、個人精神は単に社会精神を反映する器械として存在するのではない。それどころか、社会精神を体現し、時勢に応じて社会を進歩させるものとして存在するのであり、その最たるものが「天才」である。「天才」は、生物学上最終発達を遂げた神の如き存在であり、彼らは社会精神を実行し、個人精神を社会に反映させることによって、社会に活力を与える先覚者なのである（第十二章）。

さらにベルゲマンは、進化論の観点から、美的観念、良心、さらに倫理法則の進化について論じ（第十四～十六章）、教育方法としては、社会性と個人性を「綜合融和」（一九〇頁）することを提唱し、平等な初等教育を履修した上での、個人の能力に応じた教育の実施を主張している（一八六頁）。

以上のようなベルゲマンの思想は、教育論という観点を抜きにすれば、ヘーゲルの系譜に位置づけることができようし、「社会を離れて個人なし」とのフレーズにしても、例えばＡ・コントの思想に影響されたと見なすことができるかもしれない(72)。

だがここで大事なのは、少なくとも北一輝にとって、ベルゲマンの示した社会的教育学が、オリジナリティある魅力溢れるものとして受けとめられたであろうことである。なぜなら、北の『国体論』には、ベルゲマンの影響が濃厚に表れているからである。その影響は、北が「人は只社会によりてのみ人となる」というベルゲマンの言を引用しただけにはとどまらない。例えば稲垣訳では「極端過激なる個人主義」と「褊隘固陋なる社会主義」として対比される両主義（一五頁）は、熊谷訳では「偏局的個人主義」と「偏局的一般主義」の訳語があてられている（熊谷訳一〇頁）。北の「偏局的個人主義」および「偏局的社会主義」と用語の上で類似していることは明確であるし、その概念にも共通性があることは、これまでの議論からも明らかであろう。

そしてもう一つ見逃せないのが、これもしばしば北独自の論理と見なされる「天才」論である。北はベルゲマンと同様の意味で「天才」を定義した上で(73)、理想の社会主義の下では、先覚者たる「天才」の個性が伸張する結果、社会精神もまた進化し、その社会精神によって、すべての個人が「天才」になっていくと論ずる（『国体論』一九二～一九五頁）(74)。この過程の果てに、人類は「神類」へと進化を遂げるのであり(75)、社会民主主義はそれを実現するものとして提示される。そしてこの社会民主主義への積極的な期待という点を別にすれば、「天才」を神の如き存在としつつ、それを社会精神のなかに位置づけるベルゲマンと北との距離は、概念的にも用語的にも極めて近いことが理解されよう。[76]

しかしここで必要なのは、北とベルゲマンの類似点を取り上げてそれを強調することではない。北の着想の淵源がベルゲマンにあったことを確認した上で、ベルゲマンとは異なる北の問題意識を示すことがより重要である。まず、ベルゲマンの場合には、教会権力が個人を圧迫していた時代から、やがて個人主義が過度に重視される時代へと変化した状況を踏まえ、社会のなかに個人主義を包容することが大きな問題意識として存在していた。それゆえベルゲマンは、過度な個人主義を抑制することに重点を置いている。しかし北の場合、『国体論』冒頭「緒言」で明確に掲げた通り、現在の日本に必要なのは個人主義の発展のほうであった。[77]北は「羅馬法王」の時代、すなわちベルゲマンの描く中世の欧州（「教会的社会主義」）に、「国体論」が象徴する言論の圧迫、個人の抑圧という現在の日本を見たのである。そして、「偏局的個人主義の欧米と偏局的社会主義の日本」（一八五頁）として北が把握する日本は、しかし同時に、私有財産制度による「経済的貴族階級」の偏局的個人主義が蔓延する国でもあった。その問題意識の下に、私有財産制度の進化、すなわち「経済的維新革命」（土地・資本の国有化）による財産の平等が説かれるのである（三七七頁）。

社会を利益の主体とし、個人の私有財産を否定することは、[78]個人主義を主張することとは矛盾するようにも見える。しかし北は、思想言論の自由という意味での個人主義と、現に偏局的なものとなっている、私有財産制という意味での個人主義を区別して論じている。北の社会主義が否定するのは、もちろん後者の個人主義である。また北は、日露戦争を（社会進化に寄与する）自由の戦いとして評価しながらも（四三五頁）、[79]至高の存在であるはずの生命が、国家の手により「没収」されるという現実に着目している（四〇八頁）。個人の生命すら没収されるのであれば、(「上層階級」の）私有財産没収も肯定されるというのが、北の議論の骨子であった。[80]

つまり北は、個人主義侵害の事実に社会主権の実体を見て、そこから逆に私有財産を社会の側に引き寄せるという形で、個人主義と社会主義を接合しているのである。そしてその社会主義実現の主体となるのは、その生命を国家に捧げながら、平等な権利を得ていない「下層階級」であり、彼らが平等な普通選挙権を獲得することが、実現されるべき課題になるのである。国民にはそれを要求する権利がある。

前述の通り、ベルゲマンの目指すところは、社会進化に寄与する教育システムの構築にあり、そこでは、社会性と個人性を調和することが念頭に置かれていた。当然そこでは、政治経済的な側面は主要課題ではない。これに対し北一輝は、日本の現状を踏まえた上で、社会と個人の「調和折衷」を批判し、それを超越するものとして社会民主主義を提示した。[81] そこには言論の自由という個人主義の確保と、土地資本の国有化（社会化）による社会主義の実現という、個人主義と社会主義との接合および分断（個人の私有財産は否定）が見られるのである。これを導く過程が、『国体論』を独特なものとして成り立たせている。

さて問題は、河上が北の議論をいかに受けとめたのかということにある。北から贈呈された『国体論』を読んだ河上が、北のもとに「狂喜して来訪した」という証言もあるが、[82] 河上が公の場でこれに踏み込んで論じたのは、『国体論』第三編「生物進化論と社会哲学」が『純正社会主義の哲学』として再び世に出た機を捉えてのものであった。[83] ここで河上は、「神類」に代表される北の社会進化論を、興味と共感を持って高く評価する一方、「宗教乃至民主社会主義」に関する所見については、多くの異論があるとしている。[84] 北への評価はともかくとして、河上はどこに違和感を持ったのだろうか。

前述の通り、河上は社会政策一派の一員として北の批判対象にされていたが、北は河上に特有の問題も指摘していた。「無我愛」に象徴される河上の人道主義的な論理は、[85]未だ「神類」に達せぬ人類に、直ちに「神類」たることを求めるものであり、現実を踏まえた論理ではないというのがその批判であった（『国体論』二〇五頁）。人類社会はまだ、道徳論が有効な段階には達していないのである。

この批判に対する一つの解答を、河上は『国体論』への書込みという形で示している。北の見解は「凡テガ物質的」であるのが問題で、「世界ガ今日要求スル所ハ精神主義の社会主義論也」というのが、その要点である。[86]上述の通り、北は思想言論の自由を意味する個人主義と、私有財産制を意味する（偏局的）個人主義を区別した上で、後者を否定する社会主義論を展開したのであった。それにより、前者の正当な個人主義は社会主義と両立するが、社会主義論としては、土地・資本の公有による経済的平等主義を前面に押し出すものになっている。個人と社会が循環的に不断の進歩を遂げていくのが北の思い描く理想像ではあるが、河上は社会主義を唱える前に、まずは個人の改良が必要だと考えていた。社会主義の理想については共感を示しながらも、経済的格差の匡正を訴える社会主義を物質主義的と見なし、先決問題は「我利我執の今日の人類」を改良することにあると論じていたのは、その一例である。[87]北の社会主義論もその意味で、ほかの社会主義論と同じ限界を有している。河上の目にはそのように映ったのであろう。

河上が早い時期に社会主義への共感を見せながら、[88]その全面的な採用に至らなかった理由は、すでに多くの指摘がある通り、この物質主義への批判というのが主要な点であったろう。[89]さらにいくつか挙げるとすれば、社会主義者たちが分裂を繰り返し、スキャンダラスな私生活が耳目を集めていたことへの生理的嫌悪感、[90]社会主義者が主たる対象とする労働者問題よりは、農業問題・農民に関心が向かっていたこと、その農民は、欲望が少ないがため現状に満足しているのに、社会主義者が農民を「自己の不幸を自覚せざる憐れむべきもの」と扱うことへの批判、[91]また、国際的に見れば貧国である日本においては、国内での貧富の差は「タカの知れたもの」という認識、[92]労働力としての貧者の存在をある程度許容するべきとする見方[93]、また、生活難は（主に中産階級の）虚栄心や生活レベルの上昇が原因であるという意識[94]、その裏返しとして、河上が好んで用いた「造化の妙」への信頼感などを挙げることができよう[95]。

つまり、人格的に優れているわけでもない社会主義者たちは、いたずらに悲観主義を煽りたて、個人の物質的欲望を追求するが、そこには個人の修養という観点が抜け落ちており、所与の環境のなかに希望を見出し、そのなかでいかによく生きるかという大事な点を見過ごしている。それが河上の認識であった。河上が好んで用いた孟子の一節を借りるならば、「恒産なくて恒心なし」にはそれなりの真実があるが、「恒産あれども恒心なし」ともいえるし、優れた人格を確立すれば、個人は「恒産なくて恒心あり」にもなりうるのである[96]。それゆえにこの時期の河上は、社会主義に一定の共感を寄せつつも、個人主義と社会主義の調和を主眼とする社会政策に自らの立場を置いていたのであった。

さてしかし、北に立場の相違を覚えながらも、河上が『国体論』から大きな刺激を受けたことは間違いない。人類が「神類」に進化するという北のシェーマに何度か言及するようになるのはその象徴であるし[97]、「凡てのものは其のもの自身の滅亡を目的として存在する」という、事物の発展的解消を理想とする河上の論理も、この書評を機に形作られたように見える[98]。河上はこの書評の二年後（一九〇八年八月）に、戸田海市の推挽で京大講師に就任し、一九二八年まで続く京大での学究生活をスタートさせるが、河上の「変化」として捉えられる一連の論稿が発表されるのは、この後のことになる。その変化を『貧乏物語』を射程に捉えながら理解するためには、北の『国体論』で展開された社会進化論を踏まえる必要があるというのが、本書の視点である[99]。河上がダーウィニズムとしての進化論を早くから摂取していたことはよく知られているが、ここで注目する社会進化論的論理とは、やがて河上が「国体」を問うことにもつながる、抽象的かつ本質的な理念の進化についてである。それについて以下に述べることとする。

河上が社会進化論を明確に打ち出すようになるのは、一九〇九年、つまり『国体論』発禁から三年後、そして大逆事件の影響で『純正社会主義の哲学』が発禁になる前年に当たる年のことである。その最初のものとして取り上げうるのは、「法学士失名氏」名で『日本経済新誌』に発表した「ダルギンを憶ふ」である。[100]ここで河上は、社会的に受容されている進化論と、敵視される社会主義を対比し、社会進化論を前提とする社会主義が受容されていない点を疑問とするが、さらに議論は、社会進化論で社会科学を捉え直すことへと進む。

帰納法により「万古不変の真理」を発見しようとする社会科学のあり方に対し、河上は「世豈に万古不変の法則なるものあらんや」とし、「事物不定の理」を打ち出す。つまり「真理」も進化するのである。ここで河上は、道徳の本性は不変であるとし、すべてを社会進化で説明することには留保を付けているが、全体としては、「不変の真理」にとらわれることの問題点をより強調するものとなっている。

この論稿が匿名で発表されたこと、また、一カ月半前に同じく『日本経済新誌』に掲載された「実益主義を打破せよ」[101]では、事物の真理は作られるものではなく発見されるものであり、「進化することなし、万古に亘つて現在す」としていたことを考えると、この時期は河上にとっての社会進化論受容の過渡期だったと考えられる。そしてこの立場は、不変の道徳的価値を留保する違いはあるものの、北の『国体論』で展開された社会進化論と共通の意識を有するものであった。また、同時期に発表された「偉人論」[102]でも、偉人豪傑の試みの正否は、偉人その人の能力ではなく、社会を組織する個人の進歩が作る「風雲」（すなわち「時勢」である）にかかっていることを指摘するが、ここには、社会精神を基礎に置くベルゲマン―北に通じる意識が現れている。河上は、セリグマンの著書を翻訳した時点で、すでに同様の知見を得ていたと思われるが[103]、それは北の『国体論』によって、あらためて社会精神として意識されたのではないだろうか。

もう一度『国体論』に視点を戻し、この点をより正確に提示することとする。まず、北が説いた社会進化論が、良心や正義の進化を説くものであったことを確認しておきたい。『国体論』のなかで北は、社会の進化と共に良心が進化するという点を講壇社会主義者が無視しているとして、批判の矛先を河上に向けている。河上は、個人の経済的欲望には限りがないとして社会主義の物質主義を批判するが、それは人類が良心を進化させうる向上的生物であることを忘却した浅見に過ぎない。それが北の批判であった（『国体論』七三～七九頁）。そして北は、「普通良心」（一般的・普遍的良心の意）が、「社会国家の利益と共に個人の自由独立を最も尊重する所の普通良心として進化すべし」と論じ、それに続けて、ベルゲマンの「人は只社会によりてのみ人となる」を引き、これを社会主義の倫理的理想として規定する（八四～八五頁。ベルゲマンが「美」や「良心」の進化を論じていたことは前述した）。このように、良心の進化という枠組みは、『国体論』のなかで重要な位置を占めるものであった。理念の進化という意味では、ほかに「正義」の進化も論じられている（一一五頁）[104]。

以上のように、北の社会進化論は、経済や文明の進化だけではない、抽象的理念の進化をも説くものであった。そして、河上がこの時期から展開する社会進化論も、同じ射程を持つものであった。その後も河上は社会進化論的視点による論稿を次々に発表していくが[105]、これは、明治末期の河上の重要な転換点とされる「日本独特の国家主義」や「政体と国体」を支える重要な視座となっていくのである。

3　「日本独特の国家主義」、「政体と国体」――再び『貧乏物語』へ

河上の主張に、それまでとは異なる色彩が見られ始めていた頃、一九一〇年五月末に大逆事件の検挙が開始される。翌年一月には、かつて河上の「社会主義評論」を高く評価した幸徳秋水らへの死刑判決が下された。これを目の当たりにした河上が、言論の自由を縛る「日本独特」の国家主義や国体の問題に踏み込んでいくことは、すでに

周知のことに属する。[106] 本書が付け加えることがあるとすれば、河上の変化と継続性を踏まえ、『貧乏物語』に通底する河上の国家観および民衆観を析出することであり、北の『国体論』を踏まえ、その社会進化論的視座が、『貧乏物語』まで続く河上の重要な思想的論拠となっていたことを明確にすることである。

結論を先取りすれば、河上が日本と欧米の差異を踏まえ、日本の国家主義を批判的に捉えたのは確かであるが、河上はそこから、「分化的進化」を遂げた日本の発展方向を、単なる欧米の模倣に求めるのではなく、欧米の良質的個人主義を日本独特の精神性で摂取することに見出していき、それを『貧乏物語』の自発的奢侈抑制論という形で提示することになっていく。そこには、天皇の存在を民衆の意識に支えられた公共のものと見なし、民衆の意識こそが国益の消長を決定するという国家観、民衆観が存在していた。

以下、「日本独特の国家主義」、「政体と国体」を一体のものとして議論の中心に据え、両論文に関わる論稿を適宜参照する。[107] 主要な論点は、第一に、河上がこの時期に感じていた国家存亡の危機感、第二に天皇の位置づけおよび大統領制に見られる欧米の政治制度への評価、つまり国家と政治制度の問題、そして第三に社会進化論を踏まえた、日本の「分化」的進化という点にある。

まず、河上がそれまでの国家主義を変化させた重要な契機が、対外的な危機感にあったことについては、異論がないであろう。具体的にそれを見るならば、第一に国際的経済競争下における貧国日本への危機感、そして第二に、その要因となる日本人の精神性への危機感であった。

この時期河上が、日露戦後経営下の貿易収支の推移に一喜一憂していたことなどを併せて考えると、[108] 河上の念頭にあったのは日本を国際競争に耐えうる国家に導くことであったろう。同時期に書かれた『時勢の変』でも、機械の応用という進化を遂げた欧米に遅れを取っている日本の姿が描かれている。[109]

そして、その遅れを解消するために危機感を以て認識されたのが、日本国民の精神性であった。河上は、明治四〇年代を日本人の思想の転換期とする。国民的戦役であった日露戦争の勝利で、それまでの西洋文明崇拝が軽蔑へと転換し、復古的言説が手当たり次第に流布しているというのが、その変化である。それは、「民衆の底部より起りたる永続的の現象」であるという[(10)]。

ここには、「排外」的な時勢を、大きな問題として捉える意識の転換がある。なぜならば、この数年前まで河上が問題にしていたのは、「排外」ではなく「拝外」のほうだったからである[(11)]。その時点では日本人の欧米崇拝、つまり「拝外」が問題とされ、日本国民が自尊独立の観念を醸成することが必要とされていた。この点に関して言えば、変わったのは河上の立場ではなく、河上の目に映った国民であった。

この精神性の基底にあるものとして分析対象となるのが、日本独特の国家意識である。河上は国体論に踏み込み、欧米の政治制度を参照にしながら、天皇論、国家論を展開していった。「政体と国体」に見えるように、河上は、国体を政治の目的、政体を政治の方法と峻別するが（『全集』第六巻、九三頁）、ここで重要なことは、「国権」を、多数人の意思の結合と定義している点である。多数人すなわち国民である。ナポレオンであれ、ルイ一四世であれ、それを無視しない限りにおいて君主たり得たのであり、ナポレオンの没落は、民意への責任を放棄したがためと説明される（九九～一〇〇頁）。ここに、個人の活動を社会精神から説明する視点が存在していることが確認されよう。これを日本に置き換えれば、天皇を国民の意識に支えられたものと見なす含意を読み取ることができるが、その点は後述する。

さて、その国権の発動形態により、「政体」は、専制国と共和国などと分類できる。河上は、専制国と共和国を決定的に分けるものは、国権の最高「機関」に当たる治者を更迭しうるか否かの違いであるとするが、日本については、その中間に位置する立憲国と規定するほかは論じることを避けている（一〇二～一〇三頁）。

ところで、ここで示された「治者公選の制度」という論点は、「自由と強制」で展開されていた大統領制論と同じ趣旨のものである。[112]その論稿で河上は、強制を悪とし、絶対の自由を享受することを終極の理想とした上で、強制を自由へと転化する一種の装置として大統領制に着目している。大統領制は、自由意思によって治者を選定するものであり、国民は確かに「国権」の強制を受けるが、その淵源は結局国民の意思に由来する。英国の政党内閣制も、実際の主権を握る内閣を国民が選定する意味において、やはり同様の治者選定制度であるとされる。

これに対し日本の場合は、国民は自由意思で天皇の命に服従するがゆえに、大統領制よりも多くの自由を享受していると説明され、皇室への崇拝度が低い英国よりも優れていると説明される。つまりここでは、日本が最も自由であるとされているのであるが、これを文字通りに受け取ってはならないであろう。河上はここで、天皇に非自発的に従いながら実は大統領制を羨む「不忠の臣」が存在する可能性にあえて言及しているし、同時期には、イギリスの政党内閣制への興味をありありと示す論稿を発表していた。[113]強制力のみで国民を統合することを不可とし、強制を自由化する装置の必要を説く河上の真意が、大統領制や政党内閣制への高い評価にあったことは間違いない。

では河上は、大統領制や政党内閣制に日本の将来を託そうとしたのだろうか。ことはそう単純ではない。以上に述べてきたことを念頭に置きながら、河上が描く国家像、天皇像を確認することでそれを明らかにしたい。

河上は「日本独特の国家主義」のなかで、欧米を民主国＝天賦人権＝民賦国権＝権利＝自治、日本を国主国＝国賦人権＝天賦国権＝義務＝官治という図式で捉えた。[114]国主国たる日本では、個人に人格がなく、政治の目的は国家にある。「国家至上主義が一の民族的宗教」である日本では、この国家至上主義を非難できない。そしてそれが民衆一般の要求であり輿論なのである。

ここで個人は、それぞれ「国格」を代表することで認知されるが、その最たるものが天皇である。河上は天皇を、最も完全な国格を保有する存在とするが、それが意味するところは、天皇を「国家の公の利害の外別に個人としての私の利害を有し給はず」として、私人としての人格を一切有さない、最高の義務を負う、最高の公的な存在として提示することにあった。

このような天皇の位置づけは、崇神天皇の代に神宮皇居の別が起こったという『日本書紀』の記述への解釈と併せて読むことで、よりよく理解されよう。[115] これにより祭政一致が祭（神宮）と政（皇居）に分離したとし、分離の理由を天皇が神威を畏れたためと説明するのが当時の通説であったが、[116] 河上は政治的な面で「天皇氏」の「勢力」が他の氏族を圧倒したために、「天皇氏」の氏神に過ぎなかった「皇祖の神霊」までもが、氏族（種族）共同の神へと転化したと説明する。共同の神という宗教上の統一は、天皇による国家の統一と機を同じくして起こっているのであり、これは祭政一致なのだという。つまり形態的には分離していても、それは「天皇氏」による統一という意味で結ばれている。

この論は、日本における祭政一致の強固さを指摘したものと見なせるものである。[117] しかしそれ以上に重要なことは、河上が天皇を「天皇氏」という一つの氏族と見なし、その氏神が原理的には他の氏神と同列なものにありながら、やがて公共のものに転化していった過程を提示したということにある。それは自らの先祖である神（天照大神）でありながら、もはや「天皇氏」の氏神ではなくなるのである。[118]

河上の意図は、祭政一致の強固さだけではなく、歴史実証主義的に天皇の存在を問い、それを公的存在として捉え直すことにあったと考えられる。[119] 祭政一致の作られ方を論じることは、それを分析し、再構成する視座を有することを意味する。そして「日本独特の国家主義」で河上が提示したのは、「幼稚なる未開時代の宗教」である祖先崇拝という信仰が、「国家崇拝教」として「日本独特」の発展を遂げた時に現れる、民衆に支えられた公的存在としての天皇像であった。[120]

河上が「政体と国体」のなかで、思想言論の自由を圧迫する「国体論」に疑念を表明していたのは以下に見る通りであるが、河上の視座が向かうその本体は、天皇ではなく「人民一般の信仰」（『全集』第六巻、一一三頁）、すなわち国民の意思にあった。言論を束縛するものは、天皇自身の意思でも権力でもなかった。「国体論」を正当化するものは、社会の意思をつくりあげる、民衆の意思によるものであった[121]。河上は、「国体は万古に亘つて不変なりとするは非なり」とし、自由な言論の前には「信仰も国家も国体も真理の前には皆な批判の目的物」であるとするが（一一三〜一一四頁[122]）、これが前述した社会進化論的な眼差しによるものであることは、充分理解されるところであろう。

しかし河上は、日本が欧米より一段遅れた発展段階にあると単線的に理解していたのではない。「進化は即ち分化なり」（「日本独特の国家主義」『全集』第六巻、一一八頁）なのであり、そもそも建国の根本趣旨が違う日本が、欧米のような進化を達成することは不可能である。独特の進化（分化）を遂げている日本が、「西洋の個人主義を甘（うま）く同化」（一三五頁）することによって、新たな分化的進化を果たすことが河上の理想であった。

では、以上のような河上の思想的歩みは、「夢の国」論と『貧乏物語』にどのように反映されているのだろうか。それを明らかにして本節を終えることにしよう。

「夢の国」論と『貧乏物語』の相違点のひとつは、前者においては、生産力を握る富者と政治との関係が、より直接的に明示されているということにある。すなわち河上は、「夢の国」論の結論部分の前段で、「今日一国の生産力を左右する全権」を握り、「天下の資力、天下の労働を一定の事業に振り向ける力」を持つ者は、「皇帝でもなく、国王でもなく、大統領でもなく」、金力を持つ者であり、彼らが「国家社会の生産力」を身勝手に支配していることが問題だとしている[123]。それゆえに、「経済界に於ける諸侯」が生産力を天皇＝国家に奉還するという結論が示されるのであるが、ここで注目すべきことは、本来生産力を持つべき主体として、皇帝、国王、大統領が挙げられていることである。生産力の本質とは何か。河上は、「進化と分化」と題する講演のなかで、それが租税徴収権であると説明している[124]。「三井内閣、岩崎内閣」と「日本といふ大国家」の違いは、後者が租税徴収権を有し、強制的に資本を集中しうる点にあるのである。つまりは政治的権力の差異である。

したがって、「夢の国」論で提示された経済的奉還論は、個人の道徳的な当為によって、経済を政治に、社会を国家に、それぞれ結びつけるものとしての意義を持つものとなる。

そして、このような道徳的理想論は、来るべき社会進化の前提条件を用意する意味を持つ。なぜならそれは、権力による強制と個人の自由意思を、矛盾しない形で結びつけることになるからである。河上の文章を借りてやや卑近な例を挙げるならば、国が禁酒を強制する場合、国民が飲酒の弊害をよく理解し、飲酒をやめたいがやめられないという状態の下、禁酒の強制をむしろ歓迎するという自由的服従の条件がなければ、禁酒の強制は行われ得ないのである。[125]

以上のような、輿論となって現れる個人意思の問題は、英雄待望論と批判された『貧乏物語』においても、[126]短く、しかし深い意味を込めて言及されている。河上は、組織の改造よりも個人の改善を重視すべき理由として、経済組織改造には「豪傑」が必要だが、「先づ社会を組織せる一般の人々の思想、精神が変わつて来て居なければ、殊に今日の如き輿論政治の時代に於いては、容易に其制度なり仕組なりが変へられるものでは無い」ことを挙げ、「時の勢」で制度を改造し得たとしても、その運用ができない点を指摘していたのである（『貧乏物語』八四頁）。

この「輿論」は、『貧乏物語』を道徳的改造論に収斂させるキーワードとして重要である。最終的には「個人」の道徳的改造に収斂する同書の論旨は、社会を組織する一般の人々の思想・精神、つまり輿論一般の持つ力を意識して導き出されたものだったのである。河上は、輿論が時勢となった時に持つ力の強さ、つまり輿論が正義を作り上げるということに対して、後々まで敏感であり、それをめぐって神戸正雄と密かな論戦を展開したこともあった。[127]

だから、輿論の力を意識した河上の道徳的改造論は、経済組織改造論を封じられたがゆえの苦し紛れの論理ではなく、それ自体重要な意味を持つものであったと考えられる。『貧乏物語』の道徳的改造論は、高い精神性を持つ日本人に、欧米とは異なる「日本独特」の道徳的な改造を期待するものであったと思われる。なぜなら『貧乏物語』は、第一次大戦を境に生じた、日本人の精神面への期待感を背景に書かれたと考えられるからである。かつて日本人の「拝外」、そして次に「排外」を問題にした河上であったが、大戦がヨーロッパ文明の衰退を招くと見た河上は、「欧米先進国」とはあくまで物質的な意味に限定されるもので、精神的な文明としては、日本のほうが優れているという認識を打ち出すに至っていた[128]。したがって、『貧乏物語』の道徳的改造論は、高い精神性を持つ日本人が独自の道徳的な改造を実現しうること、つまり独特の「分化的進化」を遂げることへの期待が込められたものだったと考えられる。それが、『貧乏物語』のメッセージであった[129]。

以上述べて来たように、本節では、河上の『貧乏物語』を考察の起点に置き、平等という問題が、個人と国家の自由をめぐる緊張関係のなかで、どのような理想を以て語られていたかを論じてきた。『貧乏物語』で描かれた理想とそこから導き出された提言が、政府内に直接的影響を及ぼすことはなかったが、同書がベストセラーになり、社会に大きな影響を与えたことはさまざまな人物が証言する通りである。例えば華族の家に生まれた有馬頼寧は、富者としての自らの責任を重く受けとめ、社会活動に貢献していくことになる[130]。

では、神戸正雄にとって、『貧乏物語』はどのような意味を持つものであったろうか。神戸が『貧乏物語』を「近年の著書論文中、影響の最大なりしは、河上肇博士の貧乏物語ならんと存候」と評価していたことは、前に触れた[131]。しかしその評価の仕方は、真に独創的なものだとは言い兼ねるが、模倣や焼直しではない、という持って回ったような微妙なものであった。神戸によれば『貧乏物語』の独創性は、「古き考えを美はしき衣装もて、何人にも分り易く書き下したる処」にあるのだという。また、同書に対抗するだけの反対意見や、「巧妙なる衣装を持ちたる競争者」も未だ出ないことを遺憾とし、「局外中立的立場」の身としてその出現を期待するとしている。

ここで重要なのは、当時河上自身がすでに絶版としていた『貧乏物語』[132]に対し、神戸がその影響力を未だ強く認めていたことである。神戸は、自らを「局外中立的立場」と位置づけながら、自らの内に、河上と共通する思想を見出し、「巧妙なる衣装を持ちたる競争者」になることを目指していくつもりであったのかもしれない。

そして神戸は、河上が国家権力の本質に位置づけた租税制度を研究する学者として、税制改正という現実の政治過程にも関わっていくことになる（『貧乏物語』で河上がロイド・ジョージを高く評価したのは、彼が蔵相として養老年金実現のために増税を断行したからであった）。河上肇らが展開した議論は、当時の政治思想水準のひとつの到達点を示すものであり、神戸と同時代の思想空間を成り立たせているものであった。同時代の論者と比べ、神戸の議論はやや平板な印象を与えるかもしれない。しかしその折衷主義的立場ゆえに、神戸は新しい思想を吸収し独自の理論も打ち立てながら、現実の政治過程のなかで力を発揮することができたのであった。それはどのような思想形成過程の下に、どのように展開されるのであろうか。神戸は、自由と絡み合う強制としての租税制度を、どのように構築しようとしていくのだろうか。また、制度・政策における「平等」の問題は、どのように捉えられるべきであろうか。それを検討するのが、次節以降の課題である。

第3節　社会政策的税制論の展開と神戸正雄の税制論

1　社会政策学会と神戸正雄

戦前における日本の社会政策学会は、戦後長らく否定的に評価される傾向があった[1]。社会主義とは一線を画した同学会主流派（右派）の活動方針が、やがて社会主義者の大量脱会を招き、会としての活動実態をともなわなくなったことから、同学会は「公衆の魅力を失い、勢力を減じ、衰滅していった」という評価はその一例である。[2]

本書は、戦前期社会政策学会の全体像を論ずるものではないが、主流派（右派）と非主流派（左派）の中間に位置すると考えられる神戸正雄を論じることによって、社会政策学会の持っていた多様性と可能性の一端を示すことを目的としている。[3]　また、大正期に、税制のひとつの理念型として提唱された「社会政策的税制」が、社会政策との関係でどのように位置づけられていたかを考える上でも、社会政策学会の活動を把握することは必要である。以下、社会政策学会の歩みに触れながら、神戸正雄とそれを取り巻く人物の活動について論じる。

東大の若手研究者を中心にした社会政策の研究会が事実上の活動を開始したのは、一八九六（明治二九）年のことであり、翌年には社会政策学会をその正式名称と定めている。[4]　社会政策学会は、設立当初から社会主義との違いを明確に打ち出すことに腐心しており、一八九九年に発表した「趣意書」では、自由放任主義と社会主義の双方を否定し、「現在の私有的経済組織を維持し、其範囲内に於て箇人の活動と国家の権力とに依て階級の軋轢を防ぎ、社会の調和を期する」ことをその主義として掲げていた。[5]

ところで、そもそも社会政策論は、自由主義、個人主義への修正を図るものとして現れたものである。個人主義はすなわち「自己責任主義」[6]を意味する。したがって社会政策論とは自己責任主義の見直しを意味し、具体的な政策としては、適切な分配政策を主張するものとして出現した。ドイツ社会政策学会の立役者の一人であったA・ワグナーによる「われわれは、一般に、社会政策をば、分配過程の領域における諸々の弊害をば、立法および行政の手段によって克服しようとするところの国家の政策と解する」[7]という基本的定義は、日本の社会政策学会にも継承されていた。[8]　そして現存する国家による「国家の政策」という意味で、これら社会政策がしばしば「国家社会主義」（state-socialism）として言及されていたのは、前述の通りである。

　さて、社会政策学会の存在は、ドイツ社会政策学会に倣った学会大会の開催を機に、広く社会に認知されることになる。第一回大会は一九〇七年一二月に開催され、留学から帰ったばかりの神戸も早速これに参加している。以後しばらく大会は毎年開催され、神戸もこれに積極的に関わっていくが、本書は神戸に焦点を当てながら、大会での議論を概観していくことにする。[9]社会政策と神戸正雄はいかなる関係にあったのだろうか。

　第一回大会の主題は、工場法制定の可否を論ずるものであった。初日の討議で先陣を切った金井延に代表される通り、社会政策学会員の大勢は、工場法の速やかなる制定を求める立場にあった。[10]来賓者である日本興業銀行総裁の添田寿一は、以前から工場法の制定を唱えており、その点では学会員の大勢と立場を同じくしていた。しかし一方で添田は、実際の制定に当たっては「我が国情に適する立法」、すなわち旧来的な温情的主従関係を加味し、労資の調和を図ることが必要であるとの考えも示していた。この添田の見解は、ドイツ流の討論スタイルを日本に広めようと意気込んでいた福田徳三らにとって格好の反駁対象となり、福田、高野岩三郎、小野塚喜平次が次々に添田の意見を非難し、さらに添田が再反論するというやりとりが交わされた。

　この討論に割って入ったのが神戸正雄である。神戸の学会デビューは、「或意味に於て双方の説に賛成し他の意味に於て双方の説に反対する」という、彼らしい折衷主義からの発言であり、大工業への工場法導入を推進する一方で、小工業においては一定程度の温情的主従関係を認めるという説であった。[11]おそらく神戸は、いずれ淘汰されていくであろう小工業に関しては妥協を図ることで、大工業への工場法適用を推進しようと考えていたのだろう。[12]しかしいずれにしても、続いて発言した筧克彦に「私は折衷することが大嫌ひである」と暗に批判されるような意見であった。

　翌日に行われた神戸の講演は、労働問題に対する神戸の立ち位置をよく表すものである。[13]神戸は、ドイツの整然としたストライキを例に挙げ、それを労働者の正当防衛として認める一方、それが暴力的なものにならないよう、労働者の訓練と労働者自身による修練が必要であることを述べる。労働者の保護について述べる神戸の視点は、工場法をはじめとする直接的な保護にとどまらない。選挙権の拡大、失業者対策としての公共事業、移民の助成事業、さらには貧富の差にかかわらず同じ人間であることを意識させるものとして、徴兵制度を位置づける。それを実現し維持していくのは、企業であり社会であり、国家である。それらが一体となって労働者を保護することにより、労働者、企業、国家が一体となった発展がもたらされる。つまり、個人から国家までの集合体によってなる、公共空間の発展が意識されているのである。

公共の利益という観点から社会政策を位置づけようとする神戸の姿勢は、翌年の第二回大会での講演にもはっきり現れている。[14] ここでの主たる論点は、穀物関税の可否を労働者の立場から論ずることにあったが、神戸は社会政策を「労働者階級の利益の為めの政策」と定義するのは、狭義の社会政策でしかないとする。

神戸が是とする広義の社会政策とは何か。その定義は、「国家に属する社会諸階級の状態の上に国家全体の利益より見て必要なる影響を直接に及ぼさんとする政策」である。つまり、労働者のみを対象にするものではない。ここから導き出される主張は、穀物関税が労働者の利益を損なっていることは事実であっても、国の政策としては農業者の利益も考慮する必要があり、もし労働者のために関税を撤廃するのであれば、それに代わる農業保護の方策もまた必要になる、というものになる。

この神戸の議論に着目した大陽寺順一は、全体利益を強調する神戸の論旨は、ドイツ歴史学派の輸入と模倣が支配的であった（日本の）社会政策学会にあって、ドイツ社会政策論の展開に対応する新思想の萌芽であると評価している。[15] 河上肇が「農業保護策としての外米課税」で、農業と商工業の利益を「折衷」するよう説いたのもこの第二回大会のことであった。神戸も河上も、全体利益という問題意識を共有していたことが理解できよう。

金井延ら「第一期」世代の社会政策論が、全体利益への考慮を欠如させていたわけではない。それはむしろ当然の前提であり、出発点であった。だが、それが社会政策論として主張される場合、社会主義とは異なる自由主義修正としての分配論が際だつことになる。

これに対し、より若い世代である神戸、河上は、社会主義にはより柔軟な姿勢を見せる一方、分配論としての社会政策を相対化し、問い直そうとする志向を見せていたと考えられる。しかしながら、分配政策としての社会政策からの脱却が、社会政策論の主要課題として意識されるようになるのは、福田徳三による社会政策の「第二期」宣言以降のことである。[16]言うまでもなく、そこでの主役は神戸ではなかった。

神戸の思想が体系化された社会政策「論」として充分な発展を遂げず、会の主流派にもならなかったのはなぜだろうか。その疑問に答えるとすれば、第一に、抜き難い神戸の折衷性を挙げうるだろう。社会政策学会における神戸の立場は、議論全体の中間的な立場を取る傾向があった。神戸の学会デビューにおける発言は、その折衷性を端的に表すものである。そして農業も商工業も大事であるとする全体利益の強調は、総合性を持つと共に、その主張を折衷的なものとしていた。また神戸は、全体利益を担う主体となるべき官僚や政党に対しては不信感も見せていた。[17]こうしたことが、神戸の主張をとりわけ漸進性が強いものにしていた。

また第二に、神戸には社会政策「論」そのものを発展させようという志向が見られなかった。河上肇の場合、社会政策と社会主義の共通性を強調し、やがて社会主義に重心を置いた。福田徳三は、社会政策に固有の哲学を追い求め、生存権を主眼とする社会政策論を展開していった。それに対し神戸は、（狭義の）社会政策を、生産政策とは区別される分配論であると規定し、全体利益の観点から考慮すべき相対的要素の一つとして位置づけた。[18]この立場では、社会政策「論」を発展させる契機が存在しない。神戸の社会政策論は、種々の立場を総合的に考慮しつつ、国家の政策の一要素としての社会政策を説くものであり、結局は折衷主義の色彩に規定されたものであった。これは、社会政策論が本来の神戸の専門ではないという意識も影響していただろう[19]。

第三に、京都大学＝京都という地域性の問題である。社会政策学会は発足以来事務所を東大に置いており、学会は東京を活動の本拠としていた。神戸や河上ら京大系の会員が、大会に出席するたび、〝わざわざ京都から〟来訪したと紹介されていたのは、この距離感の端的な表出である[20]。やがて彼らは、京大法科の経済系学者を中心とする学術雑誌『経済論叢』を創刊し（一九一五年七月）、神戸を創設委員長とする京大経済学部の新設（一九一九年）を経て、東大とは一線を画する独自の中心点を作っていく[21]。その後、社会主義受容をめぐる路線対立が学会の内紛を惹起するようになると、対立の一要因であった河上肇だけでなく、神戸正雄、河田嗣郎も共に、社会政策学会への脱会届を出すことになるのであった[22]。

以上のように、社会政策学会員としての神戸は、理論的に顕著な功績を残したとは言い難い。しかしその折衷主義的立場――漸進的「進歩」性――は、学会を代表して、協調会や救済事業調査会などの政府系機関に参加することを可能にするものでもあった。こうした政治的実践面での活動は、神戸に重要な経験を与えるものとなるが、それについては、第一次大戦後の活動を検討する際に触れることにする。

次に本書の分析は、社会政策的税制論の展開と神戸正雄の税制論との関係を明らかにすることへと移る。社会政策的税制論は、社会政策学会が初期の議論をリードしたものであった。学会で中間的立場にあった神戸は、この税制論に対して、自らの租税論をいかに対置させていくのだろうか。それが次に分析すべき課題である。

2　社会政策的税制論と「平等」――小川郷太郎と田中穂積

本書では、「社会政策的税制（論）」（社会政策的租税論）を、租税政策を社会政策の手段として用いること、あるいは、租税政策に社会政策的な志向を導入することと定義する。それは具体的には、租税体系全般における社会政策的税制――例えば細民重課の性格が強い税（特に間接税）を廃滅税するなど――と、各個別税における社会政策的税制――既存あるいは新設の税に累進税、免税点、勤労所得軽課などを盛り込むもの――との二通りの道筋を用意するものである。一九二〇年代において、税制改革の際に社会政策を加味することが、ひとつの「政策象徴」になった状況については、先行研究がすでに指摘している通りである。[23]

もちろん、社会政策的税制論を特徴づける累進税などの方策は、成立の根拠を社会政策論に負っているわけではない。例えば、A・スミスが説いた租税の公平＝比例課税原則を批判し、平等な税負担感＝犠牲の均等から、租税能力に着目した課税最低限の設定と累進税率の導入を適用する素地を作ったのはJ・S・ミルであった。[24]そして社会政策的税制論の理論的支柱となったA・ワグナーの税制論は、このミルの視点を社会政策的見地からより徹底化するものであった。日本の社会政策学会で論争になったのは、直接的にはこのワグナーへの評価の差異であり、間接的には社会政策的税制論の持つ性格・意義の曖昧さを反映するものであった。

具体的な検討を進めたい。一九一五年一〇月に開催された社会政策学会第九回大会は、「社会政策より見たる税制問題」を討議題目に掲げた。[25]これが、社会政策的税制論が本格的に議論されるようになる端緒であった。[26]討議は、税制に社会政策概念を導入すべきでないとする田中穂積（早大教授）と、積極的な導入を図るそれ以外の会員との明確な対立となって現れ、その後の論争に発展する。[27]田中の社会政策的税制反対論は、競争の結果としての合理的不平等を匡正するのは正義の原則に反すること、富者を貧者の状態に引き下げるのではなく、貧者のレベルを引き上げるほうが重要だということ、生産の進歩を阻害すること、の三点を論拠にしていた。もともと田中は社会政策そのものには必要性を認めていたし、税が収入以外の目的を併せ持つこと（例えば保護関税）にも肯定的であった。[28]その立場は、この第九回大会でも同じであったが、その上で田中は、租税と社会政策を結びつけることに明確な否定を与えたのであった。また田中は、社会政策的税制論が重視する累進税には明確な賛意を表明していたが、これは負担の公平という意味で正当化されるものであり、社会政策的税制論の観点から説明されるものではないという立場を取っていた[29]。

田中に続く報告者である小川郷太郎（京大教授）は、社会政策と負担の公平は矛盾しないし、累進税を認めるのならば、あえて社会政策的税制論を否定する必要がないとして、具体的論点には踏み込まなかったものの、田中の主張を真っ向から否定した。その夜行われた会員討議では、田中が欠席したこともあって、社会政策的税制論の必要性自体は当然の前提として議論にならず、それをどう実現するかについて、小川を中心に議論が交わされている[30]。

大会終了後、田中穂積の論点に踏み込んだ批判を行ったのは、上田貞次郎（東京高商教授）であった。上田は翌年の社会政策学会大会で、ワグナーの社会政策的税制論を全面的に肯定する立場から田中を批判した[31]。田中が社会政策の必要を認める以上、貧富の懸隔を税制で調整することは正義に反しないし、社会政策の実施は国民全体の発展につながるゆえ、生産政策には反しない、というのが上田の反論であった。これには田中もすぐに再反論を行っているが、両者の立場は平行線をたどった[32]。

そしてさらに小川郷太郎は、この後一九二〇年代にかけて、ワグナーをより先鋭化させた社会政策的税制論を展開していく。その代表的論文「社会的租税政策の根本理論」で小川は、分配の不平等矯正を根本思想に持つと定義する社会政策の機能を、貧者（念頭に置かれているのは労働者である）の生活保障、富の集中制限に求める。次いで財政目的と社会政策目的を峻別して論じたワグナーの論を一歩進め、社会政策的税制が財政目的も兼ね備えるものだという視点を打ち出している[33]。これは、包括的な社会政策的税制論の体系化を意図したものであったと考えられる。

上記の論文を発表した直後に編纂した論文集のなかで、小川は彼の理論をより具体的に提示している（第一編「総論」[34]）。ここで小川は、社会政策をまず二種に分類する。一つは労働者の利益を擁護する「普通の社会政策」、いま一つは、所有権を制限し富の集中を緩和する「財政的社会政策」であり、社会政策を財政の観点から定義するものであった。「財政的社会政策」の骨子は、官業の拡大と社会政策的租税にある。つまりは租税で富を再分配しつつ、官業と租税の収入によって「普通の社会政策」の実行を可能たらしめるという図式である。

もちろん、小川が重視するのは「財政的社会政策」のほうである。ここにおいて社会政策的税制論は、社会政策の一手段としてのみならず、財政収入により社会政策全体を支えるという存在意義を持つことになる。だから小川は、資産階級重課の租税政策を強調する一方で、収入減をもたらす消費税の廃減には慎重な姿勢を示していた(35)。歳入という側面に注目することにより、分配政策という社会政策の既定路線を、財政・税制を含むものとして発展させようとするのが、小川の財政的社会政策論であり、社会政策的租税論だったのである。

そして政治史の観点からより重視すべきことは、小川に代表される社会政策的税制論が、早速現実の政治過程で問題とされたことであり、また小川も衆議院議員としてその政治過程に参入していたことである。すなわち寺内正毅内閣における一九一七年の税制改革案は、社会政策的税制を標榜したものであり、本書はこれを社会政策的税制論の政治過程化の始まりと位置づける(36)。ここで社会政策的税制論は、増税（戦時利得税・所得税）と廃減税（通行税・石油消費税廃止）という、純財政的見地からは矛盾する税制改革を正当化する論拠として用いられた。勝田主計蔵相は、累進税をより徹底化するという意味で増税も社会政策的であり、（社会政策の実施である）廃減税とは何ら矛盾しないと主張していたのである(37)。

この時原敬は、自分の警告を無視する形で通行税・石油消費税の廃止案賛成にまわった新政会の動きを、専ら政局の面から理解することになるが（後述）、新政会をかかる態度に導いたのは、会の所属議員であった小川の存在が大きく影響していたと考えられる。小川はこの第四〇議会には新政会の政務調査会理事・予算委員として臨み、税制問題の扱いを最終決定した新政会の会議にも出席し、案文起草委員となっていた(38)。社会政策的税制論を唱え、それを発展させるべく奮闘していた小川が、社会政策を謳う税制改革案に賛成するのは自然な流れであったといえるだろう。

小川はこの後も社会政策的見地から彼独自の税制論を展開していくが、本書ではこうした社会政策的税制論の推進派に加え、田中穂積に代表される反対論に注目したい。社会政策学会内の「時勢」とも言うべきこの税制論に反対した田中は、守旧派と片付けられるべき存在であろうか。実のところ、社会政策的税制論に早くから着目し、限定的ながらその適用を認めていたのは田中であった。そしてまた、社会政策的税制論にいち早く疑問を投げかけたのも田中だったのである。

田中を社会政策的税制論への明確な反対論に導いたもの、つまり推進派との違いは何だったのだろうか。まず、前述した田中の主張から導かれる説明は、正義＝公平＝平等をめぐる認識の違い、換言すれば自由主義に対する評価の違いである。そしてもうひとつ重要なのが、国内における貧富の懸隔と国外での経済競争のどちらを優先するか、どちらに危機感を感じるかの違いであった。それについて、以下に説明する。

田中穂積の主張の特質を見るため、まずは彼がかつて累進税を否定していたことを確認しておこう。田中は最初の主著『財政学』[39]において、ワグナーの見地に立った財政学を発展させることを宣言し（同書一四頁）、「社会政略派」としてのワグナーの租税原則を高く評価している（二九頁）。その一方で、ワグナーをドイツ講壇社会主義の一派、すなわち社会主義者として扱い、人為によって平等な分配を達成してもまた新たな貧富の懸隔を生ずるがゆえに、ワグナー的な分配論を否定すべきものと見なす（三二九頁）[40]。つまりこの点ではワグナーの立場を行き過ぎと見ている。

それと同時に田中は、租税を社会政策の手段として使用すること自体は認める。貧富の懸隔は社会上の大問題であり、これを解決することは、国家を強固にするためにも必要だからである。その上でしかし、田中は累進税を否定する。自己の勤勉によって蓄積された富を収奪することは、正義の観点から問題であるし、累進税率の設定方法も杜撰さを免れ得ない。仮に累進税を認めるならば、税率に上限を設ける以上（設けなければ社会主義になるとして、田中は上限を必須とする）、上限以上の負担を適用されるべき大富豪の負担は軽くなり、中産階級の負担が増すという問題が生じてしまう。中産階級から見れば、累進税は上層階級との懸隔をより助長するものになるのである。だから田中は累進税を認めず、社会政策的観点から是認する相続税にも、比例税を適用すべきと論じている（四一六～四一八頁）[41]。そしてこれが田中の認めうる社会政策的税制論の限度であった。

同書における田中の立場は、社会政策的税制論の限定的認容、累進税の否定、中産階級保護の重視、とまとめられる。ここで言う社会政策的税制論は、貧富の懸隔をある程度緩和することを認めるものであるが、ワグナーのような積極的分配論は、社会主義の同一線上にあるものとして否定されている。その後田中は、平等犠牲説から累進税を位置づけたセリグマンの教えを受けたこともあってか、累進税容認論へと転ずる。しかしそれでも、政府が恣意的な基準で私有財産に影響力を及ぼすことの疑念は、田中に根強く残っていた[42]。小川が社会的税制論と並んで、その財政的社会政策論の中核に据えたのは、専売・官営であったが、田中は例えば政府の市場介入による米価調節策を、「濫りに公力を以て」行う国家万能主義だと批判し、自由経済に国家が介入することには批判的であった[43]。

そして、田中と小川の違いは、日本が優先すべき課題が、国内の分配問題なのか、国際的経済競争なのかという違いでもあった。社会政策的税制論の実行は、資本の集中を妨げ生産力を減少させると主張した田中の論を、小川は生産偏重主義として批判した[44]。田中の論は、かつての日本においては、正義観念に適ったものだったかもしれない。しかし、「国富漸く大にして産業亦頗る発達し貧富の懸隔極端」という今日の状況においては、貧富の懸隔矯正こそが時代精神に適ったものである。小川はそのように主張したのであった。田中の立場はこれとは逆に、国際的経済競争を重視するものだったと解せよう。

では、社会政策的税制論をめぐるこうした立場の違いは、神戸正雄にどのように意識されていただろうか。以上に述べてきた田中と小川の差異を念頭に置きながら、神戸の税制論を分析していきたい。

3　社会政策的税制論と神戸正雄——すべてをつつむ給付能力説

神戸正雄と社会政策的税制論の関係を考える上でまず指摘したいのは、社会政策的税制論が論題となった社会政策学会第九回大会（一九一五年一〇月開催）に、神戸が不参加であったことである。不参加の理由はいくつか考えられる。自身の留学を契機に社会政策学会大会との関わりを弱めていたこと[45]、『経済論叢』の刊行が緒についたばかりであり、神戸が多忙であったこと[46]、そして結論を先取りするならば、以下に見るように、神戸が社会政策的税制論から距離を置いていたことが要因だったと思われる。

神戸が、分配論としての社会政策を、生産政策などほかの要素と並んで考慮すべき相対的要素として捉えていたことはすでに触れたが、税制論においては、社会政策的要素をより明確に副次的要素として位置づける姿勢が見て取れる。田中のように社会政策的税制論を正面から否定するのとは異なるが、小川のようにそれを積極的に位置づけたわけでもない。そこに見られるのは両者の折衷形態ではなく、給付能力説に基づいた租税理論の展開である。

神戸のこうした立場をよく表しているのが、社会政策的税制論の是非が問われているなかで発表した論文「消費税ト社会政策（統一的支出税ノ提案）」である[47]。ここで神戸は、租税の主たる目的は財政収入であるとし、社会政策は生産政策などと同様の、租税の副次的目的としてその存在を認める。しかし、租税による貧富懸隔の緩和あるいは財産没収などは、「社会政策の領域を超えるもの」として否定している。つまり、小川に代表される社会政策的租税論とは異なる意味において、社会政策的観点を認めていたのであった[48]。また、累進税の根拠については、平等犠牲説の観点に基づくセリグマンの説明で納得しており、社会政策的根拠が累進税の副次的根拠に過ぎないことは、神戸にとってすでに解決済みの問題であった[49]。

神戸が租税原則の核に据えるのは、社会政策的観点でもなく、また単に財政収入という観点だけでもなく、それらを統合する原則である給付能力原則である。この原則に適合することが、財政収入、道義的原則、生産政策、そして社会政策といった諸要求の実現をもたらすと説明される。

給付能力が指し示す概念は多義的であるが[50]、神戸が用いるこの概念は、極めて広範囲な射程を持つものである。かつて神戸が師事したシャンツは、純資産増加説に基づいた包括的所得概念の定義に先鞭をつけたことで知られているが[51]、神戸はシャンツの所得定義を前提にしつつも、給付能力を所得ではなく、支出で把握すべきことを早くから提案していた[52]。

所得は確かに外見上の給付能力（「総給付能力」）を表すものである。しかし、その所得を生産資本に活用する場合と、単に享楽（生活費）に用いる場合とでは、給付能力が異なるというのが神戸の説明である。つまり、所得を無駄に支出する者は給付能力が高いということになる。それゆえに、実際の給付能力（「純給付能力」）は、生活費＝享楽費の大小で測定されるべきものとなる。これは、享楽を制限して有効な投資を促すことで「大生産大資本」を保護・育成する意図を持つものであり、「社会事情の改善よりも国富の増殖の為めに一層の精力を注ぐことを要する国情」という認識を背景に持つものであった。

したがって具体的な税制論においては、真の給付能力を把握し得ない所得税の限界を指摘し、それを代替し補完する税のあり方に意識が向かうことになる[53]。論文「消費税ト社会政策（統一的支出税ノ提案）」に考察の視点を戻すと、神戸は、外見上の給付能力のみを捕捉する所得税に代え、実際の給付能力を生活費で測定しうる一般支出税の導入を主張している。それは資本の蓄積という生産政策に適合するだけでなく、奢侈品の需要減をもたらすことを意味する。その結果、資本が生活必需品の生産へ向かえば、生活必需品も廉価になり、結局は社会政策にも適うことになる。奢侈品製造に従事する労働者が一時的に失職したとしても、一国全体の資本が増加することで、より大きな就業機会が生まれるのである。

奢侈品の需要減による生活必需品の増産、というこの論理展開は、同時期に連載が開始された『貧乏物語』と同様の性格を持つものである[54]。しかし神戸は、貧富の懸隔を租税による再分配で直接矯正するのではなく、また富豪の道徳に期待するのでもなく、生産政策に適った租税を導入することによって、間接的に貧富の矯正を図ることを志向したのであった。

また、ここで神戸が主張した統一的支出税は申告制であり、過少申告を防ぐために各家庭への立ち入り調査を前提とするものであった[55]。これは租税の徴収に国家の強い権限を認める点で、次章で述べる財産税とも共通する特徴を持っている。やがて神戸は、統一的支出税の実現が困難であると認めるようになるが、所得税の限界と奢侈品への課税という問題意識は、財産税に引き継がれていくことになるのであった。

ところで神戸の税制論は、田中穂積のそれとよく似ているように見える。給付能力説と平等犠牲説は対立するものではないし、分配よりも生産を重視する理論という点で、神戸と田中は非常に近い外観を有している。さらに、社会政策的観点を租税の主たる要素とはしない点で両者に近似性があるとすれば、田中と神戸の議論を同列に扱うことが可能かもしれない。

しかし両者を明確に分かつ点は、社会主義的なものへの親近感の差である。田中が社会政策的税制論に否定的であったのは、それが社会主義の同一線上にあると見たからであったが、これに対し、神戸が社会主義に一定の親近感を持っていたことは前述の通りである。それはむろん税制論にも反映されており、税制による私有財産制限を社会主義的だとする非難に対しては、社会主義的な風潮は「全歴史的発達の指示する所にしてむしろ避くべからざるもの」、「寧ろ現代にあつては益々其必要を感ずと断言せざるべからず」と明言していた[56]。さらに、納税による公共心の育成は、「非資本家主義なる平和的の国家組織を作らうといふ希望」に適うともされていた[57]。社会政策的視点は、「副次的要素」であれ必要なものだったのであり、それは社会主義を否定する論理とは無縁のものであった。

そして、神戸があくまで給付能力によって税制論を展開していたことは、社会政策的税制と社会主義の関係についての説明をも副次的な要素とすることを意味していた。もちろん神戸はそのことに自覚的であった。「社会政策的見解よりして社会主義的又は共産主義的結果に陥る危険はあるが給付能力の解釈よりして斯の如くになることは断じてない」という一節は、これをよく表すものである[58]。

また、神戸と小川郷太郎の関係についても、重要な点で一致と相違がある。すでに見たように、小川が説いた財政的社会政策の重点は、労働者への分配という歳出政策以上に、税制によって資本家の富を国家に集中させるという歳入政策のほうにあった。そこでは当然、国家が私有財産に関与することが正当化されている。生産政策を重視する田中はこれを否定したのであるが、神戸は生産を重視する立場から、資本家（上層階級）に対する国家の関与をむしろ正当化する。

ある論文のなかで神戸は、「国家が全体利益の標準に従ひ社会階級間の関係を調整する」という自身の社会政策（広義）の定義を再確認し、それゆえに、社会政策は上層階級も対象にすべきものであると位置づけ、以下のように説く[59]。

そもそも富には、個人の能力による蓄積と社会の進歩にともなう蓄積とがあり、社会の進歩にともなう所得は、本来社会に属するものである[60]。その私有が認められるのは、社会が個人に委任しているからである[61]。したがって、財産を社会から委任されている富者には社会的責任があるが、現実には、富者は中庸をわきまえず、奢侈による悪風を蔓延させている。必要なのは、奢侈に費やされる富を、生産資本と公共的消費（納税と寄付）に充当することであり、そのためには、富豪が自発的に質素な生活をし、資本増強と寄付に力を尽くすことが緊要となる。

さらに「唯だ自我を伸ぶるが為めに他愛を行へ」と河上肇を思わせるかのような道徳論を展開する神戸は、そのために社会教育が必要であることをも説く。だが、こうした理想論の限界を神戸は認識する。そこで必要になるのが国家制度としての租税であった。神戸が国家による「指導助成」として提示するのは、奢侈的消費に対する租税の新設・重課、営業税軽減、慈善的事業への所得税軽減であり、そのことによって、富者の思想を望ましい方向に導こうとするものであった。

このようにして、神戸は給付能力概念を出発点としながらも、社会政策的税制論と共通する面を持つ税制論を組み立てたのであった。しかしまた、官業の拡大には否定的であったことからもわかるように、神戸が国家に与えた役割は、小川に比べ限定的であった。神戸は国家財政の膨張には否定的であり、国家の関与という点についても、まずは民間の自助努力を優先し、その不足を国家（政府）が補足するという二段階論を取っていたのである(62)。神戸は以上の認識の下に、国際的な経済競争において、日本という国家が伸張していくことを目指しつつ、国際協調路線を打ち出していく。国家財政の膨張を否定するのであれば、軍拡抑止が必要となり、そのためには国際協調主義の下での経済競争が必要となるからである。

以下、その点にも触れながら、第一次大戦前後を中心とする神戸の国際政治観および平等観の変化を取り上げ、大戦後の社会評論家的活動、実践的な政治との関わり、そして森戸事件を経て、財調臨時委員就任へと歩んでいく過程を描くことにする。

第4節　社会評論と政治的実践――第一次大戦前後の神戸正雄

1　第一次大戦期の政策論

神戸正雄が第一次大戦勃発の報に接したのは、留学先のパリでのことであった。神戸は戦禍を避けるべくイギリスに逃れる。同じくドイツからイギリスへと避難した河上肇がそうであったように、神戸も『太陽』誌上で、欧州の状勢を伝えていた。そのなかで興味深いのは、神戸がドイツによる開戦を軽挙に基づくものと判断し、ドイツの敗戦を早々に予見していた点である。戦端を開いたドイツには大義がなく、たとえ一時的な勝利を収めたとしても、他の欧州諸国の反攻の前にいずれ敗れることになると神戸は見ていた[1]。

日本についてはどうだろうか。少なからぬ者たちがそう見たように、神戸はこの大戦を日本経済発展の好機と捉えた[2]。祖国日本に思いを寄せつつも、経済的にも精神的にも未だ欧米には遅れていることを慨嘆していた神戸にとって[3]、大戦がまさに千載一遇のチャンスとして現れたことは想像に難くない。

しかしだからこそ、神戸は日本が国際協調の道を歩むことを求めた。もともと神戸は、日露戦争での勝利は、武力の優勢さを示したに過ぎないと認識しており、日本が総合的な国力を蓄え、真の「一等国」となっていくためには、軍事費に代表される不生産費の抑制が必要だと考えていた[4]。したがって、日露戦後の各国との関係では、対立感情が激しくなっていたアメリカとの協調を唱え（満洲中立化）、韓国併合については、財政上の懸念と、清およびロシアへの刺激という観点から疑念を表明していたのであった。だから神戸は、日本が第一次大戦に参戦し、ドイツ領であった膠州湾を占領すると、中国の領土保全のため、それを返還することを提言した[5]。そこで念頭にあったのは「白人共同の分家」であるアメリカであり、アメリカの反感を買えばすべての白人を敵に回すというのが返還論の根拠であった。[6] 神戸にとって白人すなわち欧米とは、「非常なる大敵であり終極の友人」という世界観の下に捉えられていた。[7] 中国に対するいわゆる二十一カ条要求に関して、日本の要求が貫徹されなかったのを是としたのも、中国自体との関係よりは、「列強共同の敵」となるのを避けんがためである。[8] 神戸の国際協調論は、極めて現実的であった。

また神戸は、総力戦という大戦のインパクトを踏まえ、今後の日本が進むべき針路を、①重武主義から重文主義―総力戦を踏まえた文化力と経済力の重視、②商工立国―外米の積極的利用、③国内一丸となった輸出態勢―対外カルテルの結成、④経済組織の中央機関の設立、などに見出した。[9] その政策論の本質は、合理的な精神に裏打ちされた、大量生産、大量消費社会を是とする経済論である。[10] 神戸によれば、現在の日本には貧富の差がなく、問題は生産能力が劣っていることであるという。[11] したがって国民は、生産力拡充のため、衣食住のあらゆる面で、経済効率のよい規格化された生活を過ごすことが求められる。遊び疲れにより労働効率を減殺するとして、日曜日廃止論を唱えたのもこの延長線上にある主張である。[12]

こうした禁欲的な論調が、神戸に根強いものであったことは、これまで取り上げてきた神戸の論説からもうかがえる通りである。それはヴェーバーが、「所有物の無頓着な享楽に全力をあげて反対し、消費を、とりわけ奢侈的な消費を圧殺」し、「必要な、実践上有用なものごとに所有物を使用することを求めたのだ」[13]として描いた、かの歴史的存在としての禁欲的資本主義を思わせるものである。ここでは、各所で現れるこの禁欲論的色彩が、後述する神戸の税制論とりわけ財産税の主張にも濃厚に現れるであろうことを示唆するにとどめる。

この時期の神戸の経済論にはこれ以上深く立ち入らないが、その後も神戸は、好景気に湧く日本を「夢の如く来たものは夢の如くに消滅するもの」[14]と警鐘を鳴らしつつ、日本の経済政策について論じていった。そして大戦が終結を見ると、神戸は社会問題に関する評論と実践的な活動に関わっていく。次にそれを検討することとしたい。

2　平等論の変化

第一次大戦前後には、新たな時代を感じさせる多くの雑誌、特に社会問題を総合的に扱うものが創刊されたが[15]、神戸はこれらの雑誌で、積極的な執筆活動を展開していた。

そのなかで、大戦後における神戸の姿勢をよく伝えるのは、創刊間もない『改造』における論説「平等観を以て新社会を造れ」である[16]。ここで神戸は、国内においても国際関係においても、平等主義が大勢になっていることを指摘する。もっともこの平等主義とは、相対的な意味でのそれであり、絶対的平等主義ではない。国内においては言うに及ばず、国際関係においても、相対的な平等が意識されているに過ぎないのである。

具体的に言えば、白人と有色人種間の平等は理想であっても、白人の差別感情を取り除くことは困難である。国際連盟の成立も大国を徳義上拘束するものに過ぎず、資源も資本力も乏しい日本は、英米二大国に圧迫される危険性がある。したがって日本は、自力によって「差等待遇問題」を解決し、国際的地位を向上させなければならないのである[17]。

しかし、と神戸は問いかける。実は頑迷な差別主義を取っているのは日本人自身ではないのか。日本人は白人の人種差別待遇を難ずるが、

「日本人自ら其隣人並に属領地人たる支那人朝鮮人に対して差別的態度を持つではないか。其ればかりでなく、国内に於ける特殊部落民に対しても大なる差別観を懐き、更に華族と平民とを差別扱し、労働者や婦人を劣等視して居るではないか。其れでは到底我の主張に威力があり得ない。自ら品行の修らざる者が他人の不品行に

つき勧告したとて、其に威力のないと同様である。吾々は此点につきても大に反省を要すると思ふ」そう神戸は指摘する。

それゆえに神戸は、「人格を尊敬」することを基本スタンスとし、朝鮮人、台湾人への参政権付与、中国に対しては、関税改正、領事裁判権撤廃、駐屯兵の撤去、中国人移民の受容（日本人の対米移民とパラレルな意味を持つ）、日本国内においては、被差別部落問題の解消、華族制度の廃止、治安警察法第一七条廃止（労働組合による同盟罷工の容認）などを具体策として列挙したのであった。

神戸がこのような主張をするようになった背景には、一九一六年に台湾を視察した際の印象が強く影響していたと思われる。この視察について述べた論説のなかで、神戸は日本国内（内地）の貧富の懸隔については、従来通りあまり問題にはしていない[18]。しかし台湾においては、機会均等が実現されず、貧富の懸隔が存在することに強い衝撃を受けている。それはつまるところ、内地日本人による少数者の専横であり、彼らのみが特段の地位と利益を得ていることに問題がある。神戸は朝鮮にも同様の問題があることに触れ、台湾人、朝鮮人が「不平の火山」となっていることは、立場を代えて考えてみれば、正義に反することが当然に理解されるとした。もっとも、その解決法は、「土民の日本化」を進めることを主眼とするものであり、台湾人、朝鮮人に対しても、偏狭な民族心を捨て、日本化することを勧めるものであった[19]。

神戸の議論に対していま問題にすべきことは、これが当時としては先進的であるとか、逆にその不徹底性が問題であるとかを論ずることではない。むしろ注目すべきことは、神戸が大戦後における日本の地位を踏まえた上で、「今日の時代精神」とする平等主義の採用により、国内の国家的基礎を強固にし、国際的地位の向上を図ることが必要であるという論理を、前面に打ち出したことにある。これまで神戸が国際協調を唱えていたのは、「列強共同の敵」となるのを避けるためであったが、ここに至り神戸は、平等という理念それ自体に立脚する主張を行うようになったのである。そして、上述の主張に表れているように、富者に対する批判が、道徳性の欠如という点だけではなく、平等という視角から行われるようになったことがわかる。

それは、社会主義への明確な擁護の姿勢をともなうものであった。例えば神戸はこの時期、社会主義とは財産制度を改造し、分配の公平を目指すに過ぎないものであり、民本主義ともども国体に調和するとし、さらに皇室が下層の人民に配慮すべきことをも説いている[20]。

そして、このように民本主義を擁護し、無産者の政治参加を認める神戸の主張が、次に普通選挙の主張へとつながっていくであろうことは、当然予想されることである。

だが、その後神戸が主張した普通選挙論は、実際は「等級別普選」とでも言うべきものであった。神戸は、一定の階級や差別の存在を是認し、「無産者」が数を恃んで財産制度や社会組織を破壊する可能性に懸念を見せる。そこで神戸は、「納税者」と「無産者」別の普選を導入し、「無産者」による選出議員を議員総数の三分の一から半数程度に留めることを提案していたのであった[21]。神戸のこうした主張は、普選の導入が租税制度の歪曲につながるという懸念を背景にするものであったが、それは第2章で財産税を分析する際に再び触れることにしよう。

さて、大戦後における活発な執筆活動とは別に、神戸は学者の立場から、社会問題解決のためのさまざまな事業に関わりを持っていた。これは、政治過程への実践的参加という意味で、神戸の重要な経験となる。次にその点を見ておきたい。

3　政治過程への実践的参加

この時期の神戸は、社会政策学会員という立場を基盤に、政府設置の調査機関に学者として関わり、また、関西経済界にも京大教授として影響力を及ぼすなど、実際の政治過程のなかで、自らの素志を実現させるべく活動していた。第2章で述べる臨時財政経済調査会の臨時委員に就任するのも、こうした活動の流れのなかにある（各委員就任の事項と年月については表を参照のこと）。

まずは、政府が設置した調査会のうち、救済事業調査会について触れておきたい。

本調査会は、欧米における社会主義・民主主義の高揚、階級対立の激化、その日本への波及という状況に対処するため、寺内正毅内閣が設置（一九一八年六月二四日）したもので、「社会政策上講究」を遂げることが会の目的であった。[22]

表　神戸正雄の各種委員就任年月

年、月	事　　項
1916.5	関西商業会議所連合会特別会員
1917.3	京都商業会議所特別議員
1918.2	大阪工業会特別会員
1918.6	内務省救済事業調査会委員
1920.5	臨時財政経済調査会臨時委員［6月の誤りか］
1921.1	内務省社会事業調査会委員
1921.1	協調会理事

出典：「神戸正雄博士年譜」（『経済論叢』1937年5月）

同調査会には、社会政策学会の重鎮である高野岩三郎、桑田熊蔵のほか、依然同学会の会員であった神戸正雄も、委員として参加している。神戸は委員就任早々にして論説を発表し、本調査会が内閣ではなく内務省地方局の下に設置されたことを批判し、検討事項を「救済事業」に限定するのではなく、広く社会問題を対象にするべきだとし、諮問を待たずに調査する権限を要求した。[23]つまり内閣直属の強力な調査会としての位置づけを主張するものであった。[24]

この批判点は、櫛田民蔵、森戸辰男ら、救済事業調査会に否定的であった社会政策学会員（いわゆる左派）の意見と同様のものであったが、櫛田や森戸が唱えていた労働者代表の任命という論点には神戸は言及していない。[25]また、櫛田らは、「救済事業」の呼称を温情主義的だと批判していたが、神戸が「救済事業」の名称に疑問を呈したのは、温情主義的云々を問題にしたのではなく、会をより総合的な機関として位置づけるべきであるという考えからであった。

一方、高野岩三郎は、神戸や櫛田らの批判に理解を示しながらも、調査会という利用しうる環境を最大限活用しようとしており、治安警察法第一七条第二号（ストライキの誘惑・煽動の禁止）の削除を積極的に訴えていく。[26]桑田・神戸ら社会政策学会員の調査委員もこれを支持し、内務省側の反対を押し切って、それは会の答申事項として成立することになる（一九一九年三月二日）[27]。これに敏感な反応を見せたのが憲政会であり、開会中の第四一議会に、調査会の答申を踏まえた治安警察法改正案を早速提出している。[28]

ところで、社会政策学会にあって左派と目された高野と、労資協調をより重視する桑田・神戸は、治安警察法改正に関しては一致した意見を持っていたわけであるが、彼らの分岐点は、内務省が提起した「資本労働両者の協同調和」を図る民間機関の設立問題にあった。桑田・神戸はこの案に一定の有用性を認め、やがて発足する協調会に名を連ねている。[29]

協調会についてはここでは深く取り上げないが、のちに桑田熊蔵が協調会常務理事を更迭された後も神戸は協調会にとどまり、その後大阪市役所内に設置された協調会大阪支所の理事に就任し（一九二〇年）[30]、翌年には協調会本部の理事となっている。ＩＬＯへの代表派遣問題に関し、政府側代表鎌田栄吉の顧問として神戸の名前が取りざされたのも、政府が登用しうる人材として神戸が認識されていたことを物語るものである。[31]

また神戸は、京都商業会議所や大阪工業会にも特別議員・特別会員として関わっていた。第一次大戦中には京都商業会議所を通じて、連合国支持を政府に訴えたと神戸は振り返っており[32]、また後に見る如く、財調臨時委員当時も京都商業会議所に働きかけをすることになるが、この時期特に目立った成果を挙げたのは、大阪工業会での活動である。[33]

一九一九年四月、神戸は同僚の戸田海市と共に大阪工業会に招かれ、労働組合に関する講演を行っている。そこで神戸は、かつて社会政策学会大会で述べたのと同様に、労働組合の発展がストライキに直結するわけではないとして、穏健な組合の発達促進を説いている。理想とされたのは、イギリス流の「実際的経済的」な組合結成、すなわち同種職工組合であった[34]。この意見は大阪工業会に大きな影響を与えたと見られ[35]、同会は同年六月、この種のものとしては先駆的な「同種職工組合法制定ニ関スル建議」を提出するに至る[36]。

以上見てきたように、救済事業調査会に始まる各種の政治的〝場〟への参加は、神戸にとって大きな経験となり、また自信を与えるものであったろう。学者の立場からの発言が、実際の成果となって実を結んだのである。

そしてこれが、政治過程への実践的参加という点で、社会評論的執筆活動をすること以上の意味を神戸に与えたとすれば、逆に、社会評論の道とは距離を置き、財政・租税という専門分野に特化した形で社会と関わるよう促したものは、財調臨時委員就任の半年前に問題となった森戸事件であった[37]。

4　森戸事件――もう一つの転機

森戸事件は、言論および学問の自由の根幹に関わる問題であると認識され、多くの雑誌で、学者を中心とする批判的な論陣が組まれた。原稿を掲載した『経済学研究』が自主的廃刊を決めた頃、神戸もまた、森戸擁護の論説を『改造』誌上に掲載している[38]。ここで神戸は、共産主義そのものは理想的だが実行難のものであり、それを唱えることは本来危険なものではないとする[39]。人心不安定の現状においてはその理想が濫用される恐れはあるが、研究の自由、学者の良心の問題として、自らの研究を発表するのは当然の行為であり、自主的に雑誌を廃刊した大学側の対応は、大学の権威に悖るものである。このように神戸は論じた。

しかし、こうした神戸の語り口から伝わってくるのは、切迫感というよりも、どこか対岸の火事として事件を眺めているような雰囲気である[40]。非難が森戸に集まったおかげで、河上肇は「最早そんなに危険人物でなくなつた」と思われているのだから、河上は森戸に感謝しなければならない、といった軽口をたたく余裕もあったのである。

だが神戸がこの稿を送った直後に、森戸は休職処分を受ける。「嘘かと思つた」と衝撃を受けた神戸は、複数の新聞で事実を確認した上で続稿を送り、それが本稿の「追録」という形で掲載されている。ここで神戸は改めて学者としての森戸を称えるが、同時に休職を発令した政府に対しても、官吏たる帝大助教授への制裁としてその処置を認容している（「賞める値はないが、非難することは出来ない」）。そして政府の禁圧が、かえって思想を過激化する可能性を指摘しながらも、問題の重点は、学者としての自らの立場に注がれることになった。思想問題を扱う学者も、それを掲載する雑誌も、今後は大いなる覚悟が必要になったと神戸は嘆じ、「吁、森戸事件、色々の難問題を惹起す種を播いた」と結んでいる。

この森戸事件は、神戸に大きな影響を与えたと思われる。森戸と同じく官吏である神戸は、自らの立場を強く意識せざるを得なかったはずである。そして、ここで指摘しておかねばならないのは、のちの河上肇追放問題における神戸の態度である。河上の京大追放の前奏曲となった京都学連事件以降、神戸は経済学部長としてこの処理に当たり、会の目的を「実行運動」ではなく学術目的に限ることで、京大社会科学研究会（社研）の存続を許可している[41]。それは警察官憲を非難して学内の自治を主張し、学問と実行運動を峻別して学問の自由を守ろうとするものであり、神戸がこれに貢献したことは、一定の評価をされるべき振る舞いであった。

しかし、官吏としての河上の地位が危うくなっていくなか、神戸は経済学部長を辞任し（河上の見方では責任放棄）、なお経済学部の重鎮としてこの問題の対応に関わるが、最終的に河上の追放を黙認したことは、河上の回想の通りである。のちに神戸は、この件で学者の地位と河上への友情の二者択一を迫られたと告白し、そして結局は学者の地位を選択してしまったことを「友情に背いた罪の深きこと」と振り返っている[42]。

河上の京大辞職以後、両者の関係は途絶する。河上辞職のこの年、神戸は『租税研究』シリーズ（全一〇巻）の業績を認められ、帝国学士院恩賜賞を受賞する。河上の神戸に対する憤懣は終世やむことはなかった。のちに獄中にあった河上は、『大菩薩峠』シリーズの新刊を読んでは、量があれば大作というわけではない、と神戸の『租税研究』シリーズを引き合いに出し、「典型的な小ブルジョア的個人主義者」の「友達甲斐のない」態度を思い起こし[43]、最後には『自叙伝』に見られる神戸批判を残して、その生涯を終えることになるのであった。

神戸が、学者の地位と友情の二者択一として捉えた河上肇追放問題の背景には、森戸事件が投げかけた、官吏としての帝大教授の地位をめぐる問題があったことは明らかであろう。事実、森戸事件のあと間もなく、それまで社会問題に積極的に発言していた神戸の姿勢には変化が生じている。例えば『改造』では、それまでの鋭さを欠いた論評を一本寄稿した後、しばらく誌上から姿を消すことになる[44]。

さらに神戸を取り巻く環境を変化せしめたのが、臨時財政経済調査会委員への就任であった。救済事業調査会や大阪工業会で得た〝自信〟、そして森戸事件による〝萎縮〟は、神戸をして「空漠たる社会問題よりもより切実なる此租税問題」と言わしめた[45]。ここに神戸は、社会問題に対して積極的に発言することを離れ、本来の専門である租税学者として自らを規定することになったのであった。

しかし、本書第2章で分析する財調委員としての神戸の主張は、これまでの活動や思想と切断されたものではない。むしろ神戸のこうした経験や思想が、神戸の税制改正論に集約されていることが明らかになるであろう。

小　括

以上の如く本章では、個人の平等と自由をめぐる思想空間を、各思想家間の共振性と共時性に着目しながら論じ、神戸の理念的思索の過程を明らかにした。

簡単に振り返れば、第1節では、神戸正雄を河上肇との対比で捉える視角を示し、租税学者神戸正雄の初期の歩みを素描した。神戸の基本的立場は、道義性を重視し、社会主義への親和性を持つ、国家を結節点とする折衷（調和）主義の色彩を有するものであった。

第2節では、ベルゲマン、山路愛山、北一輝らと共鳴し、河上肇に集約される思想の奥行きを見据えながら、河上の『貧乏物語』を中心に論じた。そこに見られるのは、民衆の「輿論」に支えられる公共的存在としての天皇像であり、自由を尊重し強制を排する河上の姿であり、日本人の高い精神性によって西洋の個人主義を同化することに、日本の「分化的進化」の可能性を見出すメッセージであった。これが神戸と同時代の思想的到達点のひとつであった。

第3節では、社会政策学会における神戸正雄の活動を論じた。神戸にとって社会政策とは、生産政策と並ぶ一要素として存在しており、その関わり方も折衷主義的であった。次に、社会政策的税制論をめぐる論理の展開を分析した。小川郷太郎と田中穂積を分けるものは、自由主義への評価と、危機を国内に見るか国際的関係に見るかの違いであり、それが社会政策と租税をどう結びつけるかの差となって表れていた。これに対し神戸は、租税における社会政策の適用を副次的目的として認めながらも、給付能力説に基づいた説明をしていた。そしてこれは、社会主義との関係を不問に付すための一つの方策であった。

第4節では、第一次大戦前後の神戸の評論をいくつか取り上げ、その禁欲資本主義的政策論と、平等それ自体の価値に立脚した社会評論の展開を見た。次に神戸が各種の政治的〝場〟に参加し、現実の政治過程のなかで活動していく様を描いた。これが神戸に自信を与えるものであったとすれば、萎縮という形で転機を与えたのが森戸事件であった。これはのちの河上肇追放劇の前奏曲と言うべきものであったが、これらの経過を経て、神戸は臨時財政経済調査会という新たな政治過程のキープレーヤーとなるのであった。

次章では、臨時財政経済調査会における財産税導入案と地租・営業税委譲案の審議について、調査会の設置過程や、税制改正案が議論されるようになる過程にも留意しながら、教育費や地方自治とも関連する「平等」の視角から論じることにする。

第2章　税制改正案における思想と政治過程
——財産税と地租委譲

高橋是清〔国立国会図書館ウェブサイトより転載〕

浜口雄幸〔国立国会図書館ウェブサイトより転載〕

序

地租委譲論とは、国税たる地租を地方財源として（府県あるいは市町村に）譲渡するという税制改革論であり、営業税委譲も含める場合には両税委譲と称される[1]。本問題は戦前における地方財政および地方分権の重要な争点であり、これまでに多くの優れた研究がなされてきた[2]。

地租委譲論は、プロイセンの税制改革を念頭に[3]、桑田熊蔵、本多精一ら社会政策学会の学者、あるいは農村の立場を代弁する横井時敬などが唱道していたが[4]、それが本格的に検討されるのは、原敬内閣が設置した臨時財政経済調査会の下においてである。地租委譲をめぐる政治的攻防は、臨時財政経済調査会での議論を経て、政友会が地租委譲を政策として採用した一九二三（大正一二）年に第一のピークを迎え、そして一九二七（昭和二）年に政友会田中義一内閣が成立することにより第二のピークに達する[5]。

本章は、この政治的攻防の始まりとなる臨時財政経済調査会での審議を分析対象とし、政党政治における政策争点としての様相を強める一九二三年以降については、次章で分析することにする。本章の主たる課題は、臨時財政経済調査会の審議過程を中心としながら、委譲案そのものだけではなく、それと関係する諸課題を考察することにある。

具体的には、第一に、委譲案を税制改正論全体のなかに位置づけ、それが政治課題となる過程を、高橋是清を軸に論じていくことである。原敬内閣で蔵相を務め、その次の首相となった高橋是清は、どのような思想を持ってこの問題に取り組んだのだろうか。その分析の焦点が、「画一主義」と「地方自治」の問題にあることは本文中に示す通りである。

第二に、委議案の代替財源として提案された財産税案の意味をあらためて考察することである。それは、第1章で明らかにした神戸正雄の思想を踏まえながら、財産税論が持っていた固有の意味を明らかにすることであり、委議案を含む財調の税制改正論の特質を明らかにすることである。またそれは、ある学者の理想が、現実の政治過程においてどのように向き合うことになったのかを描くことでもある。

そして第三に、高橋、神戸がその渦中にあった政治過程を、政党や各利益団体に着目しながら論じることが目的となる。一見すると一致しているかのように見える議論のなかには微妙な違いがあったし、また、対立のなかにも妥協の余地があったことは本文中で明らかにする通りである。

以下、まずは臨時財政経済調査会で税制改正案が審議されるに至るまでの政治過程を描き、原内閣における税制改正案の位置づけを検討する。

第1節　税制改正問題と原敬内閣——高橋是清の「画一」批判と「地方自治」

1　臨時財政経済調査会設置の政治過程——国民党と原内閣

臨時財政経済調査会（以下、「財調」）は、一九一九（大正八）年、第四一議会における国民党の建議案「財政整理ニ関スル臨時調査機関設置ノ建議」を契機に、原敬内閣の下で設置されたものである。つまり、もともと政府の主唱により設置されたものではない。この調査会に税制整理問題が「諮問五号」として付託（一九二〇年六月一日）されたことにより、地租委譲案が国政の場で本格的に議論され始めたことはよく知られていよう。しかし、「五号」という諮問順序からもうかがえる通り、税制整理問題が諮問されるまでには、調査会設置からほぼ一年程度の時日を要している。その後の税制改正案の展開を考える上でも、野党国民党の建議を原内閣が受容した過程とその意図を分析することが必要である。

財調設置につながるこの建議案は、国民党にとり大きな意味を持っていた。だからこそ、建議案提出前の一九一九年二月八日、国民党総裁犬養毅は、原首相を訪れ、事前の了解を取り付けようとする。この日、原は日記にこう記した。

「犬養毅大臣室に余を訪問して税制整理委員を設くるの建議をなさんとし、政友会幹部に協議せしが其事は如何と云ふに付、余は整理に不同意はなけれども例の通両院其他より数十名無責任の者を挙ぐる事は喜ばしからず、其辺適当の案あらば妨げなしと云ひ置きたるが、後に政友会幹部来訪、此事相談に付国民党案にある両院より云々など色々の条件なければ同意すべしと云ひ置きたり、国民党の内部には如此事にて取纏め置く必要にてもありしならんが犬養態々来談など少々妙なり[1]」

原は「色々の条件なければ」、つまり任命の自由などを政府が確保することを前提に、犬養の提案を容認するつもりであったことがわかる。ほぼ一年前、寺内内閣が提案した税制整理案をめぐっては、政府案に積極的な国民党と否定的な政友会とは対立する立場にあった（後述）。その時の政友会の否定論は、税制整理自体は必要だが、時期を第一次大戦終了後に譲るべきであるというものであったから[2]、大戦が終結した今、政府・政友会がそれを拒否する明確な根拠はなかった。また、政友会の議席数が過半数に達していない当時の状況では、原内閣は憲政会以外の各党から協力を得ることで政権を運営しており、予算通過を目前にした状況下においては、国民党に一定の配慮をする必要があったと考えられる（実際国民党は、この建議に政友会が賛成したことを理由に予算案に賛成している(3)）。こうした理由が原の同意につながっていると考えられる。

ところで原は、「犬養態々来談など少々妙なり」としているが、犬養が原に直接了解を得ようとしたのには、それなりの理由があったと考えられる。それは、この建議案が政府非難を意味するという誤解を避けるためであり、建議の意図が、単に税制整理を目的とするものではなく、国民党の諸政策を反映させる糸口をつかむことにあったからでもあった。

この「財政整理ニ関スル臨時調査機関設置ノ建議」は、犬養を代表者とし、「政府ハ朝野ノ学識経験アルモノヲ以テ組織シタル臨時調査機関ヲ設置シ速ニ財政ノ整理ニ関スル調査ヲ為スベシ」をその主旨としていた(4)。本会議で説明に立った犬養は、パリ講和会議（一九一九年一～六月）の終局に対応した根本的な改革を訴え、そのための調査機関が必要であることを主張した。建議案の提出が原内閣の財政政策に信を置かないこと、あるいは政府掣肘機関の設置を意味するという見方を犬養は否定し、委員の人選も政府に委ねることを言明している。

注目すべきは、税制整理問題の位置づけである。犬養は「総てを改革しなければならぬ、総てを改革しなければならぬと云へば、先づ茲に財政、就中最も力を税制の上に向けて行きたいと思ふ」と述べた上で、国防や国際関係の変革にまで言及していた。つまり、税制整理はあくまで諸改革の前提であることが示されていたのである(5)。

委員会で追加説明を行った野添宗三（国民党）に対し、政府不信任の言質を引き出そうとする憲政会側は、誘導尋問的な質問を浴びせかけた。しかし野添はこれに同調せず、政府と協力しながら調査会へ積極的に参加するという意欲を見せている(6)。また野添は、「財政に関する事項は総て調査を致したい」、「財政の根本方針を定むる上に於ては、勢ひ此行政の組織の上にも、或る変革を加へなければならぬ」と述べ、調査範囲が多岐にわたることを示唆していた。これに関し野添が後日提出した書面によれば[7]、調査範囲は「財政整理ニ関スル調査要目」として、「各種税制ノ整理」を筆頭に、専売事業、公債、官業、特別会計、委任経理、地方財政、殖民地財政、と八項目にわたっており、さらに「財政整理ニ関連シテ考究ス可キ問題」として、鉄道、港湾および道路、通信機関（電信電話等）、山林治水計画、国民教育、食料政策、社会政策の七項目を掲げていた。およそ考えつく限りの関連政策を列挙したものと言えよう。

野添が構想していたのは、財政を基軸とした上位機関としての調査会であり、それは既設の調査会に干渉しうる権能を持つとされた。それゆえに、調査会は大蔵省ではなく、内閣に直属することが求められていた[8]。

これに対し高橋蔵相は、建議案の趣旨と野添の説明内容には大きな乖離があることを指摘し、野添案のような総合的調査機関の設置には難色を示している（高橋は税制整理自体には賛成であったが、そのために調査会を設置することには否定的であった[9]）。高橋が指摘する通り、野添が挙げている七つの関連項目についてはすでに各種の調査機関があり、例えば糧食政策に関しては、寺内内閣末期に設立された臨時国民経済調査会[10]で調査が行われていたことを考えると、新たに調査会を設置することに疑問が示されるのは当然であった。

高橋蔵相に代表されるこうした反対論を前にした野添は、結局これら七つの関連項目をすべて削除するとした[11]。参考のために掲げたに過ぎない項目であるから、これらがなくとも建議案の目的は達成できるというのである。ところが原首相は、国民党の総花的姿勢を、むしろ積極的に擁護する姿勢を見せる。原は「凡そ財政を調査するとか、行政を調査するときには、種々な点に渉らなければならぬ［中略］それが為めに野添君は色々な案件を御述べになったこと丶了解して居る」として、希望事項である限りにおいては、野添の主張は傾聴すべきものという見解を示した。結局同建議案は、憲政会以外の賛成を得て、本会議で可決されることになる（三月一六日）。

以上の経過が示しているように、国民党の意図は、ともかくも広範な機能を備えた調査会を設置し、そこに国民党の意見を多少なりとも反映させることにあり、そしてまた新調査会への参加を〝錦の御旗〟として、政府と提携することを目指していたと考えられる[12]。

これに対し政府側では、調査会設置に消極的であった高橋蔵相とは対照的に、原首相は積極的な姿勢を見せた。人選や設置時期、調査事項などを政府が掌握することを前提とした上で、幅広い事項を調査する機関として調査会を位置づけようとしたのである。それゆえに財調は、国民党の希望通り、内閣の下に設置された。

原は、財調の第一回総会で、「財政を調査せんとすれば勢ひ経済の諸点に渉らざるを得ず財政経済は調査上離る可からざる関係ありと信ずるにより政府は今回特に此財政経済調査会を設けたる所以なり」と設立の趣旨を説明していた[13]。国民党の建議案が持つ射程を最大限活かす形で、むしろ国民党が予期していた以上の総合的調査機関設置を企図したものといえよう。そして調査会が総合的なものとなることは、裏を返せば政府が税制整理問題という制約に縛られないことを意味していた。

この財調の設置（一九一九年七月八日官制公布）により、前内閣から引き継がれていた臨時国民経済調査会は廃止される。両調査会の官制を比較すると、調査事項が「物価ノ調節其ノ他国民ノ生活ニ緊切ナル経済上ノ施設事項」から「財政及経済ニ関スル重要ナル事項」へと変化し、より包括的な課題に対応する総合的調査機関となったこと、委員の選任に関しては、首相の意図が反映されやすくなっていることが指摘できる[14]。原は、田健治郎を委員に任命するなど人選にも積極的に関与しており、財調を政府の支持調達機関として有効に活用しようとしていたことがうかがえる[15]。

そして本調査会に原が真っ先に諮問したのは、内閣成立以来取り組んできた糧食政策の根本対策であった。原が山本達雄農相に諮問案の草稿を示したところ、山本は「農商務省は今回の財政経済調査会にはもはや関係せずして宜しき様に解釈し居たり」と語り、原はそれが誤解であることを説示している[16]。税制整理を主たる目的とする建議によって設置された経緯を考えれば、臨時国民経済調査会との間に断絶を見る山本の見方には一面の理があるといえよう。しかし原にとっては、両調査会は当面の重要課題に取り組むという意味で連続しており、違いは前調査会を発展・強化した部分にあったのである。

また、ここで重要なことは、少なくとも糧食問題に関しては、原が諮問案を用意し、山本農相に指示・確認した上で諮問がなされていることである。当然のことのようではあるが、諮問は政府主導で行われていた。

その後、糧食問題以外にも、塩、製鉄、造船の各問題が一九一九年中に諮問されたが、地租委譲、新税創設などの可否を含む諮問がなされたのは、一九二〇年六月一日のことであった（諮問第五号「税制整理ニ関スル根本方策如何」）。原は「一切の租税（国税地方税共）根本的整理の必要を認め之を諮問せしなり」と簡潔に記している[17]。

さて、これまでに多くの研究が注目している通り、財調における税制改正論を分析するためには、この後展開される財調内部での議論を分析することが重要なことは確かである。しかし本書は、政府の諮問がなされるまでの政治過程もまた重要であると考える。それは、財調の議事録等を一見すると、税制改正案は大蔵官僚の主導で展開されたように見えるが、実は、地租委譲、新税創設という議論の枠組みを設定した政府の諮問それ自体が、審議を規定する大きな役割を果たしていたからである。また、さらにその後の委譲問題の展開を考えるためには、委譲問題と因縁の深い高橋是清の地方財政観、地方自治観を分析する必要があるからでもある。以下、税制整理に積極的であった国民党と、それに対する政府（原、高橋）の対応を軸に、税制整理を取り巻く政策の状況と委譲案が提起されるまでの過程を分析する。

2　国民党と税制改正——理想の税制を求めて

国民党建議案が審議された第四一議会の時点で、高橋蔵相が調査会設置には消極的ながら、税制改正の必要性は認めていたことはすでに見た通りである。この時高橋は、大蔵省がすでに改正の調査に着手している税もあるとし、整理の目的を「負担の公平」と「徴税の費用」（簡素化）に求めていた[18]。

また、新聞紙上では、地租・営業税の地方税化を含む税制整理案が大蔵省内で検討されているという観測もなされていたが[19]、神野勝之助大蔵次官は、税制整理の目的は「課税の不公平徴税の不便等」を是正することにあり、「従来の如く減税の意味に於ける整理にあらず」とした上で、一九二〇年度予算が編成される前に、差し当たり「所得税営業税売薬税」など、輿論の批判が集まっている税への調査を優先させる考えを表明していた[20]。その一方、地租に関しては、将来的に公平な地価を設定するための予備調査として、法定地価との懸隔が甚だしい地域を調査すると話すにとどまっていた。つまり、地租もしくは営業税を地方に委譲するという方針は未だ示されていなかったのである。

その後原内閣は、一九一九年末開会の第四二議会に、国防充実の財源確保を理由として、所得税および酒税の増税案を提出する。そして、この増税案と税制整理の関係を考える上で興味深い記述が原の日記に残されている。それは、

「高橋蔵相より今期議会に所得税酒税の外に営業税及び印紙税の改正案をも提出する考なりしも此二案は収入にも関係し税制整理に過ぎざれば之を見合すべしと云ふに付余は始めより斯くあり度思ひたるも折角調査したりと云ふに付強いても止めざりしが議論多岐に亘り無益なれば其方然るべしと云ひ其事に決定せり[21]」

というものである。

つまり高橋蔵相は、増税案と合わせて営業税、印紙税の改正案を提出する予定であったが、一転してそれを見合わせることとし、税制整理の方針については高橋に一任していた原首相も、実は当初から「議論多岐に亘り無益」と考えていた。その結果、両者の意向が一致して議会不提出が決められたということになる。問題は「収入にも関係し税制整理に過ぎざれば」という提出見合わせの理由であるが、営業税、印紙税の改正は、当時の輿論やその後の展開を想起すれば、改正の結果として減税を意味するのは明らかであった[22]。高橋はそれを増税案とは切り離し、先送りをすることにしたと考えられる。

ただここで考えたいのは、政策課題としての税制整理問題が、原、高橋の両者にとってどれほどの重要性を持っていたかということである。「税制整理に過ぎざれば」という高橋の発言からは、高橋が税制整理に消極的だった印象を受けるが、少なくとも高橋の下で税制整理案が検討されていたこと、また、高橋が間接税の廃止・軽減を将来的には実行する「時勢」と認識していたことを併せて考えれば[23]、高橋が税制整理という課題について、最優先ではないにしても具体的に取り組む考えを持っていたと見ることが順当であろう。これに対し原は「議論多岐に亘り無益」とする通り、税制整理案の議会提出には、高橋よりもさらに否定的であった。

以上のような原首相の姿勢、そして原内閣における税制整理問題の位置を理解するためには、寺内内閣の税制整理案をめぐる政治過程を理解し、その連続面を踏まえる必要があるだろう。

寺内内閣期の税制整理問題をめぐる政治過程については、すでに詳細な研究があるが[24]、ここでは行論の必要上、原内閣における同問題との関連に絞って概観する。寺内内閣で税制整理案が問題になったのは、一九一七年末からの第四〇議会であり、それは所得税と酒税の増徴、戦時利得税の新設によって増税を図る一方、国民党が主張してきた税制整理案に沿い、通行税・石油消費税の廃止、織物税軽減などの減税をも企図したものであった（増税と減税を同時に実行することを正当化する論理として、政府がこれを社会政策的税制案と位置づけたことは、本書第1章第3節で言及した通りである)。

寺内に内談を受けた当初から、原敬政友会総裁は税制整理案に反対であった。表向きの反対論拠は、「何分にも増税と減税と同時に提出しては理論一貫せず通過に困難ならん」[25]というものだったが、原が最も警戒していたのは、政府が国民党の主張する税制整理案を実行することにより、国民党と政府系の新政会を提携させ、それを中核に政府党を形成しようとする策動であった[26]。前章第3節で触れたように、社会政策を標榜するこの税制整理案に新政会が同調したのは、社会政策的税制論の立場を取る小川郷太郎の影響力が大きかったと考えられるが、原敬はこれを専ら政局の面でのみ理解していたのであった。

病を得た寺内に代わり、後藤新平内相が原と折衝を繰り返すが、政府系の新政会は、原の度重なる警告を無視する形で国民党に同調し、通行税・石油消費税の廃止案賛成にまわっている[27]。結局原は所得税増徴を認め、その代償として、税制整理を「平和克服後」に譲るという政友会の主張に政府を従わせる。政府は通行税・石油消費税廃止案以外の税制整理案を撤回した[28]。撤回しなかった通行税・石油消費税廃止案も、政友会と憲政会の反対により廃案となる。

さて、以上の経過を踏まえた上で考察の視点を第四二議会の原内閣に戻すと、いま内閣が税制整理問題に足を踏み入れることは「議論多岐に亘り無益」、すなわち内閣支持勢力である国民党（および新政会）との間に紛議を起こす可能性が高く、政友会の議席数が過半数に満たない状況では、それは避けるべき事態であったことが理解できよう。また、増税と減税を同時に図るのが不合理であるという立場からしても、営業税等の税制整理案を提出することは得策ではなかった。ただし、所得税・酒税の増徴を図るのであれば、税制整理のほうも問題になるのは避け難い。少なくとも国民党がその点を追及することは明らかであった。そのため、税制整理問題を財調に諮問するという見通しだけは示して議会を乗り切り、しかし実質的には税制整理を先延ばしにするという対応策が取られることになったと考えられる。その点を確認しながら論を進めることとする。

税制整理問題を急務とする国民党は、第四二議会を前にした定期大会において、未だ税制改正に踏み込まない財調を「其為す所因循姑息にして根本に徹底せざるは我党の期待に反する所」と批判していたが[29]、普選問題を除いては政府と一応の協調関係を保ち、増税案にも最終的には賛成している。第四二議会で問題になったのは、税制整理に対する今後の方針であった。以下に見るように、国民党は、増税案と税制整理を結合した問題と見なし、営業税の廃止と地租の増徴を求め、委譲という論点にも言及する。それに対し政府は、増税案と税制整理問題を別個の問題と断りながらも、税制整理問題の財調諮問を言明することになる。しかしその具体的方針に関しては、終始曖昧な答弁を繰り返すのみであった。

例えば国民党幹事長鈴木梅四郎は、政府提出の所得税改正案に対して「私共多年主張した所の主張」におおよそ合致していると賛成の意を表明しながら、さらに税制整理にも取り組む必要性を訴えたが、原首相は増税と税制整理が別個の問題であるとし、しかし税制整理については、国民党の建議を尊重し財調に諮問する方針を明らかにした[30]。高橋蔵相もこの答弁を踏襲し、「総理大臣が述べられて居る通り」、大蔵省案が完成し次第、それを財調に諮問することを約したが、成案を議会に提出する時期については明言を控えた[31]。

かくして税制整理問題は、議会における争点としては先送りされることになった。国民党としては、政府が税制整理に取り組むという言質を得たことが、成果といえば成果であったろう。では、国民党議員が思い描いていた具体的税制整理案は、どのようなものだったのだろうか。

上述の原との質疑のなかで、鈴木梅四郎が具体的に要求していたのは、「庶民階級」が負担する間接税の廃減税、地租の課税標準となる法定地価の修正、などであり、このうち地価修正は、都市の地価値上がりを踏まえた修正

（増税）を要求するものであった。[32] 鈴木のこのような基本的立場は、議会前の著作にも見出すことができる。

かつて鈴木は、「国家が人民から租税を徴収する第一の条件は「公平」といふことでなければならぬ。公平は謂ふ所の「平等」を意味しない。「均一」を意味しない。富者には富者の事情を量り、貧者には貧者の事情を酌み」租税を賦課すべきであると論じた上で、[33]「富豪税」である所得税、地租、相続税、営業税のうち、前三者は増税し、「当業者に煩苛の苦痛を与ふる」営業税は、通行税・織物消費税などの「庶民税」（間接税）と共に廃止し、その一部の税種を「地方の財源に振向くる事」が必要だと主張していた。[34] なぜ「富豪税」のうち営業税のみを廃止するのか、決して明確な根拠は示されないが、負担軽減の焦点を営業税と間接税の廃止に置き、地租については増税を要求していること、そして国税を何らかの形で地方財源にすることを主張していたことがわかる。

このような立場は、第四二議会における高木益太郎（国民党）の態度にも共通していた。[35] フランス型の総合所得税を理想とする高木は、地租を改正しないのは、いずれ営業税と共に地方財源にするためだからなのか、もしそうでなければ地租を増徴すべきであると政府に迫った。高木は、米騒動後の農村収入が比較的多かったことを背景に、「今日農民が何億円と云ふ平素よりは非常な収入を余計取って居る、何等担税力の上に於て農民は苦しむことがないのであるから、地租に手を付けなかった理由が分らぬ」とし、「今日四民平等の世の中」であるのに、「農民に農民税なくして、独り商工業者が営業税の負担をすることは何の為めであるか、殆ど其理由を解することが出来ない」として営業税の廃止を求めていた。

鈴木梅四郎は麹町区、高木は日本橋区選出の議員（共に東京市）であり、以上の意見は、都市中下層を重要な基盤とする国民党の代表的意見と見ることができる。すなわち国民党の主張は、都市を含む地主への地租増徴と営業税廃止（もしくは軽減）という立場であり、委譲論とも接近するものであった。またそれは、感情的には、〃富裕な農村〃への不公平感に満ちたものであった。

結局所得税改正案は、政友会による修正を経て、酒税改正案と共に衆議院を通過するが、貴族院通過前の衆議院解散（一九二〇年二月二六日）により、その成立は次期議会に持ち越される。原敬率いる政友会は、一九二〇年五月一〇日の第一四回総選挙で圧倒的勝利を果たし、議会で絶対多数を占めるに至る[36]。しかし同時に、同年三月中旬からの戦後恐慌で経済状況は悪化しており、政府も財界安定への対策を迫られる状勢になっていた。

一九二〇年七月の第四三議会では、第四二議会解散で不成立となった所得税・酒税の増税案が成立するが、税制整理問題は、議会開会前の六月一日に財調への諮問（第五号）がなされており、議論の場は議会から財調へと移っていた。このタイミングでの財調への諮問は、税制整理問題が議会で論点になることを避けると共に、増税案が議会を通過したとしても、後日再修正する余地があるという含みを持つものであった[37]。議会前の財調諮問は、所得税・酒税に関する議会審議を円滑に進める意味を持っていたと考えられる。

そしてこの諮問は、タイミングだけでなく、議論の枠組み設定に関しても、政府の意図を反映するものであったと考えられる。次にそれを確認した上で、税制改正案のうち、委議案に関しては特に高橋是清蔵相の意図が反映されていたこと、その背景には教育費を主たる問題とする、地方の「平等」と「自治」の問題があったことを明らかにする。

3　高橋蔵相の画一主義批判と「地方自治」――「平等」な教育とは？

一九二〇（大正九）年六月一日、政府は諮問第五号「税制整理ニ関スル根本方策如何」を財調に諮った[38]。そして非常に重要なことは、政府のこの諮問自体が、財調での議論の枠組みをかなりの程度まで規定するものであったということである。財調での審議は大蔵省案（松本主税局長案）を中心に議論されたことから、財調の税制整理案は、大蔵官僚主導によるものという評価をされてきた[39]。しかし、諮問を行ったのは政府であり、少なくとも原首相と高橋蔵相の了解なくして諮問が行われたわけではない。

また、諮問に付された政府の「説明」は、議論の枠組みを規定し、大蔵省案の前提となるものであった。何らの抱負なく諮問が行われたわけでもないのである。では、それは諮問の枠組みをどのように設定するものだったろうか。

「説明」は、直接税については、所得税を中心とする税制体系を前提とした上で、負担の公平と簡易で正確な賦課徴収を確保するため、具体的な研究問題として以下の三案を掲げる。

（一）所得税ノ外尚地租及営業税ハ之ヲ存置シ之ニ相当ノ改善ヲ加ヘテ負担ノ権衡ヲ図ルコト

（二）地租及営業税ハ之ヲ全廃シテ一般財産税ヲ設ケ所得税ト相並テ課税ノ権衡ヲ相互ニ補完セシムルコト

（三）地租及営業税ハ之ヲ全廃シ土地、家屋、証券、営業等各種ノ所得ニ対シ其ノ種類毎ニ特別所得税ヲ課シ尚此外ニ此等ノ所得ヲ綜合シタル一般所得税ヲ設クルコト

つまり、地租・営業税の両税を国税のまま改良するか、両税を廃止し、代替財源として財産税または特別所得税等を導入するという三案である。

また、間接税に関しては、資力に不相応な課税がなされる傾向があるとして、軽減、改廃の必要に言及し、地方税については、多岐に亘る税種の整理と国税との権衡を検討課題として挙げている。

さらに整理方針としては、「社会ノ進歩国家ノ発展」にともなう必要経費の増大を認め、減税ではなくむしろ「将来国家ノ進歩ト共ニ漸次増加」するような整理を求めていた。それゆえに「収入ヲ減セサル限度ニ於テ」税制を根本的に整理すること、換言すれば「財政経済ノ基礎ヲ鞏固ニスルコト」が必要であるとして、その討議が求め

られていたのであった。

財調（税制整理特別委員会）での議論は、政府が規定したこの枠組みに従って議論され、それが

第一案　一般財産税ヲ創設シ地租及営業税ヲ地方税ニ委譲スルノ案

第二案　特別所得税ヲ創設シ地租及営業税ヲ地方税ニ委譲スルノ案

第三案　現行地租及営業税ニ相当修正ヲ加ヘ尚建物税及資本利子税ヲ創設スルノ案

の三つの案に集約される。(40) そして実際には、第一案採用の可否をめぐって議論が繰り返されることになるが、それについては後述する。

ところで本書では、寺内内閣以来の税制整理に関する議論の展開について述べて来たが、この間大蔵省が、負担の公平、徴税の簡易化を目的とし、営業税改正および間接税の廃減という方針の下に税制整理を捉えていたことは明らかである。そしてまた、そこで委譲案が念頭に置かれていなかったこともまた確かである。国民党議員が委譲案を主張していたことは前述した通りであり、内務省から大蔵省への協議事項として、委譲案に類似した案が主張されることもあった。(41) しかしこの時期、政府や大蔵省が本格的に委譲案を検討していた形跡はないのである。だから、この委譲案が財調の議題になったのは唐突のようにも思える。(42) 地租・営業税の国税廃止（それは委譲を意味する）という考え方が、諮問に挿入されているのはなぜだろうか。本書はそれを、高橋蔵相の意向によるものだと推定する。その点を以下に説明したい。

既述の通り、原首相は減税の意味を含む税制整理には否定的であった。減税を否定した諮問が、原の意向に沿うものだったことは推測しうるが、原は諮問の意図や具体的な案については、詳しい記録を残していない。しかし、

第四二議会前の高橋との会話にも明らかなように、原は税制整理問題の取り扱いを、高橋蔵相に一任していたと考えられる。では、その高橋蔵相は、どのような政策意図を有していたのだろうか。

公式の場では、抱負があるとしながらもそれを語らなかった高橋であるが(43)、田中義一内閣の蔵相を退任したばかりの一九二七年秋に次のようなことを述べている。

「地方自治と地租委譲は大正八年に原敬君の時分に私が主張した。それは地方に教育と土木と衛生の三事業は委せる。之れには独立の財源が必要であるから地方に地租を委譲すると云ふのであつた。所が之れには原君が進まなかつた。何故かと云へばあの時分には——今でもさうだが——日本では地租程頼りになる確実な税はないと考へて居たんだな。その上に松方さんが反対して居た。「高橋が唱へてゐる地租委譲は実に怪しからん。あんな者を大蔵大臣にして置いては困る」などと云つてね。原君も元老が反対して居ることを知つて居るものだから、地方自治だけは宜いが地租委譲だけはいけないと首をタテに振らなかつた。其処で我輩は鎌倉に居た松方老公を訪問した。そして地租委譲論を説明したものだ。［中略］それで松方さんも大分折れて来たんだが、原君はどうしても地租委譲には承知しなかつた。然し地方自治には賛成して居た。あの人の地方自治に賛成した主な理由は教育費であつた。教育の画一主義は宜しくないから、之れは地方によりその地方に相当した教育を施さしむることにあつたんだなあ(44)」

この回想では、地租委譲の問題と教育の「画一主義」に絡む「地方自治」という二つの問題が語られているが、原敬内閣で高橋が委譲論を主張したという点については、やや意外な印象を与えるかもしれない。

というのも、政友会が地租委譲論を党の政策として掲げるのは、高橋是清総裁下の一九二三年（加藤友三郎内閣）のことであるが、各種の伝記や研究のなかで重視されてきたのは横田千之助幹事長の役割であった。一方高橋については、委譲に「無理往生させられた」、「気乗りしなかつた」、「重要視しなかつた」と程度の差こそあれ、委譲には消極的であったとされている[45]。実際、政友会の政策あるいは戦略として地租委譲論が掲げられ、脚光を浴びることになったのは、横田の役割に負うところが大きかったと思われる[46]。

しかし、高橋自身が委譲問題に深く、そして奇妙に関わってきたこともまた事実である。高橋は財調諮問時の蔵相であり、政友会が地租委譲論を採用した際の総裁でもあった。後年田中内閣で蔵相を務めた際は、「地租委譲は高橋氏の専売特許[47]」とされるなか、財界安定化の目途が立つと蔵相を突然辞任し、委譲問題を腹心の三土忠造新蔵相に委ねている。その一方で、地租委譲論が過去の議論になっていた一九三四年の時点（斎藤實内閣）においても、蔵相の立場から地租委譲論を提唱するなど[48]、高橋が強固な地租委譲論者であったこともまた確かなのである。

この矛盾は、高橋の理想とする委譲論と、実際に政友会が掲げた委譲論との間に、制度理念をめぐる差異があったためと考えられる。その点は第3章で後述するが、今確認しておきたいのは、第一に、大蔵省が充分には調査していなかった地租委譲論が、議論の枠組みとして設定された上で財調に諮問されていること、第二に、新設の大蔵省勅任参事官に就任し、以後高橋の側近となる三土忠造が[49]、財調には特別委員として参加し、委譲の実現を図る方向で審議をリードしようとしていたこと、第三に、一九二三年に委譲論が注目を浴びた際、「地租を地方税に移せと発案した先生は高橋政友会総裁で原内閣時代の財政経済調査会にも之を諮つて成立せしめようとしたが「国庫歳入に欠陥を及ぼさゞる方法に於て」と云ふ極印を押されて行き詰まつて了ひ爾来実施の機会を狙つて居た[50]」などのように、高橋が委譲の発案者であるとする見方が広く存在していたこと、の三点である。これらを踏まえれば、自身を委譲論の先駆者と位置づける高橋の回想には、信憑性があるといえよう。

しかし、教育、土木、衛生を地方に任せるがゆえの財源委譲というだけでは、高橋の構想がまだ不明確である。

そもそも、地租委譲に反対していたが「地方自治」には賛成していたという原の意図は那辺にあり、さらにそこで念頭に置かれている「地方自治」とはいかなるものだったのであろうか。高橋が考えていた「地方自治」が何を意味していたのかを明らかにすることで論を進めよう。

高橋は、原の暗殺直前に用意した講演原稿で、「我国の地方自治制なるものは其の根ざす所頗る古く殊に徳川幕府時代に於て著しく発達」したが、「然るに明治維新中央集権を急務とするの余り一面に於て多少、地方自治の制度を破壊し自治の精神を萎微せしむるの傾向を呈した」[51]と書き記していたが、このように維新後の中央集権を批判し、江戸の自治を理想的なものとする姿勢は高橋に一貫して存在していた。例えば一九二三年に地租委譲を唱えた際には、委譲が必要な理由を述べる文脈で「地方自治」についても触れ、旧幕時代には各藩がそれぞれ「特殊の制度」によって、「土地の情況に適切なる自治の実績」を挙げることができたが、維新以後は「中央集権に偏して画一主義の弊に陥り、地方の実情に適せず、自治精神の発達を阻碍せる所も少くない」ことを指摘し、今後は地方人の「責任観念」によって、各々の地方が状況に応じた計画を「自己の力に依つて実行」できるようにすることが必要だと訴えていた[52]。

つまり高橋は、責任を持って自らの地域を治める「自治精神」を各地方が持ち、地方の実情に応じた非画一的（特殊）な政策を実行するという、地域密着型の「地方自治」こそが理想的だと考えており、財源委譲の意味もその「地方自治」の実現にあったのである。では、このような高橋の構想は、現実の政策にいかに反映されているのだろうか。上述の回想からは、地租委譲と「地方自治」、そして教育費の問題が密接に絡み合っていることが見えてくる。そのことに関し、高橋は次のような回想も残している。

それは、地方にとって義務教育費と土木費の財政負担が重く、特に教育費に関しては、小規模な村の財政負担（校舎建築費など）が大きかったため、

「お尻を皆中央政府に依頼するといふことになつて、原内閣の最初に先づ一千万円をとられた。これは毎年増加こそすれ減らぬことは見易いのであつて、これではならぬと原君とも相談して、初めは松方さんは同意しなかつたが、段々話しをすゝめてとう〳〵同意されて、地方自治の方針を立てたのである。処がその実行の決心で居た矢先に原君があゝいふ次第で斃れてしまつた。さういふ訳で教育等も地方民の実力でやるといふやうにしたい(53)」

という回想である。

この回想で言う「地方自治の方針」が、地方に財源を与え、地方の責任で教育を行うという方針を指すことは明らかであろう。また、「先づ一千万円をとられた」というのは、具体的には義務教育費の国庫負担制度を指している。同制度（市町村義務教育費国庫負担法）は、衆議院各派の要求を受け、教員俸給費の充当を目的として寺内内閣時代に導入されていたが（当初は一〇〇〇万円の国庫負担）、以下に見るように、原と高橋はその増加に歯止めをかける必要を感じていたのである。この原と高橋の共通認識が、教育費整理を目的とする臨時教育行政調査会の設置へとつながっていく。

教育の充実は原内閣の四大政綱の一つであったが、その主たる内容は高等教育機関の拡張にあり、義務教育の充実に関しては、原首相の態度は当初から消極的であった。国民党の鈴木梅四郎が、高等教育機関拡張は大多数の「庶民階級」には無関係なものであるとして義務教育の充実を図るよう求めると、原は、高等教育を受ける者が少数であるのは諸外国でも同様のことであり、国の隆盛を図るためには高等教育の充実が必要であるとして鈴木の言を退けていた(54)。翌年の第四二議会でも、原は財政状態を理由に義務教育費の増額を否定している(55)。

その後、第一四回選挙を政友会の圧倒的勝利に導いた原は、戦後恐慌の影響で一九二一（大正一〇）年度予算の財源不足が予想されるなか、教育費の減額に乗り出す。その具体的政策が、臨時教育行政調査会の設立による教育費減額の実行であった[56]。一九二〇年一〇月一日の『原敬日記』には次のような記述がある。

「教育費は年々増加し、地方にては殆んど堪へがたく、夫が為めに補助金の増加又は国庫の支弁の議も生ずる形勢なるも、十年度予算には其財源もなかるべく、旁以て此際教育費整理節減の委員会を造りて講究する事可なりとの趣旨を、先日中橋文相に注意せしも、文部省にては余り好まざる事柄なれば、同省限りにて整理らしき事を中橋言ふに付、不得策なる事を重ねて注意し置きたり[57]」

中橋徳五郎文相つまり文部省側の消極的態度に対して、教育費節減を実行しようとする原首相の姿勢は徹底していた。この頃設立された全国町村長会の代表が、小学校教員俸給の国庫支弁（すなわち義務教育費国庫負担の増額）を陳情に訪れると、原はそれが財政状況から不可能であることを告げ、逆に教育費減少に向けて町村長間で協議し、それによって地方財政の負担を軽減するよう諭している[58]。また、「思想問題」を憂慮する山県有朋には、「教育費整理委員会」の設置が、負担の軽減だけでなく「質実の気風」に導く効果があると説明してもいた[59]。そして第四四議会開会中には、政友会領袖に対し「義務教育費補助額増加不可能且つ教育費整理の必要なる事を内示[60]」して政友会内部を取りまとめ、教育費節減に向けて着々と準備を重ねていた。

他方高橋蔵相も、原とはまた別の観点ながら、教育費削減という点に関しては、原の厳然たる態度と一致していた。教育費削減に対する高橋の主張は、高橋の意見書「内外国策私見（大正九年九月一日稿[61]）」で明確に表現されている。この意見書は、参謀本部と文部省の廃止、農商務省の分割を主張するもので、特に参謀本部廃止論は山県を激怒させた[62]。

高橋は意見書を原に内示し、配布の許可を求めるが、原は自制を求めた。農商務省分割案はともかくとして、参謀本部と文部省の廃止論については、「実際は行はれずして徒らに反対者を造くるまでの事なり。国家に何の利益もなし、又之を実行せんとならば、内閣の議を固め、万難を排して決行せざるべからず、兎に角私見なりとするも発表は見合はすを可とすべし」というのがその理由であり、高橋もそれに従うこととなった(63)。

しかし以下に見るように、高橋の文部省廃止論は、その主張こそ過激であれ、実は原と通ずる政策理念を有するものであった。この「内外国策私見」において高橋は、「画一的ナ教育」を守護する文部省を廃止し、「府県町村等ノ地方自治体」に教育を任せることを主張する。「忠君愛国ノ伝統的精神」のような統一的な国民思想の醸成は必要だが、それは内務省で対応が可能である。もともと小学教育の目的は「国民ノ処世上ニ必要ナル常識ノ基礎ヲ養成スル」ことにあるが、全国の子弟を同じように教育しようとする「全国画一的」な教育は、「実ハ謬見ノ甚シキモノ」といえる。なぜなら、「大都会地」と「山村僻邑ノ地」では、卒業後の進路が違うため、それに対応した教育こそ望ましいからである。つまり農村では農業を、都会では商工業に従事することを前提とした教育が必要になる。高橋はこのように述べた上で、次のようにまとめる。

「要するに普通教育は全国各地の民度及び経済上の情勢等に由りて夫れ夫れ其地方に適当せる教育の方針を採るべきものにして、全国画一的に之を施すべきものに非ず。況んや都市と町村とは各々其経済財政の状態を異にするに拘らず、一定の年齢に達せる子弟は必ず六年又は八年と年限を定めて、全国に渡りて何等の例外なく之を強制せんと欲するが故、地方小村落に於ては今日教育費の為めに非常なる苦痛を感じつつあるもの極めて多きに於いてをや。是れ余りに形式に捕へられ、民度の如何を顧みずして画一教育を強制するの結果にして、教育費は町村を疲弊困憊に導きつつあるものと云ふも決して過言にあらざるなり。而して斯くの如く全国平等

> 画一的の教育を施す其結果は青年子弟をして動もすれば実際を離れたる平等思想に陥らしめ社界の秩序上下の差別等を一切無視するの感念を懐かしむるに至る傾向なしと云ふ可らず」
>
> 〔引用に際して、平仮名書きに改め、句読点を付した〕

教育費のために地方財政が疲弊している事実を認識し、しかし義務教育費国庫負担の増額を避ける道として、財政規模に見合った教育を行うこと。教育の内容だけでなく、義務教育の年限も含めた「全国平等画一的の教育」を否定すること、つまりは教育経費の画一的支出を否定すること。それが文部省を廃止し、地方に教育を任せるという「内外国策私見」の内容であった。これはむろん、地方の責任で地方の実情に応じた統治を行うべきであるとする、前述の高橋の「地方自治」観と合致するものである。

また、「全国平等画一的の教育」が「実際を離れたる平等思想」に陥るという高橋の主張は、原が山県に思想対策としての教育費整理を語っていたことにも通じる。ただ原は、教育費を全般的に節減しようと試みていたのに対し、高橋は地方団体に財源を与え、地方がその限度内で教育費を支出することを構想していたのであった。これが、地租委譲を考えていたという高橋と、それに反対したという原との違いであった。

さてこのように、高橋と原は教育費節減という意味では一致する面があったものの、「教育費節減の為めに有力なる調査会を設置するも必要かと思ふ。何れにしても軽率に腹案を公表する事は最も危険なるに因り、窃かに苦心中なり[64]」とする原の慎重な態度と、過激な意見書を公表しようとした高橋とは対極的な位置にあり、原が高橋意見書の公表を控えるよう指示したのは、まさに高橋の「軽率」を危惧してのものであった[65]。

迎えた第四四議会（一九二〇年末開会）では、野党各派が義務教育費国庫負担の増額を求めていたが、ここで原は教育費整理の調査会設立を明言する[66]。原は、必要な経費を増額する可能性を否定はしなかったが、ともかくも

「先決問題」は教育費整理（減額）にあった。[67] 野党と同じく義務教育費の増額を求めてきた政友会は、原の意向に従う必要がありつつも従来の立場を放棄することはできない。そのため政友会は、教育費の「整理節約」を謳う「市町村教育費ノ整理ニ関スル建議案」を提出したものの、委員会では教育費増加を求める野党にすり寄る形で妥協案を提示するに至る。[68] その結果、教育費増額の可能性をより強調する「市町村教育費ニ関スル建議案」が、与党の一括修正案として可決されている。[69] 原の意向が政友会内に浸透するには、まだ時間を要する状況であった。

原は臨時教育行政調査会第一回総会の挨拶で、不必要な費目は節約し、必要な分については増額する方針であることを明らかにしたが、「其節約し得べきものを節約せずしては啻に其費用増加して負担に困難する許りにあらずして其影響は知らず識らずの間に形式に流れ虚飾に陥り穏健著実の思想を害することにも立至る」[70] としているように、教育費節減を主たる目的として提示しており、またそれと同時に、「外形を飾らず極めて素朴」という理想像に反する形式主義、虚飾を戒め、教育費節減が思想対策につながることも強調している。[71]

しかし調査会設立後間もなく（高橋によれば「地方自治の方針」を実行する決心でいた矢先に）、原は暗殺される（一九二一年一一月四日）。臨時教育行政調査会の答申はもちろんのこと、財調での税制整理案も未だ答申に至らないなかでの死没であった。後継内閣を組織したのは高橋是清であったが、高橋内閣期における財調および臨時教育行政調査会での審議状況、それと関わる政治的状況については後述することとする。

以上本節では、国民党の建議案を経て臨時財政経済調査会が設立されるまでの過程を、税制整理問題全般に着目しながら明らかにしてきた。そして、原と高橋の税制整理に対する姿勢とその「地方自治」論を明らかにすることで、地租委譲という問題が教育費節減策と関連する形で登場してきた背景を示した。

原や高橋のこうした地方観、そして教育費の問題は、財調での議論にいかに反映されているのだろうか。財調を調査会という純粋な審議の場として捉えるだけでなく、それをさまざまな理念が糾合される政策の場としてみる時、原、高橋両内閣が、財調とどのように向き合っていたのかは当然の検討課題となる。その点を踏まえながら、続く二つの節で、財調における審議過程を分析していく。

第2節　原敬内閣における臨時財政経済調査会審議の展開

本節では、臨時財政経済調査会（以下、「財調」）における税制改正案の審議過程を分析する。委譲問題が中央と地方を軸とする財源分配の問題であるとすれば、財産税は個人間における負担の配分の問題であった。これらは本質的には、「正しい」平等が何かという問題でもある。

最終的に財調の答申は、政府の参考案に過ぎないものと位置づけられることになる。その後、政友会が地租委譲を政策として採用することにより、憲政会との政策対立が明白になり、以後は政党間の政治問題として論じられるようになるが、本節（および次節）の分析課題は、そもそもの政策論の出発点となった財調における議論を、同時期の政治状況に目配りしながら明らかにすることである。結果的に参考案になったとすればそれはなぜなのか。違う結論が導かれる可能性があったのか。神戸正雄、高橋是清の理想は、政治過程のなかでどのように表現され、彼らはどのように振る舞ったのか。政府と財調の関係はどのようなものであったのか。そして、新税導入にともなう「平等」の議論はどのようになされたのか。

こうした疑問をもとに財調の審議過程を分析することは、その後政友会が党の政策として掲げた地租委譲論との違いを明らかにし、現実の政治過程のなかで、委譲論の性格がどのように変容していったかを理解するためにも有用である。

以下本節では、原内閣期における財調の議論を、上記のことに留意しながら論ずる。

1　神戸正雄の財産税論とその活動――問題の所在

臨時財政経済調査会に諮問がなされるまでの過程は、前節で論じた通りである。第一回総会が開かれたのちは、審議を付託された税制整理特別委員会（以下、「特委」）、さらにその下に設けられた小委員会（以下、「小委」）での議論が中心となる（審議の階層構造については図を参照のこと）。

審議の経過についてはすでに相当数の研究の蓄積があるが、大雑把にまとめてしまうと、①「現在収入ヲ減ゼザル限度ニ於テ税制ヲ根本的ニ整理シ」という諮問の「説明」に見えるように、総体としての減税を否定する税制整理案の作成が求められた点、②審議が松本重威大蔵省主税局長作成の原案（松本案）を下敷きに展開された点、③議論の多くが第一案、すなわち地租・営業税を地方に委譲し、代替財源として財産税を導入するという案の可否に集中した点、④財産税導入への批判が有力であったため、財調の総会を経て、「参考案」として政府に答申する結果となった点、⑤それにもかかわらず、財調および特別委員会での議論は、その後の税制改正案にも議論の出発点としての影響を与えている点、などを共通了解と挙げることができよう[1]。

図　審議構造

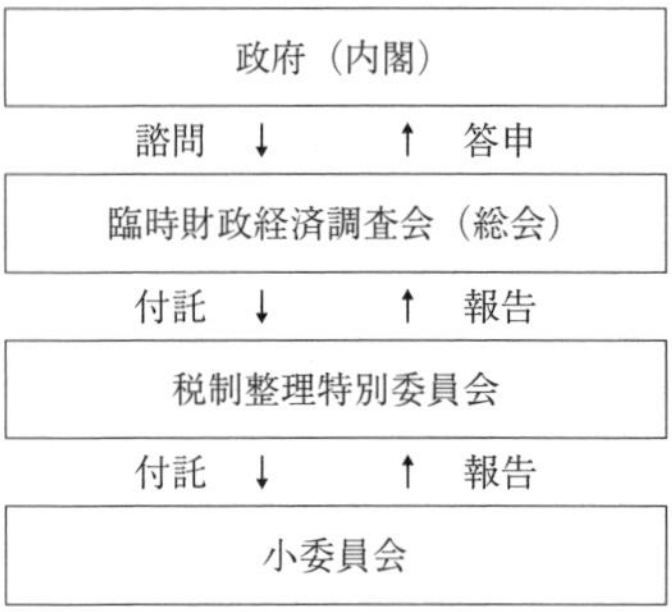

これらを踏まえた上で本書が分析課題とするのは、第一に、財調をめぐる政治過程を、内閣を含む各政治勢力に着目して論じることである。また第二に、諮問から答申に至るまでの議論を、神戸正雄を中心に分析することである。そして第

三に、財産税案の性格と意義を、委譲案との関係に留意しながら明らかにすることである。

第一の点に関しては、財調が政府（内閣）設置の諮問機関であったことを再度強調しておきたい。もちろんこれまでの研究でも、財調が政友会内閣の下に設置されたことは認識されてきた。だが、財調特委案が「政友会内閣のもとで設置されたとはいえ、むしろ官僚主導で作成された」との評価に見られるように[2]、財調での議論を政府の政策意図と切り離して論ずるのが一般的であるといえよう。確かに、特委案が（大蔵）官僚主導で作成されたとの指摘は妥当である。しかし前節で述べた通り、政府の諮問自体が、そもそもの議論の枠組みを設定するものだったのである。したがってそれは「政治主導」の税制改正案と捉えうる。そして、前節で触れた高橋是清と地租委譲論の関係を前提にすれば、高橋の構想が原内閣、高橋内閣でどのような影響力を持ちどのように扱われたか、高橋が委譲問題にどのように取り組んでいたかを明らかにする必要があるだろう[3]。それは財調での議論を主導したとされる大蔵省の〝真意〟を明らかにすることにもなろう。

また、第二の点に関しては、神戸正雄を軸に審議過程を分析することで、財産税導入論と両税委譲論が、どういった期待を持って議論され、また批判されていたか、そして財調の場以外を含め、神戸が持論の実現に向けいかなる活動をし、挫折したのかを明らかにすることが課題である。それは、ある学者が自らの理想を実行しようとする時に直面する、理想と現実の接合としての政治過程を示すことである。

この税制改革をめぐる論争は、第四六議会以降は、地租委譲を主張する政友会とそれに対抗する憲政会という図式に収斂し、「政治問題」から「政党問題」になったと評されたが[4]、「政党対立」以前における各勢力の主張を、神戸を中心点として分析することで、各アクターの利害がどのように影響しあって財産税・委譲問題の議論がなされていたのかを明らかにし、以後の展開を見通す手がかりをつかむこととしたい。

第三点の財産税案導入論についての分析は、ひとまず両税委譲論の展開過程を理解するためにも有用であると言うことができる。しかし本節で財産税構想をめぐる政治過程を詳細に分析しようとするのは、それのみを念頭に置いているからではない。第一に、財産税それ自体の重要性である。地租と営業税の委譲が、財源委譲という形で中央―地方間の格差の是正を図ろうとするものであったのと同様に、財産税も、勤労者と非勤労者（あるいは富者と貧者）との格差の是正を狙ったものであった。その意味で財産税構想は、単なる代替財源以上の意味を持つものであったといえる。実際、財産税導入の急先鋒であった神戸正雄にとって、財産税導入こそは税制改正の主たる目的であった。

結果としてみれば、財産税構想は財調の段階で頓挫し、一九三七年には馬場鍈一蔵相下の税制改正案で再び問題になるが実現せず、その後も、戦後の一時期を除いては実施されていない[5]。しかしその間に財産税導入論自体が消えたわけではなかったし、今日にあっても、格差の是正を眼目に財産税実施を主張する論が現れている[6]。財調における議論はこの財産税構想の淵源であるが、それがいかなる理念に基づくものであり、いかなる対抗関係の下で挫折していったのかを探ることには意味があるだろう。

また、財産税をより広い文脈から捉え直すことにも意義があると考えられる。それは端的に言えば、財産税導入をめぐる議論の社会的意義とその背景を、前章で触れた社会政策的税制論の文脈から位置づけることを意味している。この社会政策的税制論と財産税の配置関係――重なりとずれ――を問うことは、両税委譲論を含む税制改正案全体の性格と意義を別角度から問うことを意味している。

以上の分析課題を基軸に、まずは原内閣期における審議過程を論じていくこととしよう。

前節で見た通り、財産税の導入、地租・営業税の委譲という議論の枠組みは、すでに政府による諮問の時点で用意されていた。諮問を機に、政府は両院の議員、学者、実業家三〇名以上の臨時委員を任命し（一九二〇年六月一日）、その半数近くのメンバーが税制整理特別委員会の委員となっている（ほかに従来の委員から九名が特別委員に選出）[7]。このうち、小委員会の中心的メンバーとなり、財産税および両税委譲を中心とする直接税案を推進したのは、大蔵省勅任参事官である三土忠造、法制局第二部長である馬場鍈一、そして臨時委員に任命された神戸正雄であった。なかでも神戸は、起草委員会として設置された最初の小委員会から、常に小委員会メンバーとして指名された唯一の人物であった（三土と馬場は初回の小委員会では指名されていない）。まずは、神戸が財調臨時委員に指名された経緯について考察しよう。

神戸が従来から所得税の限界を指摘し、奢侈的なものへの課税を論じていたことは、統一支出税についての議論ですでに触れた通りである。明示的に財産税を主張するようになるのは財調臨時委員に指名される直前のことになるが、神戸はそれ以前から財産税的な新税を創設する税制改正案を唱えていた[8]。例えば財調臨時委員就任の前年には、持論たる統一的奢侈税の実行を難しいと認め、その代わり個別奢侈税として、高級住宅税などを導入することを説いていたし[9]、新聞で「デモクラシー的」と紹介されることになった演説では、奢侈税を中心に置く税制改正を訴えていた[10]。また少し遡れば、大戦による好況で生まれた「成金」を念頭に、戦時利得税に加え奢侈税の採用を提言していたこともあった[11]。このような奢侈税の導入は、真の給付能力を捕捉すると共に、「人の平等観を傷け、社会上の嫉視紛争を激成」するのを防ぐ意味（社会政策目的）を持つものとされていた（神戸が第一次大戦を機に、「平等」という価値により大きな意義を見出すようになったことは、第1章第4節で触れた通りである）。

その神戸が明示的に財産税導入を唱えたのは、財調臨時委員に指名される直前に『経済論叢』で公表した論文、「財産税と租税給付能力」においてであった[12]。この論文で神戸は、「時勢に後れ実情に適はない」地租・営業税を地方に「交付」して、財産税を所得税の補完税とすることが「手取早き合理的改革」であるとしている。なぜ地租と営業税の改正ではいけないのか。それは、改正に非常な反対と困難が予想されるからである。つまり神戸が言う

「手取早き合理的改革」とは、国税での改正が難しい地租・営業税は地方に追いやってしまい、その上で時勢に適した国税（財産税）を導入することを主眼とするものであった。財調委員となってからは、租税体系の面、調査の容易さという面で委譲論を擁護する神戸であるが、そもそもの発想としては、委譲論は財産税導入のための手段に過ぎないものであった。

では、なぜ財産税が望ましいのか。それは「今日の民衆的傾向の盛なる時世にては労力又は努力といふものの神聖が高調」されており、「左したる努力なくして生活する所の財産階級」には重課するのが適切だからである（神戸は、第一次大戦による富の集中についても触れている）。

さらに神戸は、予想される反論を挙げながら、財産税を弁護していく。例えば、収益を挙げない財産に課税するのは財産の元本侵蝕だという非難に対しては、財産による収益を挙げられないのは無智怠慢であり、保護するに値しないとする。また財産は、勤労所得に比し安定した収入を得られるというだけでなく、名誉といった無形の収益、元本価値の潜在的増加（含み益）、不生産的な使用価値（持家があれば家賃がかからない）、といった総合的な意味で高い給付能力を持つ。だから財産税は、所得税では捕捉し得ない給付能力を把握できるものなのである。神戸は財産税の価値をそのように位置づけたのであった。また神戸は、この『経済論叢』の次の号では、財産税によりある者の財産が減ったとしても、それは財産を有益に用いる者に「分配」されるのだから、国民経済上は財産が増加することになる、という論理で財産税を擁護している[13]。もちろんここでの「分配」は、貧者に財産を分け与えるという社会政策的な分配の論理ではなく、より効率よく収益を挙げうる経済主体に財産を集中させる論理である。

これらの主張は、かつて統一的奢侈税を唱えたのと同じ論理、すなわち禁欲的かつ合理的な生産によって、国全体の資本を増加させることを至上命題とする発想に基づいていることが理解できよう。

そしてこの論文「財産税と租税給付能力」が、財調臨時委員に就任する直前というあまりにもよいタイミングで発表されていることを考えれば[14]、神戸が委員を打診された際に、諮問の趣旨をある程度知る機会があったか、あるいは神戸の意見が政府側の目にとまって委員に任命されたと見ることができよう。前者であれば、神戸は政府の素案をベースに、財産税を中心とする税制改正案をいち早く主張したものと見ることができるし、後者であれば、神戸の主張が政府案に採用されたものと見ることができよう。いずれにしても、財産税導入論は、これまでの神戸の税理論に適ったものであった。

さてこの後、神戸ら小委員会側が推進した財産税＋両税委譲案は、主に財産税への批判から、特別委員会レベルで異論が噴出する。最終的には、多数決により小委員会案が特別委員会案として可決されるが、その後の財調総会では意見がまとまらず、最終的には参考案としての答申にとどまることになるのであった。それから間もなく、委譲案のほうは政友会が政策採用することで再び政治問題化するが、財産税導入論のほうは、政党が採用する政策にはならなかった。

こうした結末から見れば、財産税導入は当初から実現が困難であったようにも見える。だが審議経過を遡れば、財産税成立を可能にするいくつかの道筋は存在していたが、それらが消失してしまったがゆえに、財産税案成立の可能性が失われてしまったと見ることができる。

財産税と委譲案を中心とする税制改革案が、神戸ら推進派の意図通りには実を結ばなかった理由について、宮本憲一は、税制整理の主導権を握る主体が確立されなかったこと（利害の雑多性）、「資本主義の無計画性」（状況の変化）に求めている[15]。税制整理の主導権を握る主体が確立されなかったこと、言い換えれば、これを支持する勢力が力を持ち得なかったという点は、結末を見る限り妥当な指摘である。しかし、支持主体が確立される可能性がなかったわけではない。そうした存在になり得たのは、官僚を除いて考えれば、政府および政友会、野党、資本家、商工業者であった。

裁派）に関しては、委譲案と新税創設を中心とする税制整理案に積極的であった。高橋蔵相の名代である大蔵省勅任参事官の三土忠造、それに横田千之助法制局長官を支えた第二部長馬場鍈一の二人は、小委員会案作成の中心人物であった。ほかの財調特別委員を見ても、堀切善兵衛（大蔵大臣秘書官）や山本悌二郎など、のちに総裁派と呼ばれる政友会議員は、小委員会案に賛成であった[16]。そして後述する通り、原首相亡き後の高橋内閣においては、総裁派が中心となって小委員会案の実現を図るようになるのである。

まず政府については、税制整理に消極的であった原はともかく、高橋蔵相と高橋を支える人脈（高橋内閣時の総

野党も財産税導入論を支持する可能性は充分にあった。これについては後で詳細に述べるが、ここでまず概略を示しておきたい。国民党の場合は、これまで税制改革を長年訴えてきたにもかかわらず、所属議員は財調の税制整理特別委員に任命されなかった。しかし党内では、資本家に負担を求める財産税を支持する議員が多かったと見られる。他方憲政会は、財調の税制整理案に対する明確な賛否を表明していなかった。しかし、野党から唯一税制整理特別委員となっていた浜口雄幸は、委譲案には消極的でありながら、社会政策的税制実現の立場から財産税導入論自体には賛意を表明し、小委員会側との妥結点を模索しようとするのである。

こうした点を踏まえれば、財調の成案次第では、議会で多少の修正を経ることになったとしても、財産税案を含む税制改正案が衆議院を通過する可能性は充分にあったと考えられる。

では、財産税案に強硬に反対した資本家についてはどうだろうか[17]。資本家の反対が根強く存在していたことは確かであるが、はじめから財産税への反対論が優勢だったわけではない。財調小委員会には、財界を代表して和田豊治が参加していたが、和田は財産税導入を強く主張していた[18]。和田のこのような姿勢には、「財界世話役[19]」として政府の意向に沿った新税導入を容認し、その上で財界全体にとってのメリットを確保しようとする立場が表れていると考えられる[20]。和田は、財産税案が法人を課税対象外としていることについて、むしろ逆に、法人への財産税課

税を主張したし[21]、委譲案については、地租のみの委譲を主張していた[22]。前者は、法人非課税を利用した課税逃れの道を断ち、財界の秩序を維持する意味があったと考えられる[23]。後者は、営業税の軽減または廃止を求める運動に配慮し[24]、国税レベルでの改正の余地を残すものであったろう。いずれにしても、和田が財産税導入を主張していたことは確かであった。

また、資本家を含む営業者全体に関しても、営業税廃止への期待から、財産税導入を容認する可能性があったと考えられる。以下に述べるように、神戸正雄は京都商業会議所を起点に営業者の支持を取り付けようとし、期待通りの成果は挙げられなかったものの、一定の支持を得ることに成功している。議論を先取り的に進めてしまうことになるが、先にこの点について触れておこう。

京都商業会議所の常設調査委員会は、税制改正問題への対応のため、一九二一年五月一七日に特別議員たる小川郷太郎の意見を聴取し、二三日には神戸の意見を聴取している[25]。第1章で述べた通り、一九一七年以降神戸は京都商業会議所の特別議員として重きを置かれる存在であった。この聴取の折、神戸は財産税導入を強く訴えたものと見られる。その際の意見と同様のものと思われるのが、同時期の京都商業会議所の機関誌に掲載された神戸の論文である[26]。ここで神戸は営業税廃止運動について触れ、営業税廃止には代替財源の裏づけが必要であり、それゆえに、営業者が公共心を持って財産税導入を主導することが営業税廃止につながるという論理で、財産税への支持を訴えていた。

第1章で触れた大阪工業会での同種職工組合促進論のように、かつて神戸は、自らの意見が実業家に受け入れられ、それが政策として昇華する成功体験を有していた。また、京都商業会議所を起点に、関西商業会議所連合会、全国商業会議所連合会をまとめ、政府に圧力をかけるという経験もしていた[27]。今回も自らの意見が採用されるという自負、少なくとも何らかの形で自分の意見が尊重されるという見通しがあったと思われる。そしてそれは、ある程度までその通りになる。

神戸と小川の意見を聴取したあと、京都商業会議所常設調査委員会は、財産税導入案を含む税制改正案を、会頭浜岡光哲に答申する（一九二一年六月四日）。この案は、悪税たる営業税を廃止し、国レベルでは改正が難しい地租は地方に委譲し、その代替財源として一般財産税の導入を容認するというものであった（条件は、免税点五〇〇〇円、累進で一〇〇〇分の一から三までの税率とする）。地租は地方税として存続させるが、営業税は完全に廃止するのであるから、もちろんこれは営業者の利益に適った税制改正案であった(28)。

答申の一週間後には、京都商業会議所が主体となり、関西商業会議所協議会が開催される（六月一一日）。これは全国商業会議所連合会（六月二四日開会）で税制整理問題が議題になるため、関西側の態度表明をする必要があったからである（小川と神戸も協議会に参加）。六月一八日には、京都商業会議所議員総会が開かれ、常設調査委員会が提出した上記答申について議論が交わされたが、ここで財産税導入を容認する答申に猛反対したのは、京都財界で重きを置かれていた田中源太郎であった。神戸以外にも財産税導入論を支持した会員はいたが(29)、討議はまとまらず、田中、神戸の両特別議員を中心にした特別委員会で再論されることとなる。

しかし六月二〇日開催の同委員会でも、両者の溝は埋まらなかった(30)。最終的には、営業税廃止の財源を財政整理と行政整理に求めることとし、やむを得ない場合は、一般財産税の創設も「亦一策ならん」という一節を最後に附すことで落着した。神戸によれば、この一節は附帯決議として付け加えられたにものに過ぎず、「世間には出さぬこと」という扱いにされたということである(31)。神戸の意見や、税率の修正にとどめるべきと「力説」した他の会員（戸田徳治）の主張は押し切られたのであった。田中源太郎が強硬に反対したのは、いったん財産税が導入されれば、いずれ増率を招き、将来的に負担が重くなっていくという判断があったためであろう(32)。

しかし不可解に見えるのが、上記の過程で披瀝された神戸の財産税論である。財調第一案は、地租・営業税の国税廃止と地方への委譲案であり、営業税は地方税として存続する。神戸はこの第一案の熱烈な弁護人となるのである。しかし京都商業会議所に対する神戸の意見は、営業税を完全に廃止するためには財産税導入が必要だと説くものであり、委譲の必要性には触れていなかった。京都商業会議所の調査委員会による答申は、この神戸の意見に則り、営業税は廃止し地租のみを委譲するという案を打ち出したのであった。これは、財調第一案とは両立しない案である。神戸はなぜ、商業会議所にそのような意見を説いたのであろうか。

それはおそらく神戸が、委譲問題を論点にすることは避け、営業税廃止運動と財産税導入論をリンクさせることにより、営業者の財産税容認という外観を得ようとしていたからだと考えられる。「手取早き合理的改革」を志向する神戸にとって、地租・営業税は国税からなくなればよいのであって、財産税導入のために営業税を完全に廃止することには、抵抗感がなかったのであろう。

いずれにせよ、財産税には資本家の根強い反対があったのは確かであるが、導入に賛成もしくは容認する可能性があったことは、以上の経過からもうかがえよう。営業税の廃止あるいは軽減を織り込んだ税制改正案になれば、財産税に対する支持を取り付けることは可能であったと考えられる。

以下、各政治勢力が財産税と委譲案に関してどのような反応と対応を見せたのかにつき、当時の新聞に代表される輿論の動向（これは次節で詳しく述べる）、そして教育費節減問題との関係を踏まえながら、内閣ごとの状況の違いに留意して論ずることとしたい。

2　財調審議における理念と政治過程――政治主体別による構図

政府の諮問を受けた税制整理特別委員会（特委）は、まずは調査項目の決定を行うことにした[33]。調査項目案起草委員会として位置づけられた一九二〇年六月一一日の第一回小委員会（小委）では、大蔵省案（松本重威主税局長案）と内務省案（添田敬一郎地方局長案）が提出されたが、大枠では大差がなく、小委員が松本幹事案に賛成するという形で、調査項目と順序が決められている。[34] 直接税に関しては、甲案（両税委譲＋財産税）、乙案（両税委譲＋特別所得税）、丙案（両税存置の上修正＋資本利子税、家屋税）を調査することになり、再び小委員会での議論を経て、翌一九二一年一月一三日の第一一回特委で、これらがそれぞれ小委員会案（第一案～第三案）として提示されるに至る。[35]

このうち第一案は、地租・営業税の委譲と財産税導入を提案するものであった。[36]

それは、地租については①現行の地租は、法定地価を課税標準にするものであり、地価の変動に対応できない不公平なものである、②不公平な地価に基づく地租では、増率の際にさらに不公平となる、③しかし法定地価の修正には費用と期間を要する、④したがって国税としての地租・営業税は廃し、地方に移す（地方は調査範囲が狭いために調査が容易である）、⑤地方税となった場合、地価の調査は政府の監督の下、地方団体が行う、⑥その場合の収税額は、地方が従来得ていた両税の附加税額（これまで地方税として得ていた両税の額）程度とするが、地方財政の膨張にともなう将来的な増税も認める、というのが主要な点であった。

また、財産税については、①所得税の補完税として導入する、②これは財産すべてを網羅するものであり、「各人間ノ負担権衡上最モ理想的ニシテ且最モ完全ナルモノ」である、③この税はプロシアでの成功例がある、として、具体的には④無収益財産を含む動産・不動産への課税（ただし法人は課税せず）、⑤超過累進税率の適用（〇・四～一％）、⑥免税点は一万円（家族の財産を合算して計算）、⑦公共のために用いる財産や日用品、家宝には課税しない（逆に言えば、家宝と認定されない書画骨董には課税する）、⑧課税額調査は納税者の申告によるが、税務署がそれを不当と見なした場合、税務署が調査し決定する、というのが主要点であった。

この第一案（両税委譲＋財産税）支持の姿勢をいち早く打ち出したのは、神戸正雄であった。神戸は、次の第一二回特委（一月二〇日）で第一案支持を明言し、第一三回特委（四月一四日）で詳細な意見書を配布し、各案を比較衡量した上で第一案賛成を唱えた。[37] この意見書は、これまでの神戸の税制論の流れに沿ったものである。すなわちそれは、①所得税は真の給付能力を反映できないため、書画骨董の価値や収益の確実度の大小を斟酌し、給付能力に一元的課税ができる財産税によって補完されることが望ましい、②無収益財産にも課税することで、財産の効率的な運用を促進できる、③免税点を高く設定し累進税とすることで、給付能力に応じた課税が可能となる、④社会政策上の考慮、⑤収入可動原則への適応性、という点からの財産税擁護論であった。

このうち、⑤の収入可動原則とは、時勢によって増率および減率を行うのが容易だということを意味していたが、「財産税ハ平時ハ穏カナル累進ニ止メ一朝有事ノ際ニハ激シキ累進課税ヲ行フコトニヨリテ大ナル収入ヲ挙クルコトヲ得ルモノナリ」と明言しているように、増率のほうに重点を置くものであった。また、財産税導入は、「時勢ノ必要」があるという財産増価税の前提としても主張されていたから、全体として将来的な増税の必要性を明確に主張するものであった（それゆえに徴税費の増大も是認されている）。

また、④の社会政策上の考慮は、神戸にとってはやはり従来通りの副次的な要素であったと思われるが、それについては審議の展開を踏まえながら明らかにすることとしたい。

他方神戸は委譲案について、国が財産税を採用するのであれば地租・営業税を委譲するのが望ましいという立場、つまり財産税導入をメインにした立場からの委譲賛成論を唱えるが、それは本質的には、国と地方の課税システムを分断することに主たる目的を置くものであった。

すなわち、（国税への）附加税主義を排することで、地方はその財政需要（「時勢ノ要求スル新事業」）に応じた課税を、地方の実状に照らしながら行えるし、それはまた、地方当局者の責任感を醸成し、地方自治の発達につながるものとなる。逆に言えば、地方税負担が増したとしても、「国税重シトイフ国家ニ不利ナル感知」は生じず、責任は地方当局者が負うことになるのである。附加税主義の排除が意味するのは、将来的な国税改正に当たって、地

表　小委案の変遷　（＊金額単位は円）

特別委員会回次	第11回	第16回	第17回
開催日	1921.1.13	1921.6.9	1921.7.14
免税点	10,000	2,000	2,000
税率	0.4～１％（累進）	0.15％（比例）	0.15％（比例）
不動産控除	25％	なし	なし
総額	134,552,205	69,539,205	71,938,000
徴税費	未定	未定	7,000,000
その他控除額	—	—	3,126,000
差し引き総額	—	—	61,812,000
地租	74,140,000	74,140,000	74,140,000
営業税	64,581,000	64,581,000	64,661,000
両税合計	138,721,000	138,721,000	138,801,000
委譲額充当率	全額	「半額ニ相当」	４割４分５厘

方への影響を考慮する必要がなくなるということである。つまり、国は国で、地方は地方で、それぞれ財政需要を独自に満たすことが可能になり、また必要になるのである。

したがって、神戸の委譲論は、地方に相応の財源（課税権）を与えるだけでなく、それにともなう相応の責任を求めるものであったといえよう。これは高橋是清の委譲論・地方自治論に近い考え方である。しかし神戸にとって重要なのは、あくまで財産税導入であり、財産税の導入および増率を円滑化する手段として地租・営業税の改正を地方に委ねるという発想である。ここには、財調委員就任前からの神戸の意見（「手取早き合理的改革」）が継続して存在していることがわかる。

財産税導入を主眼とし、委譲案にも賛成するこの神戸の意見は、それに対する賛否、もしくは質問の応酬という形で、その後の議論の流れを形づくる。再び開催された小委員会では、財産税の新設を前提とした税制改正案が議論された。(38) その結果、特委がスタートしてから約一年後の第一六回特委（一九二一年六月九日）において、税額をある程度緩和した財産税を導入し、その歳入で地租・営業税を「半減」（半額委譲）するという小委の決議要領が提示される。さらに再び小委員会を経て、七月一四日の第一七回特委で修正案が示されるが、免税点二〇〇〇円、税率〇・一五％（比例）、総額約七〇〇〇万円の財産税により、地租・営業税を半額委譲するという主要点では、第一六回特委における案と変わらない（案の詳細については、表を参照されたい）。

こうして具体的な小委員会案が提示されると、反対論もまた具体化する。それは主に財産税に対する批判であり、分類すれば①学理上、実務上の批判、②農業関係者の批判、③資本家の批判、とまとめられる。農業関係者の反対は、財産税では動産を充分には捕捉できないし、無収益財産にも課税するのであれば結局は不動産税になり、農業者に不利であるという田中隆三（農商務次官）の意見に代表される。(39) また、資本家の反対は、改正したばかりの所得税を運用・改善する必要を説き、新税導入が増税となることを警戒する藤山雷太（大日本製糖社長、東京商業会議所会頭）の意見が代表的なものであった。(40)

しかし、それぞれの利害に基づくこれらの反対論は、財産税批判の根拠としては正当性として脆弱である。その意味で、彼らに正当な反対論としての拠点を与えたのが、学理上、実務上の批判論であった。この中心となったのは、若尾銀行副頭取の井上辰九郎、元大蔵次官で日銀副総裁の水町袈裟六である。井上は、かつて東大などで財政学を教えていたこともあり、銀行家としてではなく、学者としての立場を鮮明にして反対論を唱えた。井上の反対論の要点は、各国における財産税の実施状況が不良であり、ワグナーら海外の学者も反対していること、補完税にしては税額が大きすぎるということにあった。(41)

また水町は、元大蔵次官としての立場から、財産税案がかつて大蔵省内部で検討され不採用となった経緯を明かし、財産価格の調査が困難であるとの大蔵官僚の見解を引き出すなど、(42) 当初から財産税に反対する姿勢を見せていた。第二二回特委（一九二一年九月二九日）では、確実な収入が見込めないこと、委譲云々より先に、問題点の多い営業税改正を優先すべきこと、税務官吏が対応しきれないことを挙げ、反対論を唱えている。

井上の反対論は、神戸とは異なる「学者」の見解として意味を持っていたし、水町の反対論は、実務をよく知る立場から、財産税導入論の実現性に疑問を投げかける意味を持っていた。井上も水町も、財調特委内ではもちろんのこと、雑誌、新聞など委員会の外でも、小委員会案を財産税の点から厳しく批判し続けることになる[43]。

これらの批判に対し神戸は、財産税の実行が可能で望ましいという立場から、委員会内において持論を展開していった。その詳細は省くことにするが、実行が可能か否か、効果があるかどうか、といったことは、見解の相違もしくは程度問題に過ぎないともいえ、神戸および小委員会側が主導権を保てるのであれば、反対派とのギャップを埋める緊急度は高くなかったかもしれない。

しかし、それとは異なる部分で、神戸は反対論に有力な根拠を与えてしまう。前述した通り、小委員会案として議論の対象になった財産税案は、当初の案（免税点一万円、累進税）を修正した免税点二〇〇〇円の比例税案であった。議会通過を図るため、当初案より徴税額を緩和した案になったものである（それゆえ両税委譲は、全額ではなく当面半額とされた[44]）。この妥協策は、制度導入時にはやむを得ないものとして神戸も容認していた[45]。

修正案はしかし、低い免税点、比例税となったことで、中産階級重課との批判を招くこととなる。資産家が相応の負担をするべきとして財産税を主張する神戸に対し、田中隆三や藤山雷太は、自分が財産家だから財産税に反対するのではなく、中産階級の負担を考慮しているのだとして、自らの立場の正当性を主張した[46]。これに神戸はいかなる論理で対抗したのであろうか――いや、それは対抗ではなく、中産階級重課を容認する説明であった。

神戸は、やはり中産階級重課という点から財産税案を批判する井上辰九郎に対し、税制整理の過渡期にあっては、中産階級の負担が増すのはやむを得ないと述べ、中産階級の負担増を認めた上で、さらには将来的な改正（増税）の必要性にまで言及する[47]。「今回の整理は増税を目的とせず」との明言（郷誠之助委員長）があったにもかかわらず[48]、神戸の説明は、税制改正の意図が、財産税導入による中産階級への負担増、将来の増税にあるという印象を与えるものであった[49]。神戸が中産階級重課を認容した理由については後述するが、ここでは、神戸が中産階級重課を認める態度を明らかにしていたこと、そしてこれが反対派を硬化させ、反対論に有力な根拠を与えたことを踏まえておきたい。

さて、以上が職業的背景を中心に見た議論の構図であるとするならば、組織レベルでの構図、すなわち省レベル、政党レベルでの議論はどのように見ることができるだろうか。

はじめに省レベルについて述べよう。農商務省側は、田中隆三次官以下反対の立場を取っていたが、これについては農業者の利害関係と同じであるので、再度説明する必要はないであろう。あらためて分析が必要なのは、内務省と大蔵省である。

まず、内務省が省全体として両税委譲案に賛成の立場を取っていたことは、財調での審議の過程から明らかである[50]。審議のはじめに提示された添田敬一郎地方局長案は、大蔵省松本重威案と大差ないものであったと見られるし、添田の後任である塚本清治地方局長は、府県戸数割を廃し、市町村戸数割を設置することを目的に委譲の実現を求めていた（第二〇回特委、一九二一年九月一五日）。こうした内務省の姿勢は、最後まで一貫している[51]。内務省は、代替財源である財産税の是非にはほとんど踏み込むことなしに、小委員会案を支持し続けていくのであった。地方を所管する内務省が、財源委譲を求めるのは当然のことのように見えるが、内務省はそれにより何を実現しようとしていたのだろうか。

財調での発言と、それ以外の状況を併せて考えれば、内務省側の意図は、委譲によって安定的な地方財源を確保し、それにより地方の雑種税整理と戸数割改良の財源を確保することにあったといえる。つまりは府県「内」における町村秩序の安定化を図ることを企図していたのであった。それは状況的には、第一に、原内閣で決定された郡制廃止を受け、郡制なき後の地方財源の涵養が求められていたためであり、第二に、戸数割の改良について内務省が苦慮していたためであった。

まず、地方財源の涵養という意味で委譲を求めたのは、府県知事たちである。一九二一年の地方長官会議では、床次内相が地方財政の膨張を容認した上で、地方財政整理について諮問しているが、知事たちが希望したのは、両税委譲を行って地方財政を救済することであった[52]。これは財源委譲を求める地方側の論理だといえるだろう。

これが地方財政膨張への対応策であるとすれば、それとは次元が異なるのが、戸数割の改良である。これは内務省地方局が、府県「内」の秩序維持のために必要としたものであった。それまで戸数割は、国による統一的な基準が設けられず、府県の措置に一任されていたが、その結果、府県から賦課される市町村内で深刻な紛議を引き起こすものとなっていた[53]。さらに一九二一年の市制町村制改正により、町村の等級選挙が廃止されると、有権者の拡大にともなう政党間の争いや階級闘争の招来が懸念されるようになる[54]。それに備えるため、内務省は「画一的近代的な規制」である府県税戸数割規則（勅令第四二二号）を公布する（一九二一年一〇月）[55]。これは、それまで広く行われていた見立割（資産状況を斟酌して裁量により課税）を二割までしか認めないものであった。しかし、地方側の反発の結果、翌年五月には見立割は四割まで認められることになる（勅令第二八二号）[56]。内務省が譲歩を迫られた結果であった[57]。財調での審議は、戸数割をめぐる以上のような経過を背景にしていたのである。

つまり、内務省地方局が委譲論を支持していたのは、新しい財源により戸数割を改良し、そのことで地方の秩序を維持しようとするものであった。それは、単純に地方財政膨張の救済を求める知事側の論理とは異なるものである[58]。しかし内務省内における地方局と知事の差異が問題になるとすれば、それは財源委譲の見込みが立ってからのことになろう。したがって、審議の段階でその差異が明確になることはなく、内務省全体の外観としては、地方局も知事たちも委譲論を支持するという同一の立場におさまっていた。

最後に問題となるのが大蔵省の意図である。この答えは、一見簡単である。松本重威主税局長は、小委員会案の原型となる幹事案を提出していたし、以後もたびたび小委員会メンバーと同じ立場から説明と反論を行っている。これを見れば、大蔵省が税制整理案を推進していたという評価が妥当のようにも見える[59]。しかし、地租委譲という構想が、政府側の諮問によって枠をはめられたもの、つまりは高橋蔵相の政治主導で進められたという本書の視角からすると、問題はどこからどこまでが主税局あるいは大蔵省全体の意向であるかということにある。そのためには、財産税と委譲問題それぞれの議論について、時期ごとの違いを踏まえながら分析する必要があるだろう。

まず、原内閣期の審議過程において、松本主税局長が小委員会側と歩調を合わせていたのは事実である。しかしそれは財産税についてであり、委譲案については、小委員会側に疑問点を糺すなどして距離を置いていた。つまり財産税には積極的であったが、委譲案には消極的だったのである。以下の記述によりその点を明らかにしたい。

財産税案は、諮問前に政友会内でも導入を検討する意見があり、高橋と三土も一応それを協議していたから[60]、この案が高橋たちの意向で提案されたものか、大蔵省または松本主税局長の主導によって提案されたものなのか（あるいは神戸の財産税論が採用されたものなのか）は判然としない[61]。しかし財産税案は、少なくとも主税局の利益に適う側面を持っていたと見ることができる。

それは、無収益財産への課税を可能とし、軽く広い負担を求めながら、将来的な増税の基礎にもなりうるという財産税の性質もさることながら[62]、財産税の調査によって個人の財産を税務当局が把握できるという面[63]、そしてその調査のためには、税務官吏の定員が当然に増加するという面でのメリットである[64]。

かような暗黙の意図、すなわち税務行政の拡大化という路線には、末端の税務官吏に対する人格、能力面での不信感を根拠に批判の声があがった[65]。つまり、公正な徴税を実施する能力への不信感である。

こうした批判に対し、松本は税務官吏の人格と能力を擁護しつつ、徴税費コストの増加については、当初は明示せず、その後は低めに見積もった上で提示するという方法で対応した[66]。

しかし、この松本の財産税導入への意欲は、大蔵省全体はもちろんのこと、主税局内部でも充分な了解を得ていたわけではなかった。次期主税局長の有力候補と目されていた勝正憲書記官は、財産価格の調査が困難であるという意見を早くから唱え、水町袈裟六の反対論に同調するかのような姿勢を見せていた[67]。そしてこれは、省全体についても言えることであった。神野勝之助大蔵次官は、財産税新設と両税委譲案を一応の理想として認めてはいたが、税制整理の目的が収入増加にあることを明言し、財産税導入が果たして収入増加につながるのか、また実行可能なのかについて、「慎重研究」が必要であるとしていたからである[68]。

以上のように、財産税導入論に関して、大蔵省全体の合意があったとは言い難い。しかし少なくとも原内閣期にあっては、大蔵省内における松本主税局長の主導権は保たれており、松本の立場が省内から否定される事態には至っていなかった。

一方の委譲案は、大蔵省の立場から見れば、確実な財源である国税の喪失、そして地方を管轄する内務省への財源譲渡を意味する。委譲案そのものに関し本来大蔵省は消極的であり[69]、松本が委譲案を作成したのは、政府（高橋蔵相）の意を受けてのことだと考えるのが自然である。

仮に大蔵省が委譲案を認めうるとすればそれは、①国税喪失に見合う新税源の確保、②地方税化後の影響力の確保、③地方財源を顧慮する内務省的視点とは違う形での、委譲を正当化する論理の構築、の三点が満たされた場合であった。

①の点は委譲の前提条件であり、これは財産税の導入を重視する神戸の立場とも一致するものであった。しかし、財源の確保をめぐる問題が中心となったことで、議論は財産税導入の是非に向かい、委譲の意味や是非についてはは充分議論が深められないまま進んでいった。②の点については、小委員会側と松本の立場は大枠で一致してはいたが、松本はより細かい点に踏み込んで、大蔵省の影響力保持に腐心していた。それを以下に確認しておこう。

そもそも、両税を委譲する論拠として小委員会側が提示したひとつの説明は、拡大する地方財政に財源を与えることであり、各地方が財政需要に応じ、自らの責任で税率を決定できるというのがその重要な権限であった[70]。しかし想像されるように、それは各地域の税率に差異が生ずること、つまり個人レベルで見れば、居住地域によって個人の税負担に著しい差を生ずる可能性を持っていた。この当時、地方「間」の差異が生ずるとして問題にされたのは、都市と農村といった地方「間」の差異よりも、異なる地方に住む個人の「平等」という点であった[71]。居住地域の違いによって、国民が異なる地租率を課せられるのは、正しいことなのだろうか。

この批判に対し神戸は、財源を地方に委譲する場合でも、国家が税率の標準を定めて地方を監督するとして、地方「間」の差異は生じないと反論していた。つまりそれは、大蔵省による統制の維持を前提とする委譲論である。しかしそれは、地方に自由と責任を与え、地方の税収に弾力性を持たせるという委譲案の趣旨とは矛盾するものでもあった。

さらに松本主税局長は、委譲案が実行された場合に備え、大蔵省が影響力を保持するための布石を打っていた。松本は、半額委譲の場合の経過措置期間において、国が自然増収分を得られないことに疑問を示したほか、地方が地価修正を行うことの困難を指摘し、各府県「間」の権衡が崩れることを問題点として指摘していた[72]。これは、国税としての地租が本来望ましいとする論理であり、仮に委譲を実行する場合でも、大蔵省の監督権や調査権の確保を前提にする主張であった。

こうした論理に基づいて委譲案を扱うのであれば、そこで必要になるのは、地方の自主性または自己責任から委譲を説明することではなく、大蔵省が影響力を保持することと矛盾しない形で委譲を説明すること、つまり上記の③の視点に基づいて委譲を位置づけることが必要になる。松本がそれを提示したのは、諮問から一年を過ぎた第一八回小委（一九二一年六月二九日）でのことであった。それは、地租・営業税は、元来地方経済の消長によって変化する収益税であり、国税の応能課税主義とは相容れないという説明であった。一言で言えば、地方税にしなければいけない性質だから地方税にするということである。

これは神戸の租税体系論に基づいた説明と同様のものであった[73]。だからこの松本の説明を、神戸は即座に支持している。しかし、神戸と松本が共通の了解を持っていたからといって、それが小委員会メンバーのすべてに共有されていたわけではない。このことも一因となって、後に小委メンバーの間にも差異が目立つことになる。しかし原内閣期においては、それがあらわになることはなかったのであった（この点は高橋内閣についての考察部分で後述する）。

次に、原内閣における政党的構図について述べよう。税制整理特別委員会に委員として任命された衆議院議員が、憲政会の浜口雄幸以外はすべて政友会員であったことは、これまでも指摘されてきた通りである[74]。しかし、同じ政友会とは言っても、税制整理案を推進しようとする高橋蔵相周辺のグループと、それに反対するグループとの間には、明確な対立が存在していた。

それを反映していると考えられるのが、高橋側近の三土忠造委員の一見非合理な行動である。第一〇回特委（一九二〇年一一月一二日）で、小委員会を設置し原案作成をするよう提案した馬場鍈一に対し、三土は、小委員会の原案が結局は最終的な案となるため、まずは特委で各自の意見を開陳すべきであるとの意見を唱えている。結局は馬場の意見が通り、直ちに小委委員五名が指名されるが、そのなかには三土も含まれていた（ほかは、神戸、郷誠之助、和田豊治、馬場の四人）。三土はその後も小委委員に継続的に指名されており、大蔵省勅任参事官である三土の小委委員指名は既定路線であったと思われる。それにもかかわらず、三土がただちに小委で議論することに消極的であったのは、税制整理案に対する反応、とりわけ政友会議員たちの意向を充分に把握できていなかったためであろう。「高い税率では議会を通らない」ため、妥協策として半額委議案が提示されることになったのも、第一義的には、衆議院で圧倒的議席数を誇る政友会内をまとめるための、高橋周辺からの妥協策であったと見られる[75]。

そして、上記の経過からも想像されるように、現役の政友会議員のうち、税制整理案に明確な賛成を唱えたのは、三土、堀切善兵衛といった高橋蔵相系統の人物であった。また高橋蔵相も、新聞紙上の談話において小委員会案支持を明確にしていた[76]。ここで高橋は、両税委譲を理想論として異議がないものであり、今後の課題は実行上の難点解消にあるとする。財産税については、「社会状態及び思想の一変したる今日」において、所得税と財産税という弾力性のある両税を中心にした国税体系にすることに異議はないとし、累進税ではなく比例税の財産税案になっていることについても、新税を実現する手段として是認していた。この高橋談話は、財調の審議が蔵相の意に沿って進んでいることをはっきり示すものであった。

しかし高橋蔵相のこうした姿勢にもかかわらず、政友会の特委委員からは反対の声がやまなかった。有力な反対者としては、すでに何度か触れた田中隆三、そして波多野承五郎が目立つ存在であった[77]。また原敬の腹心であり、当時内閣書記官長を務めていた高橋光威も、財産税には慎重な姿勢を見せていた[78]。彼らはのちに高橋是清と袂を分かち、政友本党に参加していく。高橋内閣期においては、「時流」を重視する党人派が高橋総裁の下で結集（総裁派）していたのに対し、官僚・資本家出身の政友会員の多くが、政友本党に流れていったことは、すでに指摘されている通りである[79]。税制整理問題をめぐっても、すでに対立の兆しが見えていたのであった。

彼ら政友会員の特委委員任命の経緯について、任命権者である原首相は詳しい事情を書き残してはいないが、任命された顔ぶれを見る限り、高橋蔵相の意に沿った税制整理案諮問を容認する一方で、政友会からは高橋の意に服さない議員を選んでおり、党内バランスに配慮した人選を行ったことが推測できる。

こうした状況にあって、憲政会の浜口雄幸（元大蔵次官）は、両税委譲案には反対したものの、財産税創設についてはむしろ積極的に支持する姿勢を見せている[80]。浜口は、憲政会とは無関係の個人的見解と断った上で、委譲案と財産税案は不可分のものではないゆえ、委譲は取りやめ、財産税案を小規模なものに修正して実現するというプランを提示した。浜口が委譲案に反対したのは、国税で改正が困難なものを地方が適切に改正できるのかという大蔵省的発想に加え、地方ならば実態に即した調査が容易であるとはいえ、地方には「種々の情実」が存在し、結局は公平な調査が行われないという懸念からであった。これは、地方を掌握する政友会に対する、野党憲政会の立場を反映した意見であるといえよう。

また浜口の財産税導入論は、それが所得税の補完税として望ましいというだけでなく、「資産階級と無産階級との摩擦」を緩和するものとして、「社会政策上」賛成を唱えるものであった。これは、かつて浜口が戦時利得税創設に賛成したのと同じく、社会政策的税制論を根拠にするものである。[81] 浜口は、免税点を二〇〇〇円から五〇〇〇円に引き上げ、税率を〇・〇五％～〇・二％の超過累進とすることで、財産税の税収を三七〇〇万円（徴税費は小委案と同じ七〇〇万円）と試算し、実質三〇〇〇万円の収入（小委案では約六五〇〇万円）を、間接税の減廃に充当するという意見を開陳している。この浜口の見解は、個人的立場という断りがあるものの、社会政策的観点に親和的な（救済事業調査会への対応についてはすでに触れた通りである）当時の憲政会の姿勢に沿うものであった。また、憲政会内の財政通として頭角を現していた元大蔵次官浜口の見解であったから、小委員会側と浜口の意見に妥協点が見出されたとしたならば、財産税案の展開もまた違ったものになったのではないだろうか。妥協が不可能だったのはなぜだろうか。

浜口との妥協という点は、のちに浜口が具体的修正案を提出する高橋内閣期に再度問題になる。しかし、小委側が浜口と妥協できなかった要因は、この原内閣期でも確認することができる。その方向性を決定づけたのは、神戸正雄の存在であった。浜口の意見に早速反応した神戸は、浜口の説を「大に傾聴すべき点あり」としたが、委譲問題については、税の性質上地方税とするのが望ましいという説を繰り返し、社会政策的側面については、「社会政策的減税を先にすべしと云ふことも一説なれども原案に於ては租税政策を主とし社会政策を従としたり」と答え、浜口に反論している。[82] つまり、社会政策への姿勢という点で見れば、社会政策的観点を採用はするが重視せず、あくまで理論的な租税体系を実現することにこだわった神戸の姿勢が、浜口との妥協を困難にする直接的要因であったと言うことができる。[83]

そしてこの違いは、税負担に関する姿勢の違いとなって現れる。浜口は、社会政策的観点により、国民を階級的な視点で捉え、通行税の廃止などで中流層以下の負担を減ずることを念頭に置いていた。しかし神戸は、中流層の負担増を是認していたことにも見える通り、上層にはより大きな負担を求めつつも、全国民が給付能力に応じて負担をするという租税観に基づく主張をしていたのであった。[84]この給付能力に基づく負担という点が、神戸の強固な信念であったことは、のちに神戸が筆禍を恐れて幾重にも安全措置を講じながら、天皇への財産課税を主張したことからもうかがえるところである。[85]

また、税制改正を強く訴えてきた国民党は、税制整理の特別委員を輩出していなかったものの、税制改正案の方向性については基本的に支持していたと思われる。かつて「庶民階級」の立場から税制改正を訴え、（特委委員ではないが）財調の委員となっていた鈴木梅四郎は、「社会政策的見地」から財産税導入論を支持していた。[86]しかし同時に、財産税案が免税点二〇〇〇円の比例税案に修正されたことについては、政友会が富豪の歓心を買うための妥協案だと見て批判的であった。すなわち、憲政会も国民党も財産税導入に賛成する可能性はあったが、憲政会は収税額を緩和した案に親和的であり、国民党はより徹底した財産税を求めていたという点で小委案とは開きがあった。

さて、以上のような経過をたどった上で、第一案をめぐる議論は、第二三回特委（一九二一年一〇月六日）を以て一時中断される。発端となったのは、小委案に反対であった政友会の波多野承五郎の発言である。波多野は、小委案に対する採決を延期し、再審議をするよう求めた。それは、年末の次期議会には法案提出が間に合わないのだから、再審議をする時間的余裕があるという主張であった。

これを受けた郷誠之助委員長は、特別委員会の活動は「政府の都合」とは独立して考えるべきであるとし、再審議への道を開く。これにより直接税の審議は一時棚上げにされ、議題は間接税制へと移行する。特別委員会が再審議を行うことになったのは、政府とは独立して審議をするという会の性格のみならず、原内閣が、財調の審議を急がせるなどの働きかけを行っていなかったためであったことに留意すべきであろう。少なくとも原首相は、財調の審議には介入せず、高橋蔵相への明確な支持を与えることもなかった。したがって税制改正問題に関しては、財調の求心力も限定的なものにとどまっていた。

地方財政と関連する事項でこの時期の原首相が力点を置いていたのは、義務教育費の負担増額に歯止めをかける目的で設置した臨時教育行政調査会であり（第一回総会は一九二一年七月二九日開催）、税制改正案は、長期的研究課題として実現を急がない政策課題とされていたのである。こうして直接国税に関する議論は停滞を続けることになるが、一九二一年一一月四日、原は暗殺により斃れ、高橋蔵相が後継首相（兼蔵相）および政友会総裁となった。税制改正案に積極的な意図を持っていた高橋蔵相の首相就任は、状況をどう変えただろうか。次節では高橋内閣期の審議過程と政治過程を検討する。

第３節　高橋是清内閣と税制改正——政策理念と政治過程

１　高橋内閣と委譲案——問題の所在

高橋内閣は、委譲案と財産税案を含む税制改正問題についてどのような対応を取ったのだろうか。これは今まで焦点が当てられてこなかった問題である。わずか七カ月程度の在任中に、税制改正問題への対応が図られなかったとしても不思議ではない。だが、高橋内閣期には、地租委譲を前提とする政策が構想されていた。まずはその点を確認しておきたい。

例えば、高橋内閣時に総裁派（内閣改造派）の内閣改造プランとして用意されたと見られる「高橋内閣改造私案」[1]では、内閣改造を「今期議会閉会後疾風迅雷的に之れを為すこと」とし、「改造後の政綱政策」として一三項目を掲げるが、そのなかには、「七、地租及営業税を地方費となし、以て各府県に教育費補助の財源を与ふること」という項目が含まれている（ほかに「九、各府県知事を公選となすこと」という項目もある[2]）。つまりここでは、教育費のために両税委譲を行う構想がはっきりと示されているのである[3]。すでに論じたように、これは高橋の地租委譲論とその構想を一にするものであった。もちろんそこで想定されているのは、各地方の財政能力に応じた教育を実施するために、委譲を実行するということである。

また高橋首相（兼蔵相）は、原内閣期から盛んになっていた義務教育費増額運動について、増額同盟会が求める五〇〇〇万円増額を「法外なる増額」として要求の受け入れを拒否しているが、内閣書記官長となっていた三土忠造は、次期通常議会に両税委譲案を提出する見通しであるため、教育費はそれで賄えるという構想を彼らに示していた[4]。

これらの事実は、高橋内閣が、たとえ将来的なものにせよ、委譲案の実行を前提にする財政、税制政策を期していたことを物語るものである。しかし以下に見るように、税制改正案をめぐる議論が、高橋内閣の下で進捗したと言うことはできない。財産税＋委譲案が実現しなかった直接的な要因として、高橋内閣が崩壊し、政友会内閣ではない加藤友三郎内閣の下で財調総会が開催されたという状況変化を挙げることは妥当であるが[5]、それが大きな政治的波乱を招かない形で収束されたのはなぜだろうか。それをもたらした諸条件は、高橋内閣期の時点で用意されていたのではないだろうか。その経緯と要因を考察するのが本節の課題である。

さて、税制整理特別委員会で、一時棚上げにされていた直接税の議論が再開されたのは、第三一回小委（一九二一年一二月八日）でのことであった。ここで三土は、ワシントン会議によって海軍軍縮が進んだ場合、その財源を全額委譲の即時実行のために優先的に（「先以テ」）使用することを、希望条件として附するよう提起する。それは小委全体の報告として、第二四回特委（一九二一年一二月二二日）で附帯決議案として提示される。つまり、財産税収税額を緩和的なものとし、当面は半額委譲にとどまることになっていた小委案に、全額委譲を実現する道筋が復活したということになる。この附帯決議の可否をめぐる議論は、高橋内閣期における審議の重点となるが、附帯決議が可決されたとして、それがどれほどの実効性を持つかについては、高橋内閣の政策方針、すなわち税制改正問題の優先順位の問題にかかっていた。

以下、考察の視点を再び臨時教育行政調査会に転ずるのは、教育の「画一化」を批判し、教育費減額を目指した同調査会の展開が、高橋内閣期に新たな展開を見せ、それが委譲案と交わらずに並立する構図が明確になるためである。

2　臨時教育行政調査会と高橋首相

財調での審議が停滞感を漂わせるなか、臨時教育行政調査会の審議は、原敬会長、馬場鍈一幹事長の下で、急速に進展していた。第一回総会（一九二一年七月二九日）の後、三回の総会（九月四日、二八日、一〇月二八日）と四回の特別委員会が持たれ、一一月四日（原敬が暗殺されたのはこの日である）の第五回特別委員会で調査報告が出揃っていた(6)。さらに具体的な審議が待たれる段階で、同会会長を引き継いだのが高橋首相であった。

前述した高橋是清自身の教育観からして、原の推進した教育費減額路線を高橋が継承しようとしたのは当然であった。ここに高橋は、自らの政策を実現に移す拠点を得たのである。高橋は第六回特委における新会長挨拶で、教育費の中央・地方間の負担は国税地方税の分配にも関係する問題であるとして委譲問題とのつながりを示唆し、将来的に義務教育費国庫負担金を増額するとしても「大体に於て市町村の情況に応じて教育の施設を為すべきは当然のことであつて全国画一的に教育施設を為すと云ふことは実際上然るべきことでなからう」としていたのである。(7)ここでも、地方が画一的レベルで教育費を支出することの不当性が主張されている。

一二月一六日の第八回特別委員会で問題となった「建議案第一号　市町村立小学校費ニ対スル国庫支出金増加ニ関スル建議案」の取り扱いに関しても、教育費削減を目指す高橋の姿勢は揺らいでいない。この建議は、教員俸給の半額を国庫が負担するべきであるという臨時教育会議の建議（一九一七年一一月、寺内内閣期）に言及し、政府がこの趣旨を速やかに「採納実施」することを望むという内容であった。(8)つまり、かつての建議を再度復活させる建議案であった。この日の特別委員会には、同建議案の討議に入る時になって高橋首相が臨席している。高橋は、この建議案について原前会長から何も知らされていなかったとした上で、増額の実行は財源不足ゆえに不可能であることを通告している。

もともとこの建議案は、原首相も出席していた第四回総会（一〇月二八日）で議論されたものであり、(9)貴族院議員の江木千之が賛成者五人の名を添えて提出したものであった。(10)江木の主張は、教員俸給費の半額負担（約五〇〇〇万円）を達成するため、現状の国庫負担一〇〇〇万円を増額（四〇〇〇万円増）する必要を訴えるものであった。それが行われないと義務教育が破壊され、市町村財政にも影響するので、「来年度より実行せられなくては余程地方に影響があらうと考へる」と江木は続けている。賛成者であった阪谷芳郎、浜田国松、島田俊雄は、江木が具体的な金額や時期を挙げたことには同意せず、将来的な希望としての建議であるという趣旨で建議案に賛成する態度を見せていた。(11)

これに対し原首相（すなわち同調査会会長）は、この建議案があくまで希望案であることを確認した上で、現行の義務教育費国庫負担法が将来的な負担増加の可能性を否定していないにもかかわらず、あえてこの建議案を提出するのは、来年度予算で実行せよという意味か、建議案にはそのように書いていないが江木はそういう口ぶりで説明をしていた、と畳みかけた。この詰問を受けた江木は、一日も速やかに実現してほしいという趣旨であると弁明し、明らかにトーンをダウンさせた[12]。原はそれを確認した上で、同建議案を特別委員会に諮ることを認めたのであった。つまりその扱いは原のコントロールの下にあったのであるが、実際の討議の時点では、急遽高橋が対応することになったのである。

ところで、この建議案はどれだけの実質的意味を持っていたのだろうか。「もっとも熱心な削減強硬論者として調査会をリードしていた」江木が、増額を求める建議案を提出するに至ったのは、確かに大きな変化であり、それが教育費節減反対運動の批判を和らげるためであったことはすでに指摘されている通りである[13]。江木は反対運動の直接的なターゲットとされており、建議案提出までの経過を見ても、自らへの批判を緩和する狙いがあったことは確かである[14]。

しかし冷静にこの建議案の効果を考えるのであれば、これが寺内内閣期の臨時教育会議での建議に基づいてなされたものである以上、それは現状を大きく進展させるものではないだろう。そしてそのことは、教育費増額を切実に求めていた側もよく認識していたのであった[15]。江木も教育費節減論自体を放棄したわけではなく、その後もなお教育費削減論者として見なされていくことになる[16]。おそらく原は、将来的な希望を述べたものとしてこの建議案を位置づけ、それを実現するためにもまずは教育費削減が必要である、という論理を貫くつもりであったろう。

ここで検討の視点を、高橋首相臨席の下で同建議案を討議した第八回特別委員会に戻すこととする。建議案の存在に困惑の体を見せながらも、財源不足ゆえに実行不可能と回答した高橋会長に対し、江木千之は、行政整理またはワシントン会議の結果次第で財源が生じると主張し、建議案の実現を求めた。しかし高橋は、行政整理には時間がかかること、またワシントン会議で剰余金が生じたとしても、それは一時的な財源に過ぎず、義務教育費のような恒久的支出に用いるのは適当ではないことを告げた。そして高橋は、江木が再度持論を展開するのを聞き届け退席する。それは、これ以上議論する必要がないという高橋の態度表明であったろう。

高橋の中途退席によって問題となったのが、今後の建議案の取り扱いである。今後数回は高橋と議論を重ねた上で慎重に決議すべきであるという意見（阪谷芳郎ら）もあったが、結局通ったのは島田俊雄（政友会議員）の意見であった。それは、この先高橋首相と議論を交わしても事態に変化がないであろうこと、また、「本建議案は首相の意思を待つて決議すべき性質のものに非ず寧ろ会として決議し権威あらしめ以て当局を促す方然るべし」と結論づけるものであった[17]。これは、臨時教育行政調査会の会長でもある高橋首相の権威を、完全に無視するものではないだろうか。政友会議員である島田がこうした発言をすることは、原会長の下では考えられない事態であった。高橋は、原の奇禍を受けた暫定的会長として扱われていたのである[18]。

結局この日の特別委員会は、若干の緩和的修正を行った上で、この建議案を可決している[19]。高橋はこれ以降特別委員会には出席せず、総会も開かれなかった[20]。同建議案は、高橋内閣崩壊後、加藤友三郎内閣の第五回総会（一九二二年六月二九日）で可決されることになる[21]。そしてその後、江木の建議案に賛成者として名前を連ねた鎌田栄吉文相の下で、義務教育費の三〇〇〇万円増額が実現する。原と高橋が目指した教育費の節減、義務教育費増額の抑止、という意図は貫徹されなかったのであった。

以上のように、高橋が臨時教育行政調査会を有効に活用し得なかった大きな要因は、調査会内の政治的統制に失敗したからであった。そしてまた、同調査会の外にも失敗の要因は存在していた。第四五議会（一九二一年末開会）における施政方針演説で、高橋首相は節約緊縮を旨とする財政方針を明らかにする[22]。そして、ワシントン会議による軍縮が進むことを念頭に置き、財政に余裕が生じた場合は、義務教育費と治水費の「相当の増額」を優先的に行うことを明言した。高橋が義務教育費の増額に言及したのは、教育費減額路線に対する幅広い反発の存在に加え、政友会内の大方の意見として、義務教育費増額の実行が求められていたからであった。一九二一年一二月七日の政友会幹部会では、高橋総裁出席の下、治水費と義務教育費増額について会談が持たれ、一二月二七日の院内幹部会では、この二点が所属議員や地方党員の強く希望する問題であることが確認され、その実現を政府当局に求めることが決定されている。[23]

一方、税制改正問題と教育費整理問題に関し、政友会議員は目立った議論を避けていた。この間に行われた政友会臨時政務調査会最終総会（一二月一五日）では、税制改正と教育費整理の問題を政友会の当面の課題とはせず、両調査会の成案待ちとすることが決められている。[24]

以上の経過を確認した上で、考察の視点を再び財調に戻すことにする。この時期、財調の側から問題にされるべきだったのは、本来であれば義務教育費問題と税制改正問題の関係を問うことであった。両問題は、中央政府はもちろん、地方にとっても地方財政という意味で大きな関係性があった。委譲によって財源を地方に与え、その財源の範囲内で地方の実情に即した教育を行うという、そもそもの高橋の発想から言えば、義務教育費国庫負担の増額と委譲案は、必ずしも矛盾するものではない。義務教育費の増額を、国庫負担の増額ではなく、地租・営業税の委譲という形で実現する選択も可能だったはずである。

そして、人的な重なりから見ても、両調査会は強い結びつきを有する可能性があったはずである。両会の会長である高橋をはじめ、馬場鍈一、三土忠造は両調査会のメンバーであったし、財調で財産税に反対していた藤山雷太も、臨時教育行政調査会では教育費の画一的支出について疑義を唱えており、教育費の削減という点では高橋と一致していたのである。

しかし、両調査会のこうしたつながりを、両調査会の委員が充分に意識し、活用しようと企図した形跡は見られない。その一つの理由は、財調での議論が財産税という新税導入の是非に集中し、委譲と義務教育費の関係までには議論が及ばなかったことである。また仮に、地方財源という点に議論が及んだ場合でも、それは義務教育費と委譲案の関係ではなく、地方税整理（戸数割など）と委譲案の関係で議論されていたのであった。したがって、委譲によって各地方の義務教育費を賄うという構想は、三土内閣書記官長がそうしていたように、義務教育費増額を求める側に対し、それが委譲案という税制改正の問題だと説明し、要求を受け流す手段として活用されたに過ぎなかったのである。(25)

以上の点を踏まえながら、以下高橋内閣期の財調審議の展開をあらためて考察することとする。

3　高橋内閣における財調審議の展開――個別的税制改正への転換

本節1で述べた通り、高橋内閣期における財調審議の争点は、全額委譲を求める附帯決議、つまり軍縮の進展によって得られる財源を、委譲の財源に優先使用するという決議の可否にあった。この時期においてもう一つ重要なのが、憲政会浜口雄幸の存在である。原内閣期の財調審議において、浜口が委譲案には反対し、緩和的な財産税設置による間接税廃止を提案したことは先に述べた通りである（この案を以下「浜口原案」とする）。さらに浜口は、高橋内閣期の審議において修正案を提出している（これを「浜口修正案」とする）。この案は、松本重威主税局長の協力を得て作られたものであり、第二六回特委（一九二二年四月二〇日）で提起され、社会政策学者桑田熊蔵の賛成を得て、第二七回特委（四月二七日）で議論されたものである。

浜口修正案を半年前の浜口原案に比べると、いくつかの面で変更が見られる。ひとつには、浜口原案が免税点五〇〇〇円、三七〇〇万円の税収であったのを、修正案では免税点一万円で二〇〇〇万円の税収としていることである（超過累進で税率〇・〇五％～〇・二％、徴税費七〇〇万円という点は変更なし）。その意味では、より緩和的な財産税となっており、収税額七〇〇〇万円の小委員会案とはさらに収税額の差が拡大している。

だが重要なのは、修正案には浜口が譲歩した点も含まれていることである。浜口原案では、財産税の税収は間接税廃止に充てることになっていたが、浜口修正案では、税額分の地租・営業税を地方に委譲し、戸数割の一部廃止に充当することになっている。全体として見れば、小規模な財産税を認め、小規模な委譲を認めるという点で、スケールは小さいものの小委案に近似的な案である。つまり浜口は、委譲案を認めることによって、小委員会側に妥協したと考えられる。

浜口は、この新たな修正案の趣旨を、委員会外でも公言していた。同時期の憲政会関東大会（四月二五日）において、浜口は海軍軍縮費を地租・営業税の改廃に充当すべきこと、財産税は修正が必要だとしても、主義として賛成していることを明らかにしていた[26]。このことに見られるように、浜口は党の内外において、両税委譲＋財産税の小委第一案の立場を、大筋で認める姿勢を見せていたのであった。

しかしこの浜口修正案に対し、小委メンバーの三土、馬場、神戸はそれぞれ反論する。その理由は三者三様であった[27]。三土は、地方税整理のためには少なくとも半額委譲が必要であり、浜口案では税額が不足するとして反論した。浜口はその言葉を捉え、小委員会案は地方税整理のために国税を犠牲にするものであるとし、国税本位とする自らの修正案と対比して批判した。これを受けた馬場は、小委員会案は国税本位であると主張し、神戸は、国税と地方税を併行したのが小委員会案だという折衷主義的解釈を示した上で、財産税擁護説を唱えている。

このような小委側内部における差異は、これまでの審議のなかで曖昧にされてきた点であった。もともと財産税は、委譲案の代替財源の性格を持っており、浜口が指摘したように、財産税における収税額、それに関わる免税点なども、全額委譲案を半額委譲案に変更したのに合わせて変更されたのは明らかであった。しかし財調での議論は、財産税導入の是非に議論が集中し、なぜ地租・営業税の委譲が必要なのかという点については、地方税整理のためとする内務省的論理と、税の性質上委譲が望ましいという松本の大蔵省的論理が併存したままになっていたのは、前述した通りである。そして国税本位か地方税本位かという違いが生む具体的な問いは、委譲案と財産税案のどちらに重点を置くかということにあった。

もし財産税導入に重きを置くのであれば、浜口修正案に妥協することは一つの手段であった。浜口修正案には、小委案への有力反対者であった農政学者の横井時敬、水町袈裟六、井上辰九郎も一応賛成していた。小委側も反対派も、浜口修正案で妥協することは充分可能だったはずであり、その結果小規模な財産税になるとしても、新税導入を実現することの意義は大きかったと思われる。しかし財産税導入を第一義としていたはずの神戸は、浜口修正案に妥協することを拒否した。上記の折衷主義的発言に見えるように、ここで神戸は、財産税も委譲案も必要だという立場から浜口修正案を批判しているが(28)、これまで述べてきたことや、のちに神戸が委譲論を棚上げした財産税導入を主張することを考えると、神戸の優先順位が財産税にあったことは明らかである。それなのになぜ神戸は妥協し得なかったのか。それは神戸が、免税点二〇〇〇円という小委案（それは中産階級の負担を容認するものであった）から後退するのを拒否したためであった。

神戸の立場が揺るがなかったのは、それが神戸の税理論を背景にしていたためである。理論的な考察に視点が移ることになるが、これについて触れておきたい。かつての浜口原案に対し、神戸が社会政策を従とし、中産階級の負担を容認する立場から批判したことは前述したが、その考えは、免税点の存在意義をめぐる神戸の理論にも顕著に表れていた。財調入りする前に書いたある論文のなかで、神戸は、生計費免税（神戸の用語では「最小活資」の免税）という租税の特例が、「生存権尊重」の思潮のなかで正当性を持つと見なされていることを指摘する(29)。しかし神戸は、この生計費免税論に疑問を呈し、それまで神戸が唱えていた免税点引上げ無用論を一段進め、免税点廃止論に到達する(30)。最小活資免税を認めるとしても、免税点以下の所得には軽い税率が課せられるべきだからである。なぜなら、個人が国家に先立つとはいえ、国家が現在未来に及ぶ多数個人のために成立した以上、国民たる個人は、的発想が神戸に根強いものであったことは、第1章から述べてきた通りである)。

最小活資以下の給付能力をも国家に提供するという道義的自覚を持つ必要があるからである（このような道義主義

そしてこの神戸論文は、財調で税制整理案をめぐる激論が交わされていた時期に突然批判されることになる。数年前の論文を持ち出して神戸を批判したのは、当時衆議院議員を離れていた小川郷太郎であった[31]。小川は、最低生活費を狭義（生理的生活の維持）と広義（文化的生活の維持）に分けた上で、神戸がこの広義の最低生活費への課税を、担税能力（客観的給付能力）と、国民は租税を払うという道義的自覚を持つべきであること（主観的給付能力）を理由に正当化していることを批判する。また、社会政策的観点から見れば、神戸が租税制度による社会政策を重視せず、広義の最低生活費への課税を、税率が低いから社会政策的だと正当化している点も問題にされる。想像されるように、小川の理論的説明では、平等原則と社会政策的観点を理由に、免税点によって文化的生活を保障することが正当とされる。そして、仮に財産税を新設するのであれば、文化的生活を保障する最低生活費の部分は免税にすべきことを主張して、小川は議論を締めくくっている。

最後の点からもわかるように、小川が神戸の過去の論文を持ち出して行った批判は、神戸の根本的な租税観に切り込んで、財調小委の財産税案を批判したものであった。小川は財産税導入には賛成していたものの、神戸たちが推進した財産税案については、二〇〇〇円という低い免税点を設定している点で問題があると批判していたからである[32]。

神戸は、この小川の批判を意識して書いたと思われる論文「租税負担の一般と租税の民衆化」のなかで、租税負担の一般原則を国民的義務として説明し、再び最小活資課税論を唱えている[33]。国家公共のためには、（文化的な意味での）生活費を縮小することは可能であり、多くの国民が租税を負担することは、租税の民衆化という政治上の要求にも適うという。では「租税の民衆化」とは何か。

神戸が掲げる「租税の民衆化」とは、直接税を国民が広く負担することによって、「政治を万民全体の共同的連帯的のものとして、真面目に之を運営せしむる」ことを可能にするものであり、逆に直接税を納めなければ、政治の自覚を養う機会を失うことになるという。[34] つまり神戸の意見に従うならば、人は直接税納税によって真の〝市民〟となる。

神戸はこの「租税の民衆化」を近代政治における理想として位置づけるが、もう一つの理想として挙げるのが普通選挙である。ところが神戸は、普選の意義については懐疑的であった。なぜならば、普選が実現し「民衆の勢力が優勢」になれば、彼らは（小川のように）「文化的必要」を唱えることにより、免税点を引き上げる危険性があるからである（これが以前から制限的普選導入論を説いていた根拠でもあった）。それゆえに、最小活資にはすべからく課税すべし、という原則を（今のうちに）確立する必要があるというのである。

このように、神戸が思い描いていたのは、直接税で国民に負担感を持たせることで、国民に政府を監視させるという政治的関係であった。それは国家主義的傾向を持ちながら、その主体となるべき官僚や政治家には疑念を持っていた神戸の、ひとつの理想的政治関係であった。しかしそれを財産税固有の議論として見た時、神戸の立場は、低い免税点で多くの国民に負担を求めるものとなる。したがって、社会政策的税制論の観点から高い免税点を設定する浜口の案は、神戸が妥協し得ない案であった。

他方、これまで述べてきたことを踏まえると、高橋や三土が重視していたのは、財産税ではなく委譲論のほうであったはずである。高橋の税制改正構想は、画一的教育費批判の観点から委譲を進めようとするものであったし、戸数割のために委譲を求める三土の論理は、内務省地方局側の委譲論を代弁するものになっていた。財産税導入を代替財源としてのひとつの選択肢と考えるならば、神戸のように完璧な財産税を追い求める必要はない。小規模な財産税、そして小規模な委譲を認めた浜口修正案に妥協すれば、党の内外と妥協しうる案になった可能性もあろう。

しかしそうした妥協の道は検討されたとは言い難い。それぱかりか、以下に示す通り、高橋内閣は根本的な税制改正という財調の基本方針から外れつつあった。

先述した通り高橋首相は、ワシントン会議による軍縮の財源を義務教育費増額（と治水費）のために使用することを明言していた。しかしそれは、財調で採択が目指されていた附帯決議案（軍縮財源を委譲に充てる）の実質的意味を減退させることを意味していた。義務教育費増額を認める高橋の転換を見て取った馬場鍈一は、附帯決議をめぐる討議に当たり（第二八回特委、一九二二年五月四日）、高橋首相の意向は、軍縮財源を租税の軽減ではなく、教育費その他の財源に充当することにあるとの見立てを示している[35]。仮に附帯決議が可決されたとしても、内閣の方針が義務教育費増額を優先するものであれば、決議のインパクトがほとんどないことは明らかであった。

結局、この日の第二八回特委では、財産税案＋委譲案の小委案が特委案として承認され、附帯決議については、提出者であった三土が文言の訂正（「先以テ」を削除）という妥協案を提示し、それも次の第二九回特委（五月一一日）で可決されている。さまざまな問題を抱えながらも税制改正案は一応前進していた。

しかし同じ頃高橋首相（兼蔵相）は、総合的・根本的税制改正から個別的税制改正への方針転換を明確にする。高橋によれば、自分は税制改正を根本的に断行するつもりであったが、それは大事業であるゆえに方針を変え、「早速実行し得るものから切放して」順次議会に提出することにし、種々の議論がある財産税については、財調の答申を得た後に熟考することにしたという[36]。これは、根本的税制改正論の明らかな後退、そして転換であった。

高橋のこの発言と呼応するかのように、松本主税局長は、地租・営業税を地方に委譲する前に、まずは両税を改正することが必要であるとの見解を示した（第二九回特委、五月一一日）[37]。二年近くの議論を経た上で、両税委譲ではなく、国税レベルで両税を改正することが喫緊の課題にされたのである。この提案は、あらためて小委に付託されることになる。六月一日の第三四回小委に松本は出席せず、大蔵省勝正憲書記官が松本の意見を示す形で審議が進められた。

勝によれば、営業税は「いずれ」行われる委譲に備えて修正を加える必要があり、そうしないと「世間の期待に背く」、それが松本の考えであるという。他方地租の改正については、後日に譲る考えだという。委譲をするのであれば府県「間」の権衡を保つ必要はなく、府県「内」の権衡が取れればよいのであり、つまりそれは府県ごとの個別の問題なのだから、全国的な地価修正を過渡的に行う必要がないというのである。松本の上記第二九回特委での発言に見られるように、松本はこの時期、営業税だけでなく地租についても改正の必要があるとしていた。しかし、結局地租に関しては現状維持という方針が示されたのであった。また前述の通り、この一年ほど前に松本が指摘していた地租委譲の問題点は、府県「間」の均衡が崩れるということにあった（第一七回小委、一九二一年六月二三日）。しかし今、松本はその立場を放棄したのである。これは府県「間」の均衡という大蔵省的論理を取り下げ、府県「内」の公平という内務省地方局の論理を援用することで、国税における地租改正の不要を説明する論理であった。

またさらに勝書記官は、営業税は地方税としては実施が困難であるから、特別所得税主義による対応が望ましいとも発言している。これはこれまで議論されてきた委譲案を根本から否定しかねない説明であった。そのためであろう、馬場鍈一は松本主税局長本人による説明を要求している。

結局松本が次の小委（第三五回小委、一九二二年六月八日）に出席して具体案を提示し、それは最後の特委となる第三〇回特委（六月一五日）で承認されている。[38] その内容は「輿論ノ趨勢」を踏まえて再考した結果、地租についてはいずれ委譲するゆえに改正はせず、営業税もいずれは委譲されるものであるが、「近来ハ其ノ全廃又ハ改善ノ声一層高マリ」政府や議会に陳情が相次いでいることを踏まえ、委譲実行の前にまずは（非難の声が大きかった）外形標準課税をやめ、無収益の場合には課税しないという改正方針を打ち出すものであった（所得税については、財産保全会社の留保金に課税する方針を打ち出している）。これにより、財調総会で審議すべき財調特委案が完成することになる。

しかし、この時すでに高橋内閣は、内閣改造をめぐる対立を理由に総辞職していた（一九二二年六月六日）。財調特委案は、加藤友三郎内閣（一九二二年六月一二日成立）の下で開かれる、第二回以降の財調総会で審議されることになる。特委における反対派は、小委案が特委案として承認されたことに納得せず、総会での巻き返しを図っていた[39]。

さて、以上のように、高橋内閣で義務教育費増額の方針が打ち出され、根本的な税制改正の優先順位が低くなったこと、また、小委員会メンバーと反対派の妥協点が見出せなかったことは、財調総会での展開にも大きな影響を与えることになる。第一に、加藤友三郎内閣が対処すべき課題として、教育費の節減ではなく増額の実行が未解決のまま引き継がれた点である。第二に、税制改正の方針が、高橋内閣末期の方針転換による個別の税改正すなわち営業税と所得税の改正として引き継がれることになった点である。また第三に、特委レベルで有力な反対論があったことは、財調総会から参加した財調委員に、税制改正案への予断または反対の根拠を与えることになった。これまでの経緯に不案内な委員のため、審議経過を記した議事録が配布されたからである[40]。

これらの点を踏まえた上で、以下、加藤友三郎内閣下での財調総会の展開に触れ、財調における審議を総括する。

4　加藤友三郎内閣における結末

高橋是清に代わって内閣を組織したのは、第二次大隈内閣から高橋内閣に至るまで長く海軍大臣を務め、ワシントン会議には全権として参加し、その政治力を内外に高く評価された加藤友三郎であった（一九二二年六月一二日内閣成立）[41]。加藤友三郎内閣は、組閣後間もない一九二二年七月一〇日に財調の第二回総会を招集する[42]。諮問第五号に関する財調総会が開かれるのは、諮問の際に開かれた第一回総会以来のことであった。財調小委案を基にした税制改正案は、反対論を抱えたまま、財調特委案としては一応可決されていたが、最終的な可否はこの総会での議論にかかっていた。

この後の展開を簡略に示すと、[43] 第二回総会（七月一〇日）では、総会から参加した委員たちが、批判を含んだ質問を相次いで行い、第三回総会（七月一七日）では、彼らが特委の議事録を参考に再び批判的質問を繰り返している。

第四回総会（七月一九日）では、各自意見を述べることとなったが、反対論が噴出するなかで、神戸は賛成論と反対論を整理して、財産税擁護論の大演説を行っている。[44] この演説で神戸は、営業者はとかく税金への苦情を言うものであると慨嘆してみせたが、それは当然資本家委員の反対論を刺激し、その流れのなかで、政府の諮問を最初からやり直す「再諮問説」が登場する。

翌日の第五回総会（七月二〇日）では、この再諮問説（特委案反対論）を唱えるものが多数見られた。この状況下で、八條隆正（貴族院議員、研究会）は、特委側（実質は小委側）に配慮した修正案を提起する。この修正案は、政府が特委案の利害得失を考究し、現状に合った整理を実行するという趣旨において、特委案を可決するというものであった。つまり、政府への拘束度を緩和することにより、委員会案をともかくも可決しようとするものである。しかし再諮問派は、拘束度の如何にかかわらず、財産税導入論を含んだ文面を容認することに抵抗した。修正案提出の真意についての疑念も生じ、総会は紛糾する。

これを収拾したのは、それまで中立的な立場を取っていた加藤友三郎首相（すなわち財調会長）であった。反対派の再諮問説を「穏やかでない」と否定しながら、彼らの意見にも配慮し、答申案をあくまで政府の参考案とすることで決着を促す加藤の「宣告的提案」により、財調の答申は政府の参考程度という位置づけで受容されることになる。[45] 結局その答申は、政府が税制整理に関してさらなる調査を遂げ、「現下の財政経済の実情に鑑み」、適当な整理を実行するよう求めるものとなった。現在の実情に鑑みて政府が考案する税制整理案が、これまでの税制改正論議から解放されたものであることは言うまでもないだろう。原、高橋両内閣で審議を重ねながら、結局はその意図が著しく弱められて処理されるという結末は、臨時教育行政調査会のそれと同様のものであった。

　税制改正案がこうした収束を見せたのは、財調を取り巻く環境が変化したからでもあった。まずは、政友会内閣から加藤友三郎内閣への変化が第一の要因であるが、これを単純に非政友会内閣への政権交代として扱うことはできない。政友会は準与党として加藤内閣を支える立場にあり、内閣も政友会の意向をある程度尊重する必要があったからである。しかしこれまで述べてきた通り、政友会内は税制改正に対する態度が一致しておらず、加藤内閣がこの問題で政友会に配慮する必要はあまりなかった。

　また加藤内閣は、高橋内閣が取り組もうとしていた行政整理の徹底的実行を組閣早々にして打ち出していた。市来乙彦蔵相はかつて第一次山本権兵衛内閣の主計局長として行政整理に当たった経緯があり、行財政整理と緊縮財政を実行する適役として期待され、また意欲を見せていた[46]。緊縮財政の要請は、地方財政膨張への対応という面を持つ委譲案とは対立するものである。行財政整理、緊縮財政を求める声は当時の新聞紙上にも多く見られ、神戸正雄もまた、これらを時代の要求として認め、膨張して止まない地方財政の緊縮を唱えていた[47]。

　そして、大蔵省の緊縮財政強化の方針は、財調総会における松本主税局長の態度にも影響を与えたと見られる。松本は、財産税実施上の難点を突いた大口喜六（国民党）の質問に対し、徴税官の増員が必要となり、徴税費がかさむことを率直に認め、また大蔵省提出の財産税関連資料が不完全な統計であり、幹事としてもこれを充分に説明できないことを「白状」するとしている[48]。また、財産税が悪税だという主張に対しては、悪税だと思えば永久に苦情が起きる税であり、それは各自の見解の差によるとして、財産税反対論に対抗する姿勢を見せなかった[49]。これらの松本の発言は、これまで特委・小委レベルにおいて自身が果たしてきた役割や経緯を自己否定するものであった。松本の口ぶりからは、この時期の松本が、大蔵省上層から行動を制約されていたことがうかがえる[50]。

　もっとも、松本のこのような態度変更の端緒は、高橋内閣末期に遡ることができる。高橋内閣が根本的税制改正から個別的税制改正に方針転換したことにより、大蔵省もまた、個別的税制改正に、すなわち営業税と所得税の改正実現にシフトしていたからである。また、行政整理が求められるなか、財産税導入にともなう税務官の増員が不可能であることは、松本を含む大蔵官僚の共通認識になっていたであろう[51]。

また、ワシントン会議に象徴される軍縮と平和主義の趨勢は、財産税を導入しておけば「一朝有事」の際には増率で対応できるという神戸の論理を弱めるものであった。総会でもなお同様の主張を行った神戸に対し、井上辰九郎は、「腹の中は兎に角表向きは苟も斯くの如き軍国的の意味を以ての財産税の御主張は御控へになつて然るべき」と批判している（第五回総会）。「一朝有事」に備えて戦費調達の制度的基盤を確保する必要があるという議論は、軍国主義的主張として正当性を欠く状勢になっていたのである。これまで軍縮や平和主義を訴えてきた神戸にとって、「一朝有事」論は正当性を獲得するためのレトリックであったかもしれないが、それを軍国主義的と批判されれば、切り返すことはできなかった。

次に、義務教育費増額問題が政策課題の焦点になったことは、政策の優先順位としてはもちろんのこと、地方財源としても義務教育費がクローズアップされたことを意味する。この後義務教育費は、教育費にとどまらない地方財源として認識されていくことになる[52]。こうした状況にあって、財調小委員会メンバーは、義務教育費増額よりも委譲案のほうが優先されるべき政策であるというイメージを広めることができなかった。教育費に圧迫される地方財政の現状を指摘し、委譲によって地方間格差が拡大することになると指摘した谷口房蔵（豊田式織機社長）に対し、神戸の回答は、教育費は税制改正とは別個の問題で、「僻地」の教育問題は税制の上で特別に考慮すべき問題ではないというものであり、それを受けた塚本清治地方局長も、貧弱町村への対応は義務教育費の問題であり、税制改正とは別問題であるとしていた（第四回総会）。地域「間」の格差への対応は大きな問題として認識されていなかったのである[53]。小委側の発想は、「吾々に諮問されたのは税制整理であつて」財政ではない、とする三土の発言がよく物語っている（第五回総会）。臨時教育行政調査会に関する論述で触れたように、義務教育費問題と委譲案との関係は、本来検討されて然るべき課題であった。しかし財調総会における小委側メンバーの反応は、彼らが最後まで義務教育費との関係を閑却してきたことを証明するものであった。

最後に、輿論の反対も重要な要因であった。本書はこれまで輿論の動向については触れてこなかったが、輿論を代弁すると見なしうる当時の新聞は、この問題をどう扱っていただろうか。「東京朝日新聞」の場合、委譲案については一定の評価をしていたが[54]、財産税案に関しては、私有財産の一部を没収する税であり、「社会政策的税制」ではなく「社会主義的税制」であるとして批判していた[55]。神戸が「東京朝日」紙上で、「社会政策より見たる「財産税」」（一九二二年六月二八日～七月一日）を連載したのは、社会政策的租税論の装いを以て輿論へのアピールを図ったという理由に加え、財産税案があくまで社会政策の枠内に収まることを主張したものと見ることができよう。

社会主義的という批判に対し、神戸は論説「左傾の租税政策」で、さらに踏み込んだ応答をしている。神戸は、各国の租税制度が社会政策的色彩を濃厚にしつつあることを指摘した上で、大戦後のドイツ、イタリアの財産税を「社会主義的といふを適当とする程の租税」とし、それを積極的に是認する。税制の社会化、すなわち「租税の赤化」は肯定されるべきであり、それは社会主義的税制がかえって「社会の赤化」を防ぐもの――「毒を制するに毒を以てする」――であるからだと神戸は主張するのである[56]。

だが、「東京朝日」は財産税案を標的として、税制改正案に反対を続けた。その主要点は、①私有財産没収批判、②社会主義的税制ではなく社会政策的税制だというならば、中産階級の負担増を認める財調の財産税案は矛盾している、③それにもかかわらず、小委員会側が理の通らない財産税を無理押ししている、ということにあった[57]。ここで神戸の財産税論は、税制整理のための方便に過ぎないものとされ、井上辰九郎の反対論のほうが、純理論に基づく正統なものとして扱われている。神戸の説明は、学理上、井上に劣ったものとされているのであった（これとは逆に、「単に大学の教科書などには結構」だが「時勢」に合わないとして神戸の立場を排する意見も存在していた(58)。

一方「読売新聞」は、財産税案には目立った批判を行っていなかった。しかし地租委譲案については、外来思想に基づくものとして批判していた。その要点は、地方が地租率を自由に決定することになれば、小作争議を抱える地域において、地主層の負担が急激に増加するとして懸念を示すものであった(59)。

このように、新聞の論調は概して小委員会案には批判的であった。財調総会終結後の一九二二年七月二二日、朝刊各紙は浜口雄幸の談話を一斉に報じている。浜口はおそらく神戸を念頭に置き、財産税は「一部理想家の頭から割り出し」たものであるとこれを批判し(60)、行財政整理による間接税廃止へと主張を転換させている。これは財産税導入に関し、浜口の妥協案を拒絶した神戸正雄への公式的訣別宣言であった。この浜口の姿勢は、当然その後の憲政会の対応を決定づけるものとなる。

財調総会で委員会案の検討が開始（一九二二年七月一〇日）された頃、憲政会総務である浜口は、憲政会政務調査総会において財調の審議経過を報告していた（七月一二日）(61)。少なくともそれは、財調案への支持を訴えるような説明ではなかったであろう。その後同政務調査総会（八月二日）では、「社会政策の実行を感ずる我党」の立場上、社会問題救済の手段として財産税導入を研究題目として存置するべきであるという意見が出ている。しかしそれを明確に否定したのは浜口であった。浜口は、社会政策実行の財源は行財政整理に求めればよく、社会政策に反する財産税は、研究の必要もないと述べたのである。財調において浜口は、社会政策に適う税として当初から財産税導入に賛成し、小委メンバーとの妥協点を探っていた。しかし最後まで小委メンバーに修正案を拒絶され続けた浜口は、ついに財産税導入論を反社会政策的と断定し、その価値を否定したのであった。

また、浜口は、上記の政務調査総会において、行政整理で得た財源を通行税などの廃止に充当する方針を語っているが、財源の使途という点で見れば、これは財調の浜口原案に回帰した点である（浜口修正案では地租・営業税の一部を地方に委譲し、戸数割の一部廃止に充当）。また、浜口が示した新方針、すなわち軍縮によって得られる財源を失業保険、労働保険に充当するというプランは、浜口修正案提出の頃に浜口が主張していた、軍縮費を両税委譲の財源に充てるという考えを放棄するものであった。浜口の意見は、財調小委案とはまったく妥協の余地がないものへと転化していたのである。結局憲政会の方針は、この浜口の最終判断に従って決定され、財産税を党の検討課題から外す決議がなされることになった[62]。

以上のように、財調小委および特委で議論された税制改正案は、財調総会を経て位置づけの弱い答申となり、さらには憲政会との妥協の可能性を閉ざすものとなったが、行財政整理と減税が志向される時勢にあって、地租・営業税委譲と代替財源、というモデルが生き残ったことは一応の成果であったろう。次章で述べるように、政友会が地租委譲を政策として採用したのも、財調で審議されたという経緯を踏まえたためであった。

小括

以上の如く本章では、財調における税制改正案審議の展開を、財産税と委譲論に着目しながら論じてきた。

第1節では、財調で税制改正案の審議が開始される以前の政治過程を論じた。特に高橋是清が、地方の「平等」な教育費の支出を画一主義として批判し、身の丈にあった教育費の支出という「地方自治」を念頭に、委譲論の抱負を持つようになった経緯を実証した。また、教育費削減の問題が原敬首相にも認識されておりその対応が図られたこと、そのなかで税制改正論が主張されていた状況を、国民党の主張にも着目しながら描いた。

第2節では、神戸正雄の財産税論主張の経緯と論理を分析した。それは給付能力に基づく、禁欲的資本主義の発想に基づいたものであり、従来からの神戸の思想と理論を背景にするものであった。次に、原内閣における財調審議の展開を、省レベル、政党レベルに着目しながら論じた。特に財調における大蔵省の税制改正案は、政府が税制整理を諮問した際の枠組みによって規定されたものであり、それゆえ大蔵省が財産税の実現を目指しながら、委譲案には消極的であったことを明らかにした。また政党レベルにおいては、政友会内で議論が分かれていたこと、国民党が徹底的な財産税案の実現を主張していたこと、憲政会浜口雄幸が、財産税導入自体には賛意を示していたことを明らかにした。そして、小委員会側と浜口の間には妥協の可能性があったが、給付能力に応じた国民の負担を求める神戸の姿勢がそれを阻んでいたこと、中産階級の負担を認める神戸の姿勢が、反対派に有力な論拠を与えていたことを明らかにした。

第3節では、高橋内閣において財調の審議が終息していく様を描いた。まず、高橋内閣が委譲案に取り組む意思を見せていたことを確認した。次に、原首相が進めようとしていた教育費減額路線を引き継いだ高橋が、臨時教育行政調査会の審議をうまくリードできず、財調との戦略的連携もなされないまま、義務教育費増額路線へと流されていく様を描いた。また、財調の審議の展開を分析し、委譲案と財産税案の優先順位に関し小委員会側の態度が一致せず、浜口雄幸との妥協もなし得なかったこと、反対論が輿論の潮流となるなかで、高橋内閣が根本的税制改正論から個別的税制改正へとシフトチェンジしていく過程を明らかにした。加藤友三郎内閣での財調案の結末は、これらの過程の結果として現れたものであった。

次章では、地租委譲案が政友会の看板政策となり、政党政治のなかで展開されていく過程を、知事公選論と地域振興問題と併せて考察する。分析の視点は、地租委譲または地租制度をめぐる政治過程を、画一主義批判に代表される「地域の平等」という論理に留意しながら論ずることである。

第3章　政党政治と地域の「平等」
――「画一」と「特殊」

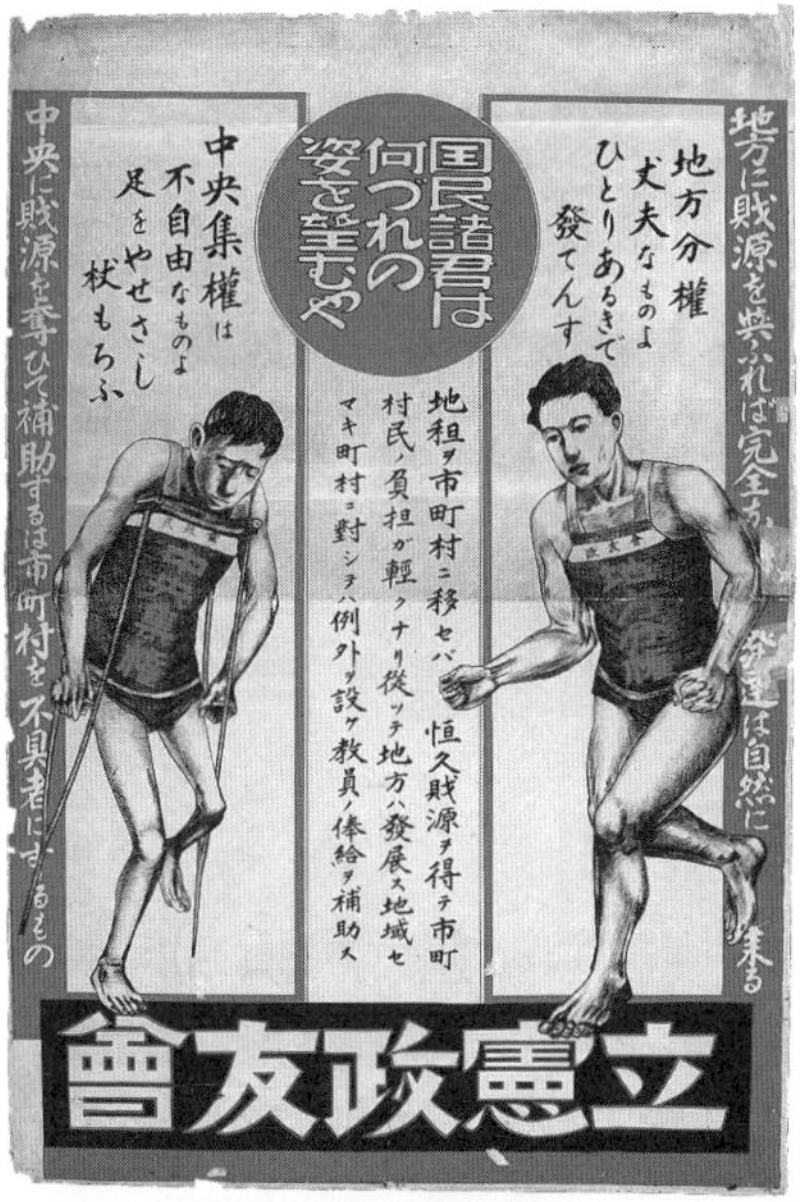

国政選挙では最初の男子普通選挙となる一九二八年の第一六回選挙で政友会が用いたポスター〔写真提供：法政大学大原社会問題研究所〕

松岡俊三〔写真提供：新庄市雪の里情報館〕

序

財調で審議された税制改正案が、最終的には加藤友三郎内閣の下で、参考案としての答申という扱いにされたこと（一九二三年七月）は、前章で見た通りである。その後政友会は、一九二三年末開会の第四六議会で地租委譲を求める建議案を提出する。以後委譲論は、政友会の看板政策として位置づけられていく。

委譲論は、中央と地方の関係を再構成する財政的手段として、地方分権論とも結合するものであるが、当時にあって地方分権論の象徴的課題であったのが、知事公選論である。賛否両論あったこれらの問題への注目は、高橋是清内閣以来の政友会内閣である田中義一内閣期（一九二七〜二九年）で頂点に達する。田中内閣はいくつかの点で地方制度を改正したが、知事公選も委譲案も実現されなかった。地租については、続く民政党浜口雄幸内閣の下で地租法が成立することにより、国が調査した賃貸価格に基づいて徴収されることになる。

また、この時期を特徴づける深刻な課題として、昭和恐慌を受けた全般的な不況、地方財政の危機、農村の疲弊という諸問題が認識されるようになってくる。一九三二年の五・一五事件は、政党政治の行き詰まり、農村問題の深刻さを象徴するものであり、犬養毅首相の暗殺を受けて組閣された中間内閣斎藤實内閣の高橋是清蔵相の下で、救農土木事業、農村経済更生運動などの対応が図られるのは周知の事実である。

その点はひとまず措くが、この時期に注目されるのは、地方の構造的特殊性を根拠に、特定の地域への政策的対応を求める活動が盛んになったことである。衆議院議員の松岡俊三（政友会・山形）は、田中内閣において、「雪害」を根拠に雪害地への特別な対応を求める建議を提出し、雪害救済運動の中心点となる。沖縄県の場合は「ソテツ地獄」を背景に、その特殊性に鑑みた沖縄救済の必要性が認識されるようになる。やがてこれらの地域は、自らの地域のみの地租軽減を目指す地租法改正法案を議会に提出し、その実現を目指すことになる。これは地租委譲論が地租法の成立という形で収束したあとの、地租の画一主義を問題にするものであった。つまり各地域間には格差があるのに、画一的に同じ税率を課せられるのは不平等であるという主張であり、地域の特殊性に対応した政治こそが「平等」であるという意識の下に推進されたものであった。

本章の分析課題は、第一に、地方分権の象徴的課題であった知事公選問題に焦点を当てて論ずることである。第二に、第四六議会以後の地租委譲論の展開を、政友会を中心とする政党政治との関係で考察することである。第三に、衆議院議員松岡俊三が展開した雪害救済運動を中心に、地租の問題に関わる地域の「平等」の問題を分析することである。この三点の分析課題は、地域の課題に対する政党的対応の表れとして理解することができるものであり、時期的には田中義一内閣期を一つの中心としている。そしてこれらの問題は、国家、地方間の関係がいかにあるべきかという点で、それぞれ「平等」をめぐる問題でもあった。本章はこうした問題意識に基づき、「平等」をめぐる政策が糾合する政治過程の場を、政党政治という視角から論ずるものである。知事公選、地租委譲、雪害地・沖縄の地域振興と地租法改正運動——これらは一見ばらばらな課題のように見えるかもしれないが、地域に関わる「平等」の理念が、政治過程の渦のなかで絡み合いながら、具現化を模索されたという意味でつながっているのである。第2章から直接的に継続する分析課題は、本章第2節で扱う地租委譲論であるが、本章第1節で知事公選論を取り上げることにより、地租委譲と関係する地方自治の問題を政党政治の文脈で理解する補助線を引き、第3節では地租委譲論の展開と地域振興の論理を踏まえて地租法改正問題を分析することにより、地租をめぐる歴史的展開を、地域の視点から分析することとしたい。

「画一主義」について

具体的論述に入る前に、本章を貫く視点となる「画一主義」について触れておこう。「画一打破」とは、もともと教育界からあがったキャッチフレーズであったが、そこで言う画一性とは教育の「内容」であった。これに対し、前章で分析した臨時教育行政調査会などの議論、とりわけ高橋是清の「画一」批判は、教育の「内容」だけでなく、義務教育費の画一的な「経費」を批判するものであった。それゆえ、臨時教育行政調査会が目指した義務教育費の抑制論は、教育程度や設備の平等を破壊する「画一打破論」であり、「画一」の意味を取り違えているという批判が（主に教育関係者から）なされていた。[1]

教育の内容であれ経費であれ、「画一打破」が主張される対象は、その後も多くは教育問題であり続ける。[2]しかし教育経費の画一批判が、教育行政としての行政の画一性を打破する意味を持っていたように、地方行政においても、〝画一性の打破〟を念頭に置いた改革が主張されるようになっていくのである。[3]

それはいかなる問題意識で地方分権論と結びついていたであろうか。まずは、当時著名であった法学者、文筆家、元軍人の言説を見ることで、「画一主義」の問題がどのような文脈で語られていたかを明らかにしておこう。

当時新進気鋭の法学者として雑誌『改造』などに広く寄稿していた末弘厳太郎は、彼にとって「既に遠く過ぎ去った」明治時代を、功利主義的、「小智恵専制」の時代と位置づけ、中央集権をはかった明治政府の政策、法制の特色を、「画一主義」とまとめる。[4]欧米に範を取った法制の拙速的な画一的適用は、当時としては大いに意味があり、やむを得ない面があった。だが今や無用の画一主義は、「各個人、各地方、各職業の特殊的需要を無視し」その利益を損ねている。その一例が、「都会本位」の政策を最大の要因とする農村問題である。

なぜ画一主義が好まれるのか。それは為政者にとって画一主義が便利だからである。各方面の特殊事情を調査する必要はないし、形式上公平な画一主義は、「形式的だけにでもむやみと公平を要求する現代人――しかしてそれが多くの場合、かえって実質的の不公平を惹き起している――」をともかくも満足させ、不公平の謗りを免れうるのである。しかし、つまるところそれは、「国民思想の統一」といった論に見られるように、国民一人一人を画一的な存在におとしめるものであり、自己の国家を批評しうる、真の意味で道徳的な国民の形成を阻害するものである。

以上のように論じた末弘の論点は、河上肇らが絶えず意識していたような、個人における権力と自由の緊張関係に焦点があるが、個人だけではなく、地方や職業を含む画一主義の問題に触れている点で、広い射程を有するものであった。

また、戦前の代表的文筆家の一人である徳富蘇峰は、その著作『昭和一新論』[5]において、現状の社会には、怠業気分、依頼心、雷同性の「三大患」が蔓延しているとし[6]、さらに「三大症」として、「統一症」、「形式症」を挙げ、明治以降、廃藩置県や徴兵令、学制、地方制度などで統一政策が取られてきたことを指摘する[7]。

蘇峰は明治期のこうした改革を評価する。しかしそれが徹底した結果、日本は「無味、無色、単調、均一」な「統一症」国家になってしまった。それは今や「思想の統一など、唱へて、此の画一制度を、人心の上に迄も強制し、延長せんとしつゝある」のであり、それが行き着くところは国家を支持する「精力」を失墜させる「精神的餓鬼」、「単調病」にほかならず、「統一の極は、自由の剝奪となる」のであった[8]。

蘇峰は、この「統一症」つまり画一制度こそが、「三大患」および「形式症」を招いた根本原因であると見なす。これは個人の精神的自由と多様性に重点を置く議論である。ではどうすればよいのか。その解決策として蘇峰が主張したのが地方分権であった[9]。

蘇峰は、地方に対する「財権の分配」と「政権の分配」を主張するが、そこで引照されるのは、前章で述べた高橋是清と同様に、江戸の自治であった。蘇峰は、「外は鎖国の制を定め、内は階級の制を固く」していた江戸時代を決して評価はしない。しかし蘇峰は、かような江戸時代にあって「尚ほ其の元気を維持するを得たる所以は何ぞ」と問い、その答えとして「封建制度の存立」、すなわち各地方が「地方限り」の自治を行い、中央政治の攪乱を免れ得た点をその要因として挙げる。「田沼の濁政最も濃厚」の時でさえ、地方では賢君を輩出したではないか（具体的人名は挙げられていないが、例えば上杉鷹山は田沼意次の同時代人であった）。

蘇峰は、電力、電信、電話、電車、ラジオの普及が「一国のみならず、世界をも単調ならしめんとしつゝある」状況を見て取り、分権制により「複雑にして国家を保つ」ことを提唱する。その上で自治心――「其頭を独立心に発して、其尾を社会心、若くは公共心に伸ばす」もの――を養成する必要を説くのであった。

世代も立ち位置も異なる末弘と徳富が、共に画一主義を過去のものとし、個人の人格を損なう存在として捉えていたこと、その視野が、末弘の場合は農村問題として、徳富の場合は地方分権論として、地方の問題にまで及んでいたことは興味深い。

そして、「中央集権の弊風を打破して地方分権とし総ての事柄皆市町村を基礎たらしむる事を期する」ことを主張する元軍人の論点も、画一性打破という言葉こそ使用していないものの、その意味するところは同じである。彼によれば、現状の市町村は、「一にも二にも中央に依頼し国庫又は府県の補助を受けないと自治団体たるの働を為すことが困難である」ため、地方分権・財源委譲によりそれを根本的に矯正し、国民の意気を高めることが必要だという。

これは、陸軍大将であった田中義一が、政友会総裁として迎えられた直後に、政界入り決断の理由と抱負を述べたものである。(10) のちに田中は首相となり、田中内閣が設置した行政制度審議会で、「地方行政が無意義なる画一制に堕するの弊を除き生気潑剌たる新生命を開かしむることが必要であろうと思ひます」と会の意義を述べることになる[11]。ここでは画一的制度への批判が、地方行政全体の主要課題として提示されている。「画一制」批判は、田中内閣の重要なキーワードであった。

しかし、田中内閣の政治課題となった地方分権（知事公選を含む）にせよ、委譲案にせよ、田中の意図を政策の主たる推進要因に据えることはできない。委譲論は第四六議会以降、政友会の看板政策と認識されていたし、知事公選論も後述するような沿革を持つものであった。田中の発言は、その流れのなかで理解されるべきものである。

以下、地方分権の象徴的課題であった知事公選問題を、田中内閣期以前から分析するのは、田中内閣が知事公選を実行し得なかった理由を考えるためには、知事公選がそもそもいかなるメリットを念頭に、いかなる主体によって主張されてきたかを見ることが必要だからである。そして、いったん地租の問題から離れてこの問題を取り上げることは、地租委譲論、地租法成立、地租法改正論、と続いていく地租の歴史的展開を、政党政治の文脈のなかで理解するために必要な補助線を提供するものとなる。

第1節　政党政治と知事公選――野党の理念から与党の論理へ

本節は、原敬内閣期から田中義一内閣期に至るまでの知事公選論の展開を、公選の理念と現実の政治過程との相互関係に着目しながら描くことを課題とする。

本書第2章は、地租委譲論を含む財調の審議過程を分析したものであり、政友会が地租委譲を政策として採用することにも触れていた以上、すぐに地租委譲論の展開を分析したほうが論述の流れとしては理解しやすいであろう。それにもかかわらず、ここで知事公選論から分析を開始するのには理由がある。

それは、政党政治のなかで展開された地租委譲論の軌跡を理解するためには、中央政府と地方の関係を再編するという時代の空気（時勢）、政党政治を前提に地方分権を進めることへの期待と懸念、原内閣期以来の論理（理念）の蓄積と現実の政治過程、以上の三点に着目しながら政党政治の展開を分析する必要があり、知事公選論の展開は、これらの点をより直接的に反映するものだからである。つまり、知事公選論という補助線によって、地租委譲論の展開もより明確に理解できるのである。

なお、知事公選論研究としての本節の意義は、田中義一内閣期に焦点が当てられがちな公選論を原内閣期から再分析し、野党のものとしてあった公選論が、与党政友会の政策として主張された経緯を描き、公選の理念と現実の政治過程の相剋を明らかにする点にある。

1　知事公選論の沿革──野党の提起

知事公選論自体は明治期から存在していたが[1]、それが議会で問題になり、新聞がその動向に注目したのは、原内閣の第四二議会（一九一九年末開会）のことである。問題を提起したのは国民党の高木益太郎であった。高木は同議会の予算委員会で、「国民は地方官の民選を希望する者が多いやうであります、即ち天降り地方官でなくして、其の地方の事情を知って居る土地の公民の中から、府県知事北海道長官、樺太長官、或は郡長と云ふやうなものは、民選の方法に依ってやりたい」とし、内閣交替にともなう頻繁な知事更迭、党派的地方官による選挙干渉の問題を挙げ、近いうちに国民党の具体案（法律案）を提出する予定であることを明かした[2]。

これに対し原首相は、国民党が具体的法案を提出するまで賛否は言えないとしながらも、共和政治の国ではともかく、立憲政治国たる日本では、文武官任命は天皇大権に関わる問題であるとし、地方官公選が帝国憲法に抵触するという考えを示している。

高木が提起した公選問題は、国民党政務調査会で成案が得られ次第、法律案が提出されるはずであったが、第四二議会では提出に至らなかった。「東京朝日新聞」が伝えた国民党の素案は、任期四年の地方長官を直接選挙で公選し、リコール制度（七割の不信任投票が必要）を盛り込んだものであった。またこの記事は、天皇大権を持ち出した原首相を批判し、官吏でない公選知事であれば大権論には抵触しないと指摘し、文官任用令に縛られない公選制が実現すれば、人物採択の範囲が自由かつ広くなり、「前大臣迎ふべし。大実業家迎ふべし」という状態になるとして、公選案に期待を寄せていた(3)。

同様の提起は憲政会側からもなされていた。憲政会の清水留三郎（群馬、一期目）は、高橋内閣の第四五議会本会議で、府県知事の変動が激しいことを問題とし、日本の市長もしくはアメリカの州知事のように「知事民選」が必要だと主張したが、床次竹二郎内相は、その必要がないと簡単に片付けている(4)。

高木、清水に共通しているのは、いずれも野党からの知事公選論だという点であり、また、第四二議会では公民要件を緩和する地方制度改正が、第四五議会では府県会議員選挙権の拡大を図る府県制改正が実施されており、両者とも改正を機とした急進的制度の実現を主張しているという点で共通している。しかし、直接選挙制を念頭に置く国民党高木に対し、憲政会清水は、複選制であった日本の市長選挙に言及しているように(5)、複選制も視野に入れたものであった。

政友会政権は、上述の反応にも見える通り、野党の提起した知事公選論には冷淡であった。第2章で触れた「高橋内閣改造私案」に見えるように、少なくとも高橋総裁派の幹部間では、知事公選を政策課題とする認識があったと見られるが、それは党全体には共有されていなかったのである。

その後、具体的な知事公選案は、革新倶楽部の建議案という形で提起される（第四六議会、加藤友三郎内閣）。国民党を母体として結成された革新倶楽部は、成立当初に発表した政綱で「産業立国」を打ち出し、さらに二一個の政策を掲げた。そしてその六番目で府県知事公選を、七番目で地租・営業税の委譲を主張していたのであった[6]。それと同じ頃、清水留三郎もまた、憲政会政務調査総会において、知事を市長選挙のごとく公選にすることを訴えていた[7]。これは憲政会の内務部会に付託されはしたが、以後の経過を見る限り憲政会の党論としてはまとまっていない。したがって清水の主張は、個人的な主張にとどまることになった。しかし以下に示す通り、新聞紙上では一応憲政会側の主張として扱われることになる。

両野党の公選論に敏感に反応した「読売新聞」は、知事公選論が一般的な政界の問題として注目されるようになったことに触れ、世界の民衆的傾向と「国体」とを調和するには、最終的に首相を公選にすることが必要だと主張する[8]。数人の元老が首相を決定するのは問題であるが、任命責任を天皇一人に負わせれば、政権の政治責任を天皇が引き受けることになるからである。その首相公選の前段階として、知事公選論を評価しているのであった[9]。

さて、以上に見た「東朝」、「読売」の論は、知事公選論を支持する点では共通していたが、どちらも知事公選の実行を容易なものと見ていたわけではない。この「読売」の社説は、野党が知事公選を主張する動機を、政友会の不当な党勢拡張を防ぎ、現在の地盤を維持するためとした上で、それに理解を示していた。しかし同時に、（のちに田中内閣期の知事公選案で問題となる）警察権の問題を指摘し、府県とは別に内務省が全国的に警察権を統轄する必要と方策の問題について言及していた。

他方「東朝」は、知事公選で党争が激化するおそれと、今以上に党派性が高まることを懸念し、なんらかの防止策を設けることが必要だとしていた[10]。

こうした懸念に対し、革新倶楽部はいかなる回答を用意していたであろうか。同倶楽部が第四六議会に提出した「府県知事公選ニ関スル建議案」に関し、説明に立った小橋藻三衛は、「府県ヲ完全ナル自治体トシ知事公選ノ制度ヲ設定」することを主張し、公選に対する反対説を逐一挙げた上で、これに反論している[11]。

このうち法制度的な問題については、国家行政を扱う「数府県を連合した国政機関」の設置問題に触れ、それを容認している点が興味深い。のちの田中義一内閣では、内務省から州庁設置が提案され、知事公選を進めようとする政友会議員との間で懸案事項となる（後述）。田中内閣期のみに視点を限定するならば、州庁設置案は内務官僚が急遽講じた抵抗策のように見えなくもないが、知事公選のためには、州庁のような広域行政機関が必要になるという点は、すでにこの建議案の時点で認識されていたのである。「読売」が触れていたように、公選実施の場合に警察権を含む国政機関の再編成が必要になるということは、当然に意識される課題であった。

また、アメリカの州知事公選制は国土の広大さを理由とするものであり、狭い日本に公選制は必要ないという意見に対し、小橋は、日本の面積は狭くとも南北に長く、北から南までの各地域では、気候、性質、生活状態が相当に異なっていると反論する。だから「画一的の制度」による統治ではなく、地方の特色を発揮するための知事公選が必要になるのだという。この点は、地方の実情に応じた非画一的制度を訴えている点で注目に値する。[12]

そして、公選を実施すると府県行政が有力な政党に左右されるという懸念に対しては、直接選挙制であれば党派性の影響を受けないし、選挙法の改正をすれば弊害を減らすことができるとして、「自治制刷新」の障碍となるような問題はほぼ存在しないとしていた（ここで「自治制刷新」に言及しているのは、同議会に憲政会が提出した「自治刷新ニ関スル決議案」〈後述〉を意識していたためと考えられる）。

これに対し井上角五郎（政友会）は、公選問題を将来的課題としては認めるが、なお調査の余地があるとして、審議未了の扱いとすることを提案し、小橋藻三衛もこれを了承した。[13] 革新的な政策の一環として、当時にあって究極的な地方分権論であった公選論を提起しただけで、革新倶楽部の当面の目的は果たされたのであろう。

政友会内部にも、この革新倶楽部の建議に呼応しようという動きはあったようだが、[14] 議場においては、市村貞造（茨城、この一期のみ議員）が質問という形で知事公選を提起したのが目立つ程度である。[15] 水野錬太郎内相が現時点での実行が難しいと答弁すると、市村はそれにあっさりと納得し引き下がっていた。市村の質問は、後述するように、個人的関心に基づくものであったと見られる。

また、憲政会内の公選論者清水留三郎は、小橋の建議案説明に対し、「知事公選は吾々の理想」として、選出方法や任期年数などを質問しているが、これも憲政会の党論には影響しない個人的意見と見るのが妥当である。知事更迭の弊害に関し憲政会が選択したのは、公選論を提起することではなく、現行の制度は変更せずに党派的な更迭そのものを問題にし、是正しようとする方策であった。

その姿勢がよく表れているのが、同議会で憲政会が提出した「自治刷新ニ関スル決議案」である。同決議案は、「地方官憲ノ党派的勢力ニ阿附スルノ風」が増大した結果、自治体の活動が党略の犠牲になっているとして、政友会およびそれと提携する加藤友三郎内閣（特に政友会所属の水野内相）を非難するものであった[16]。決議案の説明をした下岡忠治（憲政会、元内務次官）は、地方政治は党派を超越すべきこと、事務官と政務官の区別を明確にすべきことを要点とし、各県の政友会系知事による悪政を指弾した。この決議案には革新倶楽部も賛成したが、同案をめぐる紛糾が続くなか、依然絶対的多数を占める政友会の前に否決となっている[17]。政務官を設置することによって政務と事務の分立を図ることは、憲政会年来の主張であったが[18]、そこから生まれるのは、公選で「党弊」の勢力図を塗り替えようとする選択ではなく、事務官たる知事を、党派性のない中立的存在として位置づける方向性であった。

以上に述べてきたことをひとまずまとめるならば、第一に、小橋の発言にも見える通り、州庁設置などの制度的問題や党弊是正の実効性をめぐる問題が意識され、画一性批判としての公選論が唱えられていたこと、第二に、実現性に疑問や懸念を投げかけながらも、新聞論調が好意的であったこと、第三に、公選論に対して政友会の党論が未だ確定していなかったことが挙げられよう。

ところで、知事公選論主張の動機は、時勢を先取りした革新的な政策（メディア受けもよい）を打ち出すためだけではなかったと思われる。「読売」の社説は、野党が「不当な党勢拡張」から現在の地盤を守ることをその動機と指摘していたが、ここで公選論主張のメリットを考察しておこう。

本書が取り上げる時期において、政権党が内務大臣のポストを握り、（強弱の差はあれ）内務大臣を通して知事任用権や警察権を党派的に用い、党勢拡張を図っていたことは周知の事柄に属する。

しかし、党勢が衰えていた国民党（または革新倶楽部）であっても、強固な地盤を誇る地域は存在した。犬養毅の地元である岡山県がその代表的な事例であり、ここで直接選挙を行えば、国民党系の知事が誕生する可能性は充分にあった[19]。

また、犬養毅との関係が深い秋田県は、第四六議会当時革新倶楽部議員を三名擁していたが[20]、非政友系の地元紙「秋田魁新報」は、「本紙年来の宿論」である知事公選を実現するものとして、革新倶楽部案を高く評価している[21]。直接選挙による公選であれば「全府県に人望を得たる大人物」の選出が可能になるし、結果的に「無責任なる政友会員」が知事になったとしても、地元出身であれば故郷に悪政を布くことはない、というのがその理由であった。

つまり野党の場合、有力な地盤を保有する地域では、自党に基盤を持つ人物を公選知事として送り込むことが可能であるし、仮に中立的な「大人物」が知事になったとしても、地元と無関係で与党色が強い知事よりは望ましいと考えられる。いずれにしても、その府県における政治的プレゼンスを確保あるいは回復することが可能になるのである。そしてまた、公選という理想案の提起自体が、知事の党派的任用や党派的行動を、批判し牽制する意味を有していたと考えられる。それが、野党が公選案を唱えるメリットであった。

逆に原内閣期の政友会のように、与党という立場であれば、公選論を主張することには、輿論受けがよいということ以外に特別なメリットはない。知事の党派的任用を問題とすれば「我党内閣」である政府を批判することになるし、仮に公選が実現した場合には、かえって「我党知事」を失うことにもなりかねないからである。

では、なぜ田中内閣期の政友会は、与党の立場から知事公選を主張することになったのだろうか。それを明らかにするためには、護憲三派内閣から田中内閣成立までの政治的状況を検討することが必要になる。

２　護憲三派内閣期の公選論――いくつかの例外と長野事件

加藤友三郎内閣は首相の病死により終焉を迎え、貴族院を中心にする清浦奎吾内閣が成立するが、解散による第一五回選挙（一九二四年五月）はいわゆる護憲三派の勝利に終わり、その結果、憲政会加藤高明を首相に据えた連立内閣（第一次加藤内閣）が成立する（憲政会・政友会・革新倶楽部による「護憲三派内閣」）。加藤が高橋是清の入閣を求めた際、「政府の中心」である内務省、「政策の中心」である大蔵省の椅子を自ら選定することを宣言し、それを「加藤の内閣として当然である」としたことはよく知られている。[22]内部に対立の火種を抱えながらも、憲政会を中心とする護憲三派内閣は継続し、政府内で公選論が問題にされることはなかった。

この時期公選論を主張したのは、やはり野党であった。千葉宮次郎（政友本党、兵庫、この一期のみ当選）は、政府の地方長官更迭を党派的と非難し、公選を「府県政を統一的、画一的に遂行」するために必要と位置づけている。[23]すなわちここでは、公選による公平な知事の存在が、安定した画一的行政を担保するものとして提示されている。これに対し若槻礼次郎内相は、党派的な更迭は存在しないとし、それゆえ公選の必要も否定していた。

ところで、これまで取り上げてきた公選論主張の議員たちには、二つの共通点を見出すことができる。一つは、一期目の議員が多く見られること、いま一つは、地方議員出身者が多いことである。政友会の市村貞造（県議出身）、政友本党の千葉宮次郎（県会議長出身）は、共に当選はこの一期のみの地方議員出身者であったし、憲政会の清水留三郎も一期目であった。また、革新倶楽部が建議案を提出するに当たり、より整合性の取れた案になるよう意見した板野友造は、大阪市会副議長出身の二期目であった。[24]

これが示唆するものは、党の政策として公選を位置づけた革新倶楽部を除けば、公選問題を提起するのは――陣笠と呼ぶにせよ少壮と呼ぶにせよ――党の有力代議士とは言えない議員であり、個人的な関心からの主張に見えることである。個人的な関心とは何か。その理由として考えられるのは、彼らが地方議員出身ということである。特に府県会議員は、地方で知事と直接的に相対する存在であった。彼らにとって公選論は、官選知事と府県会の関係を府県会側から再編しうるものであり、公選論を唱えること自体が、府県会の存在感を高め地位向上につながると意識されていたであろう[25]。

この点に関し、先に取り上げた市村貞造の公選論は、その説明に注目すべき点がある。市村は、公選で党争が激化するという懸念に対し、今日でも知事は府県会の多数党の了解を得る必要があるから、多数党の意を受けた公選知事が誕生することは望ましいと反論していたのである。市村が前提とする複選制によって、府県会が知事を選出するのであれば、府県会の実質的権能が増大することは言うまでもないだろう。ここには、府県会を府県統治の中心点とする自負と欲求が見られる。

こうした公選案の最たるものが、府県会議長会議が一九二五年三月に決議した知事公選案である。それは府県会議員による複選制を主張するものであった（任期は四年）[26]。自らの手で知事を選出し、府県会の実質的権能を増大せんとする欲求は、地方議員側の底流に存在していたと考えられる。

しかしここであらためて問題にしたいのは、こうした欲求が政党の地方支部の欲求として、すなわち地方支部に集約される地域全体の要求として、どれだけ顕在化していたかである。政友会が議会で公選論を提示するようになるのは、第一次加藤高明内閣から離脱し、野党となった第五一議会からである[27]。これは、野党が公選論を唱えるという本節の仮説を裏づけているように見える。しかし、護憲三派内閣の政友会、第一次若槻内閣の憲政会、それぞれの地方支部で、与党の地位にありながら公選を決議しているケースが存在するのはなぜだろうか。これは、与党の公選論ではないのか。この疑問に対しては、地方固有の事情から説明することが可能である。

まず、政友会支部でいち早く公選を決議した山形県の場合は[28]、護憲三派内閣で一応与党の地位にはあり、県内も政友会が優勢でありながら、内相を憲政会が握る以上、知事の任免には関与できないという事情があったと考えられる。政友会の札付き知事と見なされていた岸本正雄知事は辞表提出に追い込まれ、決議がなされた一九二四年一二月に更迭されている[29]。したがってこれは、憲政会主導の地方官人事に対する、野党的反発の表れとして理解できるものである。

次いで、憲政会若槻礼次郎内閣期に知事公選を決議した、憲政会奈良県支部のケースについて考察しよう[30]。当時の県知事は政友本党系と目された鈴木信太郎（政友本党総裁床次竹二郎の娘婿）であったが、朴烈問題を契機とする政友本党・憲政会間の関係悪化の影響は奈良県にも及び、知事と憲政会奈良支部との間には軋轢が生じていた[31]。この経過を踏まえると、憲政会奈良県支部の知事公選決議は、憲政会内閣でありながら県知事が「我党知事」ではないという不満を背景に、政府に知事更迭をアピールしたものであると考えられる。鈴木はその直後、本党系知事の一掃を図った地方官更迭により、岐阜県へと異動することになる[32]。

上記の事例のうち、政友会山形県支部のケースは、憲政会主導人事への反発を理由とするものであり、野党的な行動として理解できるものである。そして、護憲三派内閣からの離脱という形で政友会が野党となった時、政友会が野党としての公選論を唱える条件は整うことになる。

すなわち革新倶楽部を吸収した政友会は、地租委譲の実行を口実に、第一次加藤内閣から離脱する。そして一九二五年暮れからの第五一議会で、地租委譲案を提起するなど、政友会の政策を全面にわたって打ち出していく。議会を前にした政友会政務調査会では、知事公選が将来的課題として調査項目に掲げられ[33]、地方支部においても、公選を求める決議がなされるようになっていた[34]。

この第五一議会で政友会は、革新倶楽部出身の植原悦二郎を中心に、政府提出の府県制改正法案が知事公選案に触れていないことを突き、公選論を主張した。政友会は具体的な公選案を提出したわけではなかったし、仮に案を出したとしても、野党政友会の主張が衆議院を通過する見込みはなかった。知事公選案は、政友会合流前の革新倶楽部の重要政策であったから、この時の政友会の公選論は、暫定的な政友会の政策として、革新倶楽部年来の主張を取り入れた面が強いものと見られる。(35)

また、同議会の貴族院では、政友会系の交友倶楽部に属する森田福市（のち政友会衆院議員）が、前述の府県会議長会議の決議などを根拠に公選実現を迫っている。しかし若槻内相（兼首相）は、政府と党の立場を峻別した上で、知事が党派の意思に左右される事態は避けるべきだとして、公選説を明確に否定している。(36)

若槻のこうした姿勢は、事務と政務の分界を明確にし、地方自治の攪乱＝党派性を否定する憲政会の基本姿勢に沿ったものであった。そして、若槻が抱えていた懸念、つまり知事の地位が地方党派の意思によって影響を受け、地方自治が攪乱されるという恐れは、一部現実のものとなって第一次若槻内閣に打撃を与える。それが一九二六年七月に起きた長野事件である。(37)

同事件は、梅谷光貞長野県知事が、一度県会で否定していたにもかかわらず、その後一転して警察署廃止を強行しようとしたことに端を発し、それは民衆の警察署廃止反対運動から暴動へと推移する。そしてそのなかで、知事の更迭と知事公選が主張されていく。憲政会内閣が任命した知事が、民意を無視した施策を行ったと認識されたこと、そして治安保持の責任という問題が、同事件を中央政界の問題に押し上げた。事態の収拾に努めた若槻内閣であったが、政友会その他の批判はもちろんのこと、憲政会長野支部では、政府への不満を理由とする脱党者が続出する騒ぎとなった。これは、憲政会県議が暴動の被害者となっていたのにもかかわらず、暴行容疑者を一時釈放させるなど、憲政会本部側の処置が民衆運動に妥協的であったことに不満を爆発させたからであった。(38)つまり、憲政会長野支部の批判の視点は、はじめは暴動を実行した民衆に向けられていた。しかしその批判の眼は、暴動実行者に妥協的な態度を取る憲政会本部へと向けられるようになったのである。

事件収拾後の長野県会では、政友会・憲政会県議が共同で知事公選の意見書を提出し（一九二六年一二月一八日）、全員一致でそれを可決している[39]。ここで重要なのは、憲政会県議が政友会県議と協力し、若槻内閣が到底受け入れないであろう知事公選論に賛成している点である。この点に関し、憲政会県議は今や民衆運動の側に立ったのであった。これは政府および憲政会本部が、地方支部の統制に失敗したことを意味する。そして公選が実現した場合に政府が直面する危険性をあらためて示すものであったろう。この事件が、憲政会と知事公選案の距離を、さらに拡大させたことは想像に難くない。もともと、党全体としては知事公選を主張していなかった憲政会は、こののち、公選ではなく知事の身分保障によって、党派的な知事更迭の弊害を解消しようとする姿勢を濃厚にしていく。

そしてまた長野事件は、政友会を公選論へと導く契機となった。各新聞は、事件に関する記事が一時差し止めとなったことへの不満もあり、政府の対応を厳しく批判していたが[40]、政友会はこの情勢を敏感に捉えていた[41]。政友会がここで知事公選論に傾斜していくのは、時宜に適ったものであったろう。事件を受けた政友会の対応は早かった。一九二六年七月三一日（暴動発生から約二週間後）、特別委員会で「地方自治殊に知事公選に関する利害」について意見交換を行い、その後の審議を経て、一二月二〇日の臨時政務調査会では、「地方自治の確立」を緊要の課題とし、その手段として「自治権限の拡張を行ひ特に府県知事を公選すべし」という主張を主要報告の筆頭に掲げた[42]。

ここに公選案は、政友会の公式政策となる。それは、憲政会内閣への批判という機能を有するものであり、上述の時勢に勢いを得て決定されたものであった。したがって、公選を実行する際の具体案までが考えられていたわけではない。しかし、若槻内閣を倒し念願の政友会内閣（田中義一内閣）が成立するのは、その半年後のことであった。公選の具体的方策が充分検討されないまま、田中内閣はその経緯上、知事公選の公約と向き合わなければならなくなったのである。与党となった政友会は、野党的論理である公選論をいかに提示することになるのだろうか。そしてそれは、公選をめぐる政治過程をどのように変容させただろうか。

3　田中義一内閣期の公選論――与党の公選論の帰結

知事公選が政友会の重要政策として掲げられるなか、田中義一内閣が成立した（一九二七年四月）。しかし田中内閣が早々に行ったのは、大規模な知事更迭であった[43]。これが秋の府県会選挙、その先の総選挙を念頭に置く党派的更迭であることは明白であった。「東京朝日新聞」は、普選を前にした党派的な更迭は、国民に対する宣戦行為であるとし、知事公選を唱えながらそれに逆行する振る舞いを行っている政権側を激しく批判した[44]。「東朝」が「知事公選是非」という特集を組んだのは、その直後のことである[45]。つまりこの時期に公選論が焦点となったのは、単に公選論を唱える政友会内閣が成立したからではない。地方自治の確立を謳い公選論を主張するに至った政友会が、政権を獲得した途端にその理念と反するような激しい地方官更迭を行ったためであった。この特集記事が、公選と党派的更迭との関係に重点を置いているのもそのためである。

この特集記事において民政党側は、松田源治が党弊激化を助長するとして事実上公選論に反対し、小橋一太、斎藤隆夫は、公選ではなく任期制と身分保障制を導入することで問題が解決すると主張していた[46]。民政党側にも公選論の声がなかったわけではないが[47]、党の大勢としては公選論には与せず、身分保障を求める意見が濃厚であったといえるだろう。

政友会議員では、革新倶楽部出身の大口喜六（大蔵政務次官）が、知事更迭は政党内閣の所信を実行する上で必要なものだとそれを正当化し、公選論の趣旨には賛成だが、そのためには警察権の問題を研究する必要があるとし、その困難さを示唆していた。また、三土忠造文相も一応公選に前向きな姿勢を見せているが、複選制を前提とし、その実現には研究を要するとしていた[48]。これらの発言を見れば、内閣全体としては公選の実行に消極的であったという印象を受けるが、以下、政権内における内閣と政友会の立場の違いに注意しながら、公選論をめぐる政治過程を分析する。

公選論が公的な場で議題となったのは、同年六月下旬の地方長官会議でのことであった。「東朝」は、政権成立以来政府が議論を回避していた公選論が、ようやく公的に議論されるとして、これに注目した。初日の会議では、多くの知事が公選賛成論を唱え、複選制による公選論や警察権を別個の官庁が管轄するという具体的対応策も出ている[49]。しかし、二日目の会議では、各知事から反対論が噴出した[50]。これに関し、政友会に任命された知事が党弊激化を反対理由に掲げられず、技術的な面での反対論にとどまっていたとする評価は適正なものである[51]。しかしここで問題にしたいのは、技術的な面からのものであれ、政友会の重要政策として掲げられた公選論に対し、問題の当事者である知事たちが反対論を唱えられた理由である。

それは、反対論を容認する鈴木喜三郎内相の意思が知事たちに伝わったためであったろう[52]。知事たちの反対論を受けた鈴木内相は、公選論は書生論に過ぎず、反対は当然のことだと語った[53]。そもそも公選を断行するのであれば、府県知事の意見を求める必要はなかった。それゆえ、公選論を長官会議に諮ったこと自体が、鈴木内相の公選反対論の証左であるとの観測もあった[54]。実際に党側からは、公選は政友会の規定方針であり、地方長官会議で可否を議論する性質のものではないとして、会議の議題としたこと自体への批判がなされていた[55]。

そして、すでによく知られているように、田中内閣の地方官更迭を憂慮したのは、昭和天皇も同じであった[56]。天皇は内大臣牧野伸顕に向かい、前の若槻内閣も含め事務官の党派的任用が常態化していることに懸念を示し、田中首相にその意を伝えることを提案していた[57]。これは田中が「内閣の御信任に係る意味に誤解する」可能性を含むものであり、牧野は、元老西園寺公望と相談の上対処することを約した。それは地方長官会議の少し前、六月中旬のことであった。

昭和天皇の意を受けた西園寺や牧野が、公選論の展開を注視していたことは間違いないだろう。そもそも地方官更迭には天皇の裁可が必要であったが、牧野によれば、現状は「官吏の進退如何にも無造作に取扱はれ、大権の発動を軽視する傾向ありて、心あるもの、大に嘆息するところ」であった[58]。公選論は天皇大権と関わる問題（必ずしも対立するとは限らないが）であるし、すでに党派的な更迭を実行した田中内閣が知事公選の実現を図るのであれば、それもまた党派的な行動と受けとめられる可能性があったと思われる。

宮中の懸念は、鈴木内相にもある程度伝わっていたようである。鈴木は西園寺に、知事公選について「新聞抔には多少余地ある記事顕はる可きも、自分としては断然反対なれば安心されたしとの口約」をしている[59]。公選実施の鍵となる内相の態度は、以上のようなものであった。

その後公選論は、田中内閣が設置した行政制度審議会（以下、「行審」）の下で議論される。第一回行審委員会（一九二七年六月一八日）で、行審会長である田中首相は、「地方行政が無意義なる画一制に堕するの弊を除き生気溌剌たる新生命を開かしむることが必要であらうと思ひます」として、行審の眼目を、画一主義に陥らない地方分権の達成に求める開会挨拶を行っていた[60]。しかし田中は同時に、「国政の統一を害しない程度」と補足しており、それは地方の権能を漸進的に拡大することを意味していた。

第一回幹事会（六月二五日）で、行審幹事長の前田米蔵（政友会、法制局長官）は、田中が強調した地方分権とは、「政友会では知事公選を唱へ居るも其れは理想であつて先づ地方の権限を広めて訓練の出来た所で理想に進まんとするもの」であるから、知事公選問題は議論の対象外であると述べている。

したがって、田中と前田の態度を軸に考えると、政府の基本方針は、政友会の公約である公選論の趣旨は否定しないが、それを将来的課題と位置づけ、先決問題としてほかの地方権拡大を図るということにあったといえよう。

こうしたなか、知事公選に関する検討事項となったのが、第二回委員会（八月三日）に幹事側が提出した「州庁設置ニ関スル件」であった。この案では、州庁を統轄する長官が警察権や選挙事務といった国家事務を管掌し、管内公共団体の監督権を有するものとされていた。これは公選が実現した場合においても、内務省が重要権限を維持することを可能にするものであった[61]。それゆえ政友会は、公選の趣旨を「骨抜き」にするものとして批判した[62]。

さて、この州庁設置案は、内務官僚側の危機感を背景に提案されたと見るのが妥当であり[63]、具体案としては確かにこの時期に「急浮上」したものであった[64]。ただし、知事公選実施の場合に国政機関再編成が必要になるということは、すでに第四六議会の小橋藻三衛が認識し、容認していた点であったし、田中内閣の大口喜六（大蔵政務次官）も「東朝」紙上ではっきりと触れていた点であった。つまり州庁案は、公選論反対のために内務官僚が急遽ひねり出した案ではない。その問題は公選推進論者も認識していたこと、あるいは認識すべきことであった。では、政友会（党側）は、こうした問題に対しいかなる対応策を用意していたのだろうか。

まずは第四回行審幹事会（一九二七年七月一四日）で配布された、政友会政務調査会案について見ておきたい[65]。同案は「地方分権」を表題に掲げ、地方「特殊」の施政が「官僚若クハ政党政治ノ圧迫」から自由であることに自治制度の意義があるとして、「自治ハ政府ノ権力与党ノ勢力或ハ野党ノ勢力ヨリモ自由ナラザルベカラズ」とするものであり、頻繁な知事更迭を最も問題とするものであった。政友会内閣による党派的更迭という問題が、一般的な政党政治の問題に解消されているという自己免責的な面は否定できないが、地方自治が政党政治とは別の領域に属することを明確にしている点で、それなりに筋の通った公選論を提示しているといえよう。

では具体的実行策は、ここでどのように示されていたのだろうか。それは任期四年の複選制案であり、選挙ごとに公民三〇〇人につき一人の割合で委員を選出し、それを選挙母体として知事を選出するというものであった。これは府県会経由の複選制とは異なるものであり、公選が党弊を激化させるという批判への応答であったろう。

しかし府県の両翼である内務部長・警察部長をはじめとする幹部は、知事の推薦で府県会が信任することになっており、選挙委員の選出方法も曖昧であったから、府県会を頂点とする地方の党派性を明確に否定するものではない。また、警察権については、主義としては全体の警察権を知事に与えることとされていたが、司法警察は検事に隷属するなどの例外があり、警察機構についても曖昧な点が多く、議論の余地は相当に残されていた。

そうした面を持ちながらも、この政友会政務調査会案は、議論の出発点としては評価しうるものである。しかし、「政党政治ノ圧迫」を指摘する本案を、政友会幹部が積極的に推進することはなかった。その現れが、この調査案に対する高橋光威の態度である。

本案配布後、政友会の「地方自治権拡張ニ関スル委員長」として第五回行審幹事会（一九二七年七月二〇日）に出席した高橋光威は、政友会案の趣旨を具体的に主張する意欲を見せなかった。高橋によれば、具体案は官吏が作成し、それを政友会が検討するという形が良策であるという。また、政友会案が三〇〇人を選挙母体とする根拠について問われると、高橋はそれには決して固執しないとし、何らかの案で公選が実現すればよいと述べている[66]。これも、政友会案にあまり価値を置かない説明であった。おそらく高橋の意図は、ほぼ現状維持にとどまるであろう官僚案を先に公表させ、政友会がそれに対する理想案を対置することで、理想の公選実現に熱意を見せる政友会像を提示することにあったと思われる。

また高橋光威は、公選知事の警察権管轄を一応主張してはいたが、その困難を指摘した馬場鍈一、より明確に「危険」であるとした山岡萬之助警保局長に同調し、さらに公選論の具体案には無理があることを認めた上で、実現可能性が高いほかの政友会案（下士官兵卒への日給増額など）への配慮を求めて議論を打ち切っている[67]。政友会政務調査会案を出発点にする公選の論理と具体案がこれ以上深められることはなかったのであった。

結局一九二七年の時点では、第二回委員会（八月三日）で示されたように、知事公選論を否定はしないが、実際にはほかの地方分権策を審議するという基本方針には変化がなく、それ以上の進捗を見せることはなかった[68]。

公選論が再び問題となるのは、翌年に行審が再開された後のことである。一九二八年末からの次期議会を見据え、政友会の政務調査第五（内閣拓殖）部会は、知事公選即行の方針を確認している[69]。だがそれは、選挙方法、警察権をめぐる党内の意見を糾合できず、これらを「細目の点」に過ぎないものとして、具体案作成を政府に委ねるものであった[70]。

その後行審幹事会に出席した政友会政務調査会のメンバーたちは、政友会内の知事公選論が、論理と具体策において未成熟であることを露呈することとなる。

第三七回行審幹事会（一九二八年八月二一日）の冒頭、行審幹事長の前田米蔵は、そもそもなぜ知事公選が必要なのかを政友会議員らに問うた。これに堀切善兵衛（政友会政務調査会長）は、傍聴するつもりで来たが、「之は聊か驚きたり田中内閣の下の本会ならば公選にすることを前提として進行するに非ざりしや」と応答しているが、これは鋭い切り返しではなく、虚をつかれた苦し紛れの抗弁と見るべきものである。これに前田は、国家の大問題である以上、政友会内閣であっても、党の立場云々ではなく、その得失を研究する必要があると応答している。

堀切に代わり公選の理念的正統性を説明したのは、清水銀蔵であった。清水は、公選論を理念の上でリードした国民党─革新倶楽部を経由した政友会議員である。ここで清水は、政党政治＝国民本位の理念から官僚知事の問題を指摘する一方、県政に政党は必要ないとも発言し、前年の政務調査会案のエッセンスを盛り込んだ議論を展開した。しかし、政党政治は自治体にも必要だという切り返しに合うと[71]、清水はそれを否定できない。

知事の頻繁な更迭が問題であるならば、身分保障制を導入すればよい[72]。公選にする必要があるとすれば、官僚政治に対して、政党政治が必要だからである。しかしそれが党弊批判から免れうるものであるには、府県における政党政治を否定せざるを得ない[73]。ここに清水の論理は行き詰まることになる。

それゆえ政友会議員の主張は、論理的説明を逃れる堀切の再発言、つまり「出発点から考へたら仲々困難」であるが、実行の時期は別として、公選を前提として進むべきであるという説に戻らざるを得なかった。

結局この日（一九二八年八月二二日）の幹事会は、政友会議員への厳しい査問の場と化した。輿論も公選を要求しているとして公選を主張する中島鵬六議員の発言は、県政への影響を「考へておらぬであろう」とする横山助成警保局長の発言によって封じられる。政友会を代表して行審委員となっていた高橋光威も、政友会内閣の下で民政党知事が誕生する可能性に明確な懸念を見せており[74]、政友会の公選推進論に助け船を出すことはなかった。そして前田幹事長は、政友会の「実行的政策」を提出するよう求め、議論を締めくくっている。言い換えれば、本当に実現可能な具体案を、政友会の責任において作成せよということである。

その後、政友会の秦豊助総務、島田俊雄幹事長は、政友会の公約を実現すべしという一点を以て前田に迫った（八月二八日）[75]。しかしその態度こそ強硬であれ、これは政友会の責任放棄であるといえるだろう。公選論の理念的正統性も具体的実行案も提示せず、単に実現を要求するものだからである。このような政友会の態度に見切りをつけた前田は、翌日の行審幹事会（第三八回、八月二九日）において、政友会の意見は公選の即時実行を求めるものではなく、「遊説して政友会として主張したる」関係上、準備委員会でも設置してはどうかという程度のものだと片付け、公選論は行審の審議事項としては棚上げにされる。

その後も、清水銀蔵ら政友会内の少壮代議士約三〇名は、「知事公選を含まざる地方制度改正には絶対反対す」などとする決議を可決し、党幹部や内閣に迫るが[76]、これが田中内閣最後の議会となる第五六議会の政策課題に昇華することはなかった。

知事公選論がこうした経過をたどった背景に、公選論の根拠であった身分保障の問題が、行審では分限令改正という点で議論にされた点、そしてそれが、政党の党派的人事に懸念を見せていた昭和天皇（および宮中）の強い意向に基づいていたことはすでに明らかにされているのでここでは触れない[77]。

また、鈴木内相の辞職による党人派望月圭介内相の誕生（一九二八年五月）も、知事公選論推進の契機とはならなかった。すなわち、鈴木内相の辞職直前に行われた共産党員の検挙（三・一五事件）、緊急勅令による治安維持法改正の公布（六月二九日）、特高の全県設置化（七月三日）、昭和天皇即位の大礼（一一月一〇日）[78]、という状況においては、内相としての重要な任務は警察権の拡大強化にあった。公選論はこれに抵触するものであった。

ただし、公選論が実現しなかったことを、州庁設置案に見られる内務省側の抵抗という視点のみに帰することはできない。公選実現のためには、国政機関再編の問題を含む具体的実行策が必要になるということは、以前から認識されていた課題であった。しかし、政友会内の公選論は、論理としても具体案としても未完成のまま、公選実現という公約を単に振りかざすものとして終わってしまった。政友会が公選論を正式採用したのは、野党時代に起きた長野事件の余勢を駆ってのものであり、〃政友会年来の政策〃というには日が浅く、議論も深められていなかったのである。

さらに決定的だったのは、政党内閣制の下では政権党が公選を実現するメリットが存在しなかったことである。高橋光威が政友会内閣で民政党知事が誕生する可能性に懸念を示していたのは、与党が公選論を唱える難しさの端的な表出であった。

政友会の地方支部が、公選実現を積極的には主張していなかったのも、上記の理由に基づくものであろう。田中内閣期に明確な知事公選の決議がなされているのは、長野市で開催された北信大会のみであり、それも位置づけが劣るものであった[79]。ほかの支部大会では、地方分権を求める決議はなされているが、知事公選は決議されていない[80]。これが「我党内閣」における地方支部の態度であり、与党の公選論の難しさでもあった。

以上のように、この節では知事公選論の展開を分析した。全体を通していえることは、公選論が政府の党派的更迭を批判する意味を持っていたことである。我党内閣に我党知事を求めた奈良県支部のような場合を別にすれば、政府の党派的地方官人事を批判する公選論が、野党から出されることは当然であった。

それは理念的な意味で輿論の支持を受けやすい政策であり、政府の地方官更迭を批判する機能も持ち、実現の場合には、政府与党とは距離を置く中立的な、あるいは野党勢力の支持を受けた知事が誕生する可能性があった。また、複選制による公選制であれば、府県会を地方自治の重要な拠点として、府県会議員の政治的地位向上を図ることもできたであろう。この点に関し、公選は地方有力者であり選挙の取りまとめ役ともなる、府県会議員の支持を調達できる可能性も有していたといえるかもしれない。

しかし、公選案を実現するには政権を握ることが必要であった。ところが、政権を握り地方官更迭の権利を手中にすれば、公選を実現するメリットは逆に消失する。野党政友会の公選論が政友会政権の下で進展しなかったのは、それが大きな理由であった。

さて、これまで論じてきた知事公選論の展開は、本書全体のなかでどのような意味を持っているだろうか。まず、理念と現実政治の相互作用という本書の視角から見る時、田中内閣期の公選論は、理念なき政策が実現を見なかった一つの例として位置づけられる。政友会の公選推進論が、論理とそれを裏づける実行策という面で不充分であったことは、本節で述べた通りである。また、政党内閣の下で地方自治を拡充する改革を進めようとする時に、地方政治における党派性が問題になることもあらためて確認された。これらは、地租委譲論を分析する際にも重要な視点になるものである。

しかしまた本節は、大正期からの知事公選論の歩みのなかで、画一的制度が批判され、地方の実態・特殊性に即した、地方の意思に基づく政治が尊重されるべきであるという意識が高まって来たことにも触れてきた。その意味で知事公選論は、何らかの形で中央と地方の関係を再構成するべきであるという気運が高まってきたことの一例であった。第2章および本章第2節の検討課題である委譲論も、本章第3節で述べる松岡俊三の雪害運動も、この「時勢」を踏まえながら分析すべきものである。

次節では、地租委譲論が政策採用され、最終的に放棄されるまでの過程を、財調の委譲案との違いに着目しながら、政党政治との関係で分析する。

第2節　政党政治と地租委譲――委譲案の変容と流転

本節の分析対象は、財調での審議終了後、政友会が公式政策として採用した地租委譲案（のちに営業収益税を加え両税委譲案となる）の展開である。加藤友三郎内閣の第四六議会から田中義一内閣の第五六議会までに至る委譲問題の展開については、本文中でも触れる通り多くの優れた研究がある。本節はそうした先行研究を踏まえながら[1]、政友会にとっての委譲案の意味、それに対する政界や輿論の反応、財調以来の税制整理論のなかで変容した委譲論の性格について記し、委譲案が政局のなかで消失していく過程を描くことにする。

本節は、政党が「平等」に関わる政策を採用し、その実現を図ろうとする時に、理想と現実の相剋のなかで政策の性質が変容し、やがて挫折する事例の一つを描くものである。したがって考察の視点は、論理と政治過程の両面に及ぶ。

1　政友会の地租委譲案採用とその論理――財調委譲案の性格変容

政友会が地租委譲案を公式政策に掲げるのは、加藤友三郎内閣の準与党として臨んだ第四六議会（一九二二年末開会）のことである。加藤内閣は、高橋内閣末期の財政方針であった行財政整理の実行に取り組むことを宣言していた。税制に関しては、高橋内閣末期に明確になっていた大蔵省の税制改正方針、つまり財調答申の実質的帰結であった営業税、所得税の改正を打ち出すが、地租については、（これも財調答申の趣旨の通り）現行制度をそのまま維持することにされていた。この地租非改正は、農村側の視点から見れば、営業税改正（減税）との権衡を欠くものであり、したがって農村問題としての地租軽減が問題化する。[2] 当時農村では、一九二〇年の戦後恐慌以来の農産物価格下落、それに続く慢性的不況を背景に、反商工業・反都会主義的な色彩が濃厚な小作争議が激化しており、[3] 第四六議会では農村問題全般が課題となっている状況であった。

地租の扱いに関し、憲政会は早々に地租二分減（田畑四・五→二・五％）を打ち出していたが、政友会では議論がまとまらなかった。第四六議会に向けて開かれた政友会臨時政務調査会の農村委員会では、一一月末頃より、営業税改正に見合う措置として地租に免税点を設けることが検討されている。しかし成案はまとまらず、義務教育費を農村に手厚く配分する意見や、憲政会同様の地租軽減論（田畑二・五％）が出るなか、幹部一任となっていた。[4]

最終的に政友会が取った対応策は、地租委譲を建議案として提出することであった。一九二三年一月三一日の政務調査総会で、税制整理で国民負担の均衡を図り「殊に地租の如き独立税種を移譲して、地方財政の基礎を鞏固にすべし」と謳う「行政及税制の整理に関する建議案」を提出することが決定される。[5] 委譲の実行時期などを明言しないことについて、床次竹二郎総務、三土忠造院内総務、野田卯太郎顧問ら幹部は、我党内閣ではない政府の立場を考慮し、「政府が大体の方針で是に賛成」することで満足すべきであると説明していた。

二月三日、第四六議会で同建議案の説明に立った三土忠造は、地方税が弾力性に乏しいために、戸数割、家屋税への無制限的な賦課がなされている状況を挙げ、その改良のためには地租委譲が必要であると主張した。つまりは財調における自身の立場と大枠で一致する形で地租委譲を位置づけ、政府に対し翌年度の議会で「解決提案」することを求めたのであった。(6) その一方で営業税委譲は将来的課題とし、地租委譲の財源措置と共に、政府の自由裁量に委ねるとしていた。

さて、まずはこの建議案が提出された理由について考察しておこう。上記の経過から明らかなのは、営業税改正との権衡上、農村に対し何らかの配慮を示す必要があったこと、そして政友会が準与党として政府と協力関係にある以上、法案提出ではなく、政府の自由裁量に委ねる建議案提出となったことである。考察すべきは、なぜ政友会が地租軽減ではなく、委譲を選択したのかということにある。

これに関しては、農村団体の運動に影響されたという説がある。宮本憲一は、全国農会代表者協議会が、一九二三（大正一二）年度の応急的減税、一九二四年度の地租委譲を決議したため、政友会が委譲の部分を採用したとしている。(7) 政友会の地租委譲案を農村諸団体の要求に規定されて登場したと位置づける金澤史男の論も、この系統に属するものである。(8)

しかし、もともと農会が要求していたのは地租軽減であり、委譲とは性質が異なるものである。(9) そして以下に見る通り、事実経過をたどれば、上記の農会代表者決議は、政友会が予想外の委譲案を打ち出したことにより新たな対応を迫られた農会側が、差し当たりの地租軽減を主要な課題としながら、政友会の委譲案にも配慮してそれを受け入れたものと見るのが妥当である。

すなわち帝国農会幹事であった岡田温の日記によって事実経過をたどると、(10) 第四六議会を前にした一九二二年一二月、帝国農会は地租軽減運動を行っており、幹事の岡田温はその運動に奔走していた。農会の要求に対する政友会望月圭介幹事長の感触は悪かったが（一二月一七日）、農会と関係する政友会代議士は、政友会幹部に地租軽減を再三要求していた（一二月二六日、二八日）。

農会の期待を裏切り形勢が変化したのは、政友会幹部が地租委譲案を公表した翌年一月一七日のことである（岡田は事態が「混沌」と記している）。なお地租軽減を求める農会側であったが（一月一八日、二〇日）、事態を収拾するため農会を訪れた三土忠造が地租委譲案を説明すると、農会委員たちは、意見を述べることなく質問するに留めている（一月二二日）。三土の説明に一応納得した形で事態が収拾したのは、この日の日記に岡田が「農会ノ位置ノ向上」と記しているように、農会側が三土の来会に満足し、今後政友会が農会側の利益を尊重することに期待したためであると思われる[11]。

以上の経過を経た上で、一月二七日の全国農会代表者協議会は、一九二三年度の応急的減税、一九二四年度の地租委譲を決議したのである[12]。岡田の日記によればこれは「地租委譲ヲ承認スル負担軽減」と位置づけられるものであった。

農会側が委譲案を支持したのはなぜだろうか。岡田温によればそれは、委譲案そのものに期待したからではなく、準与党である政友会の委譲建議案提出が、農村の負担軽減を盛り込んだ税制改正の引き金になることを期待したからであった[13]。

つまり、農村による負担軽減の要求は、確かに政党が農村対策を考慮する原動力にはなったが、委譲案採用の主体はあくまで政友会だったのであり、それを容認した農会はあくまで客体の位置にある。その上であらためて問う必要があるのは、政友会が地租軽減ではなく、委譲案を採用した理由である。

この点に関しては、地租軽減論を唱える憲政会との政策的差異を打ち出すために新たな政策を採用したという見方があるが、これだけでは充分な説明にはならない[14]。しかも、地租委譲論を採用することは、もう一つの野党との関係を問われることでもあった。国民党を母体として成立したばかりの、革新倶楽部との関係である。同倶楽部は、国税としての地租および営業税を廃止し、両税を委譲する法律案の提出方針を早々に打ち出していた[15]。この意味で、建議案である政友会案は実行意欲という点で見劣りするものであったし、政策の新規性という点でも、革新倶楽部の後塵を拝することとなった。政友会は同倶楽部の法案に賛成することもできず、両税委譲が財源を無視した理想論であるという、自らに降りかかって来かねない危うい論理を振りかざすことによって、革新倶楽部案を否定せざるを得なかった[16]。

しかしそれにもかかわらず、政友会が地租委譲案を選択したのは、第一に、原内閣による財調諮問という経緯があり、政友会の委譲案が原内閣以来の税制改正構想に淵源を持つと主張することが可能であったこと[17]、第二に、委譲案はほかの政友会の政策と矛盾するものではなかったし、高橋総裁派を中心に、革新倶楽部が提唱していた新しい政策を積極的に導入しようとしていた姿勢がうかがえること[18]（高橋内閣が委譲実行への意欲を見せていたことは第2章第3節で見た通りである）、第三に、地方財政の緊縮一辺倒ではなく、ある程度の財政支出を維持するためには、地租附加税の減少（地方財政の緊縮）を招く地租軽減論では不適当であったこと[19]、第四に、それゆえ高橋総裁は議会前から減税論を否定しており、いまさら方針転換できなかったこと[20]、の四点を挙げうる。

これらの状況の下、党内の反対論を抑えて委譲建議案の提出にこぎつけ、地租委譲案に積極的な意義を与えていったのは、横田千之助総務であった。その後横田は、地租委譲案を、農村中間層以下を取り込むための地方税軽減策として位置づけていく[21]。そしてまた地租委譲は、産業組合中央金庫の設立や地方権能の拡大と共に、漸進的な普選実現に資するものとしても位置づけられた[22]。横田の手によって、委譲論は時勢に応じた政友会の政策として提示されたのであった。

これは果たして、第2章で検討した財調での委譲論、とりわけ政友会内における高橋是清、三土忠造の委譲論と同じものであっただろうか。結論から言えば、農村対策として打ち出された横田の委譲論と、臨時財政経済調査会以来の高橋、三土の委譲論の間には、重要な違いがあった。政友会総裁派として括られる彼らの間には、どのような違いがあったのだろうか。

この点を理解するため、三土が第四六議会後に発表した「地租委譲に関する誤解を訂す」を見ることにする。[23] これは、委譲案反対論への反論という性格を持つものである。ここで三土は、委譲の主目的を地方税負担に関する府県「内」の公平（不公平感の除去）という観点で説明し、第四六議会の建議案説明では曖昧にしていた財産税導入に関しては、[24] 大多数の者には負担の軽減になるとして導入賛成の姿勢を表明する。委譲の目的を府県「内」での公平を実現するための地方税整理とする点、そして財産税導入論を支持する点を見れば、三土の立場は財調での議論を踏襲するものであったことがわかる。

他方、委譲論の発案者として認識されていた高橋総裁の場合、第四六議会前後において地租委譲論を強力に推進したとは言い難い。委譲建議案の提出が決定される前のこと、高橋は地租が全国画一的に実施されていることの弊を挙げ、地租委譲案を解決の一方法として示していたが、それと同時に国庫が地租を失うことに懸念を示し、農村対策としては、作米奨励や小作争議対策、米穀法の運用などに重点を置く考えを見せていた。[25] 財産税のような確実な代替財源を前提としない政友会の地租委譲建議案に対しては、推進論というよりは容認論であったと見るべきであろう。

そしてこの高橋の姿勢は、第四六議会の委譲建議案に「多少の躊躇を見せて、而して後に委譲論に賛成した」という従来の高橋像と親和的なものである。[26] しかし高橋が強力な委譲論者であったことは、第2章で明らかにした通りである。高橋がこの時消極的な姿勢を取ったのはなぜだろうか。本書第2章での分析を踏まえ、第四六議会前後の高橋の発言を見れば、それは高橋の意図する委譲論と横田が推進しようとした政友会の委譲論に違いがあったからであった。第2章で明らかにしたように、もともと高橋が考えていた委譲論は、地方に財源を与え、その範囲内で地方が〝身の丈に合った〟教育費（や土木費）支出を行うという構想であった。それが原内閣、高橋内閣で実現しなかったことはすでに見た通りである。第四六議会では義務教育費国庫負担の三〇〇〇万円増額が実現するし、義務教育費を増額しない代わりに、その財源で地租委譲を実行するという案は、政友会の反対により実現しそうになかった。(27) つまり、教育費節減を実行しないまま義務教育費国庫負担金を増額し、さらに地租委譲を要求するのが政友会の主張ということになるが、これはそもそも高橋の委譲論とは矛盾するものであったと考えられる。

しかしそうであるにせよ、委譲論が政友会の党論となった以上、総裁としての高橋は、委譲の実現を各所で訴えることになる。だが、そこで語られる委譲案の意味づけは、旧来からの高橋の委譲論、地方自治論を反映したものであった。例えば第四六議会後の演説では、「画一主義」の弊を唱え、地方経済の振興を主張すると共に、教育費節減論を唱え続けていたし、(28) ほかの講演では、委譲の目的をひとまず地方税整理に置いた上で、真の目標はその先にある「自治団体の健実なる発達」だとしていた。(29) ここで言う〝自治体の発達〟が、単純な地方財政救済を意味せず、財源と引き替えの〝身の丈に合った〟地方自治を理想とするものであることは、本書第2章での論証から明らかであろう。

つまりこの時期の委譲論は、財調における委譲案の枠組みに沿い、地方税整理としての委譲を求める三土路線、地方税整理は認めるが、主眼はその先の「地方自治」にある高橋路線、そして農村救済に資す地方財源付与としての外観を持つ委譲論を提示した横田の路線、と委譲を求める論理のなかに、微妙に異なる三路線が併存する状態であった。(30)

一般的には、政友会の委譲建議案は、横田の路線として受けとめられた。後述する根本正と菅原通敬の委譲反対論も、横田路線としての委譲論を対象にするものであった。横田はその後地租委譲を、「農民を根幹とした無産階級」への配慮、すなわち「プロレタリアの味方たるべき政党」である政友会の「経済的平等政策」として提示することになる。[31] ここで横田の委譲論は、三土、高橋の路線とは異なる、農村救済としての委譲論の姿をより一層鮮明にしている。

この横田の路線によって規定される委譲論は、財調の時点で念頭に置かれていた府県「内」の公平という機能だけでなく、府県「間」の公平をも担保すべきものとして転換する。この委譲案の性格変容が新しい争点を生み、委譲反対派から追及される点になるのである。

なぜならば、地租委譲が農村救済の一環としての地方財源保障政策として主張されるのであれば、それは都市型府県と農村型府県「間」の均衡を保つ委譲論、あるいは農村に有利な形での委譲論であることを要求されるからである。財調の審議においては、都市と農村間の不均衡は意識されなかったか、されたとしても、それは税制改正とは別の問題として議論の対象にはならなかった。第四六議会後における前述の三土忠造「地租委譲に関する誤解を訂す」でも、委譲による都市・農村「間」の不均衡という点は反対論として認識されず、問題にされていない。これは三土が旧来からの委譲論、すなわち府県「内」の公平を念頭に置く委譲論を保持していたからであった。

この横田路線へのシフトは、委譲案の性格を考える上で大きな転換であり、以後昭和期に至るまで委譲論の重要な争点となる、都市・農村間の不均衡拡大という批判が根ざすところは、ここにあった。旧来の路線との違いは、総論としての地租委譲賛成論という同一性の前に顕在化しなかったが、政友会の委譲建議案に公然と反対して除名された根本正（政友会、茨城）の批判点は、まさにこの都市・農村間の不均衡拡大ということにあった。

根本正の批判は、「神代より国に属する土地」への課税権を地方に委譲すれば、「栄枯盛衰は一地方一地方に限局せられ、全国平等に受くること能はざるの結果」を招くがゆえに、地方救済、農村振興にはつながらないというものであった。[32] その論旨に明らかなように、これは農村救済策としての委譲論ゆえに起こる不平等批判である。根本は、農村救済策を謳いながら、かえって都市・農村「間」の均衡を崩す、農村に不利な政策だとして委譲案に反対したのであった。もっとも、根本は一匹狼的な傾向を持つ議員であり、根本の除名に政友会内部から呼応する動きは現れなかったが[33]、根本の反対論は、委譲案に対する政友会内の不一致を示すものと受けとめられた[34]。

さらに付言しておけば、横田路線と高橋路線の違い、つまり政友会総裁派内における路線の違いは、反総裁派との対立を拡大することにもつながった。横田が行政整理による財源捻出という線で（反総裁派を含む）党内をまとめようとしていたのにもかかわらず、高橋総裁は、行政整理では財源を作れないとして、新税導入または増税の必要を説き、反総裁派を中心とする委譲反対論を刺激したのであった[35]。この高橋の態度は、一方では行政整理による地租委譲という横田路線の現実性に疑問を投げかけ、また一方では、新税・増税抜きの委譲案という党内の了解を崩し、それに対する党内の反発を招くことになったのである。

さて、委譲案に関する政友会内の事情は以上の通りであったが、政友会以外の各政治主体はこの建議案をどのように受けとめたのだろうか。次にそれについて考察したい。

2　地租委譲案への期待と批判——高まる期待と菅原通敬

政友会の公式政策となった地租委譲案に対し、最大野党の憲政会がさまざまな面から批判を加えていくことはよく知られている事実であるし、想像もつくところであろう。本書は新聞や政界の反応を取り上げながら、憲政会を含む各政治主体の反応を、複数の角度から分析することにする。

まず新聞論調について簡単に見ておこう。財調小委の地租委譲案に対し「読売」が外来思想としてこれを排し、「東京朝日」が財産税反対論のかたわら委譲案自体には賛意を示していたことは第２章で見た通りである。そして今回もこの構図は同じであった。つまり政友会の建議案に対して「読売」は批判的であり（ただし理念自体への批判ではない）[36]、「東朝」は委譲建議案に高い評価を与えていた[37]。

のちの状況と比較するため、この時点における前田繁一（「東京朝日」記者）の論説を引いておこう。前田は、現状の法定地価が著しく不公平であることを認め、地方の地価修正による地租委譲を「急務中の急務」と位置づけ、その財源確保のために、義務教育費国庫負担金を減額することだけでなく、財産税を導入することも容認していた[38]。これは財源論に踏み込んだ委譲賛成論であった。

これらのことからうかがえるように、新聞の論調は、実行意欲や動機の面で疑問を投げかけることがあったとしても、委譲論そのものには反対しないか、あるいは理想として認めていたというのが、全体の傾向であった。

次に、清浦奎吾内閣で陸相となり、以後田中内閣成立直前まで陸相を務める（したがって結果的に非政友会内閣の閣僚となる）宇垣一成の地方観と委譲問題への反応を見ておこう。

宇垣は、一九二一年元旦に散策した折り、粗末な家で暮らす在郷軍人が多いことに気づき、「下層民に在郷軍人の多きことは平時に於ける社会政策上考ふるも負担が下層に偏して公平を欠きあらざるや」として、負担の公平について配慮すべきであると日記に記した[39]。宇垣が重視するのは、体格に優れ思想的にも穏健な中堅階級であり、「此中堅力を増加する為には、資産階級に某程度の制裁を加へて此中流を保護し下流を援助して中流たらしむるの政策は、大局より見て敢て不可なりとせず」としている[40]。つまり軍の基盤となる「中流」、それに「中流」に達すべき「下流」への社会政策的配慮は、軍にとって必要なものと認識されていたのであり、そのために資産階級に「制裁」を加えるという発想は、財産税導入論とも親和的な感覚であった[41]。

もちろん宇垣が第一に優先すべき対象は陸軍であり、当時革新倶楽部が唱えていたような、軍縮の徹底による社会政策論には同調していないが[42]、郷里岡山の先学である熊沢蕃山が「地方分権論」や「農兵分離の害」を唱道したことを「先憂的卓見」と評すなど、地方分権論の価値を認めていた[43]。だから宇垣は、政友会が委譲論を採用したことを、府県会選挙・総選挙の「旗幟としては先づ鮮なり」と好意的に評価していたのであった[44]。そして、元老西園寺公望も秘かに地租委譲支持の意向を語っていた[45]。西園寺がそれを公にすることはなかったが、これは加藤友三郎内閣への影響を考慮してのものであったろう[46]。

以上見てきたように、この時点では、新聞、政界においても地租委譲論には一定の支持があったことがうかがえる（それは田中内閣期に崩れるが、その点は後述する）。一方の高橋是清総裁は、「地租委譲に反対したり議会を解散する様の勇気あれば大に戦うて見せる」と語り、少なくとも表面上は、加藤友三郎内閣に委譲の実現を強く求める姿勢を見せていた[47]。

これに対し、政界における委譲反対論の急先鋒が、貴族院議員の菅原通敬であった[48]。菅原を貴族院の「絶対主義者」として位置づけた宮本憲一に対し、池田順は、菅原が元大蔵官僚として国庫の財源確保を目指していた側面を指摘している[49]。菅原の政治的属性が、貴族院議員、元大蔵官僚であったことは事実である。本書ではそれに加えて、菅原が憲政会（民政党）系の貴族院議員であったことを指摘しておきたい（菅原の政治的属性として、東北出身者であったことをさらに指摘できるが、その点は本書では掘り下げて論じない[50]）。

菅原は宮城県出身で、いわゆる明治二八年組として大蔵省に入っている。主税局長を経て、第二次大隈内閣では大蔵次官、その後貴族院議員（勅選）となっていた。浜口雄幸（浜口と菅原は大学時代同じ寄宿舎で過ごした[51]）など二八年組の多くが憲政会系の議員・官僚として活躍したのと同様に、菅原も貴族院における憲政会の別働隊である同成会に入会する[52]。そして田中内閣で委譲論が争点になると、菅原は委譲論阻止を理由に民政党に入党するのであった[53]。それゆえに菅原の政友会への攻撃は、〝政党を否定する貴族院絶対主義者〟という理解ではなく、憲政会（民政党）との近さを背景にする反政友会的主張として理解されるべきである。

さて、地租委譲が財調で議論されていた時点で、すでに菅原は委譲案に疑問を呈していた[54]。菅原は、地方の調査による公平な地価設定を目指す財調委譲案について、地価を必要に応じてその都度修正する仕組みを設ければ済むことだとし[55]、委譲により地方に課税権を与えれば地方官吏の「手心」を生むという懸念を見せ、土地制度は国家に帰属するという観点を打ち出している。

このうち、地方に委譲すれば、党派の意を受けた地価修正が行われるという主張は、以後も菅原の委譲反対論の重要な核となるが、これは憲政会側の主張と同様のものであった[56]。浜口雄幸が財調でその点に懸念を示していたことは前述したが、憲政会は第四六議会の地租委譲建議案に対し、地方官が地方の政党勢力に左右されている「現在の如き政党の状態」において、地方が地価を決定することは恐るべき弊害をもたらすとして、国による地価修正を求めていた[57]。また、憲政会における委譲反対論者の代表格であった下岡忠治は、租税体系と財源の問題を挙げた上で、政友会内閣の「放漫政策」によって膨張した地方財政を緊縮することが先決であり、漫然たる委譲は「地方に於ける党弊の浸潤」を強化するとして反対していた[58]。前節で触れた通り、同議会に憲政会が提出した「自治刷新ニ関スル決議案」も、政友会による党弊を問題にするものであった。地方における政友会の「党弊」を批判し懸念する憲政会の態度は一貫していたし、それは貴族院議員である菅原通敬も同じであった。

政友会の委譲案への批判点をまとめた菅原通敬の『地租委譲絶対反対論[59]』は、こうした党弊批判に加え、神武建国の時代から土地は天皇が配分するものであり、それゆえ国民的信念としては、納税は「貢献」という道義的思想であるとする、〝国体護持〟のための委譲反対論という様相を強くしている。これは菅原の主張の特徴として有名なものであるが、それは当時においても「時代錯誤」との評がなされるものであった[60]。だが、同書における菅原の主張の特質は、それにとどまるものではない。

まず菅原が最も強調したのは、委譲論は財源論すなわち方法論ではなく、制度それ自体が望ましいか否かで議論されるべきであるということであった。問われるべきは、財政状況に左右される方法の適切さではなく、制度それ自体の正しさにある。

その観点からすると、第一に、政友会の委譲論は地方財政救済のためのものであり、税制整理を目的とした財調案とは異質なものであることが指摘される。そこから、財源付与をするのであれば、地方財政の整理緊縮を進め、義務教育費国庫負担と（党勢拡張の武器とされる）国庫補助金とを再検討することが必要であるとの主張が導かれる。

第二に、（明治期の）地租改正により「公平画一」が実現したという認識が示される。[61] 委譲によって「画一主義を捨て、地方の状況に従ふて各異る適当なる課税方法を採る」のを認めることは、本来「委譲」ではなく「移譲」（委任ではなく移管）を意味する。しかし必要なのは全国の権衡（つまり府県「間」の権衡）を保つことであり、[62] そのためには規格化された「大工業式」の地価修正、すなわち国家による修正が公平だとされる。つまり中央集権による画一主義が、公平を担保するものであるという論点が示される。それゆえ第三に、地方財政を救済するのであれば、地租の委譲ではなく、それに相当する金額を国庫から交付すればよいという結論が導かれることになる。以上が『地租委譲絶対反対論』の論旨であった。

そして最終的には、地租額に相当する金額を国が交付するという案（またはそれ以内の金額を交付し、漸次全額を目指す案）に落ち着くことを予想してみせた菅原は、委譲問題に対する大蔵省の方針を正確に把握していたと考えられる。[63] 第四六議会終了後、大蔵省内に設置された税制調査委員会は、[64] 課税権の地方委譲という論点には否定的であり、交付金案などを「事実上」の地租委譲と見なすことで妥結しようとしていたからである。[65] 委員会の議事内容は秘密とされ、こうした大蔵省の意向が具体的に表に出ることはなかったが、[66] 税制調査委員会の第一案は、地租徴収に関しては現状維持とし、しかし歳入を「各地方の事情に応じ」交付するという、地方財政を調整する機能を持つものであった。仮にこの案が政府案として提示された場合、政友会は、委譲の理念との整合性や交付金の配分方法に関して、新たな選択を迫られることになったであろう。

だが、地租委譲をめぐる政治的攻防は、中断を余儀なくされる。一九二三年九月一日に起きた関東大震災を受け、その後の財政政策は震災復興を優先せざるを得なくなり、税制調査委員会も審議を尽くさないまま終了となる。またその後、清浦内閣の下での政友会の分裂、憲政会主導による護憲三派内閣の成立、といった状況では、政党間の対立を惹起することが明白な委譲論は問題にされなかったのである。

政友会が再び委譲を主張するのは、田中義一が総裁に迎えられた後のことである。（第一次）加藤高明内閣の税制整理案が、政友会年来の主張である委譲論を無視するものとする政友会は、これを口実に加藤内閣から離脱し、第五一議会で再び地租委譲論を主張することになった。[67] この経緯上、政友会田中内閣の下で委譲論に焦点が当たることになるのは当然であった。

3　田中義一内閣期の委譲論——政治的視角による問題の所在

田中義一内閣（一九二七年四月成立）が紆余曲折を経て、両税委譲（地租・営業収益税）に関する法案を提出したのは、内閣最後の議会となった第五六議会（一九二八年末開会）のことである。案は野党の激しい反対を受け、かろうじて衆議院は通過するものの、貴族院で阻止されることになる。

田中内閣期における委譲案の性格や財政的側面については、すでに豊富な研究の蓄積があるので、本書では詳細に論じない。[68] 田中内閣期にあっては、政友会が少数野党との提携で議会の過半数をかろうじて確保する時期が長く、[70] 安定した政権運営ができなかったこと、[69] 委譲が都市と農村の格差を拡大するものであるとして批判を浴びたこと、の二点は、本書が前提とする点である。また、重要な状況変化は、憲政会内閣による一九二六年の税制改正で土地賃貸価格法が成立し、国が調査した賃貸価格に基づく地租徴収の前提が築かれていたことであった。つまり、地租委譲論の根拠であった適正な地租の設定という問題が、国（大蔵省）による全国統一的な調査という形で解決されようとしていたことは、委譲実施の契機を減退させていた（ただし、政友会の主張は、こうした国による調査では不充分であり、地方による、地方の実情に即した調査が望ましいとするものであり、この違いは認識しておく必要がある）。

これらのことを踏まえた上で本書が考察するのは、委譲論が選挙でアピールしなかった理由、自明と考えられがちな貴族院による委譲案阻止の過程、そして委譲論をめぐる「時勢」がどのように変化していったかという諸点である。つまり財源云々といった財政的視角から委譲案を捉えることは、特に当時の委譲論が置かれていた構造を明らかにする上で有用ではあるが、選挙や政治過程においては、財政的合理性が優先されるとは限らない。政治においては、財政的合理性のみならず、そもそも委譲論が制度導入論として理想的か、あるいは具体的なメリットをもたらすか否かという判断基準が重要になる場合があるからである。それを理解していたからこそ菅原通敬は、委譲案の是非は財源問題ではなく制度の問題であるとして、制度自体を否定しようとしていたのであった（前述）。

以下、こうした点に留意しながら、まずは、第五六議会に至るまでの状況を検討する。

田中内閣の蔵相に就任した高橋是清は、モラトリアムに象徴される金融恐慌の救済措置を実行したあと、在任二カ月足らずで自発的に退任する。後任は文相から横滑りした三土忠造であった。新蔵相になった三土は、早速今後の財政方針を明らかにするが、それは概ね高橋の財政方針を引き継ぎながらも、地租委譲に関しては新方針を打ち出すものであった。高橋は、田中内閣の蔵相在任中に、委譲を新税・増税なしで実行するため、四〜五年かけて分割委譲を行う意向を示していたが[71]、三土新蔵相は政友会政務調査会の案に従い、一気に全額を委譲する方針を打ち出したのであった[72]。これは選挙を前に、三土が党の方針を尊重したためと考えられる。

男子普通選挙が適用された最初の選挙である一九二七年秋の府県会議員選挙では、政友会は上記の方針に基づく地租委譲実現を看板政策に掲げて臨む。しかしその結果は、政友会候補者が過半数を超えたとはいえ、実態はほぼ現状維持であった[73]。地租委譲論は、選挙公約として大きな有効性を発揮できなかったのである。

だからこの結果を受けた政友会議員からは、地方分権、財源委譲という政策の価値が未だ理解されていないとして、「政治思想の後れてゐる我が国民としては蓋しやむを得ない事かも知れないが、しかし、尠く共今日の時代に於ては、かゝる近視眼的評価は、省みて自ら恥づべきである」という恨み言が聞かれた[74]。これは地租委譲論が選挙でアピールしなかったことを端的に示すものである。

府県会選挙が終わると、政府は地租委譲実施を予定より一年遅らせ、一九三〇年度から実行する方針を明らかにする。田中首相は財源の問題を挙げた上で、「土地の観念は国民の脳裏に深いものがあり」、それゆえ延期したと説明している[75]。この田中の論理が、菅原通敬の「国体」論的委譲反対論を援用する形を取っているのは興味深いが、政府のこうした方針転換に対し、公約の早期実現を求める党側からは激しい反発の声があがる。蔵相を退任していた高橋是清は、政府と党の双方を批判的に観察していた[76]。

続く第一六回解散総選挙（一九二八年二月、国政では初の男子普通選挙）で、政友会は与党ながら過半数の議席を得ることができず、委譲案に営業収益税を加える条件で実業同志会と提携したため（政実協定）、それまでの主張との整合性や財源の面で、委譲案がさらに困難な課題となっていくことは周知の通りである。

さて、ここで考察したいのは、地租委譲論の選挙における機能についてである。なぜ地租委譲論は、選挙において効果的な公約とはならなかったのだろうか。

それは地租委譲論が、従来の基盤を越えた支持を集めるには、不充分な性質を帯びていたからだと考えられる。ある地域に鉄道を敷設することと引き替えに、その地域の政友会支持を求めるというのが、典型的かつ有効な地方利益誘導策であったとすれば[77]、地方への一律な財源付与を条件に政友会への支持を求めることは、旧来の政党支持を変更する契機として有効ではなかったと考えられる。

鉄道とのアナロジーで言えば、政友会支持の報償として、特定の地域に新たな財源を委譲することが可能であれば、それは新たな支持を集める手段として有効であったろう。しかし財政的手段という点で見れば、それはこれまで地方への補助金が果たしてきた機能であった。税制改正による財源委譲は、全国画一的な形式で財源を付与するという性格を持っており、政党の支持にかかわらず適用されるものである。これでは、新たに政友会を支持する契機としては弱い。むしろ地方の非政友会勢力からすれば、憲政会（民政党）側の批判点に見られるように、旧来からの政友会勢力が恣意的な税額決定を行い、党弊を拡張させる懸念のほうが強かったと考えられる。これは、従来の政友会支持層を越えた支持調達を困難とするものであったし、普選で新たな有権者となった層にも、強いアピールとはならなかったと考えられる[78]。

また、多くの知事・市町村長は、委譲された場合の財源を、減税ではなく、事業費への「流用」に使用することを期待していた[79]。しかしそうであれば、委譲案は自主財源付与策として〝まわりくどい〟ものとなる。政府が委譲案延期を決定した際、三土蔵相はそれを手数と準備がかかるためと説明していたが、それは府県による賃貸価格調査に時間を要するからであった[80]。もし地方への財源付与を目的とするのであれば、土地賃貸価格法に基づき国が調査した賃貸価格を利用することも一案であったろう。だが、負担の公平を図るためには府県による再調査が肝要だとする三土の立場は、それを理由に委譲延期を図る大蔵省の立場と一致を見る[81]。自主財源付与を期待する地方にとっては、委譲の実施が遅れるのであれば、義務教育費などの財源措置策のほうが魅力的に映るし、政府の委譲案実現への意欲も疑われることになったと思われる。

このような状況のなかで、ついに一九二三年の委譲建議案を支持した者たちからも批判の声が聞かれるようになる。かつて地租委譲を「急務中の急務」と評価した「東京朝日」の前田繁一は、地租委譲論自体の価値は認めるが、政友会の委譲論は負担の公平と自主財源付与との区別が明確ではなく、結局は地方が地租を増徴し政争を招くことになるとして、反対論に転換した[82]。また、前田の反対論拠は、一九二三年以後、義務教育費国庫負担額が年々増加してきたという点にもあった。もともと義務教育費の財源として構想された委譲論は、地方財源付与策としての側面を持つ義務教育費国庫負担金が増額したことにより、目的の正統性を揺るがされていたのであった。

また、やはりかつては地租委譲案に賛意を示していた西園寺公望も、この時期には考えを改めていた。西園寺は宇垣一成に対し、諸政党が「一時の人気取りに思付たる」看板政策に囚われて、「自他共に非なりと考へながらも之れが塗換へ掛換への勇気もなくヅルヅルと押行く」様を不甲斐ないとし、その例として地租委譲問題を挙げていたのであった[83]。

このように田中内閣は、各方面で委譲案への支持調達に失敗していたが、それでも第五六議会（一九二八年末開会）において政府は両税委譲案を提出する。かろうじて衆議院を通過した委譲案が、貴族院で審議未了となり不成立に終わったことはよく知られていよう。

それを前提にあらためて問いたいのは、第五六議会の政治的展開についてである。貴族院の審議未了は、自明のものであったろうか。自明のものであるとすれば、田中内閣はそれにいかなる対処を図ろうとしていたのだろうか。委譲の理念は、政治過程のなかでどのように扱われることになったのだろうか。最後にこれについて考察しておこう。

4　床次新党と貴族院――委譲案「好意的審議未了」の構図

第五六議会で貴族院が委譲案[84]反対に傾いた理由は何であったか。それについて先行研究を整理すれば、第一に、政党の政策を阻止しようとする「貴族院絶対主義者」という規定を以て、貴族院の反対論をその存在の本質において自明なものとする指摘[85]、第二に、民政党の反対論が貴族院に大きな影響を与えたという指摘[86]、第三に、田中内閣初期における新聞の論説を根拠に、地租委譲が貴族院令改正を招き、それを機に貴族院改革が実行されることを恐れたという指摘がある[87]。

第一の点に関しては、貴族院内部の一体性と衆議院との本来的対立性を前提にする点で再検討が必要である。第二に、民政党による貴族院への働きかけが奏功したという点は是認できるが、伊澤多喜男や菅原通敬を中心とする貴族院同成会の反政友会的立場は、第五六議会に限られたことではない。なぜ民政党（系）の策動が成果を挙げたのかが問われるべき点である。第三の点に関しては、確かに田中内閣初期において貴族院令改正問題を反対理由として予想する見方はあったものの[88]、実際に法案が提出された第五六議会においては、それは争点にはなっていない[89]。貴族院改革は潜在的な課題として田中内閣期にも残存していたが、田中内閣自体は貴族院改革に取り組む姿勢を見せておらず、貴族院令改正の問題は先送りされていたのである。

しかし、争点になっていなかったとしても、委譲案と貴族院令改正の関係を懸念するグループが存在したことも また確かである。それは、委譲によって国税が地方税化されれば貴族院の議席を失う可能性がある多額納税者議員たちであり、貴族院最大会派である研究会に所属する多額納税者議員たちが委譲反対論を唱えていたことは、第五六議会の時点でも確認できる[90]。その意味で、貴族院令改正問題への着目は意義のあるものである。しかしそれは、貴族院議員の一部に過ぎない多額納税者議員の利害に関わるものであり、貴族院全体を説明する理由としては、ほかの視角からも説明する必要があるだろう。

つまり考察すべきことは、明らかに委譲反対論を唱えるであろう民政党系の同成会と、帰趨が定かではなかった研究会などの会派を峻別した上で、貴族院全体が委譲案否定に傾いた理由である。これについては、差し当たり、貴族院が全体的に田中内閣に批判的であったこと（水野文相優諚問題に端を発する内閣への非難決議が可決されたことはその象徴的事例である）、また、貴族院議員それぞれの利害関係から（これは前述の貴族院令改正問題を含む）、研究会内でも意見が分かれていたであろうことを指摘できるが[91]、現時点では本書もそれ以上の説明はできない。

しかしより重要なのは、貴族院が法案を阻止し得た理由である。清浦内閣以降、貴族院改革が争点となってきた経緯を考えれば、貴族院が衆議院通過法案を阻止することにより、改革を求める輿論が再燃する可能性は充分にあった。後述するように、地租委譲案を阻止された政友会が選択したのも、貴族院を批判してその改革を訴えることであった。それにもかかわらず、貴族院が委譲案を阻止し得た要因は何だったのであろうか。そして、その阻止の態様は、どのような意味を持っていたのだろうか。

それを念頭に置きながら視点を田中内閣の貴族院対策に転じる時、見逃してはならない要因が床次竹二郎の存在である。政治的な視角から見ると、政友会の委譲論を事実上の放棄へと導いていく直接的要因になったのは、この床次との関係を軸にする政治状勢であったと考えられる。本書はその点を実証し、委譲案挫折の直接的要因を政友会の金解禁への方針転換に求める見解に修正を加えながら、新たな視角を提示するものである[92]。

田中内閣と床次との提携が模索されるのは、第五六議会（一九二八年末開会）を前にしてのことであった。かつて政友会を脱党し政友本党を結成した床次は、田中内閣成立直後には民政党の結成に参加するが、その後脱党し、新党倶楽部を結成（一九二八年八月）していた。床次は、第五六議会に臨むに当たり[93]、委譲案不支持に傾いていた倶楽部内の大勢を尻目に[94]、政府に対して交渉の余地を残す姿勢を見せていた。新党倶楽部の議会方針に大きな影響を及ぼすと目された西園寺との会談直前、床次は委譲案への反対は絶対的反対ではなく相対的なものであると新聞記者に語り、新党倶楽部の対応が未だ決定されていないことを示唆していたからである[95]。その西園寺との会談後、床次は、委譲案への了解を求める三土蔵相には曖昧な態度を取り[96]、最終的に新党倶楽部は委譲案不支持を決議する[97]。しかしそれは財政状態を理由にするものであり、委譲の主義自体を否定するものではなかった。それゆえ交渉の余地ありと見た政権側の了解運動は、その後も続くことになる。

床次にとり、委譲案は自らの存在価値を高め、政権を獲得する切り札であった。床次は政権獲得への意欲を漏らし、委譲問題をその重要なステップと認識していた[98]。床次の描いたシナリオは、委譲案の貴族院通過困難を悟った政府が、貴族院最大会派である研究会の了解を得るため、研究会と関係の深い床次に調停を依頼することであった。床次が政府提出法案の行く末を左右することになれば、床次の政治的存在の大きさを周囲に印象づけることになる。そして研究会との紐帯を強化しておくことは、今後自らに大命が降下された場合でも、差し当たり政友会と連立を組む場合でも[99]、床次の政治基盤として重要な意味を持ち得たと考えられる。

また、第五六議会における床次の最大目標は、新党倶楽部に有利な小選挙区制法案（区制法）を成立させることであった[100]。政友会は新党倶楽部に配慮する必要から、同法案を共同提案することになる。ここで委譲案は、床次にとって、貴族院に対する有効な捨て石を意味していた可能性が高い。なぜなら、衆議院通過の重要法案を貴族院がことごとく廃案に追い込むことがためらわれるのであれば、貴族院が標的にする法案は絞られることになる。その場合貴族院の反対論が、新党倶楽部の賛成を得られずにかろうじて衆議院を通過する委譲案に集中すると予測することは、順当な見方であったろう[101]。その結果委譲案が潰れれば、政友会の一枚看板と言われた委譲案の不成立で田中内閣は窮地に陥り、区制法成立後の新たな小選挙区制の下で、新党倶楽部が政権を担う態勢も整うことになる。

結局政権側は、委譲案採決（一九二九年二月二一日）の直前まで床次の了解を求めたが、新党倶楽部側の態度は表面上変わらず、しかし裏面では若干の譲歩をした結果、委譲案は衆議院を一五票差で通過する[102]。新党倶楽部の譲歩により、一桁差での通過は回避されたものの、僅かな票差には変わりなく、貴族院がそれを理由に法案握りつぶし（審議未了）をする可能性は充分に認識されていた[103]。

この状勢において、田中内閣が取りうる手段はいくつかあった。第一に、あくまで委譲案通過を目指し、会期を延長して審議を継続することである。第二に、それでも貴族院が委譲案に反対するのであれば、〝貴族院の横暴〟を理由に議会を解散し、〝貴族院と結託する民政党〟という対抗軸で、総選挙を行うことである。そして第三に、貴族院の審議未了を阻止せずに、政府・貴族院双方の面目を立てることで処理する方法である。田中が目指したのはこの第三の方法であり、それは床次の入閣を機に、貴族院との関係を修復しようとするものであった。

上記の第一点に関して言えば、田中は委譲案ではなく、小選挙区制法案を理由に会期延長を図った[104]。これは第二の手段である解散総選挙とも関係する面を持っていた。与党有利の区制法の成立が解散の前提であったからである[105]。つまり、委譲案を理由に解散するのであれば、区制法の成立はその準備として必要なものであった。だが、田中がこの時点で早期解散を企図していたようには見えない。

この点も含め、田中自身の意図がうかがえるのが、一九二九年三月一八日の牧野内大臣との会談である[106]。この日田中は、第一に、貴族院の対内閣感情が悪化していることに不満を述べ、第二に、委譲案が貴族院で「好意的審議未了」に終わる場合は、講ずべき手段がないため「成行に任する」しかないという方針を明かし、第三に、区制法が成立するという前提の下、議会後の床次入閣に前向きな姿勢を見せた。これは、貴族院方面（牧野は研究会旧幹部と推定している）から提案されたものであるという[107]。床次との提携が実現すれば、二六〇名の与党を有し、内閣の基礎が強固になると語る田中の口ぶりからは、解散の意図はうかがえない。衆議院においては床次率いる新党倶楽部との提携で与野党伯仲を脱し、それを機に貴族院との関係修復を図るというのが田中の方針であったろう。そのために当面必要なのは、区制法の成立を最優先し、委譲案では貴族院との明確な対立を避けることであった。

では、貴族院において、田中の言う「好意的審議未了」は達成されただろうか。これに関して先に触れておく必要があるのは、貴族院に対する輿論の期待である。

例えばこの時期菅原通敬は、貴族院研究会に招かれ、三時間に及ぶ委譲反対の講演を行っている[108]。主な反対理由は、地方の財源よりも歳出膨張が問題であること、賃貸価格の調査が全国的に見れば不公平になること、財源には巨額の公債が必要であり、将来的には財産税も必要となるであろうこと（つまり負担軽減はされない）、地方の身勝手な増税を招くこと、戸数割等の整理が確実に実行される保証がないこと、委譲案は（第四六議会での）憲政会の地租二分減案に対し政友会が突如考え出したものであること、金解禁との関係を考慮すべきこと、などであり、第四六議会以来の委譲反対論を網羅したものであった。そしてここでは、地租と愛国心の関係ではなく、もっぱら負担軽減と地方税整理の実効性の観点から反対の理由が導かれていることが注目される。そして何より重要なことは、菅原の主張を「理義ある反対論」とまとめる新聞記事のタイトルからうかがえる通り、菅原の反対論は、輿論を代弁するものと受けとめられていたのである。

また各新聞は、区制法案を党利党略によるものと批判し、議事進行を妨害した民政党を評価し、数の力で衆議院を突破した同案を、貴族院が阻止することに期待を寄せていた。[109]つまり輿論は、貴族院の審議未了をむしろ期待している状況であった。

だが、衆議院通過の重要法案をことごとく審議未了とし、田中内閣と全面対決に至ることには、貴族院の研究会幹部派（穏健派）を中心に慎重論があったと見られる。[110]会期終了前日の三月二四日、委譲案審議の委員会において、政府擁護派と見られていた児玉秀雄委員長（研究会）は、会期末が迫るなか、委員会内での質問が終わりそうにないことを理由に、ひとまず質問休止とし、会期が延長されれば続行することを提案した。[111]三土蔵相が見守るなか、研究会所属議員の大勢はこれに賛成し、民政系の菅原通敬や石塚英蔵も、事実上の審議未了を意味すると宣言した上でこれに賛成する。民政系議員の解釈では、これは法案握りつぶしではあったが、質問休止の結果という「新例」[112]による審議未了は、法案自体の不備ではなく、物理的理由を問題とすることで、法案握りつぶしの意味を弱め、[113]今後の展開（会期延長）について田中内閣に下駄を預けるものであった。これは、田中内閣に対する一致した対応を取り得なかった研究会にあって、同会幹部派（穏健派）が、同問題を穏便に処理するための方策として取った手段であったろう。[114]

田中内閣はこれにどう対応したであろうか。それは、委譲案通過の見込みがないことを理由に、同問題を「成行に委せる」方針を発表することであった[115]。すなわち委譲案を理由には会期延長せず、貴院通過を断念する方針を明らかにしたのであった。田中首相にとり、質問休止という形での審議未了は、牧野内大臣に語った「好意的審議未了」を意味していたであろう。これは田中の思い描いていた展開であり、そして議会後の方針を、貴族院との関係修復、そのための内閣改造、すなわち床次の入閣という方向に向かわせるものであった。

その後の政府と政友会の間における行動のズレと重なりは、上記の点に関する認識の異同を反映したものである。議会終了直後、三土蔵相は、予算通過に尽力した貴族院を称え、貴族院が委譲案に不安や憂慮を覚えて、協賛に「躊躇」したのはやむを得ないことであるとの談話を発表した[116]。この件で貴族院に不満を抱くことはないとし、政府側には貴族院の了解を得る「義務」があると宣言するこの談話からは、貴族院との関係を修復しようとする政府側の意図がはっきりうかがえる。

これに対し政友会は、衆議院＝国民の代表機関を通過した議案を審議未了に追い込んだ、政党化された特権階級として貴族院を批判し、貴族院改革を訴えることになる[117]。だが、その主張がメディアを通じて輿論となることはなかった。その雰囲気は、山口義一議員の苦しい説明がよく物語っている[118]。委譲案を廃案に追い込んだ貴族院の行動が、国民の意志を反映したものという意見があるが、それはたまたま今回の貴族院の行動が「国民の意志と偶然合致」したに過ぎない。山口はそう断った上で貴族院改革を唱えざるを得なかったからである。

一方、政権安定のためには床次入閣が必要であり、それには提携の障碍となる委譲案の処理が問題となるという認識は、少なくとも閣僚の一部には共有されていたと思われる。勝田主計文相は、委譲案が審議未了になる直前に田中首相へと書簡を送り、貴族院との関係修復のためには内閣改造が必要であり、そのためには委譲案の棚上げが必要であるという意見を具申している[119]。

三土蔵相の発言が波紋を巻き起こしたのは、こうした状況の下であった。一九二九年五月一六日の車中談で、三土は金解禁断行の前提として公債整理の必要性に触れ、その場合には「あるひは委譲案が犠牲に供されるかも知れない」と語ったからである[120]。この発言を受け、政友会内には動揺が広がり、民政党はこれを蔵相の屈服と見なした[121]。

しかしここで重要なのは、これが田中内閣の政策転換を意味していたかということである。つまり、この発言に代表される、金解禁に前向きな姿を見せる三土蔵相の態度を以て、委譲案が放棄されたのは政友会政権が金解禁政策に転換したためである、と結論づけることができるであろうか[122]。

三土蔵相が以前から、為替相場が回復され次第金解禁を実行すると語っていたことは確かに事実である[123]。しかし為替相場が回復しないことを理由に金解禁実行を否定し続けていたこともまた事実であった[124]。第五六議会終了後、明年度予算に向けて、三土が公債整理を含む緊縮予算を組もうとしていたことは、前述の車中談からもうかがえる。しかしそこで金解禁は、公債整理実行後の問題として捉えられているに過ぎない。また、三土の指示の下、大蔵省が金解禁に関連する調査をしていたのだとしても[125]、金解禁が政府の方針として打ち出されることはなかったのである。

そしてまた、将来的な金解禁の前に、まずは公債整理を進める必要があるという立場は、三土の施政方針演説に見えるように、そもそも第五六議会における政府の立場でもあった[126]。つまりこの点では、政府の方針は転換していなかったのである。そして三土のこの車中談は、依然地租委譲の実行を掲げる政友会内の波紋を呼ぶことになるが、それも三土が発言を否定したことで収拾していた[127]。

その後の政府の姿勢も、現時点での金解禁実行を明確に否定するものであった。五月三〇日、金解禁に批判的な財界巨頭（郷誠之助、井上準之助、団琢磨）と会談した三土蔵相は、公債整理の必要に言及したあと、政府の金解禁方針が誤解されているとして、解禁は無理のない時期に行うべきであり、財界の現状では軽々に実行することができないと明言し、金解禁実施を懸念する財界を慰撫している[128]。また、これと同じ日に高橋是清を訪問した田中首相も、金解禁延期、公債整理実行という政府方針を語り、高橋の了解を求めている。政友会の機関紙である「中央新聞」では、金解禁延期、公債整理という点で高橋の意見と政府の方針が一致し、田中首相が自信を深めた旨が報じられている。[129] 解禁延期という政府の立場は一貫していた。

そして実は、田中首相が高橋に意見を求めたのは、金解禁への対応策だけではなかった。委譲問題の善後措置も高橋への重要な相談内容だったのである。その問いに対する高橋の答えは、「時事新報」紙上で大きく取り上げられている。[130]

記事によれば、高橋は田中首相に対し、現時点での金解禁実行を否定した上で、両税委譲の延期について次のように説いたという。かつて自分が唱えた地租委譲の趣旨は、地方の教育費と土木費の財源を地方に与えることに主眼があり、しかも委譲を実行する際には、中央財政の急激な変化を避けるために、徐々に分割委譲をするつもりであった。[131] しかし今日議論されている委譲問題は、地方税制整理を主とし、営業収益税と同時かつ一度に全部委譲する案であり、「中央財政の上に多大の無理を生じ、且つ将来に憂ふべき禍根を残したことは否定すべからざる事実」である。だから政友会の面目という形式論にこだわらず、その時代に適応した政策を選択すること、つまり委譲を当面延期し、財政状態が許す時に実現を図るのが正しい政府のあり方ではないか。このように高橋は説いたのであった。「時事新報」の記事は、田中首相もこれを了解したと伝えている。

しかし、前掲の「中央新聞」記事では、高橋が委譲問題については何も述べなかったと報じられていた。田中の高橋訪問は、田中内閣の財政方針の裏づけとして、高橋との一致という権威が必要だったことを物語っている。しかし金解禁延期論とは異なり、委譲案に関する高橋の助言は、政権に黙殺される形になった。委譲案を断念するのであれば、高橋の発言は助け船であったはずである。しかし政権がこの発言を利用せず、委譲案の取り扱いに関して曖昧な態度を取っていたのは、政友会の看板政策である委譲案を簡単に放棄できなかったのはもちろんのこと、これが床次入閣の際の条件、つまりは床次率いる新党倶楽部と政策協定を結ぶ際の取引事項としての意味を持っていたからであった。

その数日後に組まれた、内閣改造に関する意見の特集記事では、床次の内相就任を進言する政友会長老岡崎邦輔と並び、床次側近の榊田清兵衛（新党倶楽部）の意見も掲載されている[132]。それは、床次に「誠意」を見せ、委譲問題を筆頭とする重要事項について政策協定を結ぶことが、床次入閣交渉の出発点であることを提示するものであった。この状況では、委譲案延期（または中止）という選択肢は、床次に対する「誠意」としての象徴的機能を持っていたであろう。床次と政策協定を結ぶためには委譲案に関して政権側が妥協する必要があるという認識は、政友会内にも広がっていたと思われ、それを進言する書簡も田中へと送られていた[133]。

こうした状況の下、床次の入閣交渉は、六月末に行われると報じられた[134]。しかし結局床次は、政策協定なしに政友会に合流することになる。頂点に達した昭和天皇の不興により、田中内閣が総辞職に追い込まれると、政権は床次の頭上を通り過ぎ、民政党浜口雄幸に大命が降下したためである（内閣成立は一九二九年七月二日）。六月三〇日、辞職直前の田中首相は床次と会談し、その結果、合同を念頭に置く提携が確認される[135]。それは、政策協定を後日に譲り、とりあえずの提携を約するものであった。その後新党倶楽部は政友会に合流するが（九月一六日）、その直後に田中義一は病没する（九月二九日）。犬養毅新総裁の下で政友会が選択したのは、委譲論を曖昧な形で棚上げすることであった。

政友会の新政策発表を控えた一〇月二九日、犬養新総裁と会談した床次は、小選挙区制案の扱いは党議に従うとしたが、委譲論については、主義ではなく時期の問題としながらも否定的なコメントを発表した[136]。新政策原案が政友会首脳会議で決定されたのは、その翌日のことである[137]。そこで両税委譲は依然政友会の租税政策の主眼とされていたが、それを実現する階梯が必要という名目の下、まずは減税実行が必要であるという論理が打ち出される。つまり、委譲の趣旨自体は否定しないが、それは将来的課題として先送りされることになったのであった。これは床次との暗黙の政策協定を意味していたと考えられる。

政友会が公約放棄ともいえるこの新政策を発表し得たのは、浜口内閣が成立したという事情もあった。政友会は、浜口内閣が財政計画を変更したために現時点での委譲実行が不可能になったという論理、つまり民政党に責任転嫁をすることで、事実上の政策放棄を正当化していたからである(138)。

その後、浜口内閣の第五九議会では、地租法（国が調査した賃貸価格に基づいて地租を徴収する）が制定されることになる（一九三一年三月公布）。次節の松岡俊三らによる雪害運動は、この地租法の改正を目指すものとなっていく。

以上の如く、本節では第四六議会の委譲建議案から第五六議会の両税委譲案に至るまでの、委譲案をめぐる政治的展開を分析してきた。本節はまず、財調で審議された委譲案と政友会が採用した委譲案の違いに触れた。次に、委譲問題に対する政界、輿論の受けとめ方を明らかにした。そして、田中内閣における貴族院での審議未了の過程を、床次竹二郎との提携問題を視野に入れて論じた。特に田中内閣における分析については、財政史の視角から研究の蓄積が進められてきた委譲問題を、政治史の観点から捉え直したものである。地租委譲案が実現しなかった直接的要因を、政局の展開から明らかにした本節の結論は、知的関心の面で物足りない印象を与えるかもしれない。しかし、政策が政策それ自体の適否ではなく、政局のなかで翻弄された経過を描いたことは、理念と現実の政治過程の両面から地租委譲論を分析した結果であった。

ここで、前章と本章にわたって行った委譲問題に関する分析を、「平等」の観点からまとめ直すこととする。第2章で述べたように、もともと委譲論は、財政規模に見合った教育費支出を念頭に置くものであった。高橋是清が問題にしていた画一的な教育費の支出は、各地方が「平等」な教育を実施することに対する批判であった。

一方、政友会の地租委譲建議案を規定した横田千之助の路線は、営業税改正（減税）に対しての権衡、つまり営業税と地租の「平等」という観点から、農村を主眼とする地方への財源措置策として打ち出したものであった。

政友会が掲げた地租委譲案に対し、憲政会（民政党）を中心とする反対派は、都市に対する農村の「平等」を目指すこの案が、かえって都市との格差を拡大する不平等な案になっているとして批判していた。また、政治的な面では、委譲案が実行された場合、政友会勢力が恣意的な運用をするのではないかという懸念があった。つまり、画一的制度による「平等」が崩れた場合の、制度運用の「平等」の問題であった。

そして、国の調査による賃貸価格に基づいて地租を賦課する地租法は、少なくとも委譲反対派にとっては、より「平等」な制度として意識されることになる。しかし、全国一律の税率を以て地租を課すのは、果たして「平等」なことだろうか。地方の実情を無視するものではないのか。その問題が、次節で述べる地租法改正法案へとつながっていくのである。

次節では、松岡俊三の雪害運動、沖縄の政治的経過と沖縄救済論を踏まえた上で、地租がまた新たな側面から問題になり、地租法改正法案が提出され、議論されていく過程を描く。

第３節　政党政治と地域主義——雪害・沖縄・地租法改正

歴史を後から振り返る時、地租法の成立によって、地租委譲論の命脈は絶たれたかのように見えるが、地租委譲論は、理想の地租制度の一形態としてなお意義を失っていなかったし、ましてや地租法の成立により、地租制度が完全無欠なものになったわけでもない。

地租法は、全国画一的な税制を不平等として批判する地域、具体的には、東北、北陸、沖縄、の各地域から問題にされ、地租法改正法案となって議会で議論されることになる。地租法改正の議論は、やがて、地方財政の新たな段階を示す地方財政調整制度へと接近していくのである。

地租法改正運動の展開を理解するためには、その中心人物であった松岡俊三の雪害運動を、東北と北陸地方に着目しながら分析し、次いで沖縄の政治状況と沖縄救済論に触れた上で、雪害地（東北・北陸）と沖縄が、画一主義批判という同じ角度から、地租法を問題にするようになるまでの過程を踏まえる必要がある。まずは、雪害運動から話を始めたい。

１　雪害運動と松岡俊三——政治的人格と政治資源

「雪害調査機関設置ニ関スル建議案」（以下、「雪害建議案」）が提出されたのは、田中義一内閣最後の議会となった第五六議会のことである（一九二九年三月）[1]。建議案提出を主導した松岡俊三（政友会、山形）は、南北に長く気候の変化が激しい日本にあって、雪国の住民は教育、衛生、土木、交通、産業、税金など多くの面で有形無形の損害を受けているとし、雪国住民は幼稚で純情な気質ゆえにその苦境を強く訴えてこなかったとアピールし、国内における地理的な対立を緩和するために、政府が雪害の調査機関を設置するよう主張した。

松岡がこの時、雪害があるにもかかわらず、さまざまな面で「全国一律ニ取リ扱ハルル不自然」があると指摘したことは、つまりは地域からの画一主義批判であった[2]。この一例として挙げられた義務教育費国庫負担の配分問題は、のちに一定の成果を挙げるし、建議案の趣旨であった雪害調査機関の設置も実現する。また、古くから東北の議員が主張してきた公平な地租負担をめぐる問題も、雪害運動の一環として取り組まれ、地租法改正案として主張

されていく。この雪害建議案は、松岡俊三の雪害運動が、国レベルの課題となった始まりであった。(3)

松岡俊三については、秘書であった図司安正が松岡の没後に書き記した伝記類があり(4)、優れた研究も発表されている。(5)

さて、図司の手になる伝記に代表されるごとく、松岡を伝記的に描く視点からは、松岡がすべてを投げ打って雪害運動に邁進し、その熱意が実を結んだことが強調されることになる。もちろん、雪害運動にかけた松岡の熱意が、同問題の重要な推進力になっていたことは是認できる。だが、松岡と同様の情熱を持ったさまざまな運動を思い起こせば明らかなように、熱意があったとしても、それが必ず成果を挙げるとは限らないのである。なぜ松岡の「熱意」は、現実の政治において一定の成果を挙げたのだろうか。本書はそれを問いたい。

したがって以下の分析は、松岡俊三の人脈的、論理的、政治状況的文脈を明らかにし、松岡の熱意がいかなる形で現実を動かすものとなっていったのかを明らかにすることが主眼となる。そのため、松岡の伝記を相対化しながら、政界における松岡の政治的人格を明らかにして論を進める。本書全体の趣旨に鑑みれば、「平等」を目指した運動が、政治過程のなかで直面した課題と、それが成果として結実していく過程を、理念と実際的な政治戦略の側面から描き出すことが目的となる。

まずは、田中内閣で雪害建議案を提出するまでの、松岡の政治的経歴を確認しておきたい。それは、雪害運動の起源と展開を理解する上で欠かせないものだからである。

松岡俊三（一八八〇年生～一九五五年没）は山形県北村山郡楯岡町（現・村山市）出身で、貧しい農家であった実家を離れ、僧侶であった伯父の養子となり僧籍に入っている。(6)徴兵検査を経て近衛第三連隊に入り、日露戦争では負傷により内地帰還するが、戦功により功七級金鵄勲章を授与される。松岡はこれを生涯の誇りとした。(7)帰還後の松岡は都新聞に入社し、軍事、政治部門を担当した。(8)豊富な軍事知識を活用した観戦記事は好評を博したといい、第一次大戦中には満洲シベリアの紀行文を掲載している。[9] この軍事的経験とそれに基づく知識は、松岡の原初的政治資源であり、その縁で田中義一とも相知る仲となっていた。[10]

松岡が政界を志したのは、陸軍省詰めの記者であった当時のことである。養家の本籍がある栃木県からの立候補を決意した松岡は、木舎幾三郎（時事新報記者、のち政界往来社社長）を通じて、横田千之助（政友会、栃木）の知遇を得る。[11] しかし結局、寺内内閣下の第一三回選挙には、松岡は中立候補として立候補している。これは政友会の公認が得られなかったためと考えられるが、「政権争奪の陋劣」を非難し「政党政派の外に立ち、以て革新の事に従ひ国家の為に砕身せんとす」と訴えた松岡の姿勢は、[12] 超党派性と革新性という点で、のちの政治活動にも共通する心性であった。この選挙では、松岡は当選ラインに遠く及ばず、落選という結果に終わっている。

しかしその後松岡は、都新聞の縁で横田との関係をさらに深めていく。横田の意向に沿い、福田英助（松岡とは初年兵以来の戦友）の都新聞社長迎え入れを仲介したためである。[13] 福田社長の下で、松岡は副社長に就任する。そして、原内閣下の第一四回選挙において、松岡は横田の紹介で政友会に入会した旨の新聞広告を出し、[14] 再び栃木県で立候補し、初当選を果たしている。ワシントン会議に政府代表として出席した横田に随行し、横田の下で政友会幹事に就任するなど、松岡は横田恩顧の少壮代議士としての政治家人生を歩むことになる。[15]

横田の意を受けた活動をするなかで知遇を得たのが、西原亀三である。田中義一の政友会総裁就任を図っていた横田は、西原に松岡を紹介し、さらに松岡を通じて森恪と春日俊文を計画に参加させた。[16] 第二次山本権兵衛内閣が崩壊した一九二三年の暮れ、政友会の松岡、森、春日、それに志賀和多利ら横田麾下の代議士たちは、[17] 反総裁派の動きを牽制する役割を担っていたが、これは清浦奎吾内閣（一九二四年一月七日成立）支持をめぐる政友会の分裂、そして清浦内閣の打倒を目指すいわゆる第二次護憲運動の一つの潮流となっていく。[18] 松岡は政友会少壮代議士を代表して護憲三派の糾合を図った。

まず西原亀三の斡旋により、永井柳太郎（憲政会）、植原悦二郎（革新倶楽部）と松岡の会談が持たれ（一九二四年一月九日）[19]、春日、森、志賀らを加えた二回目の「三派少壮代議士」の会合（一月一四日）で、貴族院改革を結節点とする三派連立内閣の実現を図ることが決議された[20]。この後、三浦梧楼の斡旋による三党首会同（一月一八日）、解散総選挙となった第一五回選挙を経て、護憲三派内閣が成立する経過は周知の通りである。

この政治的変動は、松岡に大きな転機を与えた。第一に、森、春日らほかの少壮代議士と同じく、この選挙で松岡が落選していることである[21]。第二に、それにもかかわらず、超党派的な運動を契機とする少壮代議士たちとの結びつきは、超党派的な運動の経験と人脈という意味で、のちに雪害運動を展開する際の重要な政治的資源になった。例えば永井柳太郎（石川）は、雪害運動では民政党側の代表的人物として大きな役割を果たすし、今回松岡と行動を共にし、そしてやはり選挙には落選した武田徳三郎（政友会、新潟）も、北陸地方の政友会議員をまとめ、松岡に協力することになるのである。

さて、栃木県での再選を果たせなかった松岡は、一年あまりの浪人生活のあと、出身地の山形県の補欠選挙に当選する（一九二五年七月）。千葉県の補選に立候補するという案が持ち上がったことからもうかがえる通り[22]、山形県からの立候補は自明のものではなかった。出身地とはいえ、松岡の存在は認知されておらず、地元からも反対論が上がっていたという[23]。最終的には地元の支持を集め、無事当選を果たした松岡であったが、その時すでに横田千之助は亡くなっていた。政界における新たな松岡の庇護者となった人物、それが田中義一である。先述の通り、松岡は横田の意を受け、以前から相知る仲であった田中を政友会総裁にするべく動いていたが、横田の死後は、森恪らと謀って田中の総裁就任実現に尽力していた[24]。松岡は田中の私的秘書となり、田中の首相時代には総理邸執事として諸事を取り仕切る立場にあったという[25]。

しかし田中内閣が成立する少し前の一九二六年暮れ、松岡は自身の政治的人生に大きな影響を与える請願令違反事件の嫌疑を受ける。朴烈事件に対する政府の措置を不満とする天皇直訴事件の黒幕として、松岡は逮捕されることになった。のちに松岡は、関わりを仄めかすような発言をしており[26]、状況からみても、何らかの形で関係があったように思われる。同事件で同じく有罪となった森直次は、政友会院外団として以前から松岡と行動を共にしていたし[27]、盟友森恪は、第一次若槻内閣倒閣の手段として朴烈事件を利用していたからである[28]。また、もともと松岡は「愛国的青年」に理解を示していた面もあった[29]。

松岡が逮捕されたのは第一次若槻内閣の時であったが、次いで成立した田中内閣の下では、一審で松岡に有罪判決が出たものの、それ以上審理は進まず、判決は確定していなかった[30]。そのため、事件の真の黒幕と目された久原房之助と共に、政友会内閣の下で裁判が進行しないことを民政党から非難されることになった[31]。また、同じく非難の対象となっていたのが、衆議院内での暴行事件であった。これは、第一次若槻内閣末期の第五二議会において、田中総裁に係る陸軍機密費問題を追及した清瀬一郎らに対し、発言を阻止しようとした政友会議員たちが、院内で暴行を働いた事件であったが、松岡はこの暴行者の一人として逮捕されていた[32]。のちに自らが回想したように、この時期の松岡は、田中総裁を支える「政友会の錚々たる闘士」として目立つ存在ではあったが、こうした事件への関わりも影響してか、党内では有力な位置にあるとはいえなかった[33]。

そのような状況の下、田中内閣末期の第五六議会に提出、可決されたのが雪害建議案であった。しかし、程なく浜口内閣が成立すると、松岡の懲役刑は確定し代議士失格となる。松岡は衆議院を去ることになった。伊藤大介が「山形新聞」を用いて分析しているように、事件の性格上、これは松岡の声望をそれほど貶めるものではなかったと思われる[34]。しかし、議席を失ったことは、政治家としての経歴を中断させることになったのはもちろんのこと、債権者の信用を失ったことで取り立てが相次ぎ、家財も差し押さえられる始末であった[35]。

このような状態にあった松岡が、雪害運動を展開していく過程については、雪害運動の特徴と性格を明らかにした上で論じることにする。

2　雪害運動の理念と戦略

そもそも松岡を雪害運動に駆り立てたのは何であったろうか。松岡自身の言葉を借りると、一九二六年一二月、松岡は帰郷した山形で病を得て呻吟しながら、降り積もる雪の深刻さに思いを馳せていた。すると突然警察が現れ、請願令違反事件の黒幕として松岡を無理に連行しようとする[36]。その騒ぎの渦中で松岡は、雪害の苦しみに比べれば、自らの病苦や世間苦（事件の嫌疑）は問題にならない。再起できたら雪害のために身を捧げよう。そう念願したという[37]。翌一九二七年二月の北村山郡尾花沢町（現・尾花沢市）における小作組合総会で、松岡は小作問題の解決を雪害の解決と結びつけて論じている。雪害が公的なものとして提示された瞬間であった[38]。

松岡が認識した雪害の問題と事件との関係を、松岡の心情に立ち入って推測することが許されるならば、事件は「政友会の錚々たる闘士」として歩んできた自身のスタイルに不安や疑問を投げかけるものであり、それを振り払い一身を捧げる課題として、雪害運動への専心が誓われることになったのではないだろうか。

控訴審判決のちょうど一年後に当たる一九三〇年七月一六日、すでに議員失格の身となっていた松岡は、自身と縁の深い観世音菩薩像を贈られる。松岡は事件を思い起こしながら、「懺悔だ、懺悔だ、発露懺悔だ」として、一切を棄て雪害問題に精進することが自己革命であるという心境に達する。野心に燃えた議員生活では、同僚に白眼視、冷罵され、結局は議員失格となった。しかしこれは試練の鞭であり、今後は神聖なる雪害運動の斎壇にこの身を捧げよう。そう念願した松岡は、雪国を視察し、雪害運動を広める「雪行脚」の旅に出ることを宣言、実行した[39]。こうした宗教的確信に満ちた松岡の心境は以後も一貫していた[40]。松岡の行く先々で、雪害の深刻さを証明する大雪が降るなど、不思議とめぐり合わせがよいと感じられたことは、松岡の確信をさらに強めた[41]。このような松岡の直情的傾向は、確かに人を惹きつけるものがあったと思われるが、それはひとまず措き、次に雪害運動の特徴をその論理と運動の態様から分析する。松岡の雪害運動は、外見上・内面上の情熱的側面が、巧みな論理および戦略的行動と結びついている点に特徴があるからである。

雪害運動の論理的特徴で注目すべきは、その画一性批判と「雪害地域」という地域概念の提示である。また運動の特徴としては、宣伝技術や主張（論理構成）の巧みさ、雪害地の広範な支持を集めたこと、超党派的な人脈の活用という点が挙げられる。

まずは、本節冒頭で触れた雪害建議案の内容をいま一度確認しておきたい[42]。松岡が指摘する雪国の状況とは、衛生環境が悪く、雪のため生活費がかかり、田畑地価についても、一毛作の「東北方面ノ雪国」と南日本との差が考慮されていないというものであった。特に財政については、衛生費、官吏の待遇、道路補助費の面で雪害が考慮されていない点に触れ、さらに全国一律な租税制度と雪害を考慮しない義務教育費の分配方法について疑問を表明していた[43]。

この建議において注目すべきは、その論理にある。雪害があったとして、なぜ租税制度や国費の配分においてまでも、特殊な取り扱いを求めうるのか。松岡が持ち出したのは、租税制度における「平等」の論理であった。国家は租税制度において、勤労所得と不労所得を区別し、累進税、免税点によって勤労所得を優遇している。雪害地が南日本と対等な競争をしていくには、これと同様の国家による特別措置が必要であり、それが公正な政治だというのが、その松岡の論理であった。

しかし、勤労所得優遇の論理で雪害地の特別扱いを求めるならば、要請されるのは雪害地が勤勉であるという事実、少なくともそのイメージが必要である。東北人の問題として指摘されることが多かった飲酒の弊について、耐寒上やむを得ないとし、逆に重い酒税を負担しているのだと主張していたのは、東北の「不労」という非難に予め備える意味を持っていたし[44]、翌年以降松岡が、アメリカ南北戦争を「北部民の正義的良心」と「経済的優勝の地位を独占せんとする南部地方人の偏見」の戦いとし、日本においても同様の地理的対立が起きる危険性を訴えたのも、〝勤勉で正義〟の北部アメリカイメージを、日本の北部すなわち雪害地に投影する意味があったといえよう[45]。

だが、雪害地自身に自省すべき点はないのか。そこで松岡が持ち出すのが、最重要課題として挙げる教育の問題であった。松岡は、雪害地の純情、稚心を挙げ、さらに文化程度が劣っていることを認める[46]。しかしそれは、義務教育費の特別な分配を求める論理へと昇華する。つまり、雪害地が「落伍者」とならないためには教育が大事であり、そのためには、雪害を考慮した義務教育費の特別配分が必要だという主張になるのであった。

劣位にあるゆえの特別な要求は、要求者に劣等者としてのスティグマを刻みこむ可能性がある。しかし松岡の論理は、雪害への閑却と教育の不足という、いずれも本来政府が対応すべき事項を問題にし、租税の平等原則を援用している点で、雪害地の本質的劣等性を主張することを免れるものであった。

以上のように、松岡の論理は、地域の問題に、教育、財政、租税といった視点を絡め、それを「平等」の論理で結びつけているという点で、単純ではない論理構成が施されていた。これらを根拠に、雪害調査機関の設置が主張されたのであった。

さて、松岡の雪害建議案は、永井柳太郎が代表者となった民政党案など、同様の各派案と一体のものとして衆議院で可決された。議会を前に松岡が中心となって組織した帝国雪害調査会の下で[47]、東北、北陸の各議員は超党派的な協調行動を取ったのである。だが、永井が田中内閣倒閣を訴えるのをやめなかったように、超党派的協調は雪害問題に限られていた。

また、建議案における松岡の補足説明も、与党政友会の権威をにおわせるものであった。政友会員たる松岡が、この問題を政友会政務調査会に提案し、田中内閣に実行促進を図ることは可能である。しかし重大問題であるがゆえに、政友会のみならず各党派の意見をまとめて提出した。松岡はそう説明していたからである。[48]これは政友会内閣の下での政友会主導という立場で、提出の経過を説明したものといえよう。しかし、この松岡の説明には少なからぬ誇張がある。確かに、松岡が田中首相との関係を背景に、与党議員の案として、政府に働きかけることは可能であったかもしれない。しかしそれが、特殊な地域への特殊な扱いを求めるものである以上、果たして雪害問題が特殊な事情であり雪害地域が特殊な地域なのか、そして特殊な事情を理由に特殊な対応が認められるのか、という点について、政友会内の非雪害地域から異論が生じることは明らかであった。

実際、松岡がのちに明かした経緯によれば、松岡はもともと雪害の決議案を提出するつもりであったが、決議案提出につき政友会幹部会で異論が出たため、永井らと共同で雪害建議案を提出したということであった。[49]建議案提出については、田中首相や森恪ら、旧知の幹部の了解は得ていたと考えられるが、[50]党内の異論を封じ込め、雪害問題に関する党全体の支持を集めることは難しかったであろう。そのため、雪害地議員による超党派的運動が志向されたと考えられる。

雪害地の共同性による超党派的協調を、党派の差異とどのように結びつけて雪害運動を展開するかという問題は、雪害運動が抱える大きな難関であった。それを考えるため、次に「雪害地」の概念を明らかにしておきたい。

松岡の言う雪害地とは、どこを指していたのだろうか。松岡が組織した帝国雪害調査会には、北海道、東北、北陸に加え、山梨と長野、岐阜、滋賀の議員も参加していたが、[51]その後の推移も踏まえれば、雪害地が指し示す主たる地域は、東北と北陸にあった。そして、雪害の程度ということで考えれば、これら地域内にも差が生じることになる。

松岡の認識は、山形・秋田の雪が一番深刻で、次が北陸、青森、北海道の順であるというものであった[52]。別の言い方でまとめれば、「雪害の最も多い地方は裏日本の青森、秋田、山形、新潟四県」であり、東北地方の太平洋側（岩手・宮城・福島）は、雪害地としては重点が置かれていなかった。「雪の行脚」で松岡が訪れた地域、そして松岡の支援者が、日本海側の東北地方に集中していたのも、これを物語るものである[53]。

東北振興問題という文脈で見れば、これは雪害概念による日本海側の東北振興の論理であった。明治末から昭和に至るまでの東北振興運動は、太平洋側の東北地方に重点を置いたものが多かったからである。一九一三年に原敬（岩手）を中心に設立されて以降、幾多の変遷を経てなお存在していた東北振興会にしても、旧仙台藩出身の浅野源吾（岩手）の影響が強くなり、重点は太平洋側の産業開発に置かれるようになっていた。そのなかで特に山形県は、大正期にあっては東北振興会の枠組みから離脱し、単独行動で産業振興を図る行動をしばしば見せてもいたのであった[54]。

その意味で松岡の雪害運動は、それまでの東北振興運動の枠組みを再構成する意味を持っていた。それは例えば、かつて原敬の側近であった高橋光威（政友会、新潟）が、原敬のような（偉大な）人物にして、東北不振の根源が雪害にあることを認識せずに東北振興会を設立したと述べ[55]、松岡側近の黒川が、かつての東北振興論は雪害を無視し、政治の平等という認識を有さない、皮相な自主的産業開発を意図したものだと非難していたことにも表れている[56]。

一方、北陸と日本海側の東北は、「裏日本」の地域概念で結びつく[57]。一九三〇年三月には、民政党の北陸議員が会合し、雪害調査会の設置および「裏日本開発」に関する調査促進を決議している[58]。だが、のちに「積雪地方農村経済調査所」が松岡の地元である山形県新庄町（現・新庄市）に設置されたように[59]、雪害運動では山形を中心とする東北（日本海側）のほうが存在感を発揮していた。北陸側は、どのような経緯で、何を目指して雪害運動に参加することになったのだろうか。雪害運動に対する姿勢はいかなるものだったのであろうか。松岡の運動の特徴を再確認する意味でも、ここで北陸の状況について触れておきたい。

芳井研一が指摘するように、新潟県内では、松岡が雪害運動を開始する前から、「雪害」を政治課題として提示する認識が見られた[60]。一九二五年六月の新潟県町村長会では、上越市と隣接する南魚沼郡、中魚沼郡から、降雪地と無雪地が同じ車税を課せられるのは不公平だと主張する建議が提出、可決されていた。その後一九二七年二月の大豪雪では、県当局主体の救援活動と雪害義捐金募集、各新聞社の雪害義捐金募集、天皇による下問と慰問金の下賜、憲政会による北陸雪害慰問の代表団派遣といった対応が取られる。当時の議会（第一次若槻内閣末期の第五二議会）で、新潟選出議員の加藤知正（政友会）、増田義一（新正倶楽部）は、それぞれ北陸の雪害救助に関して緊急質問を行っている[61]。これを、国政の場で雪害問題が提示された最初のものと見ることができよう。

しかし、北陸側がこれを起点に、松岡のような運動を展開することはなかった。これはなぜだろうか。一つには、この時の雪害への言及は、今回の雪害は普通の雪害ではなく、震災などと同様の「特異の災害」であるという認識（加藤知正）によるものであり、つまりは、雪害問題を一過性の短期的課題として提示するにとどまっていた点が挙げられる[62]。

雪害を恒常的課題として捉える認識が、新潟県内になかったわけではない。高田市の市会議員、また県会議員であった政友会系の石田善佐は、一九二七年の県会に、「雪の調査会設置に関する意見書」を提出している[63]。これは、松岡の建議よりも時期的に先行するものである。だが、こうした恒常的課題としての雪害問題が、直接的に国政の場に出ることはなかった。それは、一九二七年の大豪雪が新潟県西部の上越地域を中心とするもので、新潟県全域に及ぶ問題ではなかったこと[64]、そしてその上越地域では、改進党から国民党までの流れを汲む勢力が優勢な地域だったという事情が影響していたと考えられる[65]。石田善佐を破り、衆議院議員に当選していた増田義一の非政治的な立場ともあいまって[66]、石田の構想が、政友会のような有力政党の主張として国政の舞台に到達することはなかったのであった。

しかし、考察の視点を加藤知正らの質問があった第五二議会に戻し、ある決議案の存在に注目するならば、そこには北陸側議員が共有していた、雪害を恒常的課題とする超党派的認識の萌芽を見出すことができる。

すなわち同議会で与党憲政会の北陸側議員が提出した決議案「雪害地方ノ鉄道改良ノ件」は、鉄道の建設改良を問題にするものでありながら、その論理においては、松岡の雪害建議案に先行する、恒常的雪害の認識という性格を有している[67]。決議案提出代表者の佐藤實（憲政会、石川）は、歴代内閣が「年々降り来る所の雪」を無視してきたことを指摘し、鉄道の改良に加え、「裏日本の如き辺鄙な所」で勤務する鉄道員や郵便局員の待遇改善を訴えている。そして配慮されるべき対象は、北陸に限らず、降雪量が甚大な地域であるとする点で、その視点は雪害地全体に及ぶものであった。

また関矢孫一（憲政会、新潟）は、毎年繰り返される雪害、それに対する歴代政府の放任を遺憾とし、「裏日本」という差別的観念から脱して、日本海側各地の文化と経済が発展すべきことを主張した。これが「雪害地方を代表する民衆の悲痛なる叫」であるとする関矢の語り口には、松岡のそれを思わせるところがあるが、重要なのは佐藤と関矢が恒常的な雪害を問題にしていることである。憲政会議員が提出したこの決議案には、政友会の加藤知正も賛成していた（その結果、決議案は即時可決されている）。つまり北陸の議員間では、超党派的な地域の課題として、恒常的な雪害の問題が認識されるに至ったと見ることができる[68]。

だが、北陸側のこうした主張が、そのまま直接的進展を見せることはなかった。それはなぜか。まず、この決議案の内容は、鉄道改良に対する政府当局の配慮を求める抽象的なものであり、鉄道以外の問題への広がりを欠いていたことを指摘できよう。また、このあとすぐに田中政友会内閣が成立し状況が変化することや、佐藤や関矢が有力な議員とはいえず、持続的な活動として雪害問題に取り組む意図も見られなかったことを要因として挙げうる。[69]これに関しては、松岡の熱意が群を抜いていたと評価してもよいだろう。

それにもかかわらず、この決議案の存在は重要である。本決議案の二年後、松岡が雪害建議案の提出を図った際に、北陸側議員がこれに素早く対応できたのは、雪害を恒常的課題とする視点を、彼らがすでに獲得していたからだったと考えられるからである。松岡の雪害運動は、北陸側の問題認識に具体的方向性を与えるものとなったのである。[70]またその意味で、松岡の雪害運動は、雪害を恒常的な問題とする視点をいち早く獲得したか否かということよりも、それを財政や税制に関わる持続的で全体的な政策課題として認識し、雪害地の支持を集めながら、超党派的な地域間結合に成功したという面で評価されるべきものである。

そして、政友会・東北、という松岡の属性とは補完関係にあったのが、民政党・北陸の永井柳太郎であった。松岡の主導による雪害の建議案提出は、党派という面で見れば、政友会主導の建議案と見ることが可能であり、また以後の経過を含めて考えれば、それは結果的に東北の主導を意味することになった。それにもかかわらず、永井が雪害運動に協力し続けた理由としては、まず、第二次護憲運動以来の松岡との人的紐帯を指摘できよう。また、社会問題に情熱的であり、革新的な政策に親和的であった永井のパーソナリティも影響していただろう。[71]さらに永井は、現状維持主義の「西南日本」ではなく、明治維新以後逆境に置かれてきた「東北日本」に革新の気運を見出していた。[72]これは、南北の対比的な認識で松岡と一致する部分があるし、雪害運動が有する、戊辰戦争以来の政治の正統性を問う論理（後述）に対しても親和的であった。また、跛行症を患いながら、宗教的な確信に支えられて雪害地をかけずり回る松岡に、永井が自身と共通するものを見出し共感したとしても不思議ではない。[73]

のちに永井柳太郎は、斎藤實内閣の拓相となり、閣議で雪害対策の調査会設置を提案し実現させるなど大きな役割を果たす。また、北陸側は、地租法改正案には途中から参加することになるが、それについてはあらためて述べることにする。

次に、超党派的な地域間結合の阻害要因となりうる党派の違い（党派性）という問題を、もう少し掘り下げて検討したい。超党派的な雪害建議案を提出した際の松岡には、政友会議員としての立場を前提とする面が見られることは前述したが、松岡の活動も、当面は政友会議員としての人的つながりを活用するものであった。田中首相が会長を務める行政制度審議会に雪害問題の解消を訴える請願書を送付させているのも、田中との個人的な関係や、政友会議員としての立場を背景にしたものであったろう。[74] それゆえ政友会色という面に嫌悪感を見せる者も当然存在した。[75] その後浜口内閣下で松岡の議員失格が確定したこと（一九二九年一〇月）は、松岡にあらためて政党間の対立を意識させるものであったろう。

第五八議会開会（一九三〇年四月二一日）を前に、松岡が各方面に配布した「雪害建白書」（一九三〇年四月三日）は党派性を前面に出したものである。それは「浜口内閣は雪害の実在を毛頭考慮する所もなく、漫然、一千万円也の義務教育費国庫負担増額案を提げて、普遍的、一般的施設を敢行せんとす」として、浜口内閣を激しく糾弾するものであった。[76] ここでは超党派的結合は閑却されている。

さて、この「雪害建白書」が糾弾した義務教育費問題は、第五八議会前から松岡が重視していた課題である。のちに主要課題となる地租制度の改正は、政策課題として認識されてはいたが、松岡は財政上の理由からその実行が難しいと見ていた。[77] したがって、まずは容易かつ即行すべき「社会政策的施設」の実現を目指すことを宣言し、松岡の雪害建議案で最重要としていた教育の問題については、義務教育費国庫負担金の配分が増額される特別町村の認定標準を、雪害にも適用する可能性を探っていた。つまり、雪害という特殊事情を抱える町村に、財政上の特別な配慮を与えるということである。

その直後、第五八議会で浜口内閣が義務教育費国庫負担の増額（一〇〇〇万円）を図ることが伝わると、松岡は雪害地への教育費増額を激烈な調子で訴えた[78]。その流れのなかで、民政党内閣を糾弾し、雪害地への特別な義務教育費分配を求める「雪害建白書」が配布されたのであった。しかし議員失格の身である松岡は、議会でこれを主張できない。

議会において、雪害地に義務教育費の特別配分を行うよう求めたのは、県議出身で山形県選出の議員であった高橋熊次郎（政友会）、横田千之助門下として松岡とつながりを持つ藤井達也（政友会、青森）[79]、第二次護憲運動で松岡と共闘した武田徳三郎（政友会、新潟）であった。彼らの背後には、もちろん松岡の姿があった[80]。彼らが主たる課題としたのは、政府の義務教育費一〇〇〇万円増額案を機に、義務教育費の特別配分を認めた災害条項のなかに、雪害を加えるべきであるということにあった[81]。この要求は浜口内閣を激しく批判しながら行われたものであり、当然のことながら民政党側の雪害地議員はこれに同調していない。

雪害地政友会議員の追及に対し、田中隆三文相（民政党、秋田）は、一九二九年度の義務教育費配分の際から、雪害も災害の一種として考慮していることを明かし、それゆえ施行規則の文言を改正する必要はないと結論づけた[82]。ここで、文部省が多少ではあれ雪害に配慮していることが明らかになったのは、大きな進展に見える。しかし実は、文部省がそのような対応を取っていたことは、松岡側もすでに認識していたことであった[83]。したがって、この点では直接的な成果を得られたわけではなかった。

しかしながら、田中文相が、これまで雪害を考慮してこなかったのは「甚だ手落ちと思ひます」と発言したことを、松岡側は最大限利用しようとする。それは文部大臣の明確な陳謝であり、国務大臣の陳謝は内閣全体の陳謝とされた[84]。松岡は田中文相の議会発言を都合よく改変し、田中が法文規定に雪害を挿入することを約したとして、その成果を誇った[85]。松岡側が刊行した『雪国の悲惨を語る』でも、田中が政府の誤りを認め「政府は須く法令の改正を図らねばならぬ」と議会で発言したことにされている。[86]

義務教育費問題については再度触れることとするが、党派性という観点で以上の経過を捉えるならば、松岡の意を受けて義務教育費問題で政府に迫った政友会議員らの行動には、雪害地の超党派的結合への意識は見られない。[87]この頃松岡が開催した山形の県民代表大会に、民政党側から出席者がなかったのは、こうした党派性の問題が影響していたと考えられる。[88]しかしながら、民政党内閣の下で雪害地の政友会議員が成果を挙げるためには、少なくとも雪害地の超党派的協調が必要であった。

そのためであろう、一九三〇年秋、前述の雪行脚に出る頃から、松岡は自らの党派性をなるべく表に出さないことを意識するようになる。松岡は雪害地の民政党員に対し、「過去の松岡は政友会の錚々たる闘士」であったが、今は（議員失格で）議会を離れ、雪害問題に専心しているとして、雪害運動への協力を呼びかけるようになるのである。[89]

それは民政党内閣への攻撃と両立しうるものであった。党派的な内閣批判と超党派的志向が矛盾しなかったのは、浜口首相（高知）、安達謙蔵内相（熊本）ら内閣の中心人物が雪害地とは無縁であるとして、雪国人民の幸福が大切か、南国の民政党と脈を通じるのか、と迫ることが可能だからであった。[90]その一方で、議会で「陳謝」をしたことにされていた田中隆三文相（秋田）は、雪害に理解ある雪国人として祭り上げられることになる。[91]

こうしたなか、松岡の支援者や支援団体が続々と生まれた。その最たるものが、松岡の地元組織である正道会である。当時、地元の地主たちは小作人対策に腐心しており、最初から雪害運動に理解を示していたわけではなかったようだが、松岡に共鳴していた松浦東介（のち衆院議員）の働きかけにより、有力地主たちによる松岡の後援会が発足することとなった（一九三一年）。これが正道会である。[92]

松岡が起草したと言われる会の「宣言」は、阿倍比羅夫、坂上田村麻呂から戊辰戦争に至るまで、敗者となり続けた東北の歴史を説き起こし、「正道」すなわち雪害を反映した国政の実現に向け、「雪国人」の大同団結を求めるものであった。そこでは小作問題は一家すなわち地域内の私事に過ぎないとされ、真に対抗すべきは南国人の「南国文明の狂態」であることが訴えられていた。[93] これは言うまでもなく、小作争議の根本原因を政府や「南国」主体の民政党内閣に見出し、地域内における地主―小作間の融和を図る意味を有するものであった。こうした活動は、超党派的な結合を下支えする地元組織の基盤強化を図るものであったが、他方松岡は、中央政界において、宮中や貴族院の協力を得ることも重視していた。

最後に、その宮中、貴族院方面への運動と人脈形成について触れたい。松岡の雪害運動の特徴のひとつは、宮中関係者と貴族院の有力者への働きかけを重視したことにある。それには以下のような戦略的理由があったであろう。第一に、雪害関係の法案成立を目指すのであれば、貴族院議員の賛成を集める必要があった。第二に、宮中関係者の賛成を得ることは、天皇の賛意を得ているという証明になりうるものであった。田中義一が利用を図り、そして田中内閣を倒壊に導いた天皇と宮中の存在を、[94] 松岡は田中の間近で見ていたのである。第三に、これら貴族院議員、宮中関係者の理解を得ることは、運動の権威づけとして有用であった。彼らが雪害運動に賛意を示しているということは、雪害地での講演、機関誌、議会演説で幾度も言及されることになる。またそれは、資金面で後援を仰ぐ地元有力者への報償にもなりうるものであった。松岡は彼らのために、田中義一亡き後の田中家を通じて、西園寺公望の書簡を入手しようと図ったこともあった。[95]

松岡は、元新聞記者という経歴を彷彿とさせるフットワークの軽さ、そして押しの強さを以て彼ら「名士」にアプローチし、活用していった。それについて以下に述べることとする。

まず雪害運動の重要な前提は、雪害問題の解決が天皇の意向であるということにあった。それは雪害建議案を提案した当時からの重要な位置づけであった。これは一九二八年秋に天皇が東北を訪れた際に、雪国の鉄道従業員の状況について下問したという、不明瞭な〝事実〟によるものであった。[96]松岡は、これを雪害問題全体と結びつけ、雪害問題を考慮しないのは（天皇の）聖慮を無視するものであると安達内相を攻撃し、また、悲観的感情を刺激するとして雪害運動に否定的な態度を取る貴族院議員には、「皇室の藩屏」たる貴族院は、天皇の意向である雪害問題を考慮すべきであると訴えている。[97]

宮中関係者のうち、松岡が接近し、雪害運動の有力な賛成者に仕立て上げたのが、侍従次長の河井弥八である。松岡が配布した「雪害建白書」に、河井が当たり障りのない返書を送ると、松岡は早速河井を訪問し、雪害運動への協力を求めた。[98]さらに後日松岡は、天皇が雪害について下問を行うよう河井に働きかけるが、それは河井に拒否されている。[99]松岡が期待したのは、雪害問題全体と明確に結びつく下問であったと思われるが、その試みは頓挫したのであった。それでも河井は、「君側に人あり」として『雪の日本』誌上で紹介され、[100]田中隆三文相（秋田）、山川健次郎枢密顧問官（福島）と並ぶ雪害問題への理解者として、雪害地での演説でも紹介されることになる。[101]

河井侍従次長のケースは、松岡に体よく利用された例といえるが、有力な貴族院議員のなかには、松岡の活動に理解を示す者たちも多かった。雪害運動が具体的進展を見せるのは斎藤實内閣期であるが、首相就任直後の斎藤實に松岡を紹介したのは、斎藤の姻戚である貴族院議員有馬頼寧伯爵（斎藤内閣の農林政務次官）であった。かつて政友会の衆議院議員でもあった有馬は、「年来の友人」である松岡が、雪害や農村窮乏問題に「狂奔」しているとした紹介状を松岡に持たせ、斎藤との対面を後押ししたのである。[102]岩手県出身の斎藤首相は、松岡の説明による雪害運動の趣旨を理解し協力の姿勢を見せたといい、その後松岡は、斎藤の側近であった児玉秀雄の了解も得たという。[103]後述するように、地租法改正法案の審議において、貴族院議員の児玉秀雄は、東北のつまり松岡の代弁者として行動する。それには、こうした人的関係が大きく影響していたと考えられる。[104]

また松岡は、貴族院改革を主眼とする憲法研究会を通じて、公爵近衛文麿とは以前から知り合いであったようだが、[105]松岡は雪国住民の請願書をタクシーに山積みにして近衛邸を訪れ、雪害運動への賛意を得ている。[106]その後、近衛の「一日も早く雪国人にも、皇沢の普遍化を図らねばならぬと思ふ」とする発言は、『雪国の悲惨を語る』に掲載されることになる。[107]〝天皇の聖慮に基づく雪害運動〟という外観を保つ意味でも、近衛のこの発言は、松岡の期待通りのものであったろう。

さらに貴族院の請願委員長であった清岡長言は、近衛に近い人物と目されており、[108]松岡の後援者である鳴海文四郎の知己でもあった。松岡は鳴海と共に清岡と面会し、協力を求める。これに清岡は「名誉も地位も財産も家庭も顧みずに奔走」している松岡の犠牲心に感服したと応え、協力を約している。[109]実際に清岡は、雪害関係の請願を貴族院で採択するのに尽力し、松岡側はそれを雪害運動の大きな成果としてアピールしていく。[110]

このように松岡の活動は、貴族院有力者の賛意を得ることによって前進していった。それは、松岡の強引な働きかけという面もあったが、それだけではなく、運動の性格が貴族院議員の心性に響く側面を有していたことも重要である。

例えば、山形県内のある村長は、村を訪れた松岡を佐倉宗五郎に擬し、「雪の神様」として松岡を遇している。[111]その後松岡の側近たちは、この表現を好んで用いるようになる。そして「昭和の世に佐倉宗五郎の行為は許されぬ。だが宗五郎の精神だけは必要だ」とし、[112]「政治の水準運動の先駆」[113]を掲げる松岡の雪害運動は、心情的な面で強い革新性を有するものであった。それは、有馬や近衛といった、革新性を志向する華族たちの心性に強く訴えるものであったろう。[114]

さて、このように雪害運動を展開していた松岡は、やがて運動の重点を地租法の改正に置いていくことになる。それは、全国一律の地租率を否定し、特殊な事情を抱える雪害地の地租率を軽減するという趣旨のものである。これを地租の歴史という観点から見れば、地租委譲論が失敗に終わり地租法が成立したあとの、地方の側からの地租改正論であると位置づけることができる。

したがって、次に本書は、浜口内閣における地租法の成立過程と松岡が主導した地租法改正法案に関する分析へと移るべきであるが、その前に検討しておきたいのが、雪害とは無縁であるはずの沖縄県の政治的歩みについてである。なぜなら、沖縄県選出議員は、雪害地と共に地租法改正法の実現を目指すことになるし、さらに沖縄県には、雪害地とある面で共通し、ある面で異なる「画一性」の問題が存在していたからである。なぜ沖縄は、雪害地と行動を共にするようになるのだろうか。その動機、その結末は、雪害地と同じものであったろうか。

3　沖縄の「画一」と「特殊」――「画一」をめぐるジレンマ

後述する地租法改正法案において、松岡を中心とする東北側と最初に協力したのは、北陸地方ではなく、沖縄県であった。雪害という概念で地域を糾合した東北側に対し、沖縄県はどのような事情と論理を持って、地租法改正法案に参加したのだろうか。そして東北とは、どのような面で共通し、異なっていたのだろうか。近代における沖縄県の政治史を分析しながら、これを論じたい。分析の焦点は、県内における政党政治の展開、そして「画一」を求め「画一」を否定する、「特殊」性との関係である。

近代における沖縄県の歩みは、他の府県とは異なる「特殊」性を帯びていた。[115] 一八七二（明治五）年の琉球藩設置、一八七九年の「琉球処分」すなわち沖縄県の設置を経て、沖縄は明治国家の一地方に組み込まれるが、「旧慣温存政策」の名称が示す通り、制度的に見ても他の府県とは異なる扱いを受けていた。

日清戦争の帰結（一八九五年四月講和条約調印）は、沖縄県が名実共に日本に帰属することを意味し、政府は特別制度の実施を以て、日本の一地方としての沖縄県への対応を図った。[116] 地方制度の面でこれを具体的に見れば、一般の府県制、市制・町村制は適用されず[117]、町村制は勅令「沖縄県及島嶼町村制」の施行（一九〇八年）、県制は勅令「府県制特例」（一九〇九年）の下で実施されることになる[118]。

こうした特別制度が実施されたのは、「沖縄県に府県制を施行し自治の端緒を開くは緊要のことなるも諸般の状況一般府県と同一ならざるものあり」という認識があったためである[119]。ここで言う「諸般の状況」とは、「人文発達の程度」が低いことを意味しており、つまりは沖縄県民の「民度」が低いという理由であった[120]。府県制特例が実施された一九〇九年には、この特別制度の下で初の県会議員選挙が行われるが、衆議院議員選挙法が施行され、国政への参加が認められたのは、一九一二年の第一一回選挙の時からであった。

こうした特別制度の実施に対し、沖縄県からは他府県同様の制度適用を切望する声が挙がり、一九一七年一二月の県会でも「特別制度廃止の建議案」が提出されていた[121]。

それが実現を見たのは、原内閣の時である。一九二〇（大正九）年に県制、町村制の特例が撤廃され、一九二一年には那覇、首里に市制が施行され、ここに特別制度は終わりを告げる。琉球新報の太田朝敷はこれを、「我が沖縄県民は大正九年十年に至り漸やく帝国内地の一般制度、所謂郡県画一の制度に浴するを得た」と高く評価している[122]。画一的制度への編入は、他府県と同等の地位つまり「平等」な取り扱いを意味していた。換言するならば、政治制度における沖縄の形式的平等が担保されたのである[123]。

なぜ沖縄の政治的悲願は実現を見たのか。原内閣・床次内相の下でこの「画一の制度」が実現したのは、政友会の党勢拡張策と結びついていたからであった。

ここで沖縄特有の政党事情として指摘しておくべきことは、第一に、党派の勢力が固定されていないことであった。沖縄における最初の国政選挙となった第一一回選挙（一九一二年）では、政友会が定数二名を独占し、第二次大隈内閣下の第一二回選挙（一九一五年）でも、再び政友会が二議席を独占した。しかし、反政友派の大味久五郎知事の圧力を受けると、二名とも当選直後に政友会を脱党し、多くの県内有力者と共に与党立憲同志会へと走っていた。[124] 党派の流動性は顕著である。

第二に、鹿児島と沖縄との歴史的関係が議員間の関係にも及んでおり、鹿児島選出議員の影響力が強かったことである。[125] そしてまた、以下に示すように、沖縄の政治的主張を代弁したのは、床次竹二郎をはじめとする鹿児島県選出の政友会議員たちであり、それは沖縄における政友会勢力の回復、拡張と共に進んでいく。

寺内内閣下の第一三回選挙（一九一七年四月）に当たり、政友会総務であった床次は、沖縄県内での政友会候補者擁立を図った。[126] 最終的に立候補した当真嗣合（沖縄朝日新聞社長）は、落選はしたが一定の支持を集める。五月の県会選挙では政友会が優勢となり、九月には政友会支部が再興されている。

迎えた第四〇議会（一九一七年末開会）では、「沖縄県特別自治制撤廃ニ関スル建議案」が提出される。[127] これは鹿児島選出の政友会議員が、中立派の我如古楽一郎（沖縄）を援助する形で提出したものであった。[128] 沖縄選出の議員を擁さない政友会が、沖縄の要望に応えたのである。それは、政友会が特別制度撤廃に助力する意思があることを示すものであり、またそのためには、政友会の力が必要であることを示すものであった。

その後原内閣が成立すると、沖縄県の特別制度撤廃問題は、政友会全体の課題とされるようになる。政友会を代表し沖縄県支部を訪問した小久保喜七（茨城）は、その視察報告で、再興された沖縄県支部が確実な基盤を有していると評価しながら、ハブの害、マラリア、暴風雨、といった沖縄のイメージは誤解に基づくものであり、沖縄の産業経済は前途有望、県民の教育程度も進んでいると評価し、[129] これらを理由に特別自治制の撤廃を主張している。[130]

この小久保の報告は、当時の沖縄の特殊性を暗に示すものとして興味深い。つまり、沖縄に一般制度を適用するに当たっては、ハブ、マラリアといった異境的な沖縄イメージを否定し、他府県と同様の存在であることを指摘する必要があったことが第一であり、そして、沖縄の主張が沖縄選出議員によって語られるのではなく、小久保の

「視察」という形で伝えられていることが第二点である。この構造は、鹿児島の議員が仲介した上述の特別自治制撤廃の建議案についても同様であった。[131] 沖縄は内地の議員に〝紹介〟される存在だったのである。

そして、特別制度の撤廃は、直接的には床次内相の主導で進められた。床次は、沖縄が「今や県勢漸く発達を加へ」という認識を示し、一般府県と同一の制度適用を図る。[132] それが前述の特別制度撤廃へとつながる。またこれと同時期に選挙制度も改正され、沖縄選挙区の定員は二名から五名へと増員された。[133] その後の第一四回選挙（一九二〇年五月）では、政友会が議席を独占することになる。これにより、県内における政友会の地位は盤石なものとなった。

以上の通り、総体としての沖縄県は、特殊な存在として扱われることを拒否し、画一的制度の適用を求めた。政治制度における形式的平等を希求した結果として、特別制度の廃止が実現したのであった。そしてそれは、政友会の党勢拡張政策と結びついていた。これは、地域の要望に対応することで支持を集める、地方利益誘導の一つの型であったと言えるだろう。

さて、「他府県並み」制度を獲得した沖縄県は、糖業の伸張によって経済状況も一時は順調であった。しかし、戦後恐慌（一九二〇年）以降は糖価が暴落、県下銀行の破綻が相次ぎ、「ソテツ地獄」と呼ばれる慢性的困窮が問題とされるようになる。[134] ここに至り盛んになったのが、沖縄救済論である。そこで見られたのは、つまるところ経済的な面での画一性拒否＝実質的平等の主張であり、それは沖縄が「特殊」な存在であるという主張を根拠にするものであった。これは、沖縄が獲得した政治制度における画一主義との関係で、つまり、「特殊」性の拒否による形式的平等の達成との関係で、どのように位置づけられるものであろうか。その点に留意しながら以下論じることにする。

沖縄救済、沖縄振興を訴えるに至った沖縄県に対し、各政党は敏感な反応を見せたし、政府もこれに呼応した救済策を実施していく。施策の代表的なものとして著名なのは、井野次郎県知事の主導で行われた沖縄県振興計画調査会の設立（一九三二年）およびそれに基づく各振興策（糖業振興が代表的）の実施である。[135] 本書はこの振興計画には立ち入らず、画一性と特殊性の認識、租税負担に関する認識とを、東北地方と比較しながら論じることにする。

まず、一九二〇年代から三〇年代にかけての沖縄救済論の特質を、その論理において指摘するならば、それは第一に、画一的制度への批判と、その裏返しとしての特殊性の主張である。そして第二に、困窮する沖縄の現状を歴史的原因に求める視点が見られることである。

例えば、沖縄振興問題に関する著作を発行していた親泊康永は、沖縄人が内地と同じ大和民族であるとして日琉同祖論を展開し、本来的に雄大な精神を持っていた沖縄人が、島津氏の暴政によって長く抑圧されてきたことを挙げ、国家はそうした歴史的事情に基づく能力の差を考慮した施策を取るべきだと主張する。つまり「画一好きな日本政治家が北海道から沖縄県まで同一制度の下に置き地方の特色を阻害したのが経済的に窮迫せしめた一原因」であり、「沖縄県の如き特殊の事情の上に置かれた地方には特殊の施設を為すことに依つてのみ国力は充実する」というのであった。[136] 画一主義と歴史的沿革が、沖縄窮乏の原因として挙げられていることがわかる。

日琉同祖論と島津氏の「暴政」に触れている意味を、救済論と直接関わる部分でのみ言及すると、それは窮乏の原因を沖縄人の怠惰に帰す議論への反論であり、〝植民地以上の扱い〟を求める論拠であった。

気候的条件に恵まれている沖縄人がそれを頼みに努力を怠っており、向上心もないとする批判は、当時よく見られたものであった。[137] 沖縄発展のためには、まず精神面を改善すべきであるという根強い批判に対しては、沖縄側もこれに耳を傾け、奮起を促さざるを得なかった。[138] したがって島津氏の「暴政」という歴史的特殊事情に言及することは、沖縄人の本来的な怠惰性を否定し、今後は精神面での改善が期待できることを示す意味を持っていた。

また、政治上では一般制度が施行され、「他府県並み」になったとはいえ、「沖縄人若しくは琉球人といえば、他府県人の眼には、朝鮮人或は台湾人と同等」、場合によっては「それ以下に値踏みされる」存在であるという、沖縄側の状況認識にも根強いものがあった。[139] 太田朝敷は、日琉同祖論を用いて沖縄人と他の植民地人との違いを主張し、「社会生活を画一的に改善」し、他府県に対して大和民族の範を示す自信と抱負を持つことを説いていた。

植民地と比較した上でのこうした被差別感の表白は、大正期の東北振興論でも見られた構造であった。[140] ただし東北側が、同じ民族であることは自明なものとして、異民族である植民地と同等な、あるいはそれ以下の対応を受けていることを問題にしていたのに対し、沖縄の場合、まずは異民族として見なされがちな状態を脱し、同一民族であるという前提を確保しようとする面で異なっていたといえるだろう。また歴史的経緯については、松岡の議論にも見られる通り、東北が戊辰戦争以来の歴史的経緯を重視し、薩長主導の明治維新、明治政府の正統性を問うものであったのに対し、沖縄が重視する島津氏の「暴政」は、維新により解消された形になっている点が異なっている。[141]

では、こうした認識を背景に主張される沖縄側の具体的方策とは何であったか。それを財政と租税の面で見る時、沖縄特有の主張として把握できるのが、特別会計論と国税還元論である。これは、一九〇九年に府県制特例が施行されるまで、沖縄県の財政がすべて国庫支弁になっていたという〝特殊性〟への記憶を背景とするものであり、砂糖消費税を含めた沖縄県関係の国税が、国庫に対して毎年三〇〇万円程の「支払超過」になっているという問題意識から主張されるものであった。[142] つまり沖縄で徴収される租税は、沖縄のために支出されるべきであるという主張である。これについては当真嗣合のように、「沖縄県民も国民の一員として国家と云ふ団体生活を営んでゐる以上、団体生活のため応分の負担を為す事は当然の義務である」として、国庫にある程度の取り分を認める意見もあったが、[143] いずれにしても、国庫が過大に集めた租税を、沖縄に還元するよう訴えている点では一致していた。

仮に、植民地と同様の特別会計を実施するのであれば、この問題は解決する。だが、この特別会計論の完全なる実施は、沖縄側の求める政策にはならなかった。それは、他の府県とは異なる特別会計を導入すること、逆に言えば、植民地と同様の扱いを受け入れる特別会計を導入すれば、沖縄がようやく手中にした「既得の自治権や政治上の権利を抛棄する事」になると認識されていたからである。[144] それが特別制度撤廃を実現し、しかし特別会計を求める沖縄の「制度と生活のヂレンマ」であった。したがって、実際に政策論として主張されたのは、折衷的な特別会計論である。それはつまり、一般府県並みの権利（画一的制度）を保った上で、財政に植民地的な要素を加味することを意味していた。[145]

議会で主張された沖縄救済論は、こうした議論を背景にするものであった。その契機となったのは、第五〇議会（第一次加藤高明内閣）で提出された「沖縄県財政経済ノ救済助長ニ関スル建議案」である。[146] 説明に当たった岸本賀昌（政友本党、沖縄）は、府県制施行まですべて国庫支弁であった沖縄県の財政的沿革を説明し、現在は差引四四〇万円が国庫収入となっており、このままでは沖縄の財政が破綻すると訴えた。救済策として、植民地同様の特別会計論、沖縄からの持ち出し分を補給金として交付する案などを例示した岸本は、結論として、「沖縄の如き特殊の事情ある地方」に対しては「植民地行政の長所を加味」して、相当の財源を沖縄に「移譲」することを主張した。その財源によって鉄道、港湾、糖業試験場、水産試験場の整備を図るというのであった。

同様の建議案は憲政会の安達謙蔵（熊本）も提出しており、その共同提出者となった八並武治（憲政会、大分出身、東京選出議員）は、委員会の長として建議案可決に尽力し、特別会計案を一案として認めている。八並の論旨は、沖縄は気候風土のみならず、文化や言語が古来より他府県とは異なっており、「内地各府県は勿論植民地に比して常に末等」に位置するがゆえに、特例が必要であるというものであった。第五一議会でも同様の建議案が通過した後、政府は沖縄救済資金として、国税還元を一部実施するという意味を持つ産業助成費を交付することになる。[147] 以上の経過をまとめるならば、特殊な存在としての沖縄像が強調され、その特殊性があらためて認知されることにより、特別な措置が実現したということができよう。

そして、特殊性ゆえに特例を求める沖縄側の主張は、国税還元論に見られるように、税制においても他府県とは異なる特例を要求するものとなる。例えば、「沖縄の発達を阻害したのは主として税制の画一方針である」とする当真嗣合は、過去沖縄に実施されてきた税制の特例を挙げた上で、沖縄救済ゆえに特別な税制が必要なのではなく、「政治の理想」である機会均等実現のためには、実力に応じた税制が必要であるとして、沖縄に特例を認めるよう主張している。[148]ただしこうした主張が念頭に置いていたのは、砂糖消費税の軽減や還元であり、地租軽減論も存在はしていたが[149]、それを沖縄側の主要課題として認識する者は少なかったように見受けられる。

こうした状況にあった沖縄県が、松岡俊三と共に地租法改正法案を主張するに至った決定的な理由は明らかでない。しかし、画一主義批判という点で共通する課題を抱えていたこと、雪害対策調査会設立と同時期に沖縄県振興計画調査会が設立されており、「特殊」な地域間での連帯が図られたという可能性を指摘することができよう。

以上述べたことを踏まえながら、分析はようやく地租法改正法案の具体的考察を迎える。まずは、地租委議案が実現しなかったあと、地租法がどのように成立したかを確認しておくことにしよう。

4　地租法改正法案の展開と地方財政調整制度

政友会田中義一内閣の下で両税委譲案が実現しなかった過程は、本章第2節で明らかにした通りである。その後成立した民政党浜口雄幸内閣においては、金解禁の実行をめぐる問題、続いて世界恐慌の打撃に直面した金融・財政政策に注目が集まることとなり、税制改正問題はしばらく争点にはなっていない。浜口内閣が地租法成立を目指し実現させるのは、内閣最後の議会となった第五九議会（一九三〇年末開会）のことであった。

地租法の前提となっていたのが、一九二六年に憲政会内閣の下で成立した土地賃貸価格調査法である。大蔵省による新しい地価の調査は、地価上昇が見込まれる都市部で反発を招くことになったが、調査の完成を促進したのは、皮肉なことに田中義一内閣が成立したからであった。つまり、田中内閣が公約通りに地租委譲を実行し、地方が地価を調査することになれば、国の調査は反古にされる可能性が高かったため、調査への抵抗もそれほど強いものにはならなかったのである。[150] 結局、田中内閣は委譲案を実行しないまま崩壊し、浜口内閣が成立する（一九二九年七月）。内閣が地租法案を提出したのは、それから約一年半後、浜口内閣最後の議会となった第五九議会においてであった。地租法案は、与党多数の衆議院を通過し、さらに貴族院の反対を抑えて成立する（一九三一年三月公布）。これにより、地租の税率は、四・五％から三・八％に軽減され、それまでの法定地価ではなく、賃貸価格に基づく地租の徴収が確立されることになる。

地租法は、同じ税率を全国一律に適用するという点で、当然のことながら画一的な税制であった。これに対して、特殊な地域への税率軽減（三・八％→二・六％）を主張したのが、以下に述べる地租法改正法案である。法案改正を目指した〝特殊地域〟は、めまぐるしく変化する。前もってその展開を示せば、斎藤實内閣下の第六四議会で北海道・東北の議員が超党派的にこの主張をし、沖縄県の議員もこれに参加した。続く第六五議会ではこれに北陸の議員が加わる。そして岡田内閣の第六七議会においては、東北六県のみがこれを主張することになるのである。この主張主体の変転を分析することが、以下の議論においてもひとつの軸となる。

まず、地租法が成立した過程を確認しておこう。地租法が成立した第五九議会では、政友会は当然のことながら地租法案を批判し阻止しようとしたが、その中心点にいたのは雪害地の議員たちであった。[151] 彼らが展開した地租法案批判は、政府が調査した賃貸価格が不公平であり、公平な負担を求めるのであれば、政友会が主張してきた地租委譲（地方が地価を調査する）が望ましいというものであった。つまり各府県「間」の負担の差異＝不公平を、委譲論を是とする立場から非難する論点である。前の第五八議会において、松岡に代わって雪害地への義務教育費配分を主張した高橋熊次郎（政友会、山形）は、今回も同様の立場から浜口内閣を非難した。高橋は、地租委譲こそが公正な案だとした上で、鹿児島、山口、高知（すなわち薩長土）の地価が、雪害がないにもかかわらず未だ低く設定されていると指摘し、八田宗吉（政友会、福島）も、地価修正は「多年東北民の涙を揮つて明治政府に訴へた所の歴史」を持つ問題だとして、やはり同様の主張を展開した（第四回委員会）。

ここでは、地租委譲論が抵抗の論理として未だ有用であったことがわかる。しかし民政党側が委譲論を受け入れる可能性がない以上、また、国による地価の算定が公平に行われたと政府が説明する以上、議論は平行線をたどる。そして委員会の経過を大枠で見れば、浜口首相の重体を倒閣の好機として捉え、幣原臨時首相代理を追及する政友会側の姿勢が鮮明となっていき、議論の大半は揚げ足取り的な質問で終わっている[152]。そしてむろん、雪害地という超党派的なつながりによって、地租法を阻止または修正しようとする行動も起こされないまま、地租法は成立する。

議員失格中の松岡俊三は、雪害地議員の団結が弱く追及が不充分だったとして、彼らに不満を持った[153]。また、義務教育費を分配する基準項目に、雪害を災害の一つとして明記するよう求める運動は、文部省との間で膠着状態が続いていたが、この第五九議会の貴族院請願委員会では、災害とは異なる恒常的な雪害問題は、むしろ地価修正の問題だとの認識が共有されるに至る[154]。これは文部省側が、雪害のような「普遍的に恒久性を帯びて居る」問題は大蔵省の地価の問題だとすることで、義務教育費問題の収拾を図ろうとしていたという面もあったと考えられる[155]。

この流れのなかで、松岡の後援団体である正道会は、地租法改正を雪害運動第二期計画として掲げる[156]。地租の軽減は、地主団体である正道会にとっても重要な課題であった[157]。正道会の後援を得て、松岡は『惨酷を極むる雪害地の地租解剖』を発行する（一九三一年一一月刊行[158]）。その序文で松岡は、生産額が低いのに諸税負担額が多い雪国の現状を明らかにし、「正しい認識」を土台にした「真の政治」実現を訴えている。雪害運動の焦点は、ここで地租法改正による地租軽減に向けられるようになったのであった。

他方政界では、浜口逝去後の第二次若槻内閣、満洲事変を経て、政友会犬養内閣が誕生する（一九三一年一二月）。

翌年二月の解散総選挙において松岡俊三は再び立候補し無事当選（無投票）、ついに代議士に復帰する。[159] その数カ月後、五・一五事件により犬養内閣が倒れると、いわゆる挙国一致内閣である斎藤實内閣が成立し、五・一五事件の一因ともされた疲弊農村問題に取り組んでいくことになる。

この斎藤内閣の誕生（一九三二年五月二六日成立）は、雪害運動の大きなターニングポイントになる。斎藤内閣成立後、松岡が有馬頼寧の紹介状を携えて斎藤首相に面会し（六月三〇日）、雪害運動への理解を得たことは前述した通りである。また、斎藤内閣には、それまで雪害運動で松岡に協力してきた永井柳太郎が入閣することとなった。一九三二年七月一九日、その永井拓相の発議により、斎藤内閣は内務省に雪害対策調査会を設置することを閣議決定し、[160] 一〇月には調査会の審議が開始される。

また、実質的な意味で斎藤内閣最初の議会となった第六三議会（一九三二年八月開会）において、松岡俊三は、義務教育費の配分を定めた施行勅令に雪害を考慮する文言を入れるという年来の主張を繰り返し、さらに、東北の全町村を（交付金が増加される）特別町村に認定するよう求めている。これに関して松岡は、すでに政府内の了解を得ていたようであり、鳩山一郎文相（政友会）は松岡の主張通りに取り計らうことを明言し、後日実施されている。[161]

このように、雪害運動は具体的な成果を挙げつつあった。では、松岡がこの時期の重要課題としていた地租の問題はどうであったろうか。以下、松岡が主導した地租法改正法案に関する政治過程を分析し、それを明らかにする。[162]

地租法改正法案が提出されたのは、一九三二年末からの第六四議会（斎藤内閣）のことである。法案は、北海道・東北側と沖縄側（鹿児島県大島郡を含む）から提出されている。それは、これらの地域に対してのみ、三・八％の地租を二・六％と改正するよう求める案であった。[163]

なぜそれが必要なのだろうか。まずは東北側の主張を簡単に見ておこう。[164] 法案提出の主旨を説明する松岡の論理は、画一的な税制を「悪平等」として批判し、税制における勤労所得優遇の原則を東北への税率軽減に適用する点、明治維新以来の「被征服者」的地位を訴える点、アメリカ南北戦争を例に挙げ、地理的な争いへの懸念を示す点といった面で、従来の論理と同様のものであった。

しかし、思想面に関する論理は、五・一五事件を受けて微妙な変化を見せている。[165] 松岡は、このまま政府が「搾取」を続ければ容易ならざる事態が起きるとし、東北人が「政治を否認」する可能性を指摘して、政府の配慮を求めているが、これは五・一五事件を念頭に置くものであったろう。この点は、約一年後の第六五議会でより直接的に表現されている。[166] それは、五・一五事件を起こした「あの青年将校の純真なる声」、つまり（窮乏する農村の象徴である）東北の実情を考慮しない政治への憤慨が事件を惹起したのであり、政府が地租法改正を含め、東北地方に配慮した政策を実施しなければ、今後「怖るべき状態」になるというものであった。松岡は以前から雪害対策の必要性と思想問題を結びつけて論じていたが、それは社会主義思想に傾倒しかねないという論点であった。[167] しかしこの時期には、雪害を閑却すれば、五・一五事件のような直接的な脅威を起こすことになるという論点へと変化していたのであった。

また、満洲事変以降の軍事的貢献（犠牲）という点は、松岡以外にも、日本全体への東北の貢献を指摘し、それを論拠に地租法改正を求める内ヶ崎作三郎（民政党、宮城）から主張されていた。[168]

これに対し沖縄側の地租法改正の論理は、薩摩の収奪と琉球政府の暴政で「二重奴隷」となっていた沖縄が、明治維新により、ようやく「皇恩」に浴することができたこと、しかし最近はソテツ地獄で東北以上に苦境にあること、耕地が少ない沖縄では賃貸価格が高いため、賃貸価格に基づく地租法では負担が大きいこと、を主たる理由とするものであった。[169]

これらの点を見れば、東北、沖縄の主張は、若干の新しい論点を除けば、それまでの雪害運動、沖縄救済論の系譜を継ぐものであったことが理解できよう。

政府側（特に大蔵省）はこれらの主張に対し、賃貸価格が公平であること、[170]また東北には雪害対策調査会、沖縄には沖縄県振興計画調査会があり、それぞれにおいて対策を講じていること、特定の地域に関して税率を変更することには問題があるという立場を表明した。[171]

政府のかかる態度にもかかわらず、地租法改正法案は、この第六四議会において、北海道・東北と沖縄の両案を一括した案として、各党の賛成を得て衆議院を通過する。特定地域への税率軽減を認める法案が、実にあっさりと議会を通過したのであった。貴族院では、三浦新七（山形出身）が政府に対策を迫り、斎藤首相の側近であった児玉秀雄は、地租法改正案提出の一員である北海道と比べても、また他の地域と比べても、「東北六県は兎角差別的待遇を今日まで受けてきた」とし、満洲事変に貢献した東北地方に対して、将来の賃貸価格決定の際に配慮すべきことを主張している。[172]結局同法案は、貴族院で審議未了となるが、以上の経過で注目すべき点は二点ある。

第一に、同改正案は、東北と沖縄の税率軽減を求めるものでありながら、貴族院においては東北地方中心で語られているということである。山形出身の三浦新七、斎藤實の側近である児玉秀雄、この二人が松岡とのつながりによって、地租法改正法案を擁護したことは明白であった。特に児玉の主張は、北海道や沖縄を切り離し、東北地方のみを配慮の対象に据えるものであった。

第二に注目すべきは、政府側の妥協しうる範囲が示されたことである。三浦新七の地租法改正論に対し、高橋是清蔵相は、各地域の問題は各地域関係の調査会が対処することであり、特定の地域への軽減は許されないとの公式的立場を繰り返した。そしてこの立場は、その後も変化しなかった。しかし、賃貸価格調査の際に雪害の事情を考慮すべきとした児玉の主張に対しては、堀切善兵衛（政友会、福島、大蔵政務次官）が、東北地方が最も経済的苦境にあるため、将来の賃貸価格決定の際にはそれを考慮する必要があることを明言した。つまり、税率軽減には応じられないとしても、賃貸価格決定の際に対応する可能性が示されたのである。

これを踏まえた上で、一年後の第六五議会に提出された同案について考察する。第六四議会との違いは、北陸地方の政友会側からも同じ改正案が提出されていることである[173]。民政党側の対応が遅れたのは、これまで北陸の民政党議員をまとめてきた永井柳太郎が入閣していたこと、そして地租法が民政党内閣で成立していたという経緯があるため、地租法の欠点を問う同改正法案に積極的な賛意を示しづらかったことが影響していただろう[174]。

この第六五議会で注目すべきことは、画一主義の問題がより鮮明に打ち出されていることである。松岡は地租法改正法案に関する第二回委員会（一九三四年二月一三日）で、同法案に注目した「東京朝日」の社説「地方的に差別を設けよ」を大きく取り上げている[175]。その社説は、政府の農村対策が「画一的標準」によって行われていることを批判し、公平な対応とは「地方的差別待遇」の実施、すなわち東北地方を中心とする疲弊地域に特別な対応を取ることだと主張するものであり、その上で地租法改正法案に注目するものであった。この社説に力を得た松岡は、今後は「画一打破」を掲げて、日本政治の革新、税制の革新に邁進すると宣言している。

第六五議会でも、主導権は東北側にあった。沖縄側も、北陸側も、地租を一・六％にする根拠については、松岡の説明に依存しており、東北と同じ苦境にあるゆえに、東北と同じ扱いを望むという主張に過ぎないものであった[176]。松岡は、誇張を含んだ宣伝をここでも展開し、東北への特別対応を求めている[177]。

そしてまた、法案提出後の経過も第六四議会と同様であった。すなわち、各案を併合した上で衆議院を通過し、貴族院では、児玉秀雄が再び東北地方のみの地租軽減を主張し、前議会と同様に審議未了となっている。

ひとまず以上の経過をまとめることとしよう。地租法改正法案は、第六四議会では北海道・東北、沖縄、第六五議会ではさらに北陸を加えた各地域から主張されることになるが、それを主導していたのは松岡俊三を代表とする東北側であった。そして貴族院では、もっぱら東北の問題としてこの問題が取り扱われることになった。つまり、同じ目標を掲げ、地域間協力による共同的政治行動を取った外観にもかかわらず、結果的には東北を中心にする改正案としての色彩を強くしていたのである。この帰結を招いた理由は何に求められるのか。

それは第一に、政治力の差に帰することができる。松岡が駆使し得た人脈に比べ、沖縄は歴史的経過からいって、そのような政治力を発揮する有力者を欠いていたし[178]、入閣によって永井を欠く北陸は出遅れることになった。もちろんこれは、雪害建議案提出以降、松岡がさまざまな面で雪害運動に尽力して来たために生じた差でもあった。

第二に、政治力とも関係する〝熱意〟の程度、政治史的に言い換えれば、政策の優先順位によっても説明が可能である。不公平な地価を改正すべきであるという課題は、法定地価時代から東北側の議員が訴えてきた経緯のある問題であり、〝薩長〟の地価が低いという点は、戊辰戦争以来の因縁を有する問題であった[179]。本書が幾度か言及した田中隆三も、財調の審議が行われる以前から、〝薩長〟に有利な現状の法定地価を批判し、選挙民にその解決を宣言していた[180]。地租法改正法案は、何度か高まりを見せたそうした運動の延長線上にあったと見ることができる。東北にとって地租の「平等」という課題は、各県が以前から共有する課題だったのである。

では沖縄側はどうか。沖縄県振興問題を背景に地租法改正案に参加した沖縄側の論理は、航路、道路、衛生、金融機関などさまざまな面で遅れを取っており、それゆえに担税能力が低いというものであった。つまり地租の問題が根本的要因として主張されていたわけではない。それは、沖縄における地租の重要性が、相対的に低かったことも影響していただろう[181]。そして耕地が少ないから地価が高く設定されるという沖縄側の主張については、土地の開拓と改良とで対応が可能であった。一九三三年から実施された沖縄県振興計画では、糖業を代表とする産業振興費に次ぐものとして、土地改良費の支出が予定されることになる[182]。

また、地租法改正案に遅れて参加した北陸側（政友会）は、東北と沖縄の共同的行動に一応参加する姿勢を見せたものの、民政党側はこれに消極的であったし、大きなインパクトを残せずに終わっている。北陸における超党派的な課題として取り組まれるほどには、この問題の重要性が意識されていなかったのである。

では北陸側の重点は、どこにあったのだろうか。それは実現の可能性が低い地租法改正を東北側と共に目指すことではなく、東北側がすでに手にしている成果を確保することにあったと考えられる。当時の北陸側の主張に見られるのは、東北側の全町村に適用された義務教育費の特別町村認定を、北陸にも適用するよう求めることであった[183]。これらが東北、沖縄、北陸の対応の違いとなって現れたのである。

さて、以上のことを踏まえた上であらためて問いたいのは、この法案が実にあっさりと衆議院を通過した理由である。なぜ、特定地域の税を優遇しようとするこの案が、超党派的な賛意を得て衆議院を通過したのだろうか。これは、斎藤内閣の性格を理由として挙げることができよう。

斎藤内閣はいわゆる挙国一致内閣として、政友会、民政党を閣僚に迎えていた。したがって議会においては、政友会と民政党が協調し、純然たる地域の問題としてこれを容認することが可能であった。つまり政党間の対立を招く事案にはなっていなかったし、純粋な政党内閣でない以上、各党が実行上の最終責任を負うわけではなく、反対党から糾弾されることもなかったのである。そして同法案は、各党の賛成によって衆議院を通過し、貴族院では審議未了になる扱いを受けることが常態となった。つまり関係地域の代議士は政府・大蔵省に迫り、政党は実行の責任を負うことなくこれを承認し、政府は貴族院で審議未了を図り、貴族院側はある程度地域の主張に理解を示した上で審議未了にするというこの構図は、各政治主体にそれほど大きな負担を強いるものではなかった。

それを考えると、法案が衆議院を通過したことの意味は、政党内閣期における建議案通過程度の意味合いしか持っていなかったのかもしれない[184]。しかし、衆議院を通過したという事実は、雪害を理由にする特別な税制の実施という論理が正当であり、雪害運動が全国的に承認されているということを証明するものになる。そしてこれからの雪害運動がさらに進展することを期待させることになったであろう。また、「東京朝日」の社説にも見られるように、議会に法案を提出することで、社会の注目を集めることに成功したとも評価しうる。

さてしかし、地租法改正問題はこれで終わっていない。東北地方における大凶作（一九三四年）が政治問題化した後、第六七議会で松岡は再び同法案を提出する。[185]今回は東北六県に限定された法案であり、これも衆議院通過、貴族院審議未了という経過をたどっている。これが東北限定の提案となったのは、前述の事情から、沖縄・北陸が地租法改正法案で共同行動をする意義を見出せなくなっていたこと、東北大凶作を受け、東北救済論が高まっていたことを主な要因として挙げうるだろう。[186]

だがそれ以上に、あらためて注視すべきことは、地租法改正案の論理に見られる普遍性とその波及性である。北海道、東北、沖縄、北陸と広がりを見せた同改正案の根拠は、画一的な制度は不公平であるという論理をもとにしていた。それは、雪害という地域限定的な特殊性を根拠とするものにとどまらない、普遍的な理念を有するものであった。違う「特殊」性を有する沖縄県が地租法改正案に参加し得たのは、画一主義批判、そして特殊性に応じた実質的平等、という理念を共有していたからであった。しかしそうであれば、東北や沖縄以外の各地方も、任意の比較をすることによってその地方の特殊事情を訴え、その地域の税軽減を主張することが可能になる。

苦心の末に初当選を果たし、「政治家一年生として、何をしたらいちばん認められるかと考え、ときの権力に刃向うことだと決めた」と語る河野一郎（政友会、神奈川）は、[187]第六五議会における地租法改正法案の委員会において、財政が窮乏しているのは神奈川、京都、青森、福島、島根、沖縄であるとし、なかでも神奈川県は震災や台風の影響で雪害地域よりも困窮しており、地租法を改正して一部地域の税率を軽減するのであれば、神奈川県（と上記の府県）もその対象に入れるべきことを主張した（第八回委員会）。[188]また、第六七議会で国民同盟が提出した法案は、地租率を三年間限定で半減するという案であったが、その対象は疲弊する農村を抱える府県――つまり全道府県を対象とするものであった[189]。このように、雪害地域の特殊性に鑑み、非画一的な税制を施行すべきとの松岡の主張は、財政の窮乏という「特殊」性を主張する普遍的論理として波及していったのであった。

こうした各地からの要求を受けた大蔵省は、松岡らが求める地租法改正法案が成立すれば、「俺の方も考へて欲しい」とする全国各地の事情も勘案しなければならないため、問題は東北のみにとどまらないとして、それを反対の根拠として挙げるようになる[190]。

そして、全国の事情に応じた財政・税制制度が実現されるべきであるとすれば、それは内務省の提案を受け、政党が主張し始めていた、地方財政調整制度論（今日の地方交付税の源流）に接近していくことになる[191]。上記国民同盟案は、地方財政調整制度案を補完する形で主張されていたし、地租法改正案の審議においても、東北の地租の問題ではなく、地租制度そのものを見直す必要があるという意見が出ていた[192]。また、前掲した「東朝」社説「地方的に差別を設けよ」の後段は、地租法改正法案の意義を認めた上で、しかし農村負担軽減は地租率変更のみならず、地方間で財政移転を行う地方財政調整制度によっても図られるべきである、と主張するものであった。

では、地方財政調整制度論は、本書がこれまで述べてきた「平等」の議論のなかで、どのように位置づけられるものであろうか。ここではまず地方財政調整制度論が、そもそもの問題意識として、画一主義批判を掲げるものであったことに注目したい。

岩手県の庶務課長時代に、県の財政難から同制度を考案したと振り返る内務官僚三好重夫は[193]、同制度を提唱した論文「財政調整交付金制度の提唱」（一九三二年）のなかで、地方制度の「画一主義」が、地方団体の資力とは無関係な経費負担の「平等化」を招いていること、それゆえに「財源の再分配」が必要であると主張して、地方財政調整論を位置づけていた[194]。すでに見た通り、高橋是清の「画一主義」批判は、教育経費の画一的支出を問題視し、地方が財政力に応じた教育を行うよう求めるものであった。両者は地方財政における「画一主義」の問題認識という点で共通しているが、その発想に基づいて委譲論を唱えた高橋に対し、一律に税源を付与する委譲論も画一主義であると批判し、その上で地方財政調整制度論を提唱したのが三好であった[195]。

また、三好重夫の地方財政調整制度論には、沖縄県での経験も反映されていたと考えられる。岩手県から内務省地方局に転任した後、三好は沖縄県を調査し（一九三〇年）、沖縄県振興計画の策定にも関わっていた[196]。三好によればそれは、「内務省で沖縄県の予算編成をやったようなもの」であり、国税還元を財源にする沖縄県振興策の実施は、地方振興策の一つの型になったという[197]。前掲した三好の「財政調整交付金制度の提唱」でも、沖縄が受けている補給金は、地方財政調整の機能を持つ「特種」なものの先例として挙げられている。三好の論は、沖縄における特殊な対応を全国に適用しようとするものであった。

つまり、岩手県の深刻な財政状況、沖縄の「特殊性」に基づく特殊な扱い、そして画一主義批判という点が、三好の地方財政調整制度論に結集していたのである。

こうした状勢の下、地方財政調整制度の実現を求める法案は、衆議院を通過し、貴族院で審議未了という、地租法改正法案と同じ軌道を描きながら、その実現が期待されていくようになる。松岡は画一主義批判を展開しながら地方財政調整制度案に賛成し、同時にこれが東北を中心とする雪害地の事情を反映する案になることを求めていた[198]。そして地方財政調整制度の実現は、東北大凶作（一九三四年）以降の東北振興運動でも、主要な課題として認識されていくことになる。

したがって、以後の展開は、東北大凶作以降の東北振興運動、そして地方財政調整制度の分析と併行して進められるべきであるが、それは別稿に譲ることとしたい。ここでは地租法改正問題のその後について、概略のみ記しておこう[199]。

松岡の運動は、土地賃貸価格の改定時期（一九三八年）が近づくにつれ、地租率の軽減よりも、賃貸価格の改定を目指すものとなっていく。改定の際に政府が東北の事情を考慮した調査を行う旨が、第六四議会における地租法改正法案の審議の際に示されていたことは前述した通りである。さらにこの時期は、東北大凶作後を受け、東北振興・東北救済の声が高まっていた。この時広田弘毅内閣の蔵相となっていた馬場鍈一は、大凶作があったことを踏まえ、東北の特殊事情に応じた改定を行う方針を明らかにする。松岡らは、東北六県の町村会、農会、土地賃貸価格調査委員に対し、雪害を反映した改定を行うよう働きかけている。

松岡らの運動がどの程度効果を発揮したかは不明であるが、改定された賃貸価格では、全国的には三割強の減額となる一方、東北は四割強の減額となった。これは北海道を除けば、目立って大きい減額であった。また、この時期には、地方財政調整制度論を反映した臨時地方財政補給金制度が導入されていたが、これにより、地租徴収額が減少したとしても税収減の補塡として補給金が増額することになっており、地租の負担減は地方団体にもメリットがあるものと認識されていた。

だがその後、地租の位置づけは大きく変わることとなる。一九四〇年の税制改革で、地方財政調整論を反映した地方分与税が成立すると、地租は二・〇%とされた上で、地方への交付金の原資とされるようになるからであった。この経過についての分析は、今後の課題としたい。

小括

以上の如く、第3章では、政党政治のなかで展開された、地域の「平等」に関する諸課題を分析してきた。高橋是清の主張の根拠となっていた「画一主義」批判は、この時期においては行政や租税における「画一主義」批判となって現れた。

第1節で取り上げたのは、知事公選問題であった。田中義一内閣期での展開に焦点が当てられがちな知事公選問題であるが、沿革をたどれば、それは大正期から野党によって主張されていたものであり、特に国民党が主張してきた政策であった。それは野党の立場から唱えられる性質のものであり、画一主義批判を含むものであった。そして公選を実行する際には、既存の府県を超える国政機関が必要になるということも、早くから認識されていたことであった。

いくつかの例外を除き、公選論は野党のものとしてあったが、憲政会は全体としてはこれに与せず、「自治刷新」を訴えていた。そして政友会が知事公選を掲げるようになるのは、野党時代に起きた長野事件の「時勢」を捉えてのものであった。野党政友会の主張は、そのすぐ後に成立した田中内閣の下で、与党の公選論としての意味を持つようになる。

しかし政友会内閣で民政党知事が誕生し、我党知事を失うことを考えれば、田中内閣が公選論に消極的な姿勢を取るのは当然の流れであった。政友会内で公選論を唱えた者たちも、こうした政治的現実や国政機関設置問題に対して、公選論の理念に基づいた有効な対応策を打ち出せなかったのであった。

第2節では、地租委譲論の展開を分析した。まず、第四六議会における政友会の地租委譲案採用の経緯を、第2章での知見と合わせて分析し、農村救済の財源付与として期待されるようになった委譲案が、財調で念頭に置かれていた府県「内」の公平という機能に加え、府県「間」の公平をも担保するものとして現れたこと、それゆえに都市・農村間の「平等」という新たな問題が顕在化し、批判を受けるようになったことを論じた。

次に、この地租委譲案が新聞や政界で一定の期待を持って受けとめられていたこと、そして菅原通敬の反対論が、「国体」論的委譲反対論の形を取りながらも、その視点が、財源という手段の問題ではなく、制度それ自体の「正しさ」を問うものであったことを述べた。

また、田中内閣における委譲論の展開を簡潔に分析し、それが選挙において有効な政策とはなっていなかったこと、状況が変化するなかで委譲論への期待が失われていったことを明らかにした。

最後に分析したのは、第五六議会における委譲論の結末であった。床次竹二郎との提携を目指すなかで、田中内閣は委譲案の「好意的審議未了」を目指す。田中内閣は、委譲案で貴族院と全面対決し、敗北に終わったのではない。それは、床次との提携を契機に、貴族院との関係強化を目指すものだったからである。そして委譲論が棚上げにされたのは、三土蔵相（あるいは田中内閣）が金解禁を決断したからではなく、上述の経緯を経て、政友会と床次との間に、暗黙の政策協定が結ばれたからであった。地租委譲論は、政党政治の展開のなかで、当初高橋是清が構想していた委譲論とは異なるものへと変質し、そして力を失っていったのであった。

第3節は、政党政治のなかで実現が図られた地域の問題を、本書全体の関心である租税の「平等」に留意しながら、「画一」と「特殊」の視角から論じたものであった。本節ではまず、雪害運動を展開する松岡俊三の政治的経歴を、それが運動の際の重要な政治的資源となることに触れながら論じた。

次に、雪害運動の特徴と性格を分析し、租税の「平等」を援用した画一主義打破としての地域平等論であること、運動には、超党派的志向と、党派的志向の両面が見られること、そして地域性の観点では、日本海側の東北振興論であること、北陸では恒常的な雪害を問題にする超党派的な認識がすでに獲得されており、松岡がそれに方向性を与えたこと、そして民政党・北陸の永井柳太郎との連携は、政友会・東北の松岡と補完的な関係にあったことを論じた。また、松岡が地元有力者の支持を集め、雪害問題解決を天皇の意向とした上で、宮中や貴族院議員に働きかけ、支持を集めていった姿を描いた。

そして分析の対象は沖縄へと移った。これは、沖縄における行財政制度の展開を、二つの「画一」から論じるものであった。沖縄はその特殊性を理由に、行政面では特別制度が敷かれており、沖縄側はその撤廃による「画一制」の実現を目指していた。それは政友会の党勢拡張策と結びつき、実現するに至る。しかし「ソテツ地獄」下の沖縄救済論では、税財政における「画一」主義が批判され、その特殊性に応じた対策が主張されるようになる。この二つの「画一」は、形式的平等と実質的平等の矛盾という意味で、沖縄の「ジレンマ」であり、それゆえ沖縄側は、内地と同等の行政制度を維持しつつ、植民地を参考にした特殊な税財政制度の実施を主張することになる。

本節は最後に、地租法改正法案の展開を論述した。これは、全国一律の税率で地租を徴収することへの批判、すなわち画一的税制への批判であった。同案は、やがて東北、沖縄、北陸が共同して主張するものになる。中間内閣斎藤實内閣の性格上、それは衆議院を通過し、貴族院で審議未了となるのが常態となっていく。同案は、貴族院ではもっぱら東北の問題として扱われ、やがて沖縄と北陸は、それぞれの事情により、同案から離脱することになる。

また、沖縄の「特殊」性の主張や松岡による画一主義批判は、地方の特殊事情を理由に、特殊な対応を求める普遍的な論理として広がっていった。それは地方財政調整制度の論理に接近するものであった。地方財政調整制度は、主義としては画一性を批判し、方法としては沖縄の補給金制度のような地方財政の特例主義を念頭に置いたものであった。最後に、今後の課題を示した上で、地租法改正運動の帰結を簡単に述べ、論を締めくくった。

第3章までの分析を踏まえた本書全体のまとめについては、次の「おわりに」をご覧いただきたい。

おわりに

本書の課題は、戦前における政党政治の時代を中心に、個人、制度、地域のそれぞれのレベルに現れる「平等」の問題を、その理念と政治過程に着目しながら論じ、「理念の政治史」として描き出すことにあった。

まずは、これまで述べてきたことを、ごく簡単に振り返っておこう。

第1章では、神戸正雄の思想形成過程を、河上肇と対比しながら論じるのが第一の課題であった。山路愛山、ベルゲマン、北一輝の思想と共振しながら形成された河上の思想は、『貧乏物語』に集約されることになる。また、第二に、神戸の社会政策、社会政策的税制論に対する立場を、小川郷太郎らに注目して論じ、給付能力説に基づく神戸の立場を明らかにした。ここで分析した、公正な平等を実現する租税制度とは何かという問題は、その後の租税論の展開を見る上で重要な問題であった。また第三に、第一次大戦後の神戸の主張や政治の「場」への参加について触れ、神戸が臨時財政経済調査会（財調）の委員になるまでの過程を描いた。折衷主義者たる神戸は、政治の場で得た自信と、森戸事件での萎縮（それは河上追放の遠因となった）の両面を持ちながら、財調へと参加していった。

第2章では、臨時財政経済調査会における税制改正案の分析を主題とし、まずは財調が設置されるまでの過程を分析した。第二に、高橋是清の地方自治論と教育論および画一主義批判、それらを背景にした地租委譲構想について分析した。第三に、財産税案・委譲案に着目しながら、高橋や神戸がその渦中にあった政治過程を、各政治主体の違いに留意しながら論じてきた。財産税案には積極的で委譲案には消極的だった松本重威主税局長の立場とその変動、社会政策的な観点から財産税導入論を支持し、小委員会側に妥協案を提示しそして容れられなかった浜口雄幸の姿は、神戸正雄という視角から論じることによって明確に位置づけられたと考えられる。

第3章では、知事公選、委譲問題、雪害運動、沖縄救済、地租法改正法案という諸問題を、地域の平等に関する政治過程と捉え分析してきた。

知事公選を唱えるメリットは野党にあり、それを政友会が主張するに至ったのは、野党時代に起きた長野事件を機に、公選論を採用したからであった。政友会内閣となった時に公選論が進められなかったのは、当時の政党内閣の性格上当然の帰結であった。それを乗り越え実現する理念は醸成されなかった。

委譲問題に関しては、地方自治、地方税整理のための委譲論という財調以来の路線が、やがて地方財源付与策としての委譲論へと変質したこと、委譲論が選挙公約として有効な機能を発揮せず、期待も薄れていくなかで、最終的には床次竹二郎の入閣問題を機に、貴族院で「好意的審議未了」となる過程を描いた。

雪害運動については、松岡俊三が、租税の論理を適用した画一主義批判を展開し、人脈や政治的戦略を駆使しながら、運動に取り組んでいく過程を描いた。また、沖縄の状況に触れ、画一主義を求めた沖縄が、やがて画一主義批判を展開する経過を、政党政治と租税に着目しながら論じた。最後に分析したのは、地租法改正法案の展開であった。これは、全国一律の税率で地租を徴収することへの批判、すなわち画一的税制の問題であった。同案は、やがて東北、沖縄、北陸が共同して主張するものになる。斎藤實内閣の性格上、それは衆議院を通過し、貴族院で審議未了となるのが常態となっていく。しかし同案は、貴族院ではもっぱら東北の問題として扱われ、沖縄と北陸は、その後同案から離脱する。一方で、画一主義批判による特殊な税制措置の要求は、地方の特殊事情を理由に、特殊な対応を求める論理として波及し、地方財政調整制度に接近していったのであった。

「平等」に関わるいくつかの点をまとめたい。「画一主義」は沖縄の特別制度撤廃論に見られたように、ある種の「平等」を達成するものであった。ある「平等」を実現するために見逃される「平等」を捉え直すために、「画一主義」は批判され、特殊性に応じた「平等」が求められるようになる。沖縄の場合それは、制度的な形式的平等が実現されたがゆえの、経済的不平等の問題として現れた。経済的不平等をもたらす画一主義を改め、実質的平等を実現するために、政治の役割が期待された。

逆に高橋是清は、悪しき平等として画一主義を批判し、地方の経済状況に応じた教育費支出を実現するものとして、地租委譲を主張した。高橋の地方自治に関する「平等」は、財政上の不平等を肯定する論理であるが、一方でそれは、限られた財源のなかで、地域が独自性を発揮し、責任ある自治を作り上げる論理にもつながる。

また、地租委譲に関わる「平等」は、教育費支出をめぐる「平等」でもあり、営業税との権衡という「平等」でもあり、都市と農村の「平等」にも関わる問題であった。これに憲政会（民政党）が反対したのは、政友会による制度運用の「平等」を問題にしたからでもあった。そして委譲論否定の上に成立した地租法の「平等」を問う運動が、松岡たちの地租法改正法案であった。

このように、何が画一主義であり、何が望ましい「平等」のあり方なのかは、問題を認識するレベルによって異なるものである。しかしそこで問われているのは、個人や集団の「平等」がどのような形で実現するのが望ましいかという点であり、そこに国家がどの程度の権力を行使し、それを実現すべきかという政治への問いである。これは第1章以来論じてきた租税制度全般に関わる問題であるし、また、個人の自由が実現されるべき社会において、個人の経済的平等の問題に国家がどのように関わるべきかという問いは、河上や北が、共通の思想空間のなかで論じてきたことであった。

神戸正雄もまた、この思想空間のなかで自らの思想を形成し、税制改正案の政治過程に関わることとなった。租税の問題こそは、河上が国家権力の本質として把握したものであり、また、松岡俊三が、特殊な地方への特殊な扱いを正当化する論理ともなった。その根拠となったのは、社会政策的税制論を論じた部分で取り上げた、累進税の論理であった。財調における審議で、財産税導入賛成の立場から、神戸の主張に妥協の姿勢を見せた浜口案を拒否した神戸の間にも、累進税を含む社会政策的税制論への評価の違いがあり、それが妥協を不可能にした。

神戸正雄の「平等」は、納税者に国民としての自覚を要求するものであり、画一的な人間像を理想とする考えに接近する。人は投資や事業で収益を挙げ続け、余計な出費は抑え、負担能力に応じて負担し続ける。そしてそのことに喜びを感じる。財産を適切に運用できない者は、できる者に財産を譲り渡せばよいし、それで国富が増進されればよいのである。こうした考えは、一面では不平等を招来しかねないし、何よりも息苦しい社会を招きかねない。しかし、富める者も貧しき者も同じような質素な生活をし、給付能力に応じて「平等」な納税をするという考え、財産税によって不道徳な脱税をなくすという考えは、やはりある種の平等論であった。神戸はこれを税制という制度によって実現しようとしたのである。

松岡俊三の「平等」は、特殊な事情を理由にする地域平等の論理として、はじめは雪害地、のちには沖縄を含み、そして全国各地域の論理として拡大していった。雪に閉ざされた地域から「平等」を唱えた松岡の語り口は、戦後の田中角栄を思わせるものがある。日本列島改造論に代表される田中の論理は、全国を画一的に開発するものであり、もちろんメリットばかりではなかったが、地域の「平等」を目指したものであった。ただし松岡は、雪害という地域主義の原点にとどまり続けることになる。だから松岡の活動は、大地の底から湧き上がる土着的な地域の視点を、実感をともなって主張するものであり続けるのである。

また、以上に述べてきたことからもわかるように、政策の帰結に大きな影響を与えるのは、政策を主張する理念であり論理であった。政友会の知事公選論は、その論理において未熟であったがゆえに進展を見なかった。逆に松岡の雪害運動がある程度の成果を挙げたのは、「特殊」な要求を正当化する論理が優れていたからでもあった。そして理念の「正しさ」は、それを「正義」として主張する主体ごとに存在し、「平等」もさまざまに存在することは、本書が論じてきたことであった。論理は、理念を政治過程に架橋するものとして存在していた。

それは本書が、政治過程における「言葉」を重視して論述してきたこととも関連する。「言葉」はしばしば正当化のための「建前」でもあり、あるいは「建前」に過ぎない場合がある。しかしそれにもかかわらず、本書がしばしば「言葉」に注目してそれを提示してきたのは、ある政策の過程において、「言葉」となって表れる主張や論理が、さまざまな理念や社会勢力を反映するものとなっているからである。それは「時勢」や「輿論」を反映するものであり、たとえそれが「建前」に過ぎないものであっても、それはどう語るのが有効かという政治的価値の問題と結びついている。

「時勢」という言葉は、しばしばその時代における共通了解として現れる。ある政策が「時勢の然らしむるところ」として主張される場合、それはその当時の政治的「雰囲気」を前提にしたものである。本書が「時勢」という言葉に関心を持って論じてきたのは、それを通じて、当時の社会の「姿」に接近したいという欲求のためでもあった。そして、いかに多くの問題が、「時勢」を以て語られていたかは、本書が意識して描いてきたことであったし、その「時勢」の実相は、本書が幾分かにせよ示してきたことである。

また、本書が個人の思想と活動に焦点を当てて論じてきたことについて、その意図に触れておきたい。本書は個人と組織のそれぞれを政治主体として扱い、分析するものであった。個人が組織のなかで、匿名的な一個人となる面は確かに存在しよう。その意味で、政党、省庁、あるいは階級といったレベルでの分析は、より客観性の高いものであり、本書でもそれを踏まえた分析を行った。

しかし、組織を成立せしめているのは各個人である。人間一人一人の行動、そしてそれによって作られる部分社会の活動が、社会を単なる個人の集合体としてではなく、動態的なものにしていくのである。個人の思想と行動が、政策課題の進展に大きな影響力を発揮していたことは、本書が明確に描こうと試みた点であった。

本書が描きたかったのは、「平等」を求めて挫折する悲劇でもなければ、伝記的な英雄譚でもない。小市民的であったり、周到な準備無く正論を吐いたり、誇張した宣伝をしたりする、ある意味で「ふつう」の人々たちによる政治過程を描くことが、本書の意図するところであった。なぜならば、政治が、無謬の神によってではなく、時に誤りを犯す小さな人間たちによる営為である以上、そこでの政治とは、ベターであろうとする「ふつう」の人々の、ベターなものへと向かう試行錯誤として存在するからである。

そして、その試行錯誤の過程で、何らかの変革をもたらそうとする時、そこには「平等」の問題があり、それを真実として主張する時、そこには正義という視座が存在しているのである。

では、その上でわれわれは、政治とどのように向き合うべきなのだろうか。

本書でもその実態を論じたように、「平等」の中身は多種多様であり、ある「平等」が、立場を変えれば不平等であることは充分にありうる。しかしその場合でも、「平等」の理念自体が共有されていることは重要である。問題は、「平等」の捉え方の多様性を認め尊重しながら、自分自身の認識する「平等」が他者の「平等」とどのような関係にあるのか、問い続けながら政治に向き合っていけるかということにあるだろう。そして他者の「平等」と重なり合う部分を共有しながら、ベターな「平等」を問い続けていくことであろう。

その方法はいくつかありうる。自由な言論に基づく、そして生活の実態に即した「平等」を問うことである。また、ある「平等」がほかの「平等」に比べてなぜ必要なのかという自己の論理を絶えず自省しながら、ベターな政治の実現に関わっていくことである。

本書が焦点を当てた人物の多くは、筆者の「ある意味で「ふつう」の人々」という宣明はさておき、高橋是清のような権力の中枢を占める政治エリートか、松岡俊三のように政治エリートの周辺とはいえ代議士の地位にあったような人物か、あるいは政治エリートと対等に渡り合える神戸正雄のような、やはり特殊な地位にある者たちであったと言えるかもしれない。政治エリートに注目し、権力をめぐる闘争過程を描くことが、伝統的にして正統的な日本政治史の枠組みであるとするならば、本書はそれにうまく収まったのかもしれない。実際、政治エリートたちが創り上げる政治は、それ自体が政治過程のコアをなしている。それは確かである。だがそれは、「われわれ」からすると、遠い、のかもしれない。

その一方で、彼らが構想した「平等」理念に関わる論理は、当然のことだが、極めて人間的な発想によって創られている。そして、論理を理解し判断すること、論理を組み立てることによって自らの志向する理念と向き合うことは、誰にでも可能なことである。

また一方で、政治エリートを評価する基準として、政策を実行し得たかどうかが決定的な判断基準となることも否定できない。優れた理念を持っていたとしても、それを実現可能なものとして提示し、政治過程のなかで実行したかどうかは、政治エリートの行動を評価する際の判断基準となる。それはわれわれが社会においてどのような生き方をして政治に向き合うのかという問いと深く関係している。現実の政治過程と向き合うことは難しいが、その難しさを知った上で政治を観察し関わっていくことには意義がある。そして政治の成否が、社会の精神、時勢、輿論というものに影響されうることは、本書が意識して論じてきたところである。

われわれは、政治を理念と現実の両面から見ることで、無批判な受容や、無責任な糾弾から免れることができる。その意味で、「平等」を通じて政治を捉えることは、政治に関わることの出発点になるのではないだろうか。

共感によって成り立つ社会を作り上げていくためには、他者への想像力が必要である。しかし人間の想像力には限界がある。雪害の深刻さは、東北地方と括られる地域においても、場所によってはなかなか実感できないものである（雪質がまったく違う）。沖縄の「ソテツ地獄」にしても、ソテツの具体的イメージやその深刻さが、ただちに伝わるわけではない。

現代における神戸・中越・そして東北の震災、津波、原発、（沖縄などの）基地、という地域の問題、格差・貧困という福祉の問題、これら政策の争点になる課題についても事情は同じである。想像することは必要であるが、限界はある。過小な理解と同じぐらい、過大な思い入れも問題を発生させうるものである。こうした想像力の問題をただちに解決する術はない。しかし、ある問題とある問題が同じ「平等」の問題であり、さまざまな問題と同じ理念を有するものだと感じることは、立場の違いを超えて自己と他者をつなぎ、寄り添うことにつながる。そう信じたい。

注

はじめに

（1）ルソー『孤独な散歩者の夢想』（今野一雄訳、岩波文庫、一九六〇年）七六頁。

（2）具体的には明治末～昭和初期、おおむね一九〇〇年代～一九三〇年代を念頭に置くものである。

第１章

第１節

（1）神戸、河上肇、河田嗣郎の三人は、京大の「進歩的」学者として「３Ｋ」と呼ばれていたという（石川興二「神戸先生の学部愛」『経済論叢』八四巻六号、一九五九年）。本書第３章で触れる有馬頼寧は、近衛文麿が京大に転学した経緯に触れるなかで、「京大の方が相当急進的思想を持つ教授が多く居た」とし、河上を筆頭に、河田、神戸らの名前を挙げている（有馬頼寧『友人近衛』弘文堂、一九四八年、六頁）。

（2）例外的に、上久保敏『日本の経済学を築いた五十人――ノン・マルクス経済学者の足跡』（日本評論社、一九九三年）は、ユニークな経済学者の一人として神戸を取り上げている（二一〇～二一四頁）。

（3）前掲上久保『日本の経済学を築いた五十人』も同様の点を指摘している。

（4）神戸正雄「社会問題と其の対策」（『地方行政』一九一九年一〇月）。同論説は、滋賀県主催の地方改良講習会における講演の大要である。

（5）神戸正雄「社会改造私見」（『政治学経済学論叢』一九一九年五月）。

（6）神戸正雄『最近経済及社会問題之協調的解釈』（弘文堂、一九二二年）二三頁。

（7）こうした事情については、例えば池田信「『社会政策論の方向転換』への旅（下）」（『大原社会問題研究所雑誌』五三二号、二〇〇三年）四六～四九頁を参照のこと。

（8）河上が永眠したのは一九四六年一月であるが、同年二月から『世界評論』、『改造』などの雑誌にその遺稿が掲載され、単行本としては世界評論社版が一九四七～四八年にかけて発行された。公刊の経緯と変遷については、岩波文庫版『自叙伝』第一巻（一九九六年）の杉原四郎による解説を参照のこと。

（9）それぞれ、前掲『自叙伝』第一巻、二三三頁、第五巻、三三頁。当時の経済学部教授で、東大出身者は河上と神戸だけになっていたこともあり、それまで両者は家族ぐるみで懇意にしていたという（同第五巻、三二頁）。

（10）戦後の京大では、『自叙伝』や『貧乏物語』の読書会が開かれたり、経済学部の学生を中心に毎年「学生河上祭」が開催（一九四七年から一九七〇年代中頃まで続いていた）されるなどしており、学生たちは河上を知る教員たちが語る河上像に「胸をときめかせた」という（中野一新「河上肇記念会から（河上肇記念講演会）」『経済論叢』一七六巻五・六号、二〇〇五年、八頁）。一方神戸正雄は、一九五四年に、自身の寄附金を基にする学術賞創設の意向を表明したが、「学部内の諸般の事情」で「神戸賞」創設は中止になってしまう（「神戸先生御逝去」『経済論叢』八四巻六号、一九五九年、九一頁）。表向きの理由は、賞の選考が困難であるということだったが、学内における神戸の評価も影響していたと考えられる。神戸による寄附の意向は、その三年後、京大経済学会への五〇万円寄附という形で実現することになる。

(11) この表現は、住谷悦治『河上肇』（吉川弘文館、一九六二年）五頁など。また、前掲『自叙伝』第一巻、九九～一〇四頁における杉山平助「求道者河上肇」への言及も参照されたい。

(12) 神戸正雄「『貧乏物語』」（『我等』一九二〇年一月）。「専門大家」二三名による特集記事「新学説と新思潮の紹介」中のものであり、ほかの論者の多くは欧米の著作を挙げている。なお、雑誌『我等』は、一九八三年から一九八四年にかけて法政大学出版局が復刻版を刊行しており、本書ではその復刻版を使用した。

(13) 以下、神戸の経歴等については「神戸正雄博士年譜」（『経済論叢』一九三七年五月）。

(14) 事実上の設立は前年の一八九六年のことになる。以下、同学会の年代事項については、『社会政策学会史料』（「社会政策学会史料集成」別巻一、御茶の水書房、一九七八年）所収の「社会政策学会年譜」を参照。

(15) 河合栄治郎『金井延の生涯と学蹟』（日本評論社、一九三九年）三一八～三一九頁。

(16) 卒業年次では、神戸は河上の二年前の卒業になる。

(17) 「故神戸博士筆蹟」（『経済論叢』八四巻六号、一九五九年）。

(18) 神戸正雄『対楓庵雑記』（朝日新聞社、一九四八年）九一頁。

(19) 前掲『経済論叢』八四巻六号（一九五九年）の神戸正雄追悼文（島恭彦「神戸先生と私」、松井清「神戸先生の自由貿易論」）を参照。

なお、神戸の弟子である島恭彦は、学説的には神戸の継承者ではなく、それゆえに神戸の弟子であったことの苦労を忖度されている（『島恭彦著作集』第一巻、有斐閣、一九八二年所収の宮本憲一の解説、三三九～三四〇頁）。しかし島本人は、自ら望んで神戸の弟子となりその自由な指導方針に満足していたこと、弟子の就職には超然としているように見えた神戸に就職の恩義を受けたことなどを記し、神戸に感謝の念を表している（島恭彦『自叙伝　忘れえぬ日々』自治体研究社、一九八六年、九八～一〇五頁、一二四頁）。

(20) 前掲神戸『対楓庵雑記』七〇頁、九三～九四頁、一三二～一三三頁。

(21) 前掲神戸『対楓庵雑記』一五四～一五五頁。父が遺した田畑を小学校に寄附しようとした神戸に対し、親類たちは「自分たちに分けてくれといつて泣きついた」が、神戸はそれを断乎として排して寄附を行ったという。その親類のなかには、その後「失敗して倒産」した者もいたというが、神戸はそれを根拠に、財産を有意義に活用した自らの寄附行為を誇っている。

(22) 神戸正雄『日本経済論』（一九一六年、弘道館）一七～二〇頁。一九一五年の講演。

(23) 神戸正雄解説『ゼーリグマン氏累進税論――累進税の理論的応用』（東京専門学校出版部、一九〇一年）。

(24) 神戸は一九〇三年に『十九世紀に於ける社会主義及社会的運動』（日本経済社）としてこれを出版し、一九一五年にもほぼ同内容の『社会主義及社会的運動』（広文堂書店）を公刊している。なお、改版を重ねるごとにマルクスへの批判を強めていったゾンバルトの変遷については、池田浩太郎「ゾムバルトの社会主義思想」（『成城大学経済研究』第二号、一九五四年）を、神戸の訳本については、同「ゾンバルトと日本」（『成城大学経済研究』第一五三号、二〇〇一年）を参照のこと。

(25) マルクスを批判する箇所も多いが、ゾンバルトの意図はマルクス主義の修正的適用にあり、全体を通してみれば、マルクスを「社会的運動の大偉人」（前掲『十九世紀に於ける社会主義及社会的運動』九三頁）として描く姿勢は一貫している。

(26) 前掲『十九世紀に於ける社会主義及社会的運動』「序言」。

(27) セリグマン、ゾンバルトはこの後日本において広く関心を集めることになる。詳細は省くが、河上肇はセリグマンの著書で唯物史観の概念に触れ、ゾンバルトについては、神戸の業績（初版翻訳）に言及した上で、原書の改版にともなう改訳を試みている。

(28) 前掲神戸『対楓庵雑記』二頁。

(29) 前掲神戸『対楓庵雑記』九〇頁。

(30) 原題は、Masao Kambe, *Der russisch-japanische Krieg und die japanische Volkswirtschaft*, Leipzig: A. Deichert, 1906.

(31) 各論文の邦題は、前掲神戸『対楓庵雑記』二三〇～二三一頁の記述に基づく。

(32) 神戸正雄「租税原則ニ付キテ」（『京都法学会雑誌』一九〇七年一一月）。これは神戸が帰国直後に発表したもので、上述の"Finanz-Archiv"誌掲載論文を和訳したものと見られる。スミスの公正原理（「道義的原則」）、ワグナーの社会政策的財政論などに触れた上で、個々の議論の優劣については論じず、自ら不明瞭と認めざるを得ない「国家全体の利益」を持ち出すものであり、租税論としては粗雑な印象を免れないものである。

(33) 前掲神戸『対楓庵雑記』二三一～二三二頁。

(34) 神戸正雄「財政と道義」（『日本経済新誌』一九〇七年九月）。

(35) 神戸正雄「経済的活動の道義的指針」（『日本経済新誌』一九〇七年八月）。

(36) それ以外に寄稿していた雑誌としては、『太陽』、『中央公論』などのほか、河上肇の義兄藤田菊太郎が発刊した旬刊紙

『新広島』がある（個人蔵、筆者未見、『河上肇全集』第五巻「解題」五一五頁に発行の経緯が解説されている。なお『河上肇全集』は一九八二年から八六年にかけて岩波書店から刊行された）。

(37) 神戸正雄「国際経済競争ト我カ国民経済政策ノ大本」（『京都法学会雑誌』一九〇八年二月、京都法学会講演）。

(38) 神戸正雄「道義院設立の議」（『日本経済新誌』一九一〇年三月）。

(39) 神戸正雄「社会教育の必要」（『日本経済新誌』一九一一年二月）。同事件は、一九一〇年五月以降逮捕が進み、幸徳秋水らが処刑されたのは、一九一一年一月のことであった。

(40) 神戸正雄「租税ノ道義的基礎ヲ論ズ」（『京都法学会雑誌』一九〇八年一〇月）。「公共の利益の為めには各人の何物も犠牲に供せざるべからず公共の利益之を必要とせば生命も亦犠牲に供せざるを得ず況んや他日復た獲得の機会あるべき財産上の犠牲をや」とする神戸の論理は、後述する北一輝の私有財産没収論や山路愛山の議論と共通する面を持っている。

(41) 神戸正雄「国民性卑見」（『京都法学会雑誌』一九一三年一一月、「我国民性ノ研究（二）」）。同誌前号に掲載された、戸田海市「我カ国民性ニ付テ」に反論したものである。なお、戸田の議論の要点は、日本固有の団体主義によって欧米の個人主義を消化することを説くものであり、両主義の優劣を論じたものではない。これは、欧米思想の安易な受容を戒めると同時に、漸進的な受容を正当化する論理であると見ることができる。

(42) 以上は、神戸正雄「社会政策と生産政策」（『太陽』一九一二年三月）。

(43) 神戸正雄「長期休暇全廃論」（『太陽』一九一一年八月）。

第2節

(1) イギリスで河上と神戸は再会を果たし、二人で日英米博覧会の見学に出かけている（前掲『河上肇全集』第九巻、二七四頁、『社会問題管見』）。なお、第一次大戦についての神戸の反応については、本章第4節で言及する。

(2) 『貧乏物語』を第一次大戦における総力戦の観点から分析したものとして、牧野邦昭「『貧乏物語』再考——「ナショナリスト・河上肇」からの解釈」（『思想』一〇一三号、二〇〇八年）を挙げておきたい。

(3) 河上肇『祖国を顧みて』（実業之日本社、一九一五年）。

(4) 九月一一日から一二月二六日にかけて連載。翌一九一七年三月、単行本化（弘文堂）。

(5) 以下『貧乏物語』からの引用は、『河上肇全集』（以下、『全集』）第九巻収録版の頁数を本文中に記す。

(6) ここで言う「貧乏」とは、生活に最低限必要な物資を享受し得ない層を意味する。

(7) （一）と③、（二）と②、（三）と①がそれぞれ対応関係にある。

(8) 例えば大内兵衛は、この第三策を「社会主義」として扱っている（岩波文庫版「解題」、一八三頁、また、大内兵衛『河上肇』筑摩書房、一九六六年、三〇頁）。

（9）当時「大阪朝日」に在籍していた長谷川如是閑は、河上の原稿を検閲から守るため、河上との間で原稿の修正を繰り返したという（小林輝次「思ひつくまゝ」堀江邑一編『回想の河上肇』世界評論社、一九四八年、一八三頁）。また、河上自身の回想によれば、『貧乏物語』下編で、「社会主義」の語を用いて経済組織改造を論じようとしたところ、不慮の筆禍を恐れた鳥居素川（編集局長）が原稿を送り返してきたという（「改版社会問題管見序」一九二〇年三月、『全集』第一〇巻、五二一～五二四頁）。

（10）池上惇はこれについて、「官有化」と「民主的国有化」の区別が未分化である、という端的かつ鋭い指摘を行っている（池上「財政問題よりみた河上肇「貧乏物語」」『経済論叢』一二四巻五・六号、一九七九年、一一五～一一六頁）。

（11）一九一六年の社会政策学会大会の論題は「官業及保護会社問題」であった。大会での議論は、非効率な官業の廃止・縮小を唱える論者が多く見られた（大会では神戸正雄が報告者の一人。河上は欠席）。議論の流れに逆行して官業の拡大を是とする姿勢を見せた小川郷太郎や、社会政策学会大会については、本章で後述する。

（12）前掲大内『河上肇』三一頁。

（13）河上は「はたらけどはたらけど猶わが生活（くらし）楽にならざり、ぢつと手を見る」（石川啄木）を引用し、貧乏人にとっては、貧乏のほうが気楽でよいという達観は無意味であると述べている（二七～二九頁）。しかしかつて河上は、「一貧書生」の立場から、心安まることのない富豪はむしろ哀れな存在だと評したことがあった（「貧者の福音」『財界』一九〇五年一一月、『全集』第二巻、四三〇～四三四頁）。

（14）河上が後に振り返ったように、「組織改造と人心改造との二頭立ての馬車」のうち、組織改造論については、筆禍を恐れ充分には論じられないという事情があった（前掲「改版社会問題管見序」一九二〇年三月、『全集』第一〇巻、五二一～五二四頁）。

（15）瀧本誠一「福田氏国民経済講話及河上氏貧乏物語ヲ読ム」（『経済論叢』一九一七年七月）。瀧本は同志社大学教授。河上は瀧本との関係を「余りに懇意な間柄」としている（「滝本博士に就て知れることども」『大学及大学生』一九一八年八月、『全集』第九巻、四七六頁）。

（16）河上の自発的節倹論を批判する堺利彦は、不徹底な議論の背景に言論の制約を見て取っている（「河上肇君を評す」『新社会』一九一九年三月、『堺利彦全集』第四巻、法律文化社、一九七一年）。

（17）以下の議論は、杉原四郎『旅人河上肇』（岩波書店、一九九六年）第四章「『貧乏物語』の想源」で展開された議論を踏まえたものである。なお「現の世より夢の国へ」に言及する優れた分析としては、ほかに前掲牧野「『貧乏物語』再考」、武藤秀太郎「前期河上肇における社会政策論とナショナリズム――もう一つの『貧乏物語』」（『近代日本研究』二三巻、二〇〇六年、のちに『近代日本の社会科学と東アジア』藤原書店、二〇〇九年に収録）がある。

（18）一九一五年一二月五日付櫛田民蔵宛河上肇書簡（『全集』

第二四巻、二一九頁）。

(19)「貧困」（『大阪商工時報』一九一六年五月、『全集』第八巻、三七五～三八六頁）。一九一六年二月一八日、大阪市主催の商工講話会で行われた講演である。

(20) 京都大学経済学部経済資料センター所蔵。原資料では明確な闕字となっているかどうか微妙なところであるが、先に引用している杉原論文（前掲杉原『旅人河上肇』八三～九一頁）に従い、「凡て　天皇陛下」と闕字があるものとして引用した。

(21) 杉原四郎は、言論の制約という可能性にも触れた上で、河上は、社会主義移行の前段階として、個人主義から人道主義への転換を重要とする経済思想の史的発展論を有していたがために、人心改造論を結論として提示したのではないか、という「仮説」を提示している（前掲杉原『旅人河上肇』一〇六頁）。本書はこの点をあらためて考察するものである。

(22)「かの経済組織改造論者は凡て今日私人の営業に属しつゝあるものを尽く国家の官業と為し、凡ての人を尽く国家の官吏にしやうと云ふのであるが」（前掲河上『貧乏物語』一一〇頁）という記述がそれに該当する。前掲杉原『旅人河上肇』九一頁もこの点を指摘している。

(23) 経済組織を維持したままであっても、資本家が利他的に行動しさえすれば、私人の営業は国家の官業としての実を備えるに至るということである。

(24) 前掲武藤「前期河上肇における社会政策論とナショナリズム」一九二頁。また、前掲牧野「『貧乏物語』再考」一三八頁も参照のこと。

(25) 大内兵衛の証言によれば、一九一八年のある日、河上は社会政策学会員の意見を求めるために上京し、世界有数たる日本の官僚組織・国家組織を利用し、国家社会主義を実現するという構想を主張するが、高野岩三郎、櫛田民蔵らに反駁され、再考を約して京都へ帰っていったという（大内兵衛『私の履歴書』黄土社、一九五一年、一八三～一八五頁）。

(26) 山路愛山『現代金権史』（服部書店・文泉堂書房、一九〇八年）。一九〇七年三月から一二月にかけ『商工世界太平洋』に連載。一九〇八年五月に単行本化。本書では、大久保利謙編『山路愛山集』（明治文学全集三五、筑摩書房、一九六五年）に収録のもの（三～八七頁）を使用した。なお、連載していた『商工世界太平洋』は財界人向けの啓蒙雑誌であり、富豪への警世論的な主張は、雑誌の性格を反映している面もあるだろう。

(27) 前掲河上『貧乏物語』一一〇～一一一頁。

(28) 斯波貞吉、中村太八郎らが一九〇五年八月に結党。一九〇六年の電車賃値上げ反対運動では、日本社会党に協力するなどの活動を行ったが、一九〇七年結党禁止となる。国家社会党を視野に入れて山路の国家社会主義論を論じたものとしては、木村時夫「山路愛山の国家主義」（一）～（二）（『早稲田人文自然科学研究』第一号～二号、一九六七～六八年）が参考になる。

(29) 山路愛山『社会主義管見』（金尾文淵堂、一九〇六年）。本書では前掲『山路愛山集』八七～一三六頁収録のものを使用した。

(30) 山路は国家社会主義を、マルクス主義とは異なる「独立の思想」、「日本流」などと位置づけていた。ここでこの点に注目するのは、日本独特の思想として国家主義を捉える点で、後述する河上の「日本独特の国家主義」と共通する問題意識が存在しているからである。

(31) 北一輝『国体論及び純正社会主義』（『北一輝著作集』第一巻、みすず書房、一九五九年〈原著は一九〇六年〉）四〇四頁、四二八頁。山路の論理は「資本家地主の良心」に期待するものであり、階級闘争に無知であると批判されている。

(32) 河上が京大に寄贈した『国体論及び純正社会主義』九二六頁（京都大学経済学部図書館所蔵、河上肇文庫）。

(33) 「貨幣経済の時代」（『実業世界』一九一〇年六月、『全集』第五巻、二三六～二三七頁）。

(34) 管見の限りでは、河上が山路に直接言及している論稿は、（国家社会主義とは無関係の）論語に関する文脈のなかで若干触れるものがあるのみである（「孔子の経済思想」『財界』一九〇五年六月、『全集』第二巻、三六六～三六八頁）。

(35) 河上は佐藤の議論を、国家の公営（私人取引の禁止）、全国民の官吏化、公営事業の利潤による政費調達（租税全廃）とまとめている（「幕末の社会主義者佐藤信淵」『京都法学会雑誌』一九〇九年一〇月、『全集』第六巻、三三四～三四七頁）。

　河上の論を読んだ福田徳三が、佐藤信淵の「非」社会主義的像を証するものと指摘したように（「ボアギユベールの貨幣論と三浦梅園の貨幣論」『国家学会雑誌』一九一〇年六月）、佐藤に見出せるのは狭義の社会主義ではなく、あるとすれば国家社会主義のアナロジーである。

　いまこの問題には深く立ち入らないが、河上が依拠した佐藤の「垂統秘録」（尾藤正英・島崎隆夫校注『安藤昌益 佐藤信淵』岩波書店、一九七七年、四八八頁以下）は、君主が実施すべき国家繁栄の機能的再編成案を示したものである。

(36) 前掲山路『現代金権史』八五頁。「金持が自身を以て国家社会の為めに管財人なりと心得ること」は、A・ワグナーの主張と同趣旨であると主張している。

(37) この点については、池田浩太郎「国家社会主義と社会政策――アードルフ・ワグナーの社会政策思想」（津田眞澂・山田高生編『社会政策の思想と歴史』千倉書房、一九八五年）が詳しく論じている。

(38) この点につき木村時夫は、山路の主張は土地国有、重要産業の国家管理に触れない漠然とした方策だと指摘している（前掲木村「山路愛山の国家主義」（一）、一二四頁）。

(39) 前掲北『国体論及び純正社会主義』一頁。北が同書の冒頭で宣言したのが「所謂講壇社会主義といひ国家社会主義と称せらるゝ鵺的思想の駆逐」を目指すことであった。

(40) 高畠素之は一九一九年四月に『国家社会主義』を創刊するが、その第二号では、State-Socialism＝国家社会主義、National-Socialism＝国民的社会主義と訳した上で、State-Socialismは社会改良主義（社会政策論）であり、むしろ社会主義には敵対するものとして排斥する。高畠が選択したのは、「国家社会主義」の名称を用いながら、National-Socialismを推進することであった（高畠素之「社会主義研究問答」『国家社会主義』一九一九年六月）。

国家社会主義と国民社会主義の違いは、「要するに前者は国家至上主義であり、後者は祖国至上主義である。ひとしく至上主義とはいふもの、前者は個人や階級に対する国家の優越性、本源性を主張するものであり、後者は諸外国に対する自国の優越権、自主権を要求するものである」という林癸未夫の説明が参考になる（林癸未夫『国家社会主義原理』章華社、一九三二年、二三二頁）。林の言う国家社会主義は高畠が定義する社会改良主義とは異なるが、国家／国民主義と社会主義の結合形態の差異という点ではこの区分は有益である。

いずれにしても、「国家社会主義」なる用語が与える印象は極めて多義的かつ曖昧であり、ナチスの国家社会主義（正しくは「国民社会主義」と言うべきであるが）と社会政策論の間には相当の距離がある。だがここで重要なのは、「国家社会主義」の正確な定義を追い求めることではなく、「国家社会主義」で表されるものには、国家が社会を統御するという共通した志向があると共に、政策の手段としては多義的でありうるということを認識することである。

(41) 『全集』第三巻、三三二頁（『社会主義評論』一九〇六年）。ここで言う「民主社会主義」とは、端的にはマルクスの社会主義を意味する。

(42) 前掲『社会主義評論』では、経済的不平等の救済を目的とする点に両者の共通性を見出し、両者の違いを強調する社会政策学会を批判している（『全集』第三巻、一三頁および三三頁）。

(43) 社会主義は誤っていても深い哲学を有するが、社会政策には哲学が確立されていないというのが福田の問題意識であったが、河上はこれに対し、個人を人格的存在として取り扱うのが社会政策の哲学であると反論した。それは「旧思想」への対抗的思想である個人主義、社会主義にも共通する思想であり、社会政策学会員は、社会政策と社会主義の違いを殊更に強調しているというのが河上の見方であった（この点は、社会政策学会論叢第五冊『労働保険』同文館、一九一二年所収の、福田「私法学と社会政策」、河上「社会政策の哲学」）。

なお、社会政策学会論叢シリーズは、「社会政策学会史料集成」として復刻されており（御茶の水書房、一九七七〜七八年）、本書でも復刻版を使用した（以後、シリーズ番号とタイトルのみ掲載する）。

(44) 前掲「幕末の社会主義者佐藤信淵」を執筆する一年前には、佐藤を社会政策学会の先駆者として位置づけている（「佐藤信淵を憶ふ」『日本経済新誌』一九〇八年一〇月、『経済と人生』第三編に収録、『全集』第六巻、六九〜七一頁）。また、『貧乏物語』では社会主義として扱っているドイツの戦時政策を、前掲「貧困」では社会政策と位置づけている。

(45) のちに河上は、国家経営の導入のみでは一般民衆の利益にならない国家資本主義にとどまり、真の国家社会主義ではないと認識するようになる（『近世経済思想史論』一九二〇年、『全集』第一〇巻、一七一頁〈一九一九年八月の講演〉）。

(46) 内田義彦「明治末期の河上肇」（山田盛太郎編『日本資本主義の諸問題』未来社、一九六〇年）。河上の転換として挙げられる代表的論文は、「時勢の変」、「日本独特の国家主義」、「政体と国体」などであるが、これらについては後述する。

(47) 以下、「憲法上天皇の地位を論ず」（『明義』一九〇二年八月、『全集』第一巻、五九～六一頁）、「帝国憲法変更ノ手続ニ関スル疑義」（『国家学会雑誌』一九〇二年八月、『全集』第一巻、六六～七一頁）の二編に依拠して論ずる。河上の主張をめぐって巻き起こった論戦については、差し当たり、大野英二「解題」（『全集』第一巻、四八五～四八六頁）を参照のこと。また、国体論とは無関係のものだが、河上は東大入学直後に「憲法に対する一疑義に答ふ」を『万朝報』に投稿、掲載されている（『万朝報』一八九八年一一月一五日、『全集』第一巻、三四～三六頁）。

(48) なお、「協賛」について触れている条文は、三七条「凡テ法律ハ帝国議会ノ協賛ヲ経ルヲ要ス」、六四条一項「国家ノ歳出歳入ハ毎年予算ヲ以テ帝国議会ノ協賛ヲ経ヘシ」である。

(49) 『全集』別巻、二一〇頁（年譜）。

(50) 前掲『社会主義評論』第八信（『全集』第三巻、二〇頁）。

(51) 三田剛史『甦る河上肇――近代中国の知の源泉』（藤原書店、二〇〇三年）一四〇頁。

(52) 以下、前掲『社会主義評論』第九信（『全集』第三巻、二二～二三頁）。

(53) これについては、大野英二「初期河上における経済政策論――輸入米課税論争をめぐって」（『経済論叢』一二四巻五・六号、一九七九年）が詳しく論じている。

(54) 「農産物に対する保護関税の利害」（『税務行政』一九〇六年四月、『全集』第二巻、三八五～三八六頁）。

(55) 「奢侈的農業を起せ」（『読売新聞』一九〇六年一一月二六日、『全集』第三巻、四三三～四三四頁）をはじめ、河上は再三この主張を繰り返している。

(56) この点は、すでに前掲内田「明治末期の河上肇」一七六～一八九頁が国際分業と国内分業の違いという点から、精緻な論証を提示している。

(57) 河上は社会政策学会大会での講演「経済社会終極の理想」で、移民政策の根本問題が、個人の自由意思の実現にあることを示した上で、「自由を得せしむると云ふことが之が国家当然の任務」としている（前掲「社会政策学会論叢」第三冊『移民問題』二五七～二六八頁所収、一九〇九年一二月二〇日の講演、『全集』第五巻にも収録）。こうした国家観は『貧乏物語』に至るまでの河上に一貫して存在している。

(58) 北と河上との関係については、宮本盛太郎「北一輝と河上肇」（『全集』第二三巻、月報二一、一九八三年）、細川元雄「河上肇の蔵書」（『品野台』八巻三・四号、一九七五年）が、『国体論及び純正社会主義』に対する河上の評価という点を軸に論じている。

(59) 『北一輝著作集』第一巻（みすず書房、一九五九年）。北に関して書かれたものは多いが、『国体論』についてまとまった考察をしているものとしては、差し当たり、渡辺京二『北一輝』（筑摩書房、二〇〇七年）、岡本幸治『北一輝』（ミネルヴァ書房、二〇一〇年）を挙げうる。本書はこれら先行研究が明らかにしている点について大きな修正を試みるものではない。神戸や河上の同時代の一人の論者として、また、国家と自由・平等の関係を思考した論者として、北の議論を比較可能なものとして提示することが筆者の本意である。後述するベルゲマンへの着目も、それと同じ意識に基づいている。

(60) 北に宛てた福田の書簡は、前掲『北一輝著作集』第三巻、五八〇頁に収録。河上の書評は、「経済時事（二）」（「読売新聞」一九〇六年五月一〇日、『全集』第三巻、二一五頁）。この書評は、「無名の一学究」にして、千頁を超える大著を自費出版した北の勇気を賞賛することに重点を置いており、内容には深く立ち入っていない。

(61) ここでいう国家社会主義が社会政策論と同義であることについては、前述した通りである。

(62) 北が言う「個人」は、「労働者」といった具体的かつ部分的な意味でのそれではなく、より抽象的な意味での「個人」である。また、個人と社会の関係については、「個人が一個体として意識する時に於て之を利己心と云ひ個人性と云ひ、社会が一個体として意識する時に於て公共心と云ひ社会性と云ふ」（『国体論』一〇五頁）と説明されている。つまりそれは存在を把握するレベルの違いでしかない。また、国家と社会の関係については、「社会国家」「国家社会」の字句が頻繁に使われている通り、これも一体のものとして捉えられている（前掲『北一輝著作集』第一巻の神島二郎の解説にも見えるように、この点は北の問題点としてしばしば批判の対象となる）。この立場は、国家と社会を明確に区別する論――例えば長谷川如是閑のそれ――とは大きく異なるように見える。しかし北は国家を「社会と云ふ者の有する団結的権力」（『国体論』二四二頁）という視点から捉え、国家を社会の側に引き寄せて国家主義を論じているのであり、単純な国家万能主義でもなければ国家と社会を混同しているわけでもない。むしろ、如是閑が社会の側から国家を統御する「国家の社会化」を唱えたのに通じる面がある（手近なところでは、長谷川如是閑「国家の進化と愛国的精神」『長谷川如是閑評論集』岩波書店、一九八九年、初出は『改造』一九二〇年九月、を参照のこと）。

(63) 「ダーギンによりて悪魔の声の如く響きたる生存競争説は、終にクロポトキンに至りて相互扶助の発見となれり」（『国体論』一〇六頁）という一節は印象的である。ただし北が生存競争を全面否定しているわけではない。

(64) 永井柳太郎は北を「日本のラッサール」と評したが（前掲『北一輝著作集』第三巻、五五四頁）、土地公有を眼目としつつ、その手段として普通選挙を説く点で北とラッサールは共通しており、的確な評と言えよう。ラッサールについては、差し当たり、江上照彦『ある革命家の華麗な生涯――フェルディナント・ラッサール』（社会思想社、一九七二年）を参照のこと。

(65) 北は「社会」とほぼ同意義の用語として、「公共心」、「公共道徳」など「公共」の語を用いている。

(66) 社会進化論の立場から、「偏局的個人主義」は「分化」という意味での進化、「偏局的社会主義」は「同化」という意味での進化と説明される。

(67)　北が丘浅次郎の進化論を批判的に継受したことはよく知られている。例えば競争という概念の導入は、おそらく丘の影響を受けた部分であるといえるだろう。それはそれとして、ベルゲマンの影響を考えることは決定的に重要であるということを以下の本文で示す。

(68)　北はこれをベルゲマンの言として挙げているが（『国体論』八七頁）、北が参照したと思われるベルゲマンの著作には、「人は只社会によりてのみ人となる」というフレーズそのものは見当たらない。ベルゲマンの論理全体を、北が要約したものと見ることが妥当であろう。

(69)　原著は、Paul Bergemann, *Aphorismen zur sozialen Pädagogik*, 1899 であり、七〇頁強の小冊子である。

この訳本として最初に世に出たのは、吉田熊次訳『ベルゲマン氏社会的教育学及進化的倫理学』または杉山富槌訳『社会的教育学』（共に一九〇一年一月の発行）である。吉田訳は、ベルゲマンの簡潔な伝記と主著の翻訳集であり、『社会的教育学綱領』として収録されているのが、上記原著に当たる。杉山訳は、詳細な解説が頻繁に挿入されているほか、学術用語が今日使われているものに近い。熊谷五郎訳『社会的教育学』（一九〇二年七月発行）は、杉山よりも先に翻訳が完成していたこと、杉山訳が「毎頁誤訳極めて多」いことなどを主張している（同訳「序」）。訳の文体はより漢文調であり、また、「附録」として収録された熊谷の論文・訳文のほうが大きな比重を占めている。稲垣末松訳『社会的教育学綱要』（一九〇五年九月発行）は、ベルゲマンから翻訳許可を得ていることを明記し、ベルゲマンからの書簡を掲載している。原文にない措辞等を挿入したことを断っているが、その分平易な訳となっている。

(70)　先述の四種の邦訳は、それぞれ訳語に違いがあるが、最も大きな違いは、訳語に「社会主義」を使用する頻度の差であり、原因のひとつはベルゲマン自身が「社会主義」の用語を慎重に用いたためであった（前掲 Paul Bergemann, *Aphorismen zur sozialen Pädagogik* 第二章部分、八頁）。これにつき、稲垣以外の三者の訳では、誤解を避けるため「社会主義」と同意義のほかの単語を使う旨が訳出されている（熊谷訳では、「社会主義」＝「社会党」との誤解を避けるためだという、原文にはない記述を追加している）。

そのため、吉田訳では「世界主義」、杉山訳では「普遍主義」、熊谷訳では「一般主義」が「社会主義」に代えて使用されている。稲垣訳では、「宇宙主義」、「世界主義」、「国家主義」が「社会主義」と同一異名であることには触れているが、ベルゲマンの慎重な姿勢をうかがわせる部分は訳出せず、本文中でも（おそらく意図的に）「社会主義」の語を頻繁に用いている。

(71)　ベルゲマンは、平行四辺形の両辺（極端な個人主義と極端な社会主義）を調和することによって生まれる合力（平行四辺形の対角線）は、より強力（長い）であると説明している。

(72)　ベルゲマンは、個人精神を尊重した上で社会意思の存在を唱えた先駆者として、ヘーゲルを高く評価している（稲垣訳四四頁）。A・コントについては、社会意思の実体を証明した一人として、ミルやスペンサーらと共に言及している（稲垣訳四九頁）。

(73) 例えば、「天才とは其の時代までの社会的遺伝の智識即ち社会精神を一たび一身に吸入し、吸入したる材料を其の変異なる構造力によりて自己個性の模型に之を構造し之を後代の社会精神として社会の上に放射す」（『国体論』一九三頁）が、北によるその明確な定義である。

(74) この部分は、北が階級闘争を、下層階級が模倣と同化によって上層階級に進化し、やがては上層階級自体をさらに進化させるプロセスとして位置づけていること（三九三頁）と併せて理解するべきところである。

(75) それを導く要因のひとつは「美」の進化であり、「神類」は人類が恥ずべき排泄作用と交接作用（性交）を脱却した存在として描かれている。これはベルゲマンが言及した「美」の進化論の延長線上にあるものである。

(76) ベルゲマンは、すべての個人が「天才」に化する過程までは論じていない。ベルゲマンの論理を突き詰めると北の議論につながるということができる。その意味で北の議論は、ベルゲマンの論理をより明確に発展させたものと見なすことができよう。

(77) 「殊に欧米の如く個人主義の理論と革命とを経由せざる日本の如きは、必ず先づ社会民主々義の前提として個人主義の充分なる発展を要す」（『国体論』一頁）。

(78) 例えば、「今や又個人が終局目的なりとする思想は社会が利益の主体なりと云ふ新たなる他の正義によりて打ち消されたり」といった記述は、北のこの考えを明示している（二九頁）。

(79) これは、今後は他国の自由を尊重すべきであるという文脈で述べられたものである。

(80) 北の日露戦争観は、国民は「天皇の利益の為めに日露戦争の戦われたりとせずして「国家の為めに」と云ふ国家主権論の社会主義を以て其の門出の涙を拭ひつゝは非らざりしか」（三六八頁）というものであった。そしてこれに基づき、個人の生命が国家社会のために犠牲となる「社会主権」の時代にあって、「社会の主権が社会の生存進化の利益の為めに已に其の「最高の所有権」として有する土地と資本とを経営するに何の法理学が之を妨げるものぞ」としている（四〇八頁）。

(81) 北にとって「調和」という単語は、「資本と労働の調和」を唱える講壇社会主義者への批判的イメージをともなって意識されるものであり、「革命の前には常に調和折衷の好名辞を以て怯懦蒙昧なる言議を見る」（四〇一頁）のように、プラスイメージとしては使われないものであった。

(82) 北昤吉「兄北一輝を語る」（『中央公論』一九三六年七月）。ここでは、西園寺内閣が言論の自由に寛容なことを期待して、北が『国体論』の出版に踏み切ったことも語られている。

(83) 『国体論』発禁の二カ月後、北は政府の忌憚に触れる恐れの少ない第三編を『純正社会主義の哲学』として再び世に問い、河上にも贈呈している（京大河上文庫に現存）。なお、

『国体論』も河上文庫の蔵書中にあるが、北から贈呈されたものなのかは不明である。この点については、前掲宮本「北一輝と河上肇」が詳しい。

(84) 「純正社会主義の哲学を読む」（「読売新聞」一九〇六年八月二一日、『全集』第三巻、二八七〜二八九頁）。なお、本節注（60）で触れた通り、河上は『国体論』出版直後に書評を書いているが、内容に踏み込んで論じたものではなかった。

(85) 河上は伊藤証信が唱える「無我の愛」に絶対真理を見出し、「読売新聞」に連載中の「社会主義評論」を突然打ち切り、無我苑での宗教的実践活動に身を投じたという、よく知られていた経緯があった（その後二カ月ほどで伊藤とも訣別）。

(86) 前述の京大河上文庫所蔵『国体論』四六八〜四六九頁。この書込みに関しては、前掲細川「河上肇の蔵書」一〇五頁が触れている。なお細川は最後の部分を「社会主義者也」と解読している。現存する京大所蔵本の該当箇所は、ページの端が摩耗しているため明確に読み取れないが、「者」ではなく「論」の旁りの部分と判読できるため、本書では「社会主義論」とする。

なお、今後の河上研究発展のためと割り切りさらに付言しておくと、本文中に引用した「凡テガ物質的」を含む一節も、細川の解読と筆者の解読とは異なる。「著者ノ見解ハ凡テガ物質的也、非人情也、未た科学と智識とを超越するを知らず、故に凡て浅し」というのが、筆者の解読である。

(87) 『全集』第三巻、七〇頁（『社会主義評論』一九〇六年）。

(88) 「片山先生に呈す」（『労働世界』一九〇二年九月、『全集』第一巻、七二〜七三頁）では、明確ではないながらも社会主義に一定の共感を示し、「矢野龍渓著新社会を読む」（『明義』一九〇二年九月、『全集』第一巻、七四〜八一頁）では、社会の不平等を救済するのが社会主義であるならば、「吾人は社会主義者たるを憚らず、然り又誰か社会主義者たらざるものあらんや」としている。

(89) 例えば、住谷悦治『日本経済学史』増補版（ミネルヴァ書房、一九六七年）三八一〜三八二頁。

(90) 「社会主義者の新傾向」（「読売新聞」一九〇六年四月一〇日、『全集』第三巻、二〇一〜二〇二頁）では、社会主義者の私生活上のスキャンダルが青年層の失望を招いたとして、「平民新聞時代」が社会主義者の人格上の問題で終わりを迎えたとしている。

(91) 「経済的人生観」（『財界』一九〇五年五月）。なお、前号（同タイトル）では、財物が幸福には直結しないことが説かれている（両論説は、『全集』第一巻、三九九〜四〇三頁）。もちろんこれも社会主義の物質主義的側面への批判の一例である。

(92) 「経済時事［一］」（「読売新聞」一九〇六年五月八日、『全集』第三巻、二一一〜二一二頁）。

(93) 「貧富懸隔の離離」（『財界』一九〇五年八月、『全集』第二巻、四一〇〜四一一頁）。ここで河上は、貧者があまりに多いのは問題だとする一方、貧者が消滅すれば車引きがいなくなり社会の不利益を招くとし、貧者がある程度存在することは必要だとしている。

(94)「生活難」(『日本経済新誌』一九〇八年七月、『全集』第四巻、三四七～三五三頁)。

(95) 前掲「片山先生に呈す」でも、悲観的見方を排して「造化の妙」を信頼すべきことが説かれており、例えば「生活に必要なる物ほど沢山で安値」(『女鑑』一九〇八年二月および三月、『全集』第四巻、二一〇～二一八頁)では、水や空気は無料であり、生活必要物も低廉であることが説かれる。
なお、社会主義への共感を示した「片山先生に呈す」のなかで「造化の妙」が説かれているように、社会主義への共感と批判が一体のものとして存在していたことには注意が必要である。

(96) 孟子によるこのフレーズを河上は頻繁に用いた。この時期の論説では、「経済と道徳」(『日本経済新誌』一九〇七年五月、『全集』第四巻、二八～三二頁)で、「恒産なくして恒心ある者は惟だ士のみ能くするを為す」、つまり「士」であれば「恒産なくして恒心あり」になりうるという点を、社会主義者が無視していると批判した部分が目につく。『貧乏物語』では、恒産は恒心につながるという視点で経済的格差を問題にする一方、教育などの力で恒心そのものを醸成する必要性を指摘しているが、これは人心改造論という『貧乏物語』全体を貫く視点の背景となっている。

(97)「矛盾と調和」(『沖縄毎日新聞』一九一一年四月九～一九日、『全集』第五巻、四八四～四九二頁、四月一一日掲載分)、「経済上の理想社会」(『中央公論』一九一〇年三月、改稿の上『経済と人生』第二編に収載、『全集』第六巻、三三五～四四四頁)。同様の点はすでに前掲三田『甦る河上肇』二二三頁で指摘されている。

(98) 前掲河上「純正社会主義の哲学を読む」。人類が滅亡し神類となる過程を、「或人」の言葉として掲げ、北に同感の意を表している。「或人」とは、北が参照し批判の対象ともした丘浅次郎を指している(前掲河上「経済上の理想社会」を参照のこと)。丘の説は、進化した人間がやがて退化し滅亡するというものであったが、河上は、病気がなくなれば病院が滅亡し、人類が神類となれば人類が滅亡するように、あるものが、より高次の段階に到達するという意味でこの言い回しを用いている(河上によれば、丘の「悲観的予言」に対する「楽観的理想」である)。

(99) 念のため断っておくが、河上の社会進化論的言説が、すべて北から摂取したものだと述べているのではない。河上はそれ以前から一般的な進化論理解を持っていたし、ほかの思想家との関連も考慮する必要があるのは当然である。しかし『国体論』に示した関心と、以下本文中で述べる河上の社会進化論への態度を考慮すれば、北の影響を指摘することが重要であることは理解されよう。

(100)『日本経済新誌』一九〇九年六月(『全集』第四巻、五一〇～五一四頁)。

(101)『日本経済新誌』一九〇九年五月(『全集』第四巻、四七九～四八一頁)。

(102)『内外教育評論』一九〇九年四月(『全集』第四巻、四七四～四七八頁)。

(103) 河上肇訳『歴史之経済的説明　新史観』（川岡書店、一九〇五年）。セリグマンの原著は一九〇二年発行。河上が唯物史観に出会ったのはこの時だというのが一般的な理解であろう。この訳書の下編第一章には、「所謂偉人の大事業は偶々彼が時勢に乗じた結果たるに過ぎないのであります」との一文がある（同書九七頁）。

(104) これは直接的には、死刑制度を「今日の正義に非らず」とするものであった。

(105) 代表的なもののタイトルを簡略に示せば「真理の進化」、「進化と分化」、「ダーキニズムとマルキシズム——進化論と社会主義」、それに『時勢の変』などがある。

(106) 前掲内田「明治末期の河上肇」一八九〜二〇〇頁。

(107) 「政体と国体」（『京都法学会雑誌』一九一一年三月、のち『経済と人生』第四編として収載、『全集』第六巻、九三〜一一四頁）。「日本独特の国家主義」（『中央公論』一九一一年三月、のち『経済と人生』第五編として収載、『全集』第六巻、一一五〜一三九頁。なお、脱稿は二月一四日であり、この直後に「政体と国体」を執筆している）。

(108) 「貿易の逆潮如何」（『日本経済新誌』一九〇八年五月、『全集』第三巻、二七〇〜二七七頁）、「貿易の景況」（同一九〇八年六月、『全集』第三巻、三二六〜三二八頁）などを参照のこと。

(109) 前掲内田「明治末期の河上肇」一九五〜一九六頁。また河上は、こうした競争に立ち遅れた衰亡の結果として、韓国併合（一九一〇年八月）を理解している（「河上法学士講演」『衣笠蚕友会報』一九一〇年一二月、『全集』第五巻、四七〇〜四七八頁。講演日は一九一〇年一一月一一日）。

(110) 前掲「日本独特の国家主義」一一七頁。この点は、後述する国家と個人の関係、すなわち国家社会を作り上げるのは良くも悪くも民衆の意識であるという視点を踏まえる必要がある。

(111) 「拝外の陋風——我国固有の文明を発揮せよ」（「読売新聞」一九〇六年一〇月一一日、『全集』第三巻、四二四〜四二六頁）。

(112) 「自由と強制」（『日本経済新誌』一九一〇年四月、のち『経済と人生』第三編として収載、『全集』第六巻、八九〜九一頁）。

(113) 「英国政界の実情」（『日本経済新誌』一九一〇年二月、『全集』第五巻、一九一〜一九五頁）。

(114) 以下前掲「日本独特の国家主義」一一八〜一二四頁を中心に論じる。

(115) 「崇神天皇の朝神宮皇居の別新たに起りし事実を以て国家統一の一大時期を画するものなりと為すの私考」（『経済学研究』下篇第九章、『全集』第六巻、三〇八〜三一六頁、初出は『京都法学会雑誌』一九一一年一月）。

(116) 河上は通説の代表として有賀長雄の名を挙げている。有賀の説明は、父祖と同じ感覚で捉えられていた神が、時代を経てより神聖な意識で捉えられるようになると、神と同居することを畏れ多いとする天皇が、神宮と皇居を分離したというものであり、『日本書紀』の記述に基づいた解釈であった。

河上は、『書紀』のうち、神宮皇居の別という歴史的経過についてはそのまま受容するが、それが発生した理由については『書紀』の記述を採用していない。

(117) この点に関しては、住谷一彦『河上肇研究』（未来社、一九九二年）二二八頁。

(118) これが、「猶ほ各氏族は皆な其れ其れの祭神を有せしの事実」、つまり八十万（やそよろず）の神との違いである。

(119) 『書紀』の全面的採用の否定、神武天皇から崇神天皇に至るまでを一代二五年ないし三〇年として計算していること、などがその例である（いわゆる「二千五百年史」の否定）。

(120) この点は、前掲「日本独特の国家主義」一二三～一二四頁。「日本は神国なり」とする国民の信仰は、天皇を神の宗家ゆえに敬う信念（祖先崇拝）ではなく、国家が神であるとの信仰の下、その国家の代表者としての天皇を仰ぎ奉るという点で、「日本独特」の態様を持っているとされる。これは天皇を国家の公的「機関」と見なす論理であった。

(121) 河上は例えば、「言論の拘束の爾く厳重なる所以は、爾か拘束する事が民衆一般の要求たり輿論たるが為めに外ならず」（「日本独特の国家主義」一三一頁）としている。

(122) 原理的には、民衆の意思次第で天皇制を解体しうることをも意味するが、河上がそれを望んでいたわけではないだろう。そうではなく、天皇を支える民衆が公的な存在として、その内容を変化させていくことを望んでいたと解するべきである。

(123) なお、「皇帝でもなく、」の一節は、後から原稿に挿入されたものである。

(124) 「河上肇氏講演」（『神戸高等商業学校学友会報』一九一〇年二月、『全集』第五巻、一九六～二〇〇頁）。「進化と分化」という演題で、一九〇九年一二月に行われた講演。掲載に当たり筆禍を恐れた河上は、その後半部分を削除している。なおここで河上は、政教分離＝経済的国家（つまり欧米）と、祖先崇拝と自然物崇拝を混同する国家（つまり日本）を対置させるが、かつての日本が、本地垂迹説で仏教を受容し、「甘（うま）く国体と調和」し得たことを論じている。これは「日本独特の国家主義」にも通底する視点である。

余談になるが、この講演は戸田海市の代理として急遽務めることになったものであり、河上は、神戸正雄に代理を依頼したところ、「かんべ」（勘弁）してくれと断られたため、結局自身が講演をすることになったという冗談めいた説明をしている。

(125) この例は、河上「心的改造と物的改造」（『社会問題研究』一九二一年三月、『全集』第一一巻、三〇七～三一三頁）。ここでは、人心改造論に重きを置かなくなった河上の心境が語られる一方で、理想主義を批判する大山郁夫に対し、理想主義の価値を主張している。

(126) ロイド・ジョージの手腕を高く評価した『貧乏物語』は、しばしばそのような位置づけを与えられるが、同時期においても、聖賢の出現を期待するよりも制度改良を優先すべきであるという批判があった（藤田喜作「河上肇氏『貧乏物語』」『日本社会学院年報』一九一七年六月）。

(127) のちに河上と神戸正雄は、普選問題に関して、当事者同士にしかわからない形で（やや感情的な）論争を行っているが、河上の批判点は、神戸が時代の要求に呑まれ、普選を「理論上正当」と見なしていることにあり、「時代が強制」することの恐ろしさ――そこでは必ずしも真理ではない輿論の力、すなわち「社会的必要」が「社会的正義」となる――を提示することにあった（河上の論稿は「理論としての及び勢としての普選」「大阪毎日新聞」一九二四年一月一～三日、『全集』第一四巻、四〇～四六頁）。

また河上による批判の含意は、一般人に政治的平等を与える普選を正当だというのであれば、経済的平等を実現する社会主義も正当と主張するべきであるということにあった（これは社会主義に中途半端な姿勢を見せていた神戸への批判を含意していたかもしれない）。

なお、確かに神戸は普選を「理論上正当」と述べていたが、その部分は前置きに過ぎず、本心は普選実行による租税制度の歪曲化への懸念にあった。その点は第2章で後述する。河上が批判した神戸の論説は、神戸正雄「普選と租税」（『時事経済問題』一九二三年一二月）、神戸による河上への反論は、神戸正雄「重ねて普選と租税とに就きて」（『時事経済問題』一九二四年二月。脱稿は一月六日）。

(128)　「時局に対する国民の覚悟」（『京都経済会講演集』一九一六年三月、『全集』第八巻、三二五～三二六頁）。

(129)　河上は、輿論を真理と見なしていたわけではないし、むしろ無自覚な民衆による輿論とそれが持つマイナス面に批判的であったように思われるが、『貧乏物語』では、その点には触れていない。また、輿論と「豪傑」あるいは「先覚者」との関係を河上がどのように考えていたかは大きな問題であるが、それは後日の課題としたい。

(130)　有馬頼寧『七十年の回想』（創元社、一九五三年）二〇二～二〇三頁。『貧乏物語』で説かれた富者責任論に啓発された有馬は、河上の希望に沿うことが読者の一人としての義務と考え、何らかの形で社会のために働くことを念願したという。

(131)　前掲神戸「『貧乏物語』」（『我等』一九二〇年一月）。

(132)　河上は一九一九年五月に『貧乏物語』を絶版とし、翌年三月には「この古き衣はとても繕へるものでない」として改版を断念する（「改版社会問題管見序」『全集』第一〇巻、五二一～五二四頁）。

第3節

(1)　これを批判的に回顧したのが、前掲池田「「社会政策論の方向転換」への旅（下）」である。

(2)　大島清『高野岩三郎伝』（岩波書店、一九六八年）八五～八六頁。

(3)　松尾尊兊は、社会政策学会の中間派に着目する必要性を早くから唱えていた（松尾尊兊『大正時代の先行者たち』岩波書店、一九九三年、四六～四八頁、初出は一九六二年）。松尾が右派の代表格として第一回大会における添田寿一の発言を挙げ、それとの違いで中間派を理解している点には賛同できないが（当時の添田は来賓という立場であり、のちに会員にはなるが主要メンバーではない)、この視点は重要である。

(4) 以下、事実関係については、前掲『社会政策学会史料』第二部「社会政策学会小史」(初出は、関谷耕一「日本「社会政策学会」史」(一)および(二)、福島大学経済学会『商業論集』二六巻四号、二七巻一号、共に一九五八年)を参照した。

(5) 『国家学会雑誌』一八九九年八月に掲載。『工場法と労働問題』(社会政策学会論叢第一冊、一九〇八年)序言部分などに転載(本書ではこれを引用した)。

(6) 河津暹「社会政策総論」(『社会政策大系』第二巻、大東出版社、一九二六年)一〇頁

(7) 大河内一男『社会政策(総論)』増訂版(有斐閣、一九八〇年)七頁の訳による。

(8) 前掲河合『金井延の生涯と学蹟』七〇頁。

(9) 参考までに、社会政策学会大会の各回のテーマ(神戸が参加した回のみ)と神戸の活動記録を記す。

第一回「工場法と労働問題」(一九〇七年)、神戸は討議で発言し、「労働者保護の方法に付て」を講演。第二回「関税問題と社会政策」(一九〇八年)、第二報告を担当。第三回「移民問題」(一九〇九年)、「移民か移物か」を講演。第四回「市営事業」(一九一〇年)、「交通機関の発達の地価に及ぼす影響」を講演。第五回「労働保険」(一九一一年)、「開会の辞」を述べ、討議で発言、「財政の心理」を講演。第六回「生計費問題」(一九一二年)、「家計統計に就て」を講演。第一〇回「官業及保護会社問題」(一九一六年)、第二報告を担当。

(10) 以下は、前掲『工場法と労働問題』所収の発言および隅谷三喜男による「解題」を参照されたい。

(11) 前掲『工場法と労働問題』一二二~一二三頁(神戸の名が目次から欠落しているため、特に頁数を記した)。

(12) 神戸が生産政策の観点から大工業を重視していたことは後述する。

(13) 神戸正雄「労働者保護の方法に付て」(前掲『工場法と労働問題』所収)。

(14) 第二回大会は、「社会政策より観たる関税問題」を共通論題として一九〇八年一二月に開催。前掲社会政策学会論叢第二冊『関税問題と社会政策』に収録(神戸の報告は三二~六五頁)。

(15) 大陽寺順一「解題」(前掲『関税問題と社会政策』所収)。

(16) 『金井教授在職二十五年記念　最近社会政策』(有斐閣、一九一六年)に収録された福田徳三の論文、「生存権の社会政策」を指す。ここで福田は、金井を中心とする社会政策論の時代が終わりを告げたことを暗示し、新しい社会政策論を確立することを謳った。なお同論文集は、神戸や河上肇をはじめとする社会政策学会員の論文を収録したものである。

(17) 第五回大会(「労働保険」)で、労働保険の強制を否定して労働者相互の自助を説いた高野岩三郎に対し、神戸は自助と強制が両立するとして国家による強制労働保険を認め、それにより自助が助長される展望を描いた。

その一方、同じ第五回大会の講演「財政の心理」では、官

僚の「予算分捕り主義」や文房具の私的消費を批判し、第一〇回大会（「官業及保護会社問題」）でも、党略に走る政府と官僚経営への不信を理由に、生産政策における官業のデメリットを挙げる。しかし分配政策としての社会政策においては、官業の役割も一定程度有効だとし、「大体に於て官業に反対」としながらも、絶対的な可否は論じにくいという折衷的議論を展開している。

（18）　神戸正雄「社会政策と生産政策」（『太陽』一九一二年三月）で、社会政策と生産政策をそれぞれ別なものとして、並列的に論じているのがその一例である。前注で触れた官業論も、社会政策と生産政策を分けて論ずるがゆえに、官業のメリット・デメリットの双方を指摘するものであった。

（19）　神戸は、「私は元来此の社会政策といふものに対しては、寧ろお門違ひの方でございまして」としている（第一回大会講演「労働者保護の方法に付て」）。神戸はもともと資本家企業家を助けて商工業を発達させること（すなわち生産政策）に関心があり、労働者保護・社会政策には関心を持っていなかったが、農商務省で工場法の調査に当たった廣部周助の影響で関心を持つようになったという。

　廣部は神戸の同級生で、神戸と共に京大に赴任し、一九〇五年からミュンヘンでブレンターノに師事するが、一九〇七年同地で客死している。廣部が死去した際に追悼文を書いたのが神戸であった（「法学士廣部周助君小伝」『京都法学会雑誌』一九〇七年一一月）。学会における廣部の功績は、「社会政策学会第一回大会記事」八頁（前掲『工場法と労働問題』所収）で称えられている。

（20）　例えば神戸が第四回大会で講演した際（神戸正雄「交通機関の発達の地価に及ぼす影響」）に、金井延から「神戸君は態々本会のために京都より御上京になつた次第」と紹介されているのは、この一例である。一九一一年秋には、京都と神戸で地方講演会を開き、東京の会員の参加も見られたが、常態化はしなかった。

（21）　大内兵衛は、当時の京大教授たちが、東大に比して高い文筆能力と活動エネルギーを持っており、やがて『経済論叢』が東大の『国家学会雑誌』を圧倒し、京大が経済学の新しいメッカとなったと評している。そしてこのような「地方分権」の経済学会を東大が統合できなかったことに、社会政策学会崩壊の一因を求めている（大内兵衛『経済学五十年』東京大学出版会、一九六〇年、五四〜五五頁）。また当時の新聞紙上には、河上、神戸、小川郷太郎の名を挙げ、「東京は京都に対抗出来ない」と論じた記事も見られる（「読売新聞」一九二四年一月三一日）。

（22）　「社会政策学会年譜」（前掲『社会政策学会史料』三四八頁）。脱会の日付は定かでないが、一九二三年のことと見られる。河上、河田、神戸が京大の進歩的学者として「三K」と呼ばれていたことは、第1章第1節の注（1）を参照のこと。

（23）　神野直彦「社会政策的税制論の展開――一九二〇年代の租税政策」（『経済学雑誌』八六巻三号、一九八五年）一五頁。

（24）　J・S・ミルの税理論については、差し当たり、牛嶋正

『租税原理――課題と改革』（有斐閣、二〇〇四年）第３章「税の公平・公正に関する研究」を参照のこと。ミルは累進税を実際に導入することには慎重であった。

(25) 以下、社会政策学会論叢第九冊『社会政策より見たる税制問題』（一九一五年）。

(26) 金井延は、学問上の理論としてはともかく、「日本社会の実際問題として税制のことを社会政策の見地から講じたと云ふことは余りないやうである」と、第九回大会開催の意義を位置づけている（金井「開会の辞」前掲『社会政策より見たる税制問題』三頁）。

(27) この論争の経過については、大村巍「大正年代の税制と社会政策の加味」（『税務大学校論叢』第八号、一九七四年）二五八～二六五頁で、すでに詳しい紹介がなされている。

(28) 社会政策学会大会において、田中が社会政策的税制論に異議を申し立てたのは、これが初めてではない。七年前の第二回大会で、田中はすでにワグナー税制論への批判を展開している（「課税によりて貧富の懸隔を調和すべきか」前掲『関税問題と社会政策』、講演）。しかし、関税が産業保護の目的を持つように、税が国家の生存発展につながる目的を持つことは是認されている。

(29) 田中は、限界効用説（田中の用語では「境界効用説」）と平等犠牲説を区別し、両説を負担の公平に適うものとして論じている。大雑把にまとめるならば、前者は、所得、財産など、課税の対象となる額が大きいほどその負担感は逓減するという説であり、後者は、課税は平等な負担感（犠牲）を求めるものでなければならない、という説である。両説を一体とし、高所得者に累進税を課しても、負担感は低所得者と変わらないとして、累進税を認めるのが一般的な説明であろう。

　こうした累進税肯定論に各所で異論を唱えたのが土方成美である。土方は、社会政策学会大会第一五回大会（一九二一年）の講演「累進税と平等犠牲説」（前掲社会政策学会論叢第十五冊『賃銀制度並純益分配制度』所収）で、各人の平等な犠牲感を測定することの困難さを理由に平等犠牲説を斥け、逆に累進税の根拠を社会政策的税制論に求めている。しかし同時に、その社会政策的税制論自体があまり価値を持たないというニュアンスを漂わせている（土方がその点を明示したのが、「累進税の根拠と限界効用説」『経済学論集』一九二二年六月や、小川郷太郎の著作への書評〈『経済学論集』一九二二年一〇月〉などである。土方が累進税の真の根拠と主張する「客観的価値判断」を換言するならば、それはつまるところ、総合的な政策判断ということになろう）。

　なお、累進税の理論的根拠についての整理は、泉美之松『税についての基礎知識』（税務経理協会、一九八三年）二三九～二四六頁の分類を参照のこと。

(30) 「社会政策学会第九回大会記事」（前掲『社会政策より見たる税制問題』所収）。田中穂積は所用のため会員討議を欠席。

(31) 上田貞次郎「租税と社会政策」（前掲社会政策学会論叢第十冊『官業及保護会社問題』、一九一六年一〇月の講演）。その後、『国民経済雑誌』一九一六年一二月号に修正掲載。

(32) 田中穂積「租税ト社会政策ニ就テ上田教授ノ批評ニ答フ」

（『国民経済雑誌』一九一七年一月）。
(33) 小川郷太郎「社会的租税政策の根本理論」（『経済論叢』一九二〇年二月）。
(34) 以下、小川郷太郎『社会問題と財政』第一編「総論」（帝国地方行政学会、一九二〇年）。この第一編のみ書き下ろしである。ほかは『経済論叢』に掲載された論文を編集したものであり、「社会的租税政策の根本理論」も収録されている。
(35) 前掲神野「社会政策的税制論の展開」二五頁（第九回大会における小川の報告と、前掲小川『社会問題と財政』五五頁を論拠にしている）。また神野は、小川に代表される社会政策的租税論を、富者への重課を強調して租税負担率の上昇を図り、公共部門への資源配分の増大を目論むものと位置づけており、本書の視角もそれを継承するものである。
(36) 山県有朋はのちに「社会政策とか何とか言つてたうとう通行税の廃止を持出した」と当時蔵相だった勝田主計を非難している（岡義武・林茂校訂『大正デモクラシー期の政治 松本剛吉政治日誌』岩波書店、一九五九年〈以下「松本日誌」〉、一九一八年八月一一日の条）。
(37) 「読売」一九一七年一二月七日、「増税計画弁明」。
(38) 「読売」一九一八年一二月五日、「新政小委員協議」。
(39) 田中穂積『財政学』（明法堂、一八九八年）。
(40) ワグナーに対する田中の態度については、弟子の間でも見解が分かれている。阿部賢一は、社会政策学会での田中の発言に触れながら、田中を反ワグナーのセリグマン学派と見なすが（田中は、『財政学』執筆後の留学で、セリグマンの教えを受けていた）、北澤新次郎は、セリグマンとワグナー両方の影響を見ている（加藤中庸編『田中穂積――伝記・文集』一九四八年、九四～一〇〇頁）。いずれにしても、田中がワグナーを相当に意識していたことは確かであろう。
(41) 贈与税、相続税の根拠は、社会政策以外の観点からも説明されている。国家は、財産継承者の地位を保全する役割を果たしているため、国家が租税を課すことは当然であるという説明である（前掲田中『財政学』六三三頁）。なおこの点は大村巍「相続税の誕生」（『税務大学校論叢』第九号、一九七五年）一一六頁ですでに指摘されている。相続税が日本に導入されるのは一九〇五年のことであった。
(42) 限界効用説に基づく累進税論は、いかに科学的な装いを施そうとも、恣意的な税率決定を免れ得ないからである。神戸正雄、土方成美もこの点を認識していたことは、それぞれに関する注記を参照されたい。
(43) 田中穂積「根本的米価調節策」（『太陽』一九一五年三月）。
(44) 以下、前掲小川「社会的租税政策の根本理論」。
(45) 第六回大会（一九一二年）まで毎回参加していた神戸であったが、二度目の欧米留学で日本を離れたため（一九一三年一二月出発、翌年一二月帰国）、第七回、八回大会の出席は物理的に困難であった。開催記録が残る大会のうち、神戸がこれ以降参加した大会は、第一〇回大会のみである。
(46) 『経済論叢』は一九一五年七月創刊。京大法科の経済系教員を糾合し、事実上『京都法学会雑誌』から分離独立を果たした学術雑誌であった。神戸は、創刊からほぼ毎号、同誌で論文を発表することになる。

(47) 前掲『金井教授在職二十五年記念　最近社会政策』所収(一〜二四頁)。一九一六年一一月に刊行されたものであり、第九回大会のほぼ一年後に当たる。

(48) 内池廉吉は、租税本来の目的を収入に求め、社会政策的観点は「副生的職分」として認めたが(「社会政策的租税の価値」『国民経済雑誌』一九一九年一二月)、これも神戸と同様の説明である。

(49) 神戸が累進税の根拠について明確に論じた「累進課税の根拠に就きて」(『経済論叢』一九二〇年九月)では、セリグマンの翻訳をした時点(前掲 神戸正雄解説『ゼーリグマン氏累進税論――累進税の理論的応用』一九〇一年)で、累進税については「もう既に分り切つたやうな気分」になったと述べている。改めて累進税の根拠について考察した神戸は、基本的には平等犠牲説を認める立場から累進税を根拠づけ、社会政策的理由を「単に副理由として認むべき」ものとしている。

ただ神戸は、土方成美の累進税反対論の根拠でもあった、「平等な犠牲」を客観的に確定することの困難、つまり税率決定の恣意性に自覚的であり、それゆえに穏やかな累進税率が望ましいとしている(「累進課税の弱点に就きて」『経済論叢』一九二〇年一〇月)。ほかに神戸が穏やかな累進税率を望ましいとした理由は、累進課税が給付能力を完全には反映できないとする考えがあったからだが、この点については後述する給付能力についての説明を参照されたい。

(50) ドイツにおける給付能力理論の発展と意義については、伊東弘文「給付能力課税の原則と課税単位――D.Pohmer の所説を中心に」(『経済学研究』第五六巻第一・二号、一九九〇年)を参照のこと。

(51) シャンツの所得概念については、篠原章「ドイツにおける所得概念論争――シャンツの所説を中心に」(『成城大学経済研究』第九五号、一九八七年)を参照のこと。なお神戸は、「所得税に於ける所得の意義」(『経済論叢』一九一七年九月および一〇月)で、シャンツの理論に基づいた説明をしている。

(52) 以下、神戸正雄「租税ニ於ケル給付能力原則ノ新意義及適用ニ就キテ」(『国民経済雑誌』一九一一年五月)。

(53) 多作の神戸にあって、所得税を正面から論じたものは数えるほどしかない。総合課税化、前年度所得主義を唱える「所得税法改正私議」(『日本経済新誌』一九一〇年一月)、総合課税化を唱え、法人への課税を二重所得として排除する「所得税ニ於ケル所得ノ統一課税」(『経済論叢』一九一八年五月および六月)、積極的な経済活動を阻害し虚偽申告を招くとして、所得税の限界を指摘した「所得税の弱点」(『経済論叢』一九二一年一〇月)などがその主なものである。所得税に対する神戸の考えは、これらに明らかであろう。

(54) 河上肇『貧乏物語』の新聞連載が開始されたのは一九一六年九月一一日であり、生活必需品の生産が充分でないという議論を展開したのは一〇月一七日以降のことであった。

(55) 税率については、超過累進税率を適用し、四〇〇円以下は免税、四〇〇円～八〇〇円には五％、最大の四〇〇〇〇円以上には五五％の税率を適用することになっていた。

（56）神戸正雄『土地増価税論』（京都法学会、一九一二年）一二九頁。ただし、社会主義や共産主義そのものには「必ずしも賛成すべからざるべし」と微妙な評価をしている。

（57）神戸正雄「租税と現代」（『東朝』一九一八年一月一六日、一七日、二一日にかけ連載）。

（58）神戸正雄「租税に於ける給付能力の原則」（『経済論叢』一九二一年八月）。

また神戸は、社会政策的立場から説明される穏健な累進税を、「資本制経済より社会主義経済に移る過渡の一過程かも知れない」と見ていたが、それを給付能力的観点によって説明することで、社会主義論には踏み込まないでいる（前掲神戸「累進課税の根拠に就きて」）。

（59）以下、神戸「高等社会政策」（原掲載誌不明、一九一三年一月、のち神戸正雄『社会問題』日本図書出版、一九二〇年に収録）。

（60）これはワグナーの景気利得説を念頭に置いた記述である。

（61）ほかに、個人による所得と社会の進歩による所得を判別し難いという理由もあった。

（62）上述の「高等社会政策」でも、「富者の自由意思」を尊重する「指導」が求められていた。

第4節

（1）神戸正雄「欧洲大戦争側面観」（『太陽』一九一四年一〇月、「在仏京巴里」とあり）および「続欧洲大戦争側面観」（『太陽』一九一四年一一月、「在倫敦」とあり）。

（2）神戸正雄「日本経済政策の大本」（『太陽』一九一五年三月）。

（3）神戸正雄「日本及日本人の対外的態度」（『太陽』一九一四年九月、「在巴里」とあり）。

（4）以下、神戸正雄「財政の先決問題」（『太陽』一九一一年一月）、「経済政策と財政策」（『太陽』一九一二年一月）。

（5）前掲神戸「続欧洲大戦争側面観」。

（6）神戸正雄「日米関係論」（『太陽』一九一五年二月）。神戸はここでも膠州湾返還論を唱えている。

（7）前掲神戸「日本及日本人の対外的態度」。

（8）神戸正雄「対支那交渉観」（『太陽』一九一五年六月）。

（9）前掲神戸「日本経済政策の大本」。かつて神戸は、農商務省が設置した生産調査会を有益としながらも、経済問題だけでなく一般政策についても調査する内閣直属の中央調査機関を設置するのが合理的であると説いていた（神戸正雄「中央調査局建設の議」『日本経済新誌』一九一三年一月）。

（10）以下、前掲神戸『日本経済論』。一九一五年一〇月～一二月の講演。

（11）前掲神戸『日本経済論』四九～五〇頁、八四頁。

（12）以上は、前掲神戸『日本経済論』三五六～三五九頁、三七二頁。神戸がかつて夏期休暇全廃論を唱えていたことは前述した通りである。

（13）マックス・ヴェーバー『プロテスタンティズムの倫理と資本主義の精神』（大塚久雄訳、岩波文庫、一九八九年）三四二頁。また、「生産の「規格化」《standardization》という資本主義の要求に形影相伴っている、あの生活様式の画一化という強力な傾向」（三三二頁）という一節も参照されたい。「画一化」については、次章以降で詳しく触れる。

(14) 神戸正雄「興国の新精神」（『太陽』一九一六年一月）。

(15) 神戸が寄稿した雑誌だけを取り上げても、『我等』（一九一四年）、『新時代』（一九一七年）、『大観』（一九一八年）、『解放』（一九一九年）、『改造』（一九一九年）などがこの時期に創刊されている（年代は創刊年）。

(16) 以下、神戸正雄「平等観を以て新社会を造れ」（『改造』一巻二号、一九一九年五月号）。

(17) 近衛文麿の「英米本位の平和主義を排す」（『日本及日本人』一九一八年一二月）が発表されたのは、この半年前のことである。「現状の打破を唱ふべき筈の日本」は、「英米本位の平和主義」に依拠せず、「真実の意味に於ける正義人道の本旨を体して」それに異議を表明することで、「正義の勇士として人類史上永へに其光栄を謳はれむ」と論じたこの論文は、国内と国外を貫く平等の認識を提示している点が興味深い。

すなわち近衛は、平等を「個人的若くは国民的差別を払拭するの意に非ず、個人としては其個性を、国民としては其国民性を充分に発揮せしむるに当り、之が障害となるべき一切の社会上の欠陥、例之政治上の特権経済上の独占の如きものを排除して以て其個性若くは国民性の発揮に対する機会を均等ならしむるの意」と位置づけていたのであった。

(18) 以下、神戸正雄「少数の専横（台湾印象記）」（『太陽』一九一六年六月）。

(19) この論説の副題は、「土民の境遇に同情し、之と同時に土民の反省を勧奨す」というものであった。

(20) 神戸正雄「危険思想対策」（『中央公論』一九一八年一二月）。

(21) 神戸正雄「普選問題につきて」（『解放』一九二一年三月）。同様の主張は、それ以前の論説にも見える（前掲神戸「社会改造私見」『政治学経済学論叢』一九一九年五月）。

(22) 池田信『日本的協調主義の成立――社会政策思想史研究』（啓文社、一九八二年）一七～一八頁。救済事業調査会については、内務省社会局『救済事業調査会報告』（一九二〇年）および前掲大島『高野岩三郎伝』一一二～一一三頁を参照されたい。

(23) 神戸正雄「救済事業の調査に就きて」（『経済論叢』一九一八年八月）。

(24) この意見は、前掲神戸「中央調査局建設の議」にも見られるものである。

(25) この点については、櫛田民蔵「救済調査会に就て」（『経済論叢』一九一八年八月）、森戸辰男「救済事業調査会の設置と我が社会政策」（『国家学会雑誌』一九一八年八月）を参照。

(26) 高野岩三郎「救済事業調査会の重要任務」（『国家学会雑誌』一九一八年九月）。

(27) 前掲大島『高野岩三郎伝』一二二～一二三頁。

(28) 実現したのは、労働争議調停法が制定された一九二六年のことになる。

(29)　前掲池田『日本的協調主義の成立』二七～二九頁。

(30)　法政大学大原社会問題研究所編『協調会の研究』（柏書房、二〇〇四年）一四二頁。

(31)　ＩＬＯ代表問題の経緯については、前掲大島『高野岩三郎伝』一四五～一六五頁を参照されたい。神戸、小川郷太郎、河田嗣郎らが顧問候補となった経緯に関しては、「大阪毎日」一九一九年一〇月二日「京大三教授の謝絶」（神戸大学経済経営研究所新聞記事文庫所蔵）を参照のこと。学者は労資双方に公平であらねばならないというのが、断った理由であったようである。

(32)　神戸によれば、戸田海市、末廣重雄、小川郷太郎ら京大の同僚と共に京都商業会議所を動かし、ついで関西商業会議所連合会を動かすことによって、連合国側につくよう政府を「承服」させたとのことである（前掲神戸『対楓庵雑記』一八～一九頁）。政府にとってこの運動はほとんど意味を持っていなかったと思われるが（大戦勃発時、神戸は留学中であったし、日英同盟に反してドイツ側につくことは現実的ではない。問題になったのは連合国側への関与の度合いである）、神戸が京都商業会議所にある程度影響力を及ぼせる関係にあったことは確かであろう。

(33)　大阪工業会は、大阪府下の工場経営者を主体として、「工業上の諸問題を解決するため」の協議機関として設立された（一九一四年）。会には電力会社や商社も参加しており、「金融機関を除く一流企業を網羅した大阪資本の大同団結」と見ることが可能である。また、大阪の工業は当時全国一の規模を誇っており、その意味でこの会のプレゼンスの大きさも推定しうる（西岡孝男『日本の労働組合組織に関する研究』関西大学出版・広報部、一九七二年、一八九～一九〇頁）。

(34)　神戸正雄「労働組合問題に就て」（『会誌』一九一九年六月）。『会誌』は大阪工業会の機関誌（大阪商工会議所所蔵のものを閲覧させていただいた）。

(35)　大阪工業会側も、「親しく学者の労働組合観を聴取して得る所大なりき」と認識していた（「労働組合問題」『会誌』一九一九年一二月）。

(36)　この間の経緯については、前掲西岡『日本の労働組合組織に関する研究』一九一～一九七頁。また、島田昌和「協調主義形成過程の一考察――第一次大戦後の大阪工業会の労働観」（『明治大学大学院紀要』第二七集〈経営学編〉、一九九〇年）では、西岡の議論をベースに、神戸が明治末から協調主義の立場にあったことが指摘されている。

(37)　東大経済学部の助教授であった森戸辰男が、経済学部の機関雑誌『経済学研究』創刊号（一九二〇年一月号）にて、「クロポトキンの社会思想の研究」を掲載したことが問題となった事件。森戸と発行責任者であった大内兵衛が休職となり、雑誌も廃刊となる。再び東大経済学部の機関雑誌（『経済学論集』）が発行されるのは、一九二二年六月のことであった。これらの点については、差し当たり前掲大島『高野岩三郎伝』一六六～一九九頁を参照。

(38)　神戸正雄「森戸問題に就きて」（『改造』一九二〇年二月）。

(39)　神戸は、「人間が共産主義や無政府主義の下に平和且円満に生活して行けるといふのには人間が非常なる発達を遂げて、神様の如き人間の寄合とならなければならぬので、私達も何うかそんな美はしい世の中に住みたいと思つて居る位である。処が其は全く理想で実行難のものである」としている。

(40)『経済学研究』は、京大の『経済論叢』に対抗すべく発行された雑誌であったから、神戸正雄の対抗意識や余裕というものが論説に反映されているのかもしれない。

(41) この時期の経過については、『京都大学百年史 総説編』(京都大学後援会、一九九八年)三三五～三五九頁。『京都帝国大学学生運動史』(昭和堂、一九八四年)一八六頁。一九二六年四月二七日、五月一日の久留米鮫造宛河上肇書簡(『河上肇全集』第二五巻、三二一～三四頁)。文部省編『学制百年史』(一九七二年)四五六頁。以上の文献を参照されたい。神戸は形式的なものであれ、社研の指導教官を引き受けることとなり、社研の集会開催にも関わっていた。

(42) 前掲神戸『対楓庵雑記』一四八～一五〇頁。

(43) 前者は、河上左京宛河上肇書簡、一九三三年三月一三日(『全集』第二五巻、二七五頁)、後者は、河上秀宛河上肇書簡、一九三六年一〇月六日(『全集』第二五巻、五九四頁)。

(44) 森戸事件論評後に「恐慌の斉らす影響に就きて(社会主義的統制と失業)」(一九二〇年六月)を発表するが、恐慌に対する統制を必要としながら、見るべき主張は展開されず、「混沌」たる状況のなかで悲観せず、楽観せず、堅実に進歩することを訴えるにとどまっている。その後はしばらく時を経て、共に対話形式の「財政整理と軍備縮小」(一九二四年一〇月)、「経済的危機に面して」(一九二五年一月)を発表したのみであった。

(45) 神戸正雄『租税研究』第二巻(弘文堂、一九二〇年)二頁(序文)。財調委員としての抱負を語ったもの。

第2章

序

(1) 営業税はもともと地方税であったが、一八九六(明治二九)年に国税に移管されていた。

(2) 特に地租委譲論の初期においては、地租の「移譲」と表記する場合が多々あり、後述する菅原通敬のように、論者によっては「委譲」と「移譲」の違いを意識して論じる場合もあったが(この違いは、今日の地方分権論でも争点になりうる点である)、本書においては、より一般的に用いられていたと考えられる「委譲」を用い、引用の場合には原文のままとする。

(3) 同時代的なものとしては、藤谷謙二『我国最近の地租問題』(大阪商科大学経済研究所、一九三二年)を挙げうるし、戦後では、藤田武夫『日本地方財政発展史』(河出書房、一九四九年)、吉岡健次『日本地方財政史』(東京大学出版会、一九八一年)が体系的な地方財政史のなかでこれを分析している。

個別の論文では、宮本憲一「現代税制形成過程の研究」

（『金沢大学法文学部論集法経編』八巻、一九六一年）、宮崎隆次「大正デモクラシー期の農村と政党（一）～（三）」（『国家学会雑誌』九三巻七・八号～一一・一二号、一九八〇年）、小路田泰直「「政党政治」の基礎構造」（『日本史研究』二三五号、一九八二年）、同「田中義一内閣と「地方分権」論」（『歴史学研究』五五八号、一九八六年）、金澤史男「両税委譲論展開過程の研究」（『社会科学研究』三六巻一号、一九八四年、のち金澤史男『近代日本地方財政史研究』日本経済評論社、二〇一〇年に収録）、池田順「政党内閣下の二つの地方税制改革と官僚」（日本現代史研究会編『一九二〇年代の日本の政治』大月書店、一九八四年）などが代表的なものである。

　これらの研究については、池上岳彦「両税委譲問題の意義をめぐって――研究史的整理」（『研究年報経済学』四七巻四号、一九八六年）が的確な整理を行っている。

（4）ミーケルによるプロイセン税制改革については、大島通義「一八九一―一三年のプロイセン税制改革」（『三田学会雑誌』五二巻七号、一九五九年）を参照。

（5）前掲金澤「両税委譲論展開過程の研究」七八～八一頁。

第1節

（1）原圭一郎編『原敬日記』第五巻（福村出版、一九六五年）一九一九年二月八日。なお、以後単に『原敬日記』と記す。

（2）「税制案に対する意見」（代議士会における原の演説、一九一八年一二月五日）、『原敬全集』下巻（原書房、一九六九年、一九二九年刊の復刊）八八八～八八九頁。

（3）当時の各派別議席数は、定員三八一名中、政友会一六五、憲政会一一八、国民党三七、新政会二六、清和倶楽部二五、無所属一〇、となっていた（『議会制度七十年史　政党会派編』一九六一年）。国民党は、普選案に関しては政府と対立したが、予算案には賛成している（二月一三日衆議院通過）。国民党幹事長の鈴木梅四郎は、予算に賛成する理由のひとつに、政友会が建議案に賛成の意を表明したことを挙げていた（一九一九年二月一三日「衆議院議事速記録第十三号」）。

（4）以下の議論は、一九一九年二月一一日「衆議院議事速記録第十二号」。

（5）建議案名が「税制整理」ではなく「財政整理」であることにも注意が必要である。

（6）以下、一九一九年二月一四日「財政整理ニ関スル臨時調査機関設置ノ建議案委員会議録第二回」。

（7）以下の議論は、前掲委員会議録第三回（一九一九年二月二一日）。

（8）同会議録、小川郷太郎との質疑応答。この点は、救済事業調査会に対する神戸正雄の同様の提起を思い起こされたい。

（9）高橋は、税制整理の必要性を「深く感じて居る」とし、建議案の趣旨を認容する一方で、臨時に設けた調査機関の決定をそのまま実行に移すのは難しく、その必要もないという見解を示していた。高橋の税制整理に関する見解については後述する。

（10）一九一八年九月一七日官制公布。「物価ノ調節其ノ他国民

ノ生活ニ緊切ナル経済上ノ施設事項ヲ調査審議」することが目的であった。

(11) 以下の議論は、前掲委員会議録第四回（一九一九年三月一〇日）。

(12) 国民党幹事長の鈴木梅四郎は、政府・政友会と国民党の関係を「薩長土肥其他の雄藩が、国家の為めに私情を捨て、協同一致の働」をしたことにたとえ、かつて外交調査会への参加を拒否した憲政会を「東北七藩が大勢に背いて錦旗に抵抗したと云ふやうな、変な状態」とし、憲政会が「東北七藩の態度」を取らずに国民党案に賛成すべきことを、皮肉交じりに求めている（一九一九年二月一四日「衆議院議事速記録第十三号」）。

(13) 一九一九年七月一八日、第一回財調総会での演説。JACAR（アジア歴史資料センター）Ref.A05021046700、臨時財政経済調査会書類・十四「臨時財政経済調査会要覧自第一号至第五号」（国立公文書館）。

(14) 委員を「関係各庁高等官及学識経験アル者ノ中ヨリ」選任するという規定、蔵相と農相を自動的に副会長とするという規定の双方を削除し、それぞれ首相の奏請のみで決定できるようになったことがその変化である（ただし結局副会長は高橋蔵相と山本農相が務めることになる）。

(15) 原は田健治郎側近の松本剛吉（当時新政会所属議員）を委員に任命し、さらに田自身の委員就任を図った。田の相談を受けた寺内は、原内閣の倒壊近しと見て反対したが、山県有朋の「受けてやらねばならん」という勧めにより就任受諾を決めている（「松本日誌」一九一九年七月七日の条）。『田健治郎伝』（一九三二年）三七四～三七五頁にも同様の経過が記されている。

(16) 『原敬日記』一九一九年九月二六日。山本が糧食政策に熱意を持っていないとする原の批判的記述は、同年七月一八日の日記などに見える。

(17) 『原敬日記』一九二〇年六月一日。

(18) 前掲委員会議録第三回（一九一九年二月二一日）。

(19) 「読売」一九一九年二月二四日、四月二三日。

(20) 「読売」一九一九年五月二日「税制整理着手　神野大蔵次官談」。

(21) 『原敬日記』一九一九年一一月二五日。

(22) 後述するように、営業税改正は、財調での審議を参考にして、加藤友三郎内閣で実行される。その際には、減税を目的とした改正ではないが、改正の結果減税になるとの説明がなされることになる。

(23) 一九二〇年一月三一日「所得税法改正法律案外六件委員会議録第二回」（第四二議会）、小川郷太郎への答弁。増税は、将来的に廃減税を実現するために必要と説明されていた。

(24) 高橋秀直「寺内内閣期の政治体制」（『史林』六七巻四号、一九八四年）、玉井清「政友会の寺内内閣に対する牽制と協力――大正七年度政府予算案への対応を中心に」（『法学研究』六二巻九号、一九八九年、のち玉井清『原敬と立憲政友会』慶應義塾大学出版会、一九九九年に収録）

(25) 『原敬日記』一九一七年一二月二日。寺内から内談を受けた一一月一七日の記述も参照のこと。

(26)『原敬日記』一九一七年一一月一七日、三〇日、一二月一日の各条。

(27)『原敬日記』一九一七年一一月一七日〜一九一八年二月七日の各条を参照されたい。なお新政会は、税制整理に対する意見の分裂を契機に脱退者（清和倶楽部を組織）を出している。

(28)『原敬日記』一九一八年二月三日、四日。原は酒税増徴には初めから賛成であり、所得税増徴については、戦時利得税と重複の恐れがあるとして反対していた。

(29) 高橋亀吉編『財政経済二十五年誌 第三巻 政治編 下』（実業之世界社、一九三二年）九六七〜九六八頁。

(30) 一九二〇年一月二四日「衆議院議事速記録第四号国務大臣ノ演説ニ対スル質疑」。

(31) 一九二〇年一月三〇日「衆議院議事速記録第六号高橋国務大臣ノ答弁」、高木益太郎への答弁。

(32) 前掲一九二〇年一月二四日「衆議院議事速記録第四号国務大臣ノ演説ニ対スル質疑」。

(33) 鈴木梅四郎『皇室社会新政』（実生活社出版部、一九一八年）六一頁。

(34) 鈴木梅四郎『日本改造の意義及其綱領』（実生活社出版部、一九一九年）二三四〜二三五頁。

(35) 以下、前掲一九二〇年一月三〇日「衆議院議事速記録第六号国務大臣ノ演説ニ対スル質疑」。

(36) 第四三議会開会時点の議席数は、定員四六四名中、政友会二八一、憲政会一〇九、国民党二九、庚申倶楽部二五、無所属一九、欠員一であった（前掲『議会制度七十年史 政党会派編』）。

(37) 財調諮問第五号に関する第一回総会（一九二〇年六月一日）で、財調で良案ができれば、所得税・酒税も再改正されうるのか確認した鈴木梅四郎に対し、原首相（会長）はそれを肯定している。出典は、JACAR（アジア歴史資料センター）Ref.A05021045700、臨時財政経済調査会書類・十三ノ一「第四回総会議事速記録諮問第五号第一」（国立公文書館）。
　また、資本家を財調特別委員に任命することで、今後の財界側の発言権を保障し、その上で、所得税改正の了解を得ようとする意味もあったと思われる（この点は高橋秀直「原敬内閣下の議会」『日本議会史録』2、第一法規出版、一九九一年、二三〇頁が指摘している）。

(38) 以下、『税制整理特別委員会ノ経過並決議ノ要領』一〜三頁。

(39) 前掲金澤「両税委譲論展開過程の研究」一〇八頁、一一六頁。

(40) 前掲『税制整理特別委員会ノ経過並決議ノ要領』八頁。

(41) 前掲金澤「両税委譲論展開過程の研究」八一〜八三頁は、内務省地方局に設置された地方財務調査会が、一九一二年一〇月に、営業税、所得税の課税最低限を引き上げ、課税最低限以下のものを地方財源に「移付」して地方税整理の財源にすることを大蔵省に協議していたことを明らかにしている。これは地租の委譲ではないし、実施の場合は、特別営業税、特別所得税という形態を取るものと思われるが、国税の委譲に類似した発想が見られるという点では注目に値する。また金澤は、（時期ははっきりしないが、おそらく財調諮問前に）内務省が「国税ノ委譲」を大蔵省に協議することを検討していたことを指摘している。

（42） 委譲案を主張してきた国民党からは、鈴木梅四郎が財調委員に選出されていたが、諮問五号の特別委員には選ばれておらず、審議には関わっていない。

（43） 鈴木梅四郎が高橋自身の抱負を問うた際、高橋は、自身の抱負はあるが、すでに財調で議論されているなかでそれを公表すべきではないと応答している（一九二一年一月二七日「予算委員会議録第二回」、第四四議会）。

（44） 一九二七年九月一九日座談会「上野の会」（東京朝日新聞経済部『卓を囲んで』一九二八年、一五八〜一六二頁）。また、当時新聞記者であった西野喜与策は、高橋から聞いた話として、教育費増加にともなう措置として高橋が地租委譲を唱え、松方正義の説得に当たったことに触れている（大蔵省大臣官房調査企画課『大蔵大臣回顧録 昭和財政史談会記録』一九七七年、一六九頁）。

もっとも当時の新聞や各種の伝記を見る限りでは、松方の反対論は、一九二三年に政友会が地租委譲案を採用した際に問題になったことである。高橋の回想がこれとは別の新事実を示すものなのか、原内閣当時と一九二三年頃の出来事を混同しているのかは、判断を保留したい。

なお、この高橋の回想は、大島清『高橋是清』（中央公論社、一九六九年）八二〜八三頁に引用されており、その意味ではある程度知られたものであろう。本書の意義は、この回想の整合性自体を問いながら、高橋の委譲問題への取り組みを実証的に論ずる点にある。

（45） それぞれ『山本達雄』（一九五一年、四三八頁）、『中橋徳五郎 上巻』（一九四四年、四六六頁）、前田蓮山編『床次竹二郎伝』（一九三九年、六三五頁）。横田に関する記述もその前後にある。山本・中橋・床次の三者（非総裁派）はのちに高橋・横田（総裁派）と対立し、政友本党結成へと流れていくが、伝記での描かれ方もそれを反映しており、もともと委譲には反対していた高橋が、横田ら幹部に押されて地租委譲を採用し、党略の具としたという構図になっている。

これらの伝記が編纂された時期は、大正期からは大分隔たりがあり、その正確さには疑問の余地があるが、一九二九年に発刊された野田卯太郎（総裁派）の伝記でも、政友会が委譲論を政策として採用したのは横田の主導であり、高橋は「反対と言はぬまでも、多少の躊躇を見せて、而して後に委譲論に賛成した」とされている（坂口二郎『野田大塊伝』一九二九年、七四二頁）。

（46） これについては、伊藤之雄『大正デモクラシーと政党政治』（山川出版社、一九八七年）第三章に詳しい。

（47） 「読売」一九二七年六月三日「高橋氏の手腕を振ふはこれから」。

（48） 議会において、増税断行、地租委譲という方針を明らかにした高橋蔵相に対し、読売新聞は、「老蔵相の宿論」たる委議論を唱え続けることに「感服」すると皮肉っている（「読売」一九三四年二月一四日「千慮の一失　地租委譲」）。

(49) 三土忠造（香川）は、中学教師を務めた後、かつて家庭教師をした小笠原長幹の留学に同行、同地で岩崎小弥太の友人となり、その縁で「東京日日」経営に参加、財政通の新聞記者として知られた本多精一から財政学の手ほどきを受けている。その後一九〇八年に政友会議員となった三土は、原内閣で大蔵省勅任参事官となる。高橋是清との関係は、ここから始まることになる（以上は、広瀬英太郎『三土忠造』一九六二年、の記述をまとめたものである）。

(50) 「読売」一九二三年五月三一日。

(51) 「地方自治と青年」（国立国会図書館憲政資料室所蔵「上塚司旧蔵文書」六一、一九二一年一一月二日）。「或青年団に対しての話」との書込みがある。

(52) 「東北大会に於ける高橋総裁の演説　七月二十一日秋田市に於て」（『政友』一九二三年一一月）。なお、「旧幕時代には山林と河川の関係はずつと親切に行つて居た。それを維新後にすつかり荒してしまつた」、「昔の人は今日の様に科学的には遣らなかつたらうが実地で巧に遣つて居る」（前掲「上野の会」一五六〜一五七頁）という高橋の発言にも同様の意識を読み取れよう。

(53) 「読売」一九二九年四月四日「高橋是清翁信仰漫談・中　地方と教育の問題　実際に適合しない画一主義」。

(54) 一九一九年一月二三日「予算委員会議録第二回」（第四一議会）。

(55) 一九二〇年一月二三日「衆議院議事速記録第四号」。鈴木梅四郎に対する答弁。

(56) 同調査会に関しては、高倉翔「義務教育費削減政策の史的考察――そのⅡ「臨時教育行政調査会を中心に」」（『東京教育大学教育学部紀要』八巻、一九六二年）が明治期からの義務教育費減額論の流れのなかで論じている。

(57) 『原敬日記』一九二〇年一〇月一日。

(58) 『原敬日記』一九二〇年一二月一六日。

(59) 『原敬日記』一九二〇年一二月八日。同一一月一二日も参照されたい。

(60) 『原敬日記』一九二一年一月三〇日。

(61) 国立国会図書館憲政資料室所蔵「小川平吉関係文書」六九二（タイプ印刷、「秘」）。国立国会図書館憲政資料室所蔵「斎藤実関係文書」にも同資料がある。なお、「九月一日稿」であり、原に見せたのは一〇月一五日であるが、その時すでに原は教育費節減の構想を抱いていたから、原と高橋の構想は、それぞれ別に構想されたものであろう。

(62) 『原敬日記』一九二〇年一〇月二五日。

(63) 『原敬日記』一九二〇年一〇月一五日。同一〇月二七日にも「軍人及教育家の反対」を考慮して公表をやめるよう高橋に求めたという記述がある。

(64) 『原敬日記』一九二〇年一一月一二日（山県有朋に対しての談）。

(65) この時期の高橋は、糧食問題の討議の場（財調）では原の方針に背いて自説を展開し、原に「高橋の脱線的態度には困る次第にて、畢竟自負心強く、而して山本農相とは事ごとに反対にて、毎毎困らする次第」と評されていた(『原敬日記』一九二一年一月一二日)。

(66) 『原敬日記』では、調査会の名称を「教育費整理委員会」、「教育費整理調査会」、「臨時教育行政整理委員会」などとしているが、正式には「臨時教育行政調査会」の名称で設立された。

(67) 一九二一年二月六日「衆議院議事速記録第十一号一年現役小学校教員俸給費国庫負担法案」。

(68) 最初の建議案は、市町村教育費の「整理節約」を謀り、「必要アル場合ニ於テハ」相当金額を増加するという趣旨であり、本会議における議論も、教育費整理の効果を謳う政友会側と、それに反発する野党という図式であった(一九二一年二月二七日「衆議院議事速記録第二十号市町村教育費ノ整理ニ関スル建議案」)。
　その後の委員会で、政友会側は徐々に増額に重点を置いていく。政友会井上角五郎が最後に示した修正案は、「必要アル場合ニ於テハ」を削除して、単に「相当ノ金額」の支出を求める内容になっていた。これは教育行政調査会での審議とは無関係に、教育費を増加する趣旨であると井上は説明している。さらに憲政会側が「整理節約」の文言のうち、「節約」を削除することを求めると、井上はあっさりそれを受け入れている。当初は原の意図を体現すべく建議案を提出した井上であったが、この時点では、修正案が原の意図と異なることを認識しつつ、それを原の構想よりも「一歩進ンデ」いるものとして位置づけている(一九二一年三月二三日「小学校教員俸給国庫負担額増加ニ関スル建議案外一件委員会議録」第八回)。

(69) 一九二一年三月二六日「衆議院議事速記録第三十五号小学校教員俸給国庫負担額増加ニ関スル建議案外四件」。

(70) 「臨時教育行政調査会第一回総会ニ於ケル原内閣総理大臣挨拶要旨(大正十年七月二十九日)」、JACAR(アジア歴史資料センター)Ref.A05021050900、臨時教育行政調査会書類・二「臨時教育行政調査会関係書類　乙篇」(国立公文書館)所収。

(71) ここでいう形式主義は、高橋の「内外国策私見」で言う画一主義とほぼ同様の意味で使われていると考えられるが、高橋がそれを平等思想との関連で把握したのとは異なり、原は、不必要に華美に流れ「質実の気風」が害されるということを問題にしている(この点は、『原敬日記』一九二〇年一二月八日)。また原は、一九二〇年一月発表の新年所見で、奢侈贅沢が国民思想の堕落につながるとして、各人が「公共心を以て自制」することを求めており(『政友』一九二〇年一月)、教育費節減の趣旨と共通する考えを見ることができる。

第2節

(1) 池上岳彦「第一次大戦後日本における税制整理問題の発生」(『研究年報経済学』四八巻四号、一九八六年)は、こうした点を的確にまとめ、提示している。

(2) 前掲金澤「両税委譲論展開過程の研究」一一六頁。

(3) 税制改正というセンシティブな問題について、高橋が何の抱負もなく大蔵省に原案作成を命じたとは考えられない。ある逸話として、高橋が「日常会っておられる大蔵省の最古参局長」である松本重威からの書簡を不審がり、津島寿一秘書官が「それは主税局長です」と指摘すると、「あれは、松本重威というのか」と笑ったというエピソードがある（津島寿一『高橋是清翁のこと』芳塘刊行会、一九六二年、三九頁）。これは高橋の鷹揚な性格を物語る有名な逸話であるが、ここでは高橋が日常的に松本主税局長と会っていたことに注目したい。

(4) 水町袈裟六「地租営業税の地方委譲に就て」（『斯民』一九二三年六月）。

(5) シャウプ勧告を受け、一九五〇年から導入された富裕税がそれに当たるが、一九五三年には廃止されている。

(6) 戦後の富裕税に関しては、梅田高樹「富裕税の創設とその終末」（『税務大学校論叢』一五号、一九八二年）が詳しい。また、財産税導入を支持する論としては、安宅敬祐「格差是正の税制(1)～(4)」（『自治研究』八四巻一～五号、二〇〇八年）がある。なお、梅田は富裕税の源泉を馬場財政期の財産税構想に求め、安宅もそれを踏襲している。それは富裕税の源泉という意味で妥当な認識ではあるが、さらに歴史的な沿革を遡るのであれば、財調での財産税導入構想をその始原とすることができるだろう。

(7) なお、前掲「臨時財政経済調査会要覧」（「第一号」六～一七頁）および前掲『税制整理特別委員会ノ経過並決議ノ要領』（三～五頁）で、「関田嘉一郎」と記載されている委員は、足利出身の実業家「関田嘉七郎」であろう（「要覧」〈「第五号」六頁〉には「関田嘉七郎」と記載されている）。ほかの実業家委員と比べると、足利織物同業組合組長である関田の閲歴がやや軽い印象を受けるが、間接税整理に関して織物業者の意見を取り入れる必要に加え、足利が横田千之助の地元であったことも委員選出に影響していたと思われる。

(8) 財産税の主張自体は、例えば神戸「租税ニ於ケル給付能力原則ノ新意義及適用ニ就キテ」（『国民経済雑誌』一九一一年五月）でも説かれたことであったが、以下に取り上げるのは、財調の財産税論に直接つながると考えられる議論である。

(9) 神戸正雄「時代の要求と税制整理」（『新時代』一九一九年一〇月）。

(10) 「大阪新報」一九一九年六月一六日、「税務官の面前で民本主義の徴税講演　神戸博士大に富豪誅求説を吐く」（神戸大学経済経営研究所新聞記事文庫所蔵）。大阪税務監督局の署長会議における神戸の講演。会社重役の賞与に課税することが「社会政策上最も必要」であるとし、華族が財産として持っている家宝に相続税が適用されず、相続者がのちに莫大な額で売却していることを問題視し、「奢侈税を新設し斯ふ云ふ連中にはビシビシ課税すべきものと思う」と訴えていた。

(11) 以下、神戸正雄「奢侈税の弁難」（『経済論叢』一九一七年五月）。なおここでいう奢侈税は、贅沢品の購入などに課税する消費税を指す。

(12) 神戸正雄「財産税と租税給付能力」（『経済論叢』一九二〇

年五月)。

(13) 神戸正雄「財産税の利弊」(『経済論叢』一九二〇年六月)。

(14) 神戸の財調臨時委員就任は、六月一日。神戸に委員就任の打診があった日時は不明である(前掲「神戸正雄博士年譜」では就任を五月としている)。

(15) 前掲宮本「現代税制形成過程の研究」二〇八~二〇九頁。

(16) ただし山本は、財産税導入にはやや消極的であった。

(17) 資本家の反対についてはよく知られているが、前掲池上「第一次大戦後日本における税制整理問題の発生」四九~五〇頁は、資本家団体の動向についても触れながらこれを論じている。

(18) 小風秀雅ほか編『実業の系譜和田豊治日記――大正期の財界世話役』(日本経済評論社、一九九三年)一九二一年一月一三日の条(以下、『和田豊治日記』)。「余は小委員として馬場、神戸の両博士、三土、郷[誠之助]、林[博太郎]の諸氏と昨年来数回集会して立案せしものにして、余の最も主張するものは財産税なり」とある。なお、林(貴族院)は特別委員会委員長、郷は林の不在時に委員長を務めた。

(19) 渋沢栄一から「財界世話業」を継承した和田豊治の活動については、松浦正孝『財界の政治経済史』(東京大学出版会、二〇〇二年)五七~五九頁を参照のこと。

(20) 和田は自らが創設に関わった工業倶楽部の理事会で、郷誠之助と共に財調小委員会の経過を説明している(『和田豊治日記』一九二一年六月二五日)。この時どのような反応があったかは定かではない。工業倶楽部は原内閣期の所得税改正案に対しては、緩和的修正を求める決議を行っているが、税制整理に関してはそのような決議は行っていない。会としては明示的な態度を表明しなかったといえる。

(21) 一九二一年四月一四日、第一三回特委での発言。出典はこのあとの注(33)で説明する「会議録」。

(22) 『和田豊治日記』一九二一年五月二六日。「地租を地方税に移譲し営業税を其儘直税として残し置き、新に財産税を起し地租に代らしむるの可なるを主張す」とある。

(23) この点に関し小川郷太郎は、個人の所得税逃れとして問題になっていた保全会社を例に挙げ、こうした会社には財産税も賦課できず、個人財産への公平な課税ができないと批判し、財産税の法人適用を主張することになる(小川郷太郎「直接税制度の整理に就て」『経済論叢』一九二一年七月)。

(24) この運動については、江口圭一『都市小ブルジョア運動史の研究』(未来社、一九七六年)、特に第三章を参照のこと。

(25) 以下、『京都の實業』一九二一年六月号および七月号の「当所録事」記事による。

(26) 神戸正雄「営業者と財産税」(『京都の實業』一九二一年六月)。ここで神戸は、財産税は比例税かごく穏やかな累進となるから、所得税に比し負担が軽いとしている。

(27) 前掲神戸『対楓庵雑記』一八~一九頁。

(28) 上述した和田豊治の主張(地租のみ委譲)は、このような営業税廃止論に配慮してのものであったと見られる。

(29) 常設調査委員会第四部(理財)の委員長戸田徳治(石炭業)、高濱平兵衛(菓子商)は原案賛成であった。

(30) 当日の田中源太郎の日記には、神戸と「激論」したことが記されている（京都市歴史資料館所蔵、S一三〇「田中（宏）家文書」）。

(31) 神戸正雄「税制整理問題（一）」（『時事経済問題』一九二二年九月、創刊号）。『時事経済問題』は、神戸が発行する個人雑誌。

(32) 神戸の回想（具体的な人名を出していないが、明らかに田中について述べたもの）によれば、この時田中は「同氏の意見を片端から駁撃」した神戸に立腹し、「非礼なる言を加へた」のち、「自分とて財産税の税として良き税である位は知つて居る。良い税だから、我々納税者としては賛成が出来ない」と述べたということである（前掲神戸「税制整理問題（一）」）。神戸は、後述する一九二二年七月一九日の財調総会でも、「ある財産家」の発言としてこれに触れている。

(33) 以下の審議経過に関しては、『税制整理特別委員会議事録』（以下、「議事録」）、およびJACAR（アジア歴史資料センター）Ref.A05021042100、臨時財政経済調査会書類・五「諮問第五号特別委員会々議録」（国立公文書館。以下、「会議録」）を併せて用いる。

「議事録」には発言だけでなく、配布された書類の内容も記載されている。「会議録」は発言の速記録であり、「議事録」には含まれていない小委の議事録も収められている。したがって以下、小委の議事は「会議録」に拠ることとし、特委については「議事録」を併せて使用し、特に必要な場合のみ出典を明記することにする。

(34) 内務省案の詳細は明らかでないが、第一回小委での同案に対する反応を見る限り、国税と地方税を総合的、一体的に取り扱う改正案だったようである。しかし、内務次官の小橋一太が松本案を支持したことからも、両案には大きな差がなかったことがうかがえる。なお、この時の小委員会委員は、小橋のほか、神野勝之助（大蔵次官）、水町袈裟六（日銀副総裁、元大蔵次官）、山本悌二郎（政友会）、そして神戸正雄であった。

(35) 案の詳細は、前掲「議事録」五三～一一五頁。なお、この時期の小委員は、神戸、三土忠造、馬場鍈一、郷誠之助、和田豊治の五人であった。

(36) なお、本書では営業税の問題には立ち入らず、必要な限りで言及するにとどめる。

(37) 「直接税整理三案中第一案即チ所得税財産税結合案ヲ選ムヘシトスル意見」と題されたものであり、タイトルからも財産税導入に力点を置いていることがうかがえる（「議事録」一二三～一四八頁に収録）。また、これとほぼ同内容の論説が『経済論叢』に投稿されている（神戸正雄「税制整理の主要問題に就きて」『経済論叢』一九二二年五月）。

(38) 小委には、神戸、馬場、和田、三土、郷が継続して参加し（ただし郷は、海外出張で委員長を辞任した林博太郎に代わり、委員長として参加）、さらに末延道成、気賀勘重、小橋一太が新たに委員として指名された。この三人は、委員が指名された第一四回特委で、財産税導入論を大枠で支持していた。

(39) 第一四回特委（一九二一年四月二一日）。
(40) 第一九回特委（一九二一年九月一二日）。
(41) 第一九回特委、第二〇回特委（一九二一年九月一五日）、第二一回特委（九月二二日）。
(42) 第二回特委（一九二〇年六月四日）、勝正憲書記官の発言。水町によれば、一九〇四年から一九〇七年にかけ、大蔵省内で財産税案を検討したが、採用には至らなかったという。この間水町は、大蔵次官を務めるなどしていた。
(43) 例えば、水町袈裟六「地租営業税の地方委譲に就て」（『斯民』一九二三年六月）、井上辰九郎「税制整理と財産税」（『斯民』一九二二年一〇月および一二月）。
(44) 第一九回特委（一九二一年九月一二日）における堀切善兵衛の発言による。全額委譲を重視する山本悌二郎への応答である。山本は、財調の役割は新税創設にあるのではなく、税制整理にあるとしていた。このことからもうかがえるように、山本悌二郎は委譲には賛成であり、財産税には曖昧ながらも反対の口吻を見せていた（第一六回特委、一九二一年六月九日）。
(45) 神戸は、最初の小委員会案が示していた累進税を望ましいとしながらも、制度導入時においては比例税を容認する構えを見せていた（例えば第一四回特委、一九二一年四月二一日）。
(46) 第二一回特委（一九二一年九月二二日）。農商務次官として先述した田中は、秋田県出身。農商務省鉱山局長を経て実業家となる。藤田組が秋田に所有する小坂鉱山の事務所長などを務め、一九一二年衆議院議員（政友会）となる。原内閣では、議員のまま農商務次官となっていた。財調において田中が、鉱山の財産評価の問題点を指摘していたのは、こうした経歴を背景としている。なお、田中は本書第3章では文相として再登場する。
(47) 第二二回特委（一九二一年九月二九日）。前回特委（九月二二日）の井上発言への反論。
(48) 第二〇回特委（一九二一年九月一五日）。
(49) もっともこの神戸の立場は、政府の趣意説明、すなわち減税を否定し「将来国家ノ進歩ト共ニ漸次増加」する税制改正を求めているという点で、政府の諮問意図と合致する面もあった。しかし財調の審議の過程では、郷委員長の発言に見られるように、直接的な増税は否定され、「国家ノ進歩」にともなう自然増収が念頭に置かれていたのであった。
(50) この点は、財調での塚本清治地方局長の発言（後述）などを見れば明らかなことであり、内務省側が委譲論に賛成していたことはこれまでも指摘されていることである。以下本書が、内務省側の状況を確認した上で、地方局と知事たちの違いに留意してこれを論じているのは、府県「間」の公平か府県「内」の公平かという点が、その後の委譲案を考える上で重要だからである。
(51) 第二回財調総会（一九二二年七月一〇日）で塚本清治地方局長は、市町村間の貧富を反映した市町村戸数割の必要性を説いている。これも府県「内」における公平を求めたものであり、府県「間」の公平ではないことを指摘しておく必要があろう。

また、地方局長退任後、特委委員として参加していた添田敬一郎も、町村制改正、小作人の地方議会進出という状況、そして戸数割改良が内務省の意図通りには進んでいないことに触れ、税制改正案に賛成していた（第五回総会、一九二二年七月二〇日）。

なお、総会議事録の典拠は、本章第3節の注（43）にまとめて掲載する。

(52)「東朝」一九二一年五月六日、五月一〇日夕刊。地方長官一同の希望としてこれが決議された（同紙五月一一日「地方長官の一致希望で地租営業税の委譲決議」）。この時内相が指示した郡財政処置の方針については、前掲藤田『日本地方財政発展史』三二八〜三三〇頁に詳しい。

なお、知事のなかには委譲反対論を唱える者もいた。政友会系の「蛮勇知事」として知られていた森正隆宮城県知事は、地方財源は知事の「器量と手腕」によって調達するべきとし、（高橋是清と同様に）文部省の「極端なる画一主義」を批判していた（「東朝」一九二一年五月一六日夕刊「画一打破　森知事談」）。

(53) 神戸正雄は、「戸数割及戸別割ヲ論ズ」（『経済論叢』一九一六年二月）でこの問題に触れている。その主張は、現行の戸数割を廃止し、国税附加税を代替財源とすること（附加制限率の拡大）、その場合には給付能力を把握できない現行の所得税を改正する必要があること、国税所得税で免税とされる層に対しては、家賃に基づく新しい戸数割を補充税として賦課すべきこと、の三点にまとめられる。

(54) この点に関しては、前掲藤田『日本地方財政発展史』二二七〜二二八頁。

(55) 前掲藤田『日本地方財政発展史』二二八〜二三〇頁。

(56) 当該期の戸数割に対する内務省側の対応、そして町村長会を中心とする反対論に内務省が譲歩し、戸数割規則が修正された経過については、水本忠武『戸数割税の成立と展開』（御茶の水書房、一九九八年）第四・五章（特に一五三〜一六三頁）を参照されたい。なお水本は、神戸正雄を戸数割研究者の第一人者として位置づけている（同書一〇頁）。

(57) 前述の第五回財調総会における添田元地方局長の発言は、内務省案の実行が「非常に世間の物論」を起こした結果、見立割が「更に緩和をされた」とした上で、あらためて戸数割改良を訴えるものであった。

(58) 戸数割の改廃は府県財政の統制と密接に関わる問題であり、知事側と対立する可能性を有する論点であった。

(59) 前掲金澤「両税委譲論展開過程の研究」一〇八頁、一一三頁。松本主税局長は、両税委譲の一貫した推進者として把握されている。

(60) 三土忠造政務調査会長の下に設置された税制整理特別委員会のなかで、将来的な財産税導入の意見が出ていた（一九一九年六月）。対応を一任された三土は、高橋蔵相、大蔵当局と協議している（一〇月）。最終的な結論は、政府の方針に合わせて調査を継続するというものであり、以後財産税の検討は進んでいなかった（この点は『政友』一九一九年七月および八月の「会報」参照のこと)。

(61) 水町の発言によれば、財産税は過去に大蔵省内部で検討されていた経緯があったという。神戸正雄の一連の論文や政友会の財産税論を高橋蔵相あるいは大蔵官僚が採用した可能性もあるが、いずれにしても大蔵省内に財産税を案として考えうる素地があったことは確かである。

(62) 松本は、第一四回特委(一九二一年四月二一日)で、無収益財産への課税を問題視した田中隆三に対し、それこそが財産税の特色であると答えている。また、同年六月九日の第一六回特委では、将来的な増率の可能性を指摘した水町、浜口に対し、状況により増率および累進税化の可能性があることを認め、免税点二〇〇〇円の根拠を問うた波多野には、補完税ゆえに軽く広く負担をさせるためと答えている。

(63) もっともこの点は、松本が明示的に語っていたことではない。財産価額調査により、所得税の調査も完全となるため、補完税として望ましいという論理は、神戸のものであった。松本は、財調第三回総会(一九二二年七月一七日)では、財産税の収税に所得税の調査を活用すると説明している(大口喜六との質疑)。

(64) 前注の財調第三回総会での発言に続き、松本は税務官吏の定員増加が相当数必要になるため、徴税費も多くかかると説明している(この点は再度触れる)。しかし原内閣期にあっては、松本が定員増加の必要を強調することはなかった。

(65) 第二一回特委(一九二一年九月二二日)での田中隆三、藤山雷太の発言。これには松本が、税務官僚を改良すれば済むこと、そして租税の善悪(財産税の本質)とは無関係であると反論し、神戸も税務官僚を擁護している。

(66) 徴税費は、第一六回特委(一九二一年六月九日)で示された修正小委員会案でも未定とされていた。それに松本が言及したのは、第一九回小委(一九二一年六月三〇日)でのことである。そこでは徴税費を九〇〇万円と見積もっていたが、松本はその一週間後になると、小委での結論を徴税費不確定として特委に報告することを求めている(第二一回小委、七月七日)。その後開催された特委では、結局七〇〇万円の徴税費という案が提示されることとなる(第一七回特委、七月一四日)。

(67) 第一二回特委(一九二一年一月二〇日)。財産価格調査の困難を指摘した水町に対し、勝は「頗る困難なりと信ず」と答えている。勝は、松本主税局長の後継者となるのが確実視されていたという(「東朝」一九二三年四月一五日「少壮税務官結束す」)。

(68) 「東朝」一九二一年四月二四日「税制整理問題」。神野次官の談話を掲載した記事である。

(69) 大蔵官僚であった青木得三は、昭和期の両税委譲問題について、「両税を移譲すると、大蔵省の仕事が内務省の仕事になるわけですから、大蔵官僚はまあ あまり賛成ではなかったろうと思います」と率直に語っている(内政史研究会『青木得三氏談話速記録』一九六四年、一〇八頁)。また、大蔵省が「内心其の実行を喜ばざる気配」を見せていたこと(「東朝」一九二一年六月一〇日夕刊「実行し難き両税委譲」)は、財調での審議中も度々指摘されていた。

(70)　例えば三土は、商工業が発展し経済界が好況に転ずれば、両税委譲による地方の収入が順次増加するとして、両税の弾力性を説明していた（「東朝」一九二一年五月一八日「移譲案審議中　三土大蔵勅参談」）。

(71)　ここでこの説明をするのは、地方財政救済策としての委譲論が唱えられるようになる時期との差を明確にするためである。つまり、地方間の差異が生ずるという委譲反対論は、昭和期においても有力な委譲反対説であったが、それは個人負担の不平等という点ではなく、委譲が大都市と農村の財政的格差をより拡大するという、地方団体間の不平等に力点を置くものであった。

(72)　第一六回小委（一九二一年六月二二日）、第一七回小委（六月二三日）。

(73)　この点は、前掲金澤「両税委譲論展開過程の研究」一〇七～一〇八頁。

(74)　竹下譲「地方財政の救済」（桜田会編『総史立憲民政党』理論編、一九八九年）三三七頁。

(75)　前述の第一九回特委（一九二一年九月一二日）における堀切善兵衛の発言。

(76)　以下、「東朝」一九二一年六月一六日「税制整理と対支策　高橋蔵相の気焔」。

(77)　波多野は三井系の実業家出身であり、政友会内では財政関係の要務についていた。例えば一九二一年四月には、政友会臨時政務調査会の第三部部長（内閣、大蔵）に指名嘱託されている（「臨時政務調査会設置」『政友』一九二一年六月）。また、総会から参加した財調委員渡辺修（政友会、政務調査会副会長）も、反対者の一人であった（第四回総会、一九二二年七月一九日）。

(78)　高橋光威は、書画骨董品への「重税」に反対し（第一四回特委、一九二一年四月二一日）、財産税の税率軽減や、農民への還元案などを唱えていた（第一八回特委、一九二一年七月二一日）。

(79)　清水唯一朗『政党と官僚の近代――日本における立憲統治構造の相克』（藤原書店、二〇〇七年）二三〇～二三一頁。

(80)　以下、第二三回特委（一九二一年一〇月六日）。

(81)　浜口雄幸「戦時利得税設定の必要」（『太陽』一九一七年一〇月）。寺内内閣が政府案を提出する前に書かれたものであり、政府への対決姿勢を強める憲政会の立場にも配慮し、賛否は政府案が提出してからのこととしているが、浜口は財政上の理由だけでなく、社会政策的税制論に賛成する立場から、戦時利得税の必要性を説いていた（その後憲政会は戦時利得税の修正案に賛成している）。

(82)　第二三回特委（一九二一年一〇月六日）。

(83)　神戸が社会政策的見地を主にして財産税導入を唱えるのは、輿論対策を意識した場合だったと考えられる。例えば神戸は、「東朝」紙上で、「社会政策より見たる「財産税」」（一九二一年六月二八日～七月一日）を連載し、財産税が勤労者（無産者）に益することを延々と説いた上で、租税の立法者は有産者階級であり、彼らは「時勢」が変化するなかで「さう勝手のことも出来まい」が、無産者がこの問題をより真剣に考慮し、経過を監視する必要を説いている。

(84) 通行税軽減に関して神戸が消極的だったのは、会社組織に対する不信感も影響していた。神戸は、通行税が悪評高いことを認めながら、仮に軽減したとしても、それは（通行税を免除され収入が増える）営利会社の賃金値上げに使われる可能性が高いと指摘している。運賃値下げにはつながらないというのである（一九二一年七月六日、第二〇回小委）。なお、この時松本主税局長は、国税の通行税を廃止しても、地方が新たに通行税を設けることになるとして、通行税廃止には反対している。これは大蔵省の論理を背景にするものであったろう。

(85) 神戸「納税義務者としての内蔵」（『経済論叢』一九二三年四月）。本文を読めば、「内蔵」が天皇を意味することがわかるようになっている。天皇の非課税に反感を持つものは心得違いの者ではあるが、皇室を「正義と愛との権化」にするためには、理性に基づくこうした不満を無視せず、特別下賜金の名目で財産課税を行うべきであるというのが同論文の趣旨である。

(86) 「東朝」一九二一年六月一一日「財産税は賛成　徹底的たれ」。

第3節

(1) 前掲「小川平吉関係文書」六九二。執筆者不明。引用に際して平仮名書きに改めた。高橋の「内外国策私見」や「東亜経済力樹立に関する意見」と共に保管されていたものである。この史料を先駆的に活用した伊藤之雄が位置づけたように、本私案は「総裁派の改造構想を具体化・徹底化したもの」と見ることができる（前掲伊藤『大正デモクラシーと政党政治』七五頁）。

(2) ここで知事公選論が政策課題として提示されていることは興味深い。知事公選論については次の第3章で分析する。

(3) ここでいう「今期議会」は第四五議会であり、内閣改造論が本格化する一九二二年三月頃に書かれたものではないかと思うが、推測の域を出ない。

(4) 「全国町村長会記事　義務教育費国庫負担金増額期成同盟会運動始末」（『斯民』一九二二年七月）。増額同盟会側との会談が持たれたのは、高橋内閣末期の五月のことである。

(5) 前掲金澤「両税委譲論展開過程の研究」一一〇頁。

(6) 以下、特別委員会と総会の議事経過については、JACAR（アジア歴史資料センター）Ref.A05021050700、臨時教育行政調査会書類・一「臨時教育行政調査会関係書類　甲篇」（国立公文書館）。

(7) 「臨時教育行政調査会特別委員会ニ於ケル高橋内閣総理大臣挨拶要領（大正十年十一月三十日）」（前掲「臨時教育行政調査会関係書類　乙篇」）、『政友』一九二二年二月にも掲載）。ほかにも都市と農村に同一の教育を実施することへの批判など、「内外国策私見」と共通する部分が多い。

(8) 前掲「臨時教育行政調査会関係書類　甲篇」収録の「四建議案第一号ニ関スル特別委員会議決報告」を参照のこと。原本は、「臨時教育行政調査会会長　原敬」が「内閣総理大

臣　原敬殿」に建議する形で作成されているが、原の死を受け、「臨時教育行政調査会会長」が「内閣総理大臣宛」に建議する形に修正されている。

(9) 前掲高倉「義務教育費削減政策の史的考察」二四頁は、この日の総会で本建議案が突如提出されたと指摘しているが、江木が本建議案を提出したのは、第二回特委（一〇月一〇日）の直前であったと思われる。「東朝」では一〇月一〇日の朝刊で、「読売」は一〇月一一日付朝刊で、この建議に触れている。

(10) 賛成者五人は、政友会の鵜澤総明、島田俊雄、国民党の浜田国松、貴族院の阪谷芳郎、鎌田栄吉である。

(11) なお高倉は、総会の途中で建議賛成者のうち二名が賛成を取り消したとしているが（前掲高倉「義務教育費削減政策の史的考察」二五頁）、これは江木が建議案の文面から外れた説明をしたことへの否定であり、建議案自体には賛成している（その後の建議案にも賛成者として名前を連ねている）。

(12) 江木は、ほかの委員からの質疑に対しても具体的説明をすることができず、『教育時論』（一三一六号、一九二一年一一月）の議事録（「教育行政会新議案」）では「不徹底なる答弁」などと評されていた。

(13) 前掲高倉「義務教育費削減政策の史的考察」二四頁。

(14) 『教育時論』一三一四号（一九二一年一〇月一五日）には、江木に関する記事が三本ある。一つ目は、帝国教育会理事の野口援太郎が、九月一七日に江木宅を訪れた際のレポートである（「江木氏の教育意見は時代錯誤である」）。このレポートで野口は、江木の「時代錯誤」ぶりを批判し、考えを改めて国庫負担金増額などで政府に迫るか、さもなくば委員を辞任することを求めていた。二本目の「江木氏の増額建議」は、江木が上記の建議案を提出したという記事であり、三本目の「江木氏の矛盾」は、江木の建議案を「今迄の罪亡ぼし」として評価する一方、江木が教育費節約論を放棄していないことを批判したものである。

(15) 本建議案は、加藤友三郎内閣下の第五回総会で可決されるが、これに対し『教育時論』編集者の原田實は、「単に大正六年の建議をそのまゝ歌つたもの」であり、ほかの教育費節減案と一緒に可決された建議に過ぎず、実質的な効果がほぼないと評している（「申訳の附帯建議」『教育時論』一三四〇号、一九二二年七月）。

(16) 例えば、一九二三年四月の『帝国教育』（「貴族院に於る教育問題の討議」）は、教育費の整理節約を「執念深く」叫んでいるとして、江木を批判している。

　また、江木はのちの回顧談で、教育費整理は自らの「宿論」であったが、原が党派的利益を抜きにして自ら「教育社会の怨府」となることを決意したため、江木も調査会の委員就任を承諾したこと、また、原と江木が教育界から非常な攻撃を受けたが、原は強情かつ豪胆にこれに対処しており、江木はこれに敬服していたとしている（『江木千之翁経歴談』下、一九三三年、三四～三七頁）。

(17) 「教育費整理仮決議」（『教育時論』一三二一号、一九二一年一二月）が伝えた審議経過は、公式の記録とは若干異なった経過を伝えている。高橋は、義務教育費増額を充分に考慮しているが、財源不足のため実行を明言できないということ、つまり増額推進の立場から都合よく解釈すれば「充分余地を残した言明」をし、高橋退席後は、阪谷が決議延期説を唱えたほかは「最早政府の意のある処も略諒解し得るのみならず本会の性質上政府の意嚮には関係なく決議すべしとの意見」で一致したという内容である。現時点での増額困難という高橋の意図は伝わっていたが、高橋の意図とは無関係に建議案の扱いが決められたという点では、公式の記録と一致する。

(18) 首相が会長となる財調とは違い、臨時教育行政調査会の会長は、首相が指名することになっていた。原が会長を務めたのは、久保田譲（原内閣期の臨時教育委員会で会長）らに断られたためである。したがって、高橋首相がほかに会長を指名する可能性は充分にあり得た（実際は、高橋、加藤友三郎、と首相が会長を務めることになる）。

建議案の形式が、もともと「臨時教育行政調査会会長　原敬」から原首相に宛てるものであったのを、会長から総理宛てと役職名のみに変更されているのは、高橋会長（首相）があくまで原を継いだ暫定的な会長（首相）であるという意識を反映しているとも考えられる。

(19) 「当局は速に之を採納実施せられんことを望む」を「当局は此旨趣を採納し成るべく速に之を実施せられんことを望む」に修正した。

(20) 江木は、「高橋首相は原首相の如く大困難を身に引受けて、此事を遂行しようといふ程の意気込が無かつた」と評している（前掲『江木千之翁経歴談』下、三七頁）。

(21) 高倉はこの間の経緯について、「さて、建議案が提出されると、第四回総会は紛糾を極めた。ところが、一一月四日の原敬の死後になると、建議案は全員一致で可決されている」として第五回総会を描いている（前掲高倉「義務教育費削減政策の史的考察」二五頁）。第四回総会は紛糾というよりは、原の誘導によって収拾していること、第四回から第五回総会の変化は確かに対照的であるが、それを用意したのが高橋内閣期の特別委員会での経過だったことは前述した通りである。

(22) 以下、「現内閣施政方針の宣明」（『政友』一九二二年二月）。

(23) 「会報」（『政友』一九二二年一月）。

(24) 「臨時政務調査会の決議」（『政友』一九二二年一月）。

(25) 前述した、三土内閣書記官長による増額同盟会側への説明を想起されたい。

(26) 「東朝」一九二二年四月二六日「浜口雄幸氏演説」。

(27) 以下、第二七回特委（四月二七日）。神戸、三土、馬場の間に、国税本位か地方税本位かというずれが見られるという点は、すでにいくつかの研究で触れられている。本書は浜口修正案との妥協可能性という視角からこの違いを位置づけ、その違いを導いた原因を考察するものである。

なお、馬場が小委案を国税本位だとして浜口に反論したのは、地方税本位として反駁された三土の立場を擁護するためと考えられる。馬場の立場は、小委案全体の擁護にあったと言うべきであり、それゆえ以下の考察の対象からは省くこととする。

(28) 神戸正雄「大正の大地震に対する国民的反省及対策」（『時事経済問題』一九二三年九月）。関東大震災直後の九月五日に脱稿されたもの。ここで神戸は、震災の打撃によって委譲案が実現困難になることを見通すと共に、「時勢」がもたらす「運命」として財産税新設を主張している。

(29) 神戸正雄「最小活資ノ免税ヲ論ズ」（一）、（二）（『経済論叢』一九一六年一一月、一二月）。

(30) ただし神戸は、免税点が現実に導入されている以上それを無視できないとし、免税点適用の場合には、基準を厳格化するよう論じてもいた。

(31) 以下、小川郷太郎「最低生活費免税論」および「最低生活費課税説を駁す」（『経済論叢』一九二二年二月および三月）。

(32) 前掲小川「直接税制度の整理に就て」（『経済論叢』一九二一年七月）。小川は、社会政策的観点を盛り込んだ高い免税点を主張していた。同論文で、法人を課税対象外とすることの問題点を指摘していたことは、本章第2節で触れた通りである。

(33) 以下、神戸正雄「租税負担の一般と租税の民衆化」（『経済論叢』一九二二年七月）。

(34) 同様の趣旨は、前掲神戸「最小活資ノ免税ヲ論ズ」でも述べられており、間接税の「担税」と直接税の「納税」の違いが説明されていた。同論文の時点では、普選がまだ将来的課題とされていたためか、貧民の参政権を否定して間接税重課をするよりも、貧民が参政権を得て免税点を引き上げるほうが、より害が少ないとしており、これから本文で説明する普選論とは重点の置き方が異なっている。

(35) もっともこれは、附帯決議の可決を目指すための説明という面もあったろう。馬場は、決議の実質的効果があまりないことをにおわせながら、それゆえに単なる希望案として本決議を可決するよう誘導しようとしていた。なお、附帯決議の効果について、同年四月二七日の第二七回特委で浜口雄幸が質問した際、松本主税局長は、決議はあくまで小委員会の希望であり、大蔵省では関知せずと回答している。

(36) 『読売』一九二二年五月七日「首相曰く　当面諸問題に就て」。

(37) これは直接的には、前回の特委（第二八回、五月四日）における水町発言への応答であった。水町の意見は、委譲の前提として地租軽減、営業税改正を優先すべきとするものであった。

(38) 内容については、前掲「議事録」四六一～四六六頁。

(39) 水町は総会での反対を予告し（第二七回特委、一九二二年四月二七日）、田中隆三も財産税反対論を主張する権利を留保すると宣言していた（第二八回特委、五月四日）。

(40) 第二回総会（一九二二年七月一〇日）冒頭の大口喜六の発言を参照。

(41) ワシントン会議における加藤の役割については、麻田貞雄『両大戦間の日米関係――海軍と政策決定過程』（東京大学出版会、一九九三年）第二章および第四章を参照されたい。

(42) この第二回総会のあと、七月一七日（第三回）、一九日（第四回）、二〇日（第五回）に総会が開催される。

(43) 以下、議事録は、JACAR（アジア歴史資料センター）Ref.A05021045900～A05021046500、臨時財政経済調査会書類・十三ノ二「総会議事速記録諮問第五号第二」～十三ノ五「総会議事速記録諮問第五号第五」（国立公文書館）および、JACAR: A05021047100、十六「総会議事録」を用いた。

(44) それは一時間半にわたるものであった（「東朝」一九二二年七月二〇日「新税制の大討議」）。

(45) 答申案の扱いを決定づける加藤会長の発言を、浜口雄幸委員は「宣告的提案」とまとめている。

(46) 「東朝」一九二二年六月二〇日「如何に緊縮するか」、六月三〇日「徹底的に緊縮する」。

(47) 神戸正雄「財政の整理」（『太陽』一九二二年八月）。

(48) 第三回総会（一九二二年七月一七日）、大口喜六との質疑。

(49) 第三回総会、大橋新太郎との質疑。

(50) 諸外国の財産税実施状況に関する大蔵省の調査結果を報告するよう求められた際、松本は、それはこの委員会に報告してよいかどうかも含め、「上局」と相談の上で決定したいと述べている。それまでの松本には、このような行動の制約は見られない。

(51) この後、大蔵省全体で一割以上の人員削減があり、例えば税務署の属吏は七八三人減らされている（「東朝」一九二三年四月一一日「大蔵官制改正」）。

(52) この点については、坂本忠次「教育費をめぐる地方財政調整問題」（『法経学会雑誌』第一七—三号、一九六八年）、高倉翔「義務教育費国庫負担法（大正七～昭和一四）の施行過程」（『大阪教育大学紀要』第二〇巻第Ⅳ部門、一九七一年）が詳細に論じている。

(53) 前述したように、府県「間」格差を大蔵省的論理で批判してきたのは松本主税局長であったが、松本は国税としての地租改正を先送りするために、最終的には内務省的な府県「内」の公平という論理に落着していたのであった。

(54) 地方長官会議の委譲希望決議（前述）を受けて書かれた社説（一九二一年五月一四日）では、財源問題をひとまず措いて、委譲案を「最も適切なる方法」と位置づけていた。

(55) 「東朝」一九二一年六月九日「財産税新設案」。また神戸は、のちの回想で、財産税案を提案したことにより、社会主義者として非難されたとしている（前掲神戸『対楓庵雑記』二〇頁）。また、私有財産制度については、財調第二回総会で小山健三（三十四銀行頭取、大阪商業会議所特別議員）が、財産税は「近来余程流行の所謂社会政策の見地」であり、輿論は歓迎するだろうが私有財産制度に悪影響を及ぼすのではないか、と批判していた。

(56) 神戸正雄「左傾の租税政策」（『解放』一九二一年七月）。

(57) 「東朝」一九二一年四月二六日「財産税新設に就て」および四月三〇日「理屈は負けても財産税は無理押し」。また五月一二日「財産税設置は増税　殊に中産以下が困る」もこの流れのなかで掲載された記事である。

(58) 財産税に強固に反対していた小山健三は、財産税案は理論として「単に大学の教科書などには結構」だが、減税局面の「時勢」と合わないと批判していた（第五回総会、七月二〇日）。ここで神戸の意見は〝学者の意見〟としては結構だが、現実的ではないと見なされているわけである。

（59）「読売」一九二一年五月二一日および七月一一日の社説。営業税委譲は容認されていた。

（60）同日の「東京日日」記事。他紙もほぼ同じ内容を伝えている。

（61）以下、「憲政会記事」（『憲政』一九二二年八月）。第二回財調総会の二日後に開催されている。

（62）この時可決された決議は、「財産税の目的及び組織内容の如何によりては必ずしも不可なりとせざるも我党主張の如く減税的税制整理を為すの必要ある今日に於て之を事実問題として研究するの必要を認めず」というものであった。記事ではこれを、「不用論に落着」とまとめている。

第3章

序

（1）教育擁護同盟「取違へられた画一打破論」（『教育時論』一三一三号、一九二二年一〇月。『帝国教育』同年一一月にも掲載）。『教育時論』の同号に掲載された「市町村義務教育費国庫負担金増額期成同盟会」による原首相宛意見書にも、同様の批判が見られる。画一打破論をめぐる議論は、ほかの号でも盛んに行われていた。

（2）この点は、本書が対象とする一九二〇年代、三〇年代に共通したことであったが、説明は割愛する。例えば清沢洌は、敗戦間近の一九四四年中の日記で、画一主義的教育内容に対する批判を繰り返している（山本義彦「自由主義評論家　清沢洌の生誕・覚書」田中浩編著『近代日本におけるジャーナリズムの政治的機能』御茶の水書房、一九八二年、一八三頁）。これは戦前における画一主義批判と教育問題の密接な関係を示すひとつの例である。

（3）これより前、財政学者の小林丑三郎は、東北地方の経済的不振を挙げ、「最早や画一の制度を施行するに適さざるを知るべきなり」として、東北地方への特殊な政策が必要であることを主張していた（小林「東北不振の原因」『帝国農会報』一九一四年一月、「時事新報」の転載か）。こうした単発的な画一制度批判論は、ほかにも存在していたと考えられる。しかし本書が取り上げる時期においては、画一性の批判が、制度改革の理念を裏付けるものとして広く共有され、キャッチフレーズとしても用いられるようになっているという点で特徴がある。

　なお、画一性という観点を交えながら現代の地域間平等を扱った論考としては、金井利之「地域間平等の行政学」（日本政治学会編『年報政治学二〇〇六―Ⅰ　平等と政治』木鐸社、二〇〇六年）が示唆に富む。

（4）以下、末弘厳太郎「改造問題と明治時代の省察」（『改造』一九二三年一月。のち、同年刊のエッセイ集『嘘の効用』に収録。その際の断り書きによれば、一九二二年八月、大阪毎日新聞の招きで講演した際の筆記をもとにしているという。

なお今日では、川島武宜編集の『嘘の効用』上巻、冨山房、一九八八年に収録されており、本書ではそれを引用した）。

（5）徳富蘇峰『昭和一新論』民友社、一九二七年。同書は二月一一日の発行以来、連日その版を重ねており、本論文に使用した東京大学駒場図書館所蔵本は、二月一九日発行の第九版である。

（6）前掲徳富『昭和一新論』六八～八四頁。

（7）以下の議論は、前掲徳富『昭和一新論』八五～九四頁。

（8）「形式症」については、帝国議会における討論が、手続きや法文の誤謬を中心とするものとなり、当局の揚げ足取りが横行していると指摘し、さらに郵便局、警察、役場などを例に挙げ、「形式症の本意は、人間の能率を減殺する」と断じている。

（9）以下の議論は、前掲徳富『昭和一新論』九五～一〇六頁。

（10）国立国会図書館憲政資料室所蔵「田中義一関係文書」一一九、「軍事ヨリ政治へ」（一九二五年一一月一九日、和歌山市での講演）。

（11）この点は、本章第1節で述べる行政制度審議会についての記述を参照されたい。

第1節

（1）例えば、「東朝」一八九八年七月一二日、村松恒一郎「愛媛倶楽部と其所論」。村松は、のち国民党、民政党で代議士を務める。ここでは地方官の更迭が激しいことが問題とされ、複選制の公選論が主張されている。第一次大隈内閣（隈板内閣）の成立直後に書かれたものであり、同内閣による地方官更迭を念頭に置いたものと考えられる。

（2）以下、一九二〇年一月二八日「予算委員会議録第四回」。

（3）「東朝」一九二〇年一月三一日「地方長官公選制」。この社説では、「帝都の市長を公選とする現行制度」を是とする立場から府県知事公選が語られている。この時期の東京市長は、前の寺内内閣で内相を務めた後藤新平であった。

（4）一九二二年二月四日「衆議院議事速記録第十号府県制中改正法律案」。

（5）市長選出制度は一九二六年に改正されるまで、市会議員の投票で三名の市長候補者を選び、そのなかから内相が市長を任命するという方式を取っており、公選という面があるにしても限定的な複選制であった。

（6）「東朝」一九二二年一〇月二七日「革新派の政綱決す」。

（7）「東朝」一九二二年一〇月二六日「経済国策樹立と知事民選問題附議」。これを見れば、清水のいう公選制は複選制を主眼とするもののようである。

（8）以下、「読売」一九二二年一〇月二八日「知事民選の議（首相公選へ）」。

（9）また、頻繁な更迭にさらされている現在の「浮き草」地方長官では治績が挙がらないことも、公選を支持する理由であった。

（10）「東朝」一九二三年二月二〇日「府県知事公選問題」。これは革新倶楽部の建議案提出に対するものであり、公選の趣旨には賛成であった。

またほかの記事では、知事公選が実現すれば、ほぼ全員が政友会知事になることを招くと指摘した「野党某政客」の発言（革新倶楽部の政綱に対する批判）を掲載したこともあった（「東朝」一九二二年一〇月二九日夕刊「アチコチに気兼ねした革新派の政綱政策」）。
(11)　一九二三年三月一一日「衆議院議事速記録第二十九号府県知事公選ニ関スル建議案」。
(12)　こうした画一主義批判は、本章第３節で触れる松岡俊三の主張にも見られる点である。
(13)　一九二三年三月二六日「行政及税制ノ整理ニ関スル建議案委員会議録第七回」。
(14)　政友会の一部で公選論が起こっていたことは、「東朝」一九二三年二月一三日。「河北新報」同年二月二五日夕刊によれば、鳩山一郎らが、党の態度にかかわらず革新倶楽部案に賛成すべしとの主張をしていたという。
(15)　一九二三年二月三日「予算委員第二分科会議録第一回」。
(16)　以下、一九二三年三月二二日「衆議院議事速記録第三十六号自治刷新ニ関スル決議案」。
(17)　一九二三年三月二四日「衆議院議事速記録第三十七号自治刷新ニ関スル決議案」。革新倶楽部からは板野友造が賛成演説をしている。
(18)　この点については、奈良岡聰智『加藤高明と政党政治』（山川出版社、二〇〇六年）一三八～一四九頁、二八二～二九四頁を参照のこと。
(19)　政友会が圧倒的多数を占めた第一四回選挙でも、岡山県の定数一〇名に対し、国民党は六名が当選している。総有効投票数約七万六〇〇〇票に対し、国民党候補者への投票は約三万四〇〇〇票、政友会候補者は約二万五〇〇〇票、無所属その他が一万七〇〇〇票であり、県下投票数では国民党が比較優位の地位にある（データは遠山茂樹・安達淑子『近代日本政治史必携』岩波書店、一九六一年による）。さらに、国民党が候補者を立てていない七、八区を除外して考えると、総有効投票数は六万弱となり、国民党の得票数は過半数を超える。国民党系の知事が誕生する可能性が高いことを指摘できよう。
(20)　犬養と秋田県の関係は改進党時代から始まっており、犬養は「秋田魁新報」の前身となる新聞社で主筆を務めていたこともあった。その後国民党から立憲同志会に議員が流れたことで、秋田における国民党勢力は衰退を続け、第一四回選挙では一名の当選のみに終わっているが、革新倶楽部結成時に憲政会から二名の議員が参加したため、第四六議会当時は三名の革新倶楽部議員を有していた。
(21)　「秋田魁新報」一九二三年二月一五日。
(22)　伊藤正徳編『加藤高明　下巻』（一九二九年）四七八～四七九頁。加藤首相、若槻礼次郎内相、浜口蔵相など憲政会員が重要ポストを占め、政友会からは高橋（農商務）、横田（司法）、革新倶楽部からは犬養（逓信）が入閣した。
(23)　一九二五年一月三一日「予算委員会議録第六回」。
(24)　実際の建議案に採用された「府県ヲ完全ナル自治体」とする点は、板野が提議したものであった（「東朝」一九二三年

二月一三日「陸海大臣任用改正と知事公選建議」)。

(25) 清水留三郎は地方議員出身ではないが、地域有力者の支配を批判し、現状刷新を求める青年層の支持を受けていたことが公選論の主張に結びついていたと考えられる(清水留三郎『選挙秘話』煥乎堂、一九五二年、一六九～一八二頁)。

(26) 「東朝」一九二五年三月五日、三月六日。

(27) この点は、古川隆久「政党内閣期の内務官僚」(『地域文化研究』二一巻、一九九五年、のちに古川隆久『昭和戦中期の議会と行政』吉川弘文館、二〇〇五年に収録)七四頁ですでに指摘されている(ただし、これが「政治勢力がはじめて正式に政策としてとりあげた」例でないことは、これまで述べてきた通りである)。

(28) 「会報 山形県支部大会」(『政友』一九二四年一二月)。「地方自治権の拡張を期し府県知事の公選を期す」ことを決議している。開催は一二月七日。

(29) 正式な更迭は一二月一七日のことであったが、岸本はそれ以前に辞表を提出していたという(「東朝」一九二四年一二月一七日夕刊)。栗林貞一『地方官界の変遷』(世界社、一九三〇年)によれば、岸本が辞表を提出したのは、県内で「政友の札付知事」の排斥運動が起きたためという(四四五頁)。この点に関し『山形県史』第五巻(近現代編下、一九八六年、七一頁)は、政友系であったために更迭されたと簡潔に述べている。

(30) 「憲政会党報」(『憲政公論』一九二六年七月)。六月一〇日に奈良県支部大会が開催された。

(31) 政友本党本部の党務委員会役員会で報告された内容は、奈良県内の倉庫設置問題に関し、鈴木知事の決定を不満とする憲政会側が政府に働きかけた結果、政府が知事に圧力をかけたというものであった(「東朝」一九二六年五月九日「奈良県にも綱紀問題」)。時期的に見て、これが奈良県支部大会の決議に影響を与えていると考えられる。

(32) 「東朝」一九二六年九月二九日「議会解散をうらなふ　反対党の一大脅威」。なお、この記事にもあるように、本党系の休職・左遷が相次ぐなかで、鈴木の異動は栄転と受けとめられていた。これは憲政会系の有力者である伊澤多喜男との関係によるものであるという(前掲栗林『地方官界の変遷』三三四頁)。

(33) 山本悌二郎「時代の要求に対応して決定した政友会の新政策」(『政友』一九二五年一一月)、政友会支部長会議における政務調査会成案についての演説。

(34) 一一月八日には茨城県支部大会で「府県知事の公選を期す」との決議が、同一五日の滋賀県支部大会では「知事の公選を断行」することが決議されている(『政友』一九二五年一二月の「会報」所収の各支部大会)。

(35) この時公選案が政務調査会の調査項目に加えられたことで、政友会の公選案は一九二五(大正一四)年以来の政策だという主張もなされるようになるが(「東朝」一九二八年六月二一日、政友会政務調査会における党側の発言)、後述の長野事件の際に公選論の利害があらためて問われていることから、この時点では調査項目としての暫定的公選論の性格が強かったと考えられる。

(36)　一九二六年二月一日「貴族院議事速記録第七号」。なお、この時点では加藤高明首相の逝去にともない、若槻が首相兼内相となっていた（第一次若槻内閣）。

(37)　長野事件（長野暴動、警廃事件）については、安田浩「大正デモクラシー期地方行政改革の矛盾」（大江志乃夫編『日本ファシズムの形成と農村』校倉書房、一九七八年）が、郡役所廃止問題と併せて優れた分析を行っている。また、本書とは視点が異なるが、宮本憲一「大正デモクラシーと地方自治」（島恭彦・宮本憲一編『日本の地方自治と地方財政』有斐閣、一九六八年）は、長野事件の詳細を分析し、こうした住民自治運動が政党によって波及されず、社会主義運動のなかでも正当に評価されなかったことを論じている。

(38)　憲政会県議の自宅が打ち壊されたことについては、『長野県政史』第二巻（一九七二年）、五三頁。長野県支部の脱党問題については、「東朝」一九二六年八月一一日、八月一二日夕刊など。支部員たちは、政府の対応に同意できないことを脱党理由に挙げていた。

(39)　前掲『長野県政史』第二巻、五四頁。

(40)　詳細は省くが、例えば「東朝」一九二六年八月六日の社説では、七月二一日の新聞記事差止めについて、真の輿論政治を損なうものとして批判している。また、運動自体に新聞記者が参加していたことは、前掲『長野県政史』第二巻、五三頁。

(41)　一九二六年九月の『政友』は、長野事件を大々的に特集し、各新聞による政府批判記事も掲載している（「評論の評論　長野事件」）。

(42)　「会報」（『政友』一九二六年九月）および「大正一五年政友会臨時政務調査会報告」（『政友』一九二七年一月）。

(43)　民政党側のまとめによれば、更迭は最終的に一府三三県（うち一七人が馘首）にわたり、三八県の内務部長、四五道府県の警察部長も更迭されたという（安達謙蔵「現内閣の三大失政」『民政』一九二七年八月）。

(44)　「東朝」一九二七年五月一八日「窮すれば通ずるか　地方官更迭の弊」。

(45)　以下、「東朝」一九二七年五月二三～二七日「知事公選是非（一）～（五）」。各回二名、計一〇名の議員、学者の意見が掲載された。なお、この特集の前半部分は、すでに前掲古川「政党内閣期の内務官僚」七五～七七頁で的確にまとめられている。

(46)　民政党系の貴族院議員であった伊澤多喜男は、知事をあくまで事務官と位置づけるよう主張したが、これも小橋、斎藤と同系統の議論である。

(47)　前掲古川「政党内閣期の内務官僚」七六頁。内務官僚出身の末松偕一郎は公選に賛成であった。なお、かつて憲政会の公選論者であった清水留三郎は、管見の限りではこの時期公選論を主張していない。

(48)　また三土は、現状では内閣の交代と知事の更迭が連動するものであるとして、田中内閣による知事更迭を自然な現象として位置づけようとしていた。また、政友会員である水野錬太郎（貴族院議員）も、公選の意義は認めるが賛否は保留している。
(49)「東朝」一九二七年六月二四日「知事公選に賛否の論」。
(50)「東朝」一九二七年六月二五日夕刊「知事公選論に反対噴出」。
(51)前掲古川「政党内閣期の内務官僚」七八頁。
(52)鈴木内相の公選反対論は、黒澤良「政党内閣期における内務省」（『東京都立大学法学会雑誌』三九巻二号、一九九九年）二五四頁ですでに言及されている。
なお、最近刊行された黒澤良『内務省の政治史』（藤原書店、二〇一三年）は、この黒澤論文をベースにしながら、多くの新しい論点を付け加え、洗練された知事公選論を展開している。本来であれば同書を踏まえた上で改稿するべきところではあるが、差し迫った改稿の必要は感じなかったこと、および時間の制約により、同書を踏まえた改稿は行わなかった。
(53)「東朝」一九二七年六月二五日夕刊「知事の公選は簡単にはゆかぬ」。鈴木内相の公選反対論は、それ以前にも新聞に掲載されたようであり、六月一〇日の政友会代議士会では、報道が虚報であるという広岡宇一郎総務の弁明があった（「会報」『政友』一九二七年七月）。
(54)「東朝」一九二七年六月二五日「知事公選反対」。
(55)「会報」（『政友』一九二七年八月）、六月二七日の幹部会での申し合わせ。
(56)知事公選論との関係では、前掲黒澤「政党内閣期における内務省」二六三～二六五頁がこれを指摘している。
(57)伊藤隆・広瀬順晧編『牧野伸顕日記』（中央公論社、一九九〇年、以下、「牧野日記」）、一九二七年六月一五日の条。また天皇は、地方官更迭の要件に、枢密院への諮詢を加えたほうがよいという「感想」を伝えている。
(58)「牧野日記」一九二七年六月一五日。
(59)「牧野日記」一九二七年七月三日。西園寺から牧野への談話による。
(60)行審には、田中首相以下の閣僚が出席する「委員会」と、内務省、法制局の官僚を主体とする「幹事会」（幹事長は前田米蔵）が存在する。以下、委員会議事については、JACAR（アジア歴史資料センター）Ref.A05021093900、行政制度審議会書類・三「委員会議事録」（国立公文書館）を用いる。幹事会については、JACAR: A05021094100、行政制度審議会書類・四「幹事会議事録其一」（国立公文書館）、A05021094300、同・五「幹事会議事録其二」（国立公文書館）を用いる。
(61)以上の州庁設置案に関する記述は、前掲黒澤「政党内閣期における内務省」二五五頁の分析をまとめたものである。前掲古川「政党内閣期の内務官僚」七八頁も参照のこと。
なお、州庁設置案を含む田中内閣期の地方分権政策については、前掲小路田「『政党政治』の基礎構造」、前掲小路田「田中義一内閣と『地方分権』論」、金澤史男「田中義一政友会内閣期における『地方分権論』の歴史的性格」（『社会科学研究』三六巻五号、一九八五年、のちに前掲『近代日本地方財政史研究』に収録）がそれぞれ分析を行っている。

(62)「東朝」一九二七年七月二六日「知事公選案を骨抜にする州庁案」。

(63) 前掲古川「政党内閣期の内務官僚」七九頁では、州庁設置案を内務官僚の過敏な反応によるものと位置づけている。

(64) 前掲金澤「田中義一政友会内閣期における「地方分権論」の歴史的性格」一一六頁。

(65) 以下、当日配布の「立憲政友会政務調査会案」。州庁設置案の議論をしたあと、参考までに取り上げられている。

(66) 第五回幹事会（七月二〇日）。高橋の出席は、第四回幹事会の時点で予定されていた。

(67) 下士官兵卒への日給増額については、第六回幹事会で配布された「政友会案（第二）」を参照のこと。その後、（おそらく山本条太郎の後任として）行審委員となった高橋は、八月三日の第二回委員会でも、容易に決することができない問題として、公選論に消極的な姿勢を見せている。

(68) この日の委員会で、山本悌二郎農相、水野文相は、公選論の研究が必要と主張するが、鈴木内相は、それは州庁設置後の問題であるという立場を取っていた。田中首相は、知事公選を前提として、地方分権に関する案を審議することとしたい、として議論を締めくくっている。公選を将来的課題とする点は、もちろん行審開始直後の立場と同じものである。

(69)「会報」（『政友』一九二八年八月）。

(70)「東朝」一九二八年七月一二日「知事公選案　審議は打切りか」、七月一九日「知事公選の即行承認」。井上孝哉小委員長は、異論百出だが公選するという根本方針には異論なし、とまとめている。

(71) 横山助成警保局長、貴族院の小笠原長幹の発言。

(72) 横山警保局長は清水に対し、この論を持ち出して反論している。

(73) 第三六回幹事会（八月一五日）で、佐上信一地方局長は、趨勢は知事公選にあるとしても、それは政党が健全な発達を遂げた後のことであると発言していた。

(74) 高橋は、公選が実現した場合、政党の優劣によって、ある県では「民政党知事」が生まれる可能性に触れ、民政党知事が「反対党内閣の命令を受くること」には問題があるとしていた。

(75)「会報」（『政友』一九二八年一〇月）。八月二八日の幹部会。

(76)「東朝」一九二八年一二月二五日「知事公選の決議　政友少壮連の運動」。会合では、植原悦二郎も賛成演説をしている。

(77) この点は、前掲黒澤「政党内閣期における内務省」二六五〜二七〇頁。

(78) 望月内相に課せられた圧倒的重要課題が、即位の大礼の挙行であったことは、その伝記がよく伝えている（『望月圭介伝』羽田書店、一九四五年、三三七〜三六四頁）。

(79)「会報」（『政友』一九二七年八月）。七月二一日の北信大会では、甲号で地方分権の確立、地租・営業税委譲などが決議され、位置づけの低い乙号で「知事公選の実現を期す」が決議されている。おそらくは、長野事件があった長野県とほかの県とで温度差があったためと思われる。

（80）例えば、『政友』一九二七年八月～一九二八年一月の「党報」には、七月二四日の東北大会を含め、（上述の）北信大会以外の支部大会決議（一四回分）が掲載されているが、いずれも知事公選は決議されていない。この傾向はその後も変わらない。

第2節

（1）本節はその意味で、豊富な先行研究を前提とした上で、委譲問題をあらためて検討する際の見取り図を示すものである。委譲論の本格的な分析については、本書を踏まえた上で別稿を期したい。

（2）営業税改正は、課税標準の改正や免税規定の導入、税率低下などで、約一九〇〇万円の減税案となっていた。減税ではなく、改正の結果としてたまたま減税になるという説明がされたのは、地租との権衡という焦点を打ち消す意味があり、政友会側幹部もそれを承認していた（この点については、例えば「会報　党務委員会」（『政友』一九二二年一二月〈開催は一一月一五日、三〇日〉を参照のこと）。

（3）鈴木正幸「大正期農民政治思想の一側面――農民党論の展開とその前提（上）」（『日本史研究』一七三号、一九七七年）一二～一三頁。

（4）「臨時政務調査会の経過概要」（『政友』一九二三年一月）。

（5）「両建議案提出」（『政友』一九二三年三月）。

（6）一九二三年二月四日「衆議院議事速記録第八号行政及税制ノ整理ニ関スル建議案」。建議案が、多数を占める政友会議員の主導で可決されたことは言うまでもない。

（7）前掲宮本「現代税制形成過程の研究」二二二～二二三頁。

（8）前掲金澤「両税委譲論展開過程の研究」一一六頁。

（9）この点は、「減租要求であって委譲要求ではない」として金澤論文（「両税委譲論展開過程の研究」）を批判する指摘（前掲小路田「田中義一内閣と「地方分権」論」一九頁）が妥当である。もっとも小路田はそこで、都市計画財源要求としての地租委譲像を対置させ、また、財調における委譲案の立案意図が減租になかったことを指摘して金澤論文を批判しているが、ほかの論文を含め小路田の特徴的主張として把握される前者については、小路田が依拠する宮本憲一の説が、もともと革新倶楽部の「小ブル的」主張としての都市財源要求という論点であったこと（前掲宮本「現代税制形成過程の研究」二三一頁）に留意する必要があるだろう。それは一面の真理であると共に、限られた範囲のものである。また後者については、金澤が、財調での議論と政友会の建議案の関係について、その継続面と断絶面の両面に目配りした上で論じていることを見落とした指摘である。

　そして、政友会の地租委譲論を「その農村救済的側面は、多分にイデオロギー的外皮としての面が強かった」（前掲小路田「「政党政治」の基礎構造」一二五頁）と規定する小路田の一連の議論には批判が多い。しかし小路田の指摘する都市側の委譲論、政友会の「経済立国主義」との関連という視点自体は重要なものであると評価したい。

（10）以下、川東竫弘校閲脚注『帝国農会幹事岡田温日記』第五

巻（松山大学総合研究所報第六四号、二〇一〇年）。本文中に日記の日付を記すことにする。

(11)　翌日には、憲政会側の減税論の筆頭格であった下岡忠治が来会し、憲政会の方針を説明している（一月二三日）。

(12)　前述の宮本論文の指摘は、この決議を根拠にしたものである。政友会が政務調査総会で建議案提出を正式決定したのは、一月三一日のことであり、これは二七日の農会代表者決議よりも後のことではある。しかし上記の経過を見れば、農会の決議は政友会の方針に対応するものであり、政友会が農会の決議を採用したのでないことは明らかであろう。

(13)　岡田温「農家の公課負担の研究」（『農政研究』一九二三年四月）、同「土地の担税能力の考察」（『帝国農会報』一九二三年七月）。

(14)　憲政会との政策的差異という見方は、前掲『野田大塊伝』七四三頁。憲政会と同じ地租軽減を要求すれば、加藤友三郎内閣に過大な要求を突きつけることになるため、加藤内閣に配慮し、憲政会とは異なる政策を選択したということもあったであろう。しかし、法案ではなく、地租軽減の建議案提出にとどめるのであれば、軽減論と加藤内閣支持は両立できるとも考えられる。また、伝統的要求である地租軽減論を唱えたところで、憲政会の模倣と非難されることもなかったはずである。したがって、憲政会との差異化を図ったというだけでは、委譲案採用の理由を充分には説明できないのである。

(15)　「読売」一九二二年一〇月一日。

(16)　一九二三年二月四日「衆議院議事速記録第八号行政及税制ノ整理ニ関スル建議案」。三土の説明演説。

(17)　例えば前掲の三土忠造による説明演説でも、国税地方税の根本整理に着手したのは原内閣が初めてであるとして、財調諮問の経緯に触れている。

(18)　木坂順一郎「革新倶楽部論」（井上清編『大正期の政治と社会』岩波書店、一九六九年）三〇七頁では、政策の接近性という観点からこれが指摘されている。また、横田千之助は、「根本的革新を絶叫」する革新倶楽部の政策を現実性のない理想論としながらも、「高い理想の松明」を掲げる点で国政に貢献していると評価し、この理想の松明を見落とさずに実行することが政友会の役割であると宣言していた（一九二三年二月二一日「衆議院議事速記録第十七号産業組合中央金庫法案」）。理想を取捨選択して後追いすることは、革新倶楽部に遅れを取ることを意味しないのである。

(19)　「近畿大会に於ける高橋総裁の演説」（『政友』一九二三年六月）、開催は五月二一日。

(20)　高橋は、一一月一九日の近畿大会で、軍縮財源による減税論を否定し、「時勢」に適うものとする営業税改正については、改正の結果多少減税になるとしても、減税を目的とする改正ではないとしていた（「高橋総裁の演説」『政友』一九二二年一二月）。なお、憲政会の負担軽減論（軍縮による財源を廃減税に充てる）を批判していた三土も減税反対を唱えていた（「東朝」一九二二年一一月八日「減税の時機でない三土忠造氏談」）。

(21)　前掲伊藤『大正デモクラシーと政党政治』一〇八～一一〇

頁。

(22) 横田が委譲論と普選論を結びつけて論じていた点は、伊藤之雄が「中央新聞」掲載の横田の論を引いて指摘している（前掲伊藤『大正デモクラシーと政党政治』一〇九頁）。横田は第四六議会の時点でも、地租委譲を漸進的な選挙権の拡張に資すると位置づけていた（前掲「衆議院議事速記録第十七号産業組合中央金庫法案」）。

(23) 以下、三土忠造「地租委譲に関する誤解を訂す」（『政友』一九二三年六月）。これは『斯民』の同年七月号にも掲載されている。

(24) 委譲建議案の委員会で、財産税を含む新税創設について問うた高田耘平（憲政会）に対し、三土は政友会の党議がまとまっていないことを挙げ明言を避けたが、委譲のために新税を導入する可能性は否定しなかった（一九二三年二月二〇日「行政及税制ノ整理ニ関スル建議案委員会議録」第二回）。

　高田はこの経緯を踏まえ、政友会が財産税導入を狙っていると批判したが、政友会の井上角五郎は、三土が「財産税」という言葉を口にしていないことを挙げ、高田の指摘を否定していた（一九二三年三月一八日「衆議院議事速記録第三十三号行政及税制ノ整理ニ関スル建議案」）。

(25) 「読売」一九二二年一二月一九日「地租の祟り　政友会内の暗礁」。

(26) 「反対と言はぬまでも、多少の躊躇を見せて、而して後に委譲論に賛成した」（前掲『野田大塊伝』七四二頁）という評価を含め、高橋が第四六議会の委譲建議案提出に消極的であったと評されていることは、第2章で述べた通りである。

(27) 「東朝」一九二三年一月二九日「地租委譲と義務教育費は別問題」。

　また、義務教育費減額による委譲の実行という可能性について、文部省側がそれを容認したという報道もあったが、記事をよく読めば、委譲の使途を教育費とし、その配分を文部省が管轄するという前提の上での容認であることがわかる（「読売」一九二三年一月一九日「義務教育費は中止されても異議はない　地租移譲問題と文部当局」）。

(28) 「東北大会に於ける高橋総裁の演説」（『政友』一九二三年一一月）、開催は七月二一日。第2章で述べた通り、この演説で高橋は江戸の自治を理想とし、現状の地方を中央集権、画一主義として批判し、「自己の力」で責任ある自治を行うべきことを説いていた。

(29) 「東海大会に於ける高橋総裁の演説」（『政友』一九二三年一一月）、開催は七月二九日。「読売」（一九二三年七月三〇日）は、この演説を「地租委譲は前芸」との小見出しを付けて報じている。

(30) 第2章において、内務省の委譲賛成論には、戸数割改良により府県「内」の公平を実現しようとする内務省地方局の路線と、地方財源としての委譲に期待する府県知事たちの路線があることを指摘したが、前者は三土路線に対応し、後者は横田路線に対応するものである。

(31) 横田千之助「此の昏盲の闇を滅せよ」（『改造』一九二四年三月）。清浦内閣打倒のため、貴族院および「貴族」が攻撃されているという背景は指摘しておく必要があろう。

(32) 根本正『地租委譲可否論』(一九二三年八月)、特に六頁、一二頁。このうち、「国体」の点から地租委譲を不可とする議論は、後述する菅原通敬の特徴的議論と見なされがちであるが、それは貴族院議員に特有のものではなかったことは銘記されるべきことである。

(33) 根本の除名とその政治的経歴については、「東朝」一九二三年八月八日「根本正氏除名　地租委譲の血祭り」を参照のこと。総裁派への反発心からの行動ではあったが、非総裁派と行動を共にしていたわけではない。

(34) 岡崎邦輔は、根本への同調者が少数にとどまると予想しながらも、反対党に党内不一致の口実を与えることを「苦々敷次第」と認識していた(一九二三年八月五日付小川平吉宛岡崎邦輔書翰、『小川平吉関係文書』第二巻、みすず書房、一九七三年、五〇八頁所収)。また、古瀬青朶［伝蔵］「時評」(『農政研究』一九二三年九月)は、根本の訪問とその主張を紹介した上で、政友会の一体性のなさに疑問を投げかけていた。

(35) これに関しては、「読売」一九二三年七月六日「政友会内に地租委譲反対論起る　不思議にも改造派非改造派の対抗」を参照のこと。

(36) 「読売」一九二三年一月一七日「地租を移譲する上は(普選の外あるまい)」。この社説の論旨は、普選実行の促進にあるのではなく、普選反対論の政友会が、選挙権に影響を与える地租委譲を唱えることの矛盾を指摘し、世間を「ゴマ化す」政友会を批判することに重点を置くものである。
また、ほかの論説記事を含め政友会には批判的であるが、外来思想云々を持ち出して委譲の理念を否定するような主張ではなくなっている(例えば「読売」一九二三年五月一一日「地租委譲の財源」)。

(37) 「東朝」一九二三年一月一七日「各派の減税案」。政友会案を「政治的の価値が認められる」として評価している。

(38) 前田繁一「時の問題として残された地租委譲」(『農政研究』一九二三年四月)。

(39) 角田順校訂『宇垣一成日記』第一巻(みすず書房、一九六八年、以下、「宇垣日記」)三三〇頁(一九二一年一月一〇日の項)。なお「宇垣日記」はある程度の間隔ごとにまとめて書かれているため、実際の出来事と記入日にはずれが生じる場合がある。

(40) 「宇垣日記」第一巻、三四六頁(一九二一年七月一二日の項)。

(41) 財調の審議は、前年六月から行われていた。

(42) 「宇垣日記」第一巻、三六五頁「国民多数の希望若くは輿論なるものは、必ずしも国家の利益国民多数の幸福とは一致せぬ。経世家としては此辺の着意を常に念頭に有しあらざるべからず」、「犬養一派の軍備縮小は国費の按配に其根基を有するが如し。論拠薄弱也」(一九二二年初頭の記述と見られる)、また四一八頁(一九二三年五月の記述と見られる)。

(43) 「宇垣日記」第一巻、四七七頁(一九二三年七月の記述)。

(44) 「宇垣日記」第一巻、四一五頁。宇垣はさらに、「国家浮沈の大問題」である農村問題には、「地租の地方委譲の如き姑息手段では追つ付そうにもない」として、土地の公有、郡・町村の合併による地方費の緊縮まで進むことが必要であるともしている（同、四二六〜四二七頁）。

(45)「地租委譲問題に付き情報を為せしに、公は曾て予に言はれたる如く賛成なれども賛否は軽々しく他に洩らし呉れ［る］など語られたり」（「松本日誌」一九二三年六月二〇日）。

(46)「東朝」一九二三年七月六日「地租委譲に対する西園寺公の態度　是非の表明を避く」も同様の見方をしている。

(47)「松本日誌」一九二三年七月一七日。

(48) 地租委譲に強硬な反対論を唱える菅原は、俗に「地租守」と称されていたという（内政史研究会『三好重夫氏談話速記録』一九六六年、一一〇頁）。

(49) 前掲池田「政党内閣下の二つの地方税制改革と官僚」一四一頁。

(50) 菅原は大正期に、東北振興を訴える雑誌『東北日本』に関わっていたし（この点は拙稿「大正期の東北振興運動――東北振興会と『東北日本』主幹浅野源吾」『国家学会雑誌』一一八巻三・四号、二〇〇五年、三三九頁、三四三頁を参照のこと）、本章で後述する雪害運動においても、雪害対策調査会での東北側の立場を、松岡俊三らと共に代表することになる（本書は雪害対策調査会の審議には焦点を当てないため、菅原の雪害運動についての関わりには触れない）。

(51) この点は、菅原通正ほか編『菅原通敬伝　前編』（一九九三年）一〇一〜一〇二頁。

(52) 同成会は、伊澤多喜男を中心に、江木翼、菅原ら憲政会系の勅選議員を糾合して旗揚げされたものである（一九一九年）。貴族院会派に、政友会系の交友倶楽部、憲政会系の同成会が存在していることは、一般に知られた事実であった。

(53) 菅原通敬「入党の辞に代へて地租委譲を難ず」（『民政』一九二八年二月）。

(54) 菅原通敬「地租の委譲を論ず」（『斯民』一九二一年八月）。

(55) これは実行面で説得力に乏しいものであったし（その都度の修正が難しいからこそ現行の法定地価が問題にされているのである）、菅原もそれを具体化する方策を説明しているわけではない。

(56) この点について前掲宮本「現代税制形成過程の研究」は、地方政治の政党化を否定する貴族院「絶対主義者」の反対論が、それを否定しない憲政会（あるいは民政党）の反対論とは異なることを強調している（二二六〜二二七頁、二六七〜二六八頁）。しかし党弊論が憲政会側からも出ていたことは以下の本文で示す通りである。

ただし、貴族院と政党の差異を強調する宮本の見解は、戦前の政党を「絶対主義」と見なして過小評価することへの反論という意味を持っていたと思われる（この点は、宮本憲一「明治大正期の町村合併政策」島恭彦編『町村合併と農村の変貌』有斐閣、一九五八年、一二一〜一二二頁）。そのことを忘れてはなるまい。

(57) 一九二三年三月一八日「衆議院議事速記録第三十三号行政及税制ノ整理ニ関スル建議案」、高田耘平の質疑。その後登壇した憲政会の下田勘次は、税務署を「滔々たる党略党弊に超然」としているとして、高く評価している。
(58) 下岡忠治「地租軽減の根拠」（『憲政』一九二三年三月）。
(59) 以下、菅原通敬『地租委譲絶対反対論　地租問題より税制整理に及ぶ』（巖松堂書店、一九二三年）。
(60) 松田雪堂『地租委譲と義務教育費国庫負担研究』（財政経済政策学会、一九二八年）四四頁。松田は地租委譲賛成派の一人。松田の評価は昭和期のものであるが、第四六議会前後では、前掲三土「地租委譲に関する誤解を訂す」が、菅原のような論を「愚論」と片づけている。
(61) 一八七三（明治六）年の地租改正法を根拠づける「地租改正法上諭」は、貢租の制度が旧藩ごとに違うことを挙げ、統一的な地租制度によって「公平画一」を実現すると謳うものであった（この点は、福島正夫『地租改正』吉川弘文館、一九六八年、二四九頁）。
(62) 地方「間」の公平について前掲菅原「地租の委譲を論ず」では、国有地など地租不課税の土地を多く持つ地方にとっては、委譲（そしてそれと引き替えの国庫補助の廃止）が不公平な結果をもたらすことが指摘されていた。一方、前掲菅原『地租委譲絶対反対論』では、農村救済を目的にする政友会建議案は、結局（地価が高い）都市を豊かにするだけであるという批判がされている。
　この二つの指摘は一見同じもののように見えるが、前者は土地の多寡という課税地の量的側面、後者は地価という質的側面を問題にするものという違いがある。これは農村救済という側面を持つ政友会建議案と、財調委譲案の性格の違いを反映するものである。
(63) 菅原が大蔵省の意を受けて反対論を唱えているという観測については、「読売」一九二三年五月三一日「大観小観」。
(64) 財調で幹事であった松本主税局長の退任後、委譲反対派で次期主税局長と目されていた勝正憲書記官は更迭され（前掲「東朝」一九二三年四月一五日「少壮税務官結束す　地租委譲の実行を控へて　更迭に痛嘆し全国に飛檄」）、後任の黒田英雄主税局長の下で審議が進められることになる（第一回委員会は六月一八日）。
(65) 前掲竹下「地方財政の救済」三五二～三五三頁。六月二八日の第二回委員会での黒田主税局長の発言から、そうした意図がうかがえる。
(66) 税制調査委員会では、「議事ハ秘密トスルコト」が申合事項であったから（大蔵省主税局『税制調査委員会書類』一九二三年、二七四頁）、新聞では各案の内容が報道されたとしても、議事の重点がどこにあるかは示されていなかった（そのうち詳しい報道としては、「東朝」一九二三年七月四日「地租委譲の方法」）。
　税制調査委員会に言及する『地租委譲絶対反対論』の発行日は、一九二三年九月一日であるが、もともと七月一二日に行った貴族院幸倶楽部での講演内容をまとめたものと見られる（同書序文および「読売」一九二三年七月一三日）。
(67) 政友会案の性格、憲政会、政友本党の反対論については、前掲金澤「両税委譲論展開過程の研究」一一九～一二二頁で的確にまとめられている。

(68) 委譲案の性格については、各種の研究をまとめ、中産階級保護の社会政策と規定する指摘（前掲池上「両税委譲問題の意義をめぐって」九一頁）が妥当である。
(69) 前掲金澤「両税委譲論展開過程の研究」一三六～一三八頁。
(70) 前掲藤田『日本地方財政発展史』四三〇～四三一頁。藤田はこれを「委譲案の急所」と位置づけている。
(71) 「読売」一九二七年五月一九日「地租委譲は四五年がゝりで」。
(72) 「読売」一九二七年六月三日「高橋案と開きある新蔵相と地租委譲」。財源については、関東大震災の復興事業費を流用することとされた。
(73) 『田中義一伝記』（下巻、一九六〇年）によれば、この時政友会は七九三名、民政党は五五六名が当選（中立一一一名、無産党二八名）している（七一五頁）。結党直後の民政党は、旧憲政会系と旧政友本党系間の調整が困難であったため、政友会に大差をつけられたという。
『政友』では、政友会の大勝を喧伝する論が多数見られたが、改選された府県における従前の議席数は、政友会七三四名、民政党五五六名（実業同志会一一名、中立・不明二一六名）であったといい（『西園寺公と政局』別巻、岩波書店、一九五六年、一八頁、一九二七年五月上旬の原田熊雄メモ）、選挙結果は従来とあまり変化がなかったと言うべきであろう。
(74) 河上哲太「地租委譲と公民教育の普及」（『政友』一九二七年一一月）。
(75) 全国遊説員講習会における田中義一の演説「政党の基礎は主義政策の徹底」（『政友』一九二七年一二月）。
(76) 高橋是清はこの内紛に対し、全額委譲を無理に断行しようとする政府、不確定な公約を軽率に広めた政友会の両方を批判し、持論である分割委譲を妥当としていた（「東朝」一九二七年一一月一〇日「分割委譲すれば問題はないのだ」）。
(77) 典型的な「我田引鉄」の事例については、宮崎隆次「政党領袖と地方名望家」（日本政治学会編『年報政治学一九八四年度　近代日本政治における中央と地方』岩波書店）が優れた分析を行っている。
(78) ここで政友会と非政友会という分析軸でのみ論じ、いわゆる階級的議論に踏み込まないのは、少なくとも当時の無産党が、全国的規模で「無産階級」の受け皿になりうる存在ではなかったからである。もっとも、議会における無産党の位置づけを分析することは必要なことであり、それについては、無産党が委譲案の主義自体には一応賛成していたが、「地主負担の軽減を企図」する政友会の委譲案には反対していたという指摘（前掲宮本「現代税制形成過程の研究」二六四～二六七頁）が参考になる。
(79) 「地租を委譲されて　各府県市町村の意嚮希望」（『農政研究』一九二七年一〇月、「東京日日」記事を転載したもの）。例えば千葉県知事は、県への委譲を求め、地方税整理以外の教育、交通その他の事業にも使用するとしている。一方の千葉市長は市町村委譲を求め、地方税整理では委譲の目的が消失するとして、事業費流用をメインに考えていることを示唆している。なお、委譲先を府県にするか市町村にするかという問題は大きな争点であったが、本書ではその点には立ち入らない。

(80)　三土忠造「明年度予算と地租委譲」（『政友』一九二七年一二月）。

(81)　「東朝」一九二七年一一月九日「国の調査流用は真精神没却　土地賃貸価格の方面から　大蔵省の延期理由」および同紙一一月一〇日の三土の発言。三土は、委譲実行のための公債増発にも否定的であり、この時点では党内の主張と距離を置いている。

(82)　前田繁一「地租委譲の時期でない　唾棄すべき現内閣の人気取政策」（『農政研究』一九二七年一〇月）。前田は当時「東朝」経済部次長。

(83)　「宇垣日記」第一巻、一九二八年一月二四日の項。かつて委譲案を好意的に評価していた宇垣は、（田中内閣への反感もあり）この西園寺発言を正当なものとして扱っている。

(84)　第五六議会提出の委譲関係法案は、一七件の法律改廃に関わるものであり、特定の法案で代表される性質のものではない。そのため、本書ではやむを得ず「委譲案」の語を継続して用いることにする。

(85)　前掲宮本「現代税制形成過程の研究」二六七～二六八頁。ただしここで宮本が、「時勢の流れ」に可能な限り反対してきた「貴族院絶対主義者」が、両税委譲反対論を「時勢の流れ」に逆らわないものと認識していたと指摘している点は注目される。宮本はそれを「支配者層の共通の課題」である国家財政の危機に求めているが、本書はその「時勢」を、輿論を含む政治過程の問題として論じるものである。なお宮本はその後、天皇制改革よりも社会主義をおそれた「ブルジョアジーの変身」が、貴族院の力を回復させたと論じているが、それを具体的に実証しているとはいえない（この点は、前掲宮本「大正デモクラシーと地方自治」五一頁）。

(86)　前掲竹下「地方財政の救済」三九二頁。

(87)　岩波一寛「昭和恐慌下における地方税制改正の歪曲化」（『中央大学経済研究所年報』第二号、一九七一年）一九一頁。前掲小路田「田中義一内閣と「地方分権」論」三三二頁。

(88)　「東朝」一九二七年八月一七日、二三日（三土蔵相は、多額納税者議員の選出方法について、所得税納税額で対応する案などを示すが、それを枝葉末節の問題としている）。

(89)　前掲の先行研究は、田中内閣初期の新聞論説を根拠とするものであり、その後の委譲案の展開を踏まえたものではない。

(90)　研究会所属の多額納税者議員の反対姿勢については、「読売」一九二八年一二月二六日「多額議員側でも大同団結運動」を参照のこと。この時開かれた協議会には、一四名の多額納税者議員が参加している。

(91)　浜口内閣で成立する地租法の審議に当たっては、案が農村には軽減、市街地では負担増をもたらすことから、貴族院研究会内では、都市・農村それぞれの立場から対立があったとされている（前掲『青木得三氏談話速記録』九八～一〇一頁）。

(92)　政友会が金解禁優先にシフトしたために委譲論が挫折したという観点は、前掲金澤「両税委譲論展開過程の研究」一三八～一三九頁でまとめられていることであり、金澤論文を特徴づける主張として是認されてきたものである。これについては、本節の最後で再び触れる。

(93) なお、議会召集時の議席数は、定員四六六名中、政友会二二一、民政党一七四、新党倶楽部三〇、その他三六、欠員五、であった（前掲『議会制度七十年史　政党会派編』）。

(94) それまで民政党で委譲案を批判してきた経緯を考えると、新党倶楽部所属議員が委譲案に賛成すれば、その矛盾を批判されるのは明らかであった。新党倶楽部内の委譲反対論については、「牧野日記」一九二九年一月一〇日、「東朝」一九二八年一二月二五日など。

(95) 「東朝」一九二九年一月一一日「床次氏もけふ園公を訪問　譲税には絶対反対ではない」。

(96) 「東朝」一九二九年一月一三日「蔵相との会見を床次氏しぶる」。「東朝」一月一八日夕刊「承つて置いた程度に過ぎぬ」。

(97) 「東朝」一九二九年一月二〇日。

(98) 以下、「牧野日記」一九二九年二月一三日。委譲案に関する該当部分は「尚床次の予想にては、移譲問題にて貴族院は難関に到達すべし、其場合研究会は今尚七分は自分に好意を寄せ居るを以て、調停方を懇望し来るべし、其機会に自分の位置を好転するを得べし」であり、文脈から見て、調停を依頼する主体は田中内閣である。なお、床次と研究会の関係については、『貴族院の会派研究会史　昭和篇』（尚友倶楽部、一九八二年）二四～二五頁。

(99) 床次が最終的に目指していたものが、政権獲得、新党倶楽部優位の下での「大政友会」復活にあったという指摘は、土川信男「政党内閣期における床次竹二郎の政権戦略」（北岡伸一・御厨貴編『戦争・復興・発展』東京大学出版会、二〇〇〇年）五七頁。

(100) この問題については、前田英昭『戦間期における議会改革』（成文堂、二〇〇八年）第二章で詳しく分析されている。

(101) 床次の戦略が、委譲案を犠牲にして区制法通過を目指すことにあるという見方は、「東朝」一九二九年三月一〇日「思惑乱闘劇」。

(102) 二月二〇日の田中・床次会談は不調に終わる。二一日朝、高橋光威は床次を訪問し、せめて何人かが採決を欠席するよう懇請し、床次はそれを拒否するが、最終的に新党倶楽部は二名が賛成にまわり、反対二三名、欠席三名であった。このうち一名は、はじめから欠席の予定であったが（したがって反対二七名と予想されていた）、その他の新党倶楽部議員がすべて反対票を投じていれば、一五票差の可決は九票差になっていたことになる。「与党方面は最後まで新党クラブに泣きをいれ多少奏功し」と評されているのは、この点を踏まえてのものであったろう（以上の点は、「東朝」一九二九年二月二一日朝刊、二二日夕刊、二三日朝刊）。床次はこの点で妥協をしたのだと考えられる。

(103) 「東朝」一九二九年二月二二日「今後注目さるゝ貴院の税整審議」。実際に貴族院の審議では、添田寿一が、わずかの票差で衆議院を通過した委譲案には正当性がないと批判し、解散を求めている（一九二九年二月二八日「貴族院議事速記録第二十二号」。添田の質疑をまとめたものとして、「読売」一九二九年三月一日）。なお、添田は貴族院令改正にも言及しているが、三土はこれには回答せず、添田もそれ以上追及していない。

(104) 国立国会図書館憲政資料室所蔵「牧野伸顕文書」C－94、「河井次長覚書」（一九二九年三月一六日の田中の上奏覚書）。および同史料を用いて論じた、永井和『青年君主昭和天皇と元老西園寺』（京都大学学術出版会、二〇〇三年）二九八～三〇〇頁。昭和天皇は、田中が政府提出の重要法案たる両税委譲案については奏上せず、区制法通過に熱心であることに奇異の念を抱いたようである。その後宮中側の働きかけにより、田中は区制案を理由とする会期延長を断念することになる。

(105) 「牧野日記」一九二九年三月一四日。民政党にとどまっていた山本達雄の談話。

(106) 「牧野日記」一九二九年三月一八日。

(107) 研究会幹部改革に関しては「牧野日記」一九二九年一月二三日。研究会の中心幹部の交代によって内閣の貴族院交渉が困難になったという見方があり（「東朝」一九二九年一月七日、三月二六日）、この点は深く検討すべき事項ではあるが、本書では触れないこととする。

(108) 「東朝」一九二九年一月一二日「行懸りに囚はれた有害無益の議税案　菅原氏の理義ある反対論に研究会一層硬化す」。

(109) 前掲前田『戦間期における議会改革』七四～七五頁。

(110) 委譲案の委員会における、政府系・反政府系の色分けは、「東朝」一九二九年三月三日。児玉が投票の結果委員長に就任したことは、この点での反政府派の敗北と見なされていた（「東朝」一九二九年三月六日夕刊「譲税委員長児玉伯当選」）。

(111) 以下、一九二九年三月二四日「地租条令廃止法律案外十六件特別委員会議事速記録第十三号」。三土蔵相も出席。また、「東朝」一九二九年三月二五日に概要が掲載されている。

(112) この点は「東朝」一九二九年三月二五日「新例を開いた質問休止」。

(113) 前田利定委員（研究会）は、審議未了という（反政友会系の）解釈は穏当ではないとして、あくまで質問休止の結果として審議未了になると説明している。それに続けて児玉委員長が懇談を提案したようであり（この前後速記中止）、その結果質問休止が異議なく決定されている。委譲案に否定的だった阪谷芳郎が、明確な審議未了とすることを主張していたのは、審議未了と質問休止の違いをよく物語るものである。

(114) 田中内閣非難決議案への態度をめぐって、研究会内部では幹部派（穏健派）と反幹部派の意見が分かれたため、研究会の伝統であった決議拘束主義を適用せず、自由投票の扱いとなった（一九二九年二月）。その結果議会における研究会の票は、決議案賛成五二票、反対八八票（これが幹部派の立場）、欠席二二、と分かれている（貴族院全体では賛成一七二、反対一四九で決議案可決）（前掲『貴族院の会派研究会史　昭和篇』四九～五二頁）。

　したがって、委譲問題への賛否を研究会内で統一しようとすれば、再び内部対立を惹起しかねないし、自由投票とすれば研究会内の不統一を再びさらすことになったと思われる（この見方をするものとして、「東朝」一九二九年三月三日）。これが研究会全体として委譲案への賛否を明確にできない事情であったろう。なお、研究会所属の多額納税者議員の反対姿勢については、本節注（90）を参照のこと。

(115)「東朝」一九二九年三月二五日。記事のサブタイトルは「重要案総て成行に委す事に」である。

(116)『政友特報』一九二九年三月二六日「両税委譲案の握り潰し　三土蔵相の自制的感想談」。

(117)清悠生「貴族院の態度と改革論」（『政友』一九二九年四月）。この号ではほかに、総務秦豊助、幹事長島田俊雄の同趣旨の論説や、貴族院徹底改革を求める政友会院外団の決議が掲載されている。

(118)山口義一「貴族院の改革について」（『政友』一九二九年五月）。山口議員は第五六議会当時の大蔵参与官。

(119)前掲「田中義一関係文書」六四〇、一九二九年三月二二日付田中義一宛勝田主計書簡。閣僚中にこうした意見が存在することは、委譲案の審議未了を伝えた新聞紙上でも報道されていた（「東朝」一九二九年三月二五日、「譲税案の無期延期説　床次氏と提携のためにもと　閣僚間に漸く有力」）。

(120)「東朝」一九二九年五月一七日夕刊「金解禁の前提なら両税委譲も犠牲に」。当時一七日夕刊は一六日夕方に発行。

(121)「東朝」一九二九年五月一七日「蔵相我党に屈服す」。

(122)前掲金澤「両税委譲論展開過程の研究」は、第一に、両税委譲か、金解禁を目指す緊縮政策か、という対抗軸の原型が、財調の時点で形成されたと指摘している（一三五頁）。緊縮政策が委譲の対抗要因になってきたことは是認できるが、少なくとも財調の時点では、金解禁問題が委譲との関連で意識されることはなかったと思われる。この金澤の指摘は、財調総会において緊縮財政を唱えた井上辰九郎の発言を、誤って井上準之助の発言として理解し（なお、前掲小路田「『政党政治』の基礎構造」一二四頁でも「準之助」とされている）、それを浜口内閣における井上準之助蔵相の下での金解禁と結びつけていることに基づいていると考えられる。

　第二に前掲金澤「両税委譲論展開過程の研究」は、第五六議会終了後における「金解禁に関連した政友会のインプリシットな政策転換」を指摘し、金解禁に前向きな姿勢を見せる三土の発言を以て、政府と政友会の転換を説明し、これによって委譲論が「金解禁優先のため葬り去られることが方向づけられた」としている（一三八〜一三九頁）。しかし以下に見るように、その転換はなかったし、仮に三土が金解禁の抱負を持っている可能性があったとしても、それで政権全体の政策転換を説明することはできない。

　ただし、金解禁論が、委譲反対論として有効な機能を持つ考慮すべき要素だったことは確かであり、それを明らかにした金澤論文全体の意義は、高く評価すべきものである。

(123)前掲金澤「両税委譲論展開過程の研究」一三八頁。

(124)この三土蔵相の姿勢については、金澤論文が依拠する日本銀行調査局編『日本金融史資料』二一巻（一九六八年）、七六二〜七六九頁所収の新聞記事を参照されたい。

(125) 前掲金澤「両税委譲論展開過程の研究」が脚注（一四一頁）で触れている、田中生夫「金解禁史の再検討覚え書」（玉野井昌夫ほか編『戦間期の通貨と金融』有斐閣、一九八二年）は、三土が解禁を正式決定することなしに、「とりあえず」調査を命じたものと見なしている（田中論文、二〇四頁）。調査と実行は別の次元に属する問題であり、田中論文の見解は妥当である。

(126) 一九二九年一月二三日「衆議院議事速記録第三号」。三土の施政方針演説。

(127) 「会報」（『政友』一九二九年七月）、五月二〇日の政友会幹部会。森幹事長によると、三土は委譲犠牲の発言を全否定したということであった。

(128) 「東朝」一九二九年五月三一日夕刊「財界の現状にては金解禁は出来ぬ」。浜口内閣で金解禁を断行する井上準之助をはじめ、財界の大勢は現時点での金解禁に批判的であった（「東朝」一九二九年五月三一日）。

(129) 「中央新聞」一九二九年五月三一日。

(130) 以下、「時事新報」一九二九年五月三一日「高橋翁、田中首相に譲税延期を力説す」。記事の出所が、高橋の談話なのか伝聞情報なのかは明確にされていない。なお、この記事は麻生大作編『高橋是清伝』（一九二九年）三一三〜三一四頁にも収録されている（句読点など細かい点で違いがある）が、そこで掲載紙が「東朝」とされているのは誤りである。当日の「東朝」には、高橋が会見内容を語らなかったという記事が掲載されている。

他方高橋は、「東京日日」の記者には、「自分が最初あの案を樹てたのは地方自治といふことを中心としたもので」、現在の政府が目指す税制整理としての委譲案はそれとは異なるものであり、現状では実行が困難だと語っている（同紙五月三一日）。これは「時事新報」記事の趣旨と一致するものであり、「時事新報」の記事も高橋の発言をもとにしたものと推測できる。

(131) 田中内閣初期における高橋蔵相の方針が分割委譲であったことは、三土蔵相との違いという点で前述した通りである。

(132) 「東朝」一九二九年六月三日「内閣の改造は果して可能なりや　各方面の言ふところ」。同時に榊田は、田中内閣倒壊後の床次内閣実現への期待も見せていた。

(133) 政友会系貴族院議員の川村竹治は、床次入閣のためには、地租委譲問題の将来を大いに考慮すべしとして、委譲案の政策変更を進言している（前掲「田中義一関係文書」六六七、［一九二九年］六月二日付田中義一宛川村竹治書簡、内容から一九二九年の書簡と推定）。また、衆議院議員の武田徳三郎は、床次と半額委譲で政策協定を結ぶ案を提示していた（前掲「田中義一関係文書」七九一、一九二九年六月二〇日付田中義一宛武田徳三郎書簡）。

(134) 「東朝」一九二九年六月二一日「政策協定の下に床次氏入閣せん」。

(135) 「読売」一九二九年七月一日「床次氏、田中首相に政新提携を約す　政策協定等の点は後日に譲つて」。田中と床次の談話も掲載されている。

(136)「東朝」一九二九年一〇月三〇日「選挙区制問題は党議に従ふ床次竹二郎氏談」。また、「東朝」一〇月一八日「犬養新総裁の下に政友更新政策樹立」も参照のこと。
(137)「東朝」一九二九年一〇月三一日夕刊「解禁、地租問題に政友会の新政策」。
(138)「東朝」一九二九年一〇月三一日夕刊「即行出来ぬが放棄はせぬ」。

第3節

(1) 以下、一九二九年三月二四日「雪害調査機関設置ニ関スル建議案外二件委員会議録第一回」。
(2) 松岡は、その後より明確に「画一」の語を用いて持論を展開するようになる。また、このような主張については、本章第1節で触れた知事公選案についての小橋藻三衛(革新倶楽部)の説明を思い起こされたい。
(3) なお、「雪害運動」は「雪害救済運動」とも称された。語感としては、「雪害救済運動」のほうが、運動の性格を誤解なく表していると思われるが、実際に「雪害運動」の語が頻繁に用いられていたこと、および紙幅の関係から、本書では「雪害運動」の語を用いている。
(4) 図司安正は、松岡先生伝記刊行会編『松岡俊三先生』(図司事務所、一九五七年)の編集者を務め、ほかに、図司安正『雪の燈』(松岡先生伝記刊行会、一九六一年)、図司安正『人生列車』(一九六三年)のなかで松岡の功績に触れている。
また、本書で用いる雑誌『雪の日本』、『雪害』は、図司を含む松岡の側近たちが、「雪の日本社」編集者として発行していたものである。
(5) 芳井研一「雪害救済の思想と運動」(『人文科学研究』一〇三号、二〇〇〇年、のち芳井『近代日本の地域と自治――新潟県下の動向を中心に』知泉書館、二〇〇八年に収録)。また伊藤大介は、「近代日本における「雪害」の発見と展開」(『歴史』九五輯、二〇〇〇年)をはじめとする論文のなかで、松岡の活動を詳しく取り上げている。
なお、本書の初稿脱稿直前になり、伊藤大介『近代日本と雪害』(東北大学出版会、二〇一三年)が刊行された。同書は、伊藤の一連の公表論文をまとめ、書き下ろしの章を追加したものであり、松岡の前半生にも言及しながら、松岡の雪害運動を長期的な視点から描いている。また、同書の特色のひとつは、『山形新聞』を丹念に調査し、松岡の活動の実態や地元の反応を明らかにしていることにある。したがって、同書を充分に踏まえた上で改稿するべきであったが、同書は、本書とは異なる史料を用いながら、本書の立場とは矛盾しない松岡像を作り上げているものであり(事実関係や評価の視点などで違いは存在するが)、差し迫った改稿の必要は感じなかったこと、および時間の制約の関係により、同書を踏まえて改稿することはしなかった。
(6) 以下、生い立ちについては、前掲『松岡俊三先生』一〜一二頁。
(7) 衆議院議員時代の松岡は、祭日になるとこの勲章をぶらさげて、院内を闊歩していたという。松岡はこれを「第一線で奮戦した兵卒」の証として誇りにしていた。

（8）土方正巳『都新聞史』（日本図書センター、一九九一年）一五八頁。なお、除隊後間もなく、田中義一と帝国在郷軍人会設立を計画したという逸話もあるが（前掲『松岡俊三先生』四頁）、実際に松岡がどれだけ関与していたかは、管見の限りでは不明である。

（9）前掲『都新聞史』一五九頁、二三五頁。

（10）田中が政友会総裁となると、松岡は田中の私的秘書を務める。田中と松岡との関係は、前述の在郷軍人会設立を図ったという指摘のほか、佐官時代から交際があったという（おそらく松岡自身から聞いた）指摘（山浦貫一編『森恪』高山書院、一九四〇年、四九三頁）、日露戦争中から親しい交友があったとする指摘（結城吉之助『結城吉之助自叙伝』一九九五年、六一頁）などがある。

（11）木舎幾三郎『政界の裏街道を往く』（政界往来社、一九五九年）五五頁、および木舎幾三郎『政界五十年の舞台裏』（政界往来社、一九六五年）七九～八一頁。のちに田中義一が政友会総裁になると、松岡は木舎に対面の機会を設けている。また、栃木県は松岡の妻の故郷でもあった。

（12）「読売」一九一七年四月九日。松岡の推薦者となったのは阪谷芳郎であり、応援演説もしている（「東朝」一九一七年三月二〇日）。

（13）社長の楠本男爵が都新聞を手放すという話が伝わると、原首相の意を受けた横田は、同郷栃木県の実業家、福田英助を適任と考えた。しかし直接の面識はなかったため、松岡に仲介を依頼した（前掲『都新聞史』二六七頁、前掲木舎『政界五十年の舞台裏』八〇頁にも同様の記述がある）。この点に関し、図司が執筆した各種の伝記では、松岡の都新聞入社を福田社長の縁で説明しているが、実際の経過は順序が逆である。

　なお、最近発表された高嶋信「大正期の松岡俊三」（『最上地域史』三四号、二〇一二年）は、『都新聞史』以外の資料も用いて、都新聞時代の松岡について詳しく取り上げている。

（14）「東朝」（一九二〇年三月一三日）掲載の広告内容は、都新聞副社長の松岡が、横田の紹介により、三月一〇日（奉天占領記念日）を以て政友会に入党するというものであった。

（15）第四六議会終了後、横田千之助総務の下で松岡は政友会幹事となる。後述する春日俊文、志賀和多利もこの時幹事となっていた（「会報」『政友』一九二三年五月）。

（16）前掲『森恪』四九二頁。西原は、第二次山本内閣の後継として、田中内閣成立を目指して活動していた（この点は山本四郎編『西原亀三日記』京都女子大学、一九八三年、一九二三年九月一日～一二月三一日の各条〈三四八～三五一頁〉参照のこと）。なお、森、春日、松岡が、「横田千之助氏の三羽烏」と謳われていたという点は、松岡関係の伝記に頻出する（例えば、前掲『松岡俊三先生』四頁）。

（17）志賀は第一四回選挙初当選の政友会議員（岩手）であったが、かつて宇都宮で新聞記者をしたことがあり、栃木県内の政情に通じていたという（前掲『森恪』四八八頁）。

（18）前掲『森恪』四六七～四七〇頁。

(19) 前掲『西原亀三日記』一九二四年一月九日に会談の記述がある。なお、同日記翻刻の際、「政友の松岡」という部分に［洋右］という補注が附されたが、該当部分が松岡俊三を指すのは明らかである。

(20) その決議書は松岡が保管しており、前掲『森恪』の口絵写真に掲載されている。

(21) 前掲『松岡俊三先生』では、落選理由として「田舎の人の心理」の微妙さを挙げているが（二一頁）、要するに確固たる地盤が形成されていなかったのであった。同じく憲政会議員に敗北した森恪について、前掲『森恪』は、護憲運動で目立ちすぎたゆえに、政府の圧迫干渉を受けたことを落選理由の一つとしており（四七三頁）、松岡にもその可能性はあるが、本書ではこれ以上の考察は控えたい。

(22) 一九二五年四月一六日付田中義一宛志賀和多利書簡（前掲「田中義一関係文書」七五七）。横田千之助の急逝を受けて行われた栃木県補選（一九二五年三月）には、志賀の推す森恪が出馬、当選していたが（経過は前掲『森恪』四八七～四九〇頁）、志賀は四月の千葉県補選に松岡擁立を図った。松岡は、政友会が弱い地域での立候補には気乗りしなかったようである。そのため志賀は、政友会総裁に就任したばかりの田中に対し、田中の秘書たる松岡が当選することの意義を説き、田中に松岡の説得を依頼している。

(23) 前掲『松岡俊三先生』五頁。

(24) 前掲『森恪』四九四～四九五頁。

(25) 前掲『結城吉之助自叙伝』六一頁。結城はかつて松岡邸の書生であり、戦後、吉田茂秘書、県会議員を経て、村山市長。

(26) 松岡はこの事件を、朴烈事件に対して「司法権独立と国家権威の上から指摘攻撃したのが因をなし」と振り返っている（松岡俊三「雪行脚の記（三）」『雪害』一九三一年二月）。

(27) 逮捕半年前の一九二六年六月、北村山郡の青年雄弁大会に、松岡と森直次が審査員として出席している（前掲『結城吉之助自叙伝』四一頁）。森は戦後に衆議院議員（自由党副幹事長）となる。

(28) 朴烈事件のいわゆる「怪写真」を筆頭幹事である森恪に持ち込んだのは北一輝であった。森は、院外団の津雲国利に「事件の構成」を命じ、陰で采配をふるっていたという（前掲『森恪』五一三～五一四頁）。

(29) 図司安正と松岡が出会ったのは、反共愛国団体「興国青年連盟」に図司が所属していた当時のことである。寄附金を一切出さなかったほかの代議士とは違い、松岡は図司たちに理解を示しその場で二〇〇円を手渡している。時を経て、図司が再び松岡の門を叩くのは、この時の「感激」が要因であった（前掲図司『雪の燈』七一～七二頁）。

(30) 一審で懲役三カ月の判決を受けたあと（一九二八年五月）、控訴審は浜口内閣下の一九二九年七月に終結（懲役三カ月）、一〇月に上告棄却となり、松岡の代議士失格が確定する。

(31) 一九二九年二月四日「予算委員会議録第十回」、一松定吉（民政党）の原司法相に対する質問。弁明のため出席した松岡は、事件が民政党による政治的なものだと反論している。なお久原は、松井空華による別の直訴事件の黒幕とされており、松岡の件にも資金を提供したとの観測もあった。久原が田中への資金提供者であったことはよく知られていたから、久原や松岡への攻撃は、田中首相への間接的な攻撃でもあったと見ることが妥当である。

原田熊雄は、直訴事件への森直次と松岡の関与についてメモを残していたが（前掲『西園寺公と政局』別巻、一四頁）、その後、松井空華らの直訴事件は久原と田中義一が黒幕であるが、鈴木喜三郎一派の擁護があるため刑が執行されないでいること、松岡の直訴事件にも田中、鈴木が関わっているという情報を記している（同別巻、七八頁。一九二九年四月中旬頃の記述か）。

(32)　前掲の一松の質疑もこの件に触れている。一審では三名の代議士が体刑（議員失格の要件）を言い渡され、松岡は罰金刑であった。控訴審では全員が罰金刑となり、この件で議員失格になった者はいなかった（「東朝」一九二七年一二月一七日夕刊、一九二九年一〇月二〇日夕刊）。

(33)　「過去の松岡は政友会の錚々たる闘士」という表現は、松岡「雪行脚の記（三）」（『雪害』一九三二年二月）。後述するように、松岡は請願令事件の影響で、同僚に冷罵、白眼視されていたと振り返っており、前掲の一松定吉への反論の際にも、事件後は謹慎を余儀なくされていると発言している。比較の意味で言及すると、森恪は田中内閣の外務政務次官を経て幹事長となり、党内で重きをなしていくことになる。

(34)　前掲伊藤「近代日本における「雪害」の発見と展開」六一頁。

(35)　前掲『結城吉之助自叙伝』六五頁。

(36)　この山形帰郷の直前に、森直次に資金を提供したというのが、松岡の嫌疑の一つであった（「読売」一九二八年一月一五日「代議士ゆえ金もバラ撒く」）。

(37)　以上は「雪の難を脱したい　松岡代議士の苦心談」（『政友山形』号外〈雪害問題号〉、一九二九年五月、「東京日日」山形版の転載）。これは運動初期の発言という点で注目に値する。その後、機関誌や出版物では、請願令違反事件に関わる点は触れられず、雪の深刻さを認識した点に焦点が当てられることになる。

(38)　ただし、全国レベルで雪害問題を提示するのは雪害建議案提出の頃からであり、それまでは調査などの準備期間であったという（前掲『松岡俊三先生』六頁）。例えば建議案提出以前に松岡が『政友』に掲載した論説は、農村青年の健全な発達を期するため、都会中心の政治から地方分権への転換を訴えるものであり、雪害には触れていない（松岡俊三「農村青年に寄す」『政友』一九二八年八月）。

(39)　松岡俊三「素つ裸となつた。一切の繋累を断つた。斯くて雪害運動に精進する―雪行脚の旅路に上る心―」（『雪の日本』一九三〇年一〇月）。松岡は、日露戦争で右脚を負傷し、負担をかけていた左脚も一年前から悪化していたが、観世音菩薩像の力によって歩行が可能になったとしている。雪行脚は、一一月三日（明治節）から翌年春まで続けられた。

(40)　そもそも雪害を認識したこと自体が、松岡の「霊感」によるものとされていた（「雪問題に早くも此反響」『雪の日本』

創刊号、一九三〇年一月)。

(41) 松岡俊三「不思議の雪、恐ろしい雪」(『雪害』一九三一年三月)。

(42) 以下、前掲一九二九年三月二四日「雪害調査機関設置ニ関スル建議案外二件委員会議録第一回」、同会議録所収の「参照」(「東北北海道北越地方住民」と「南日本ノ住民」の比較表)、一九二九年三月二八日「衆議院議事速記録第四十号ノ建議案」所収の「補足」(松岡による説明文書)を参照。

(43) 前掲「参照」による。

(44) 前掲「参照」による。飲酒を含む東北人の精神性批判については、差し当たり、前掲拙稿「大正期の東北振興運動」三三三〜三三五頁。

(45) 建議案「補足」では、地理的争闘の例としてアイルランド問題が挙げられていたが、一九三〇年四月に松岡が数千部を配布した「雪害建白書」では、アメリカ南北戦争を例に挙げ、日本の南北間の地理的融和を訴えていた(「松岡氏の雪害建白書」『雪の日本』一九三〇年五月。「雪害建白書」は『松岡俊三先生』二二三頁などにも掲載)。

なお、宮城県出身で代議士にもなった内ヶ崎作三郎は、気候寒冷で天恵が薄いが、勤勉で自由な北部と、「権力凡て富豪の徒に帰し労働者は即ち暗愚なる奴隷」であった南部とを対照的に描いていた(内ヶ崎作三郎『リンコルン』実業之日本社、一九一九年、一三七〜一三八頁)。

(46) 前掲「補足」による。また松岡が、雪害地住民の人心改造の必要を訴えていたことは、前掲伊藤「近代日本における「雪害」の発見と展開」六八〜六九頁。

(47) 議会前の経過については、前掲「雪問題に早くも此反響」(『雪の日本』一九三〇年一月)。

(48) 前掲「補足」による。

(49) 「共同戦線に立つ君と僕　永井柳太郎氏と語る」(『雪の日本』一九三〇年五月、松岡の永井訪問記)。前掲「雪問題に早くも此反響」(『雪の日本』一九三〇年一月)も参照のこと。

(50) 森恪は、松岡の雪害運動を後援することを約していたという(「松岡代議士と雪」『政友山形』一九二九年五月)。

(51) 前掲「補足」による。

(52) 新庄市雪の里情報館所蔵『第一回雪害対策調査会議事速記録』(一九三一年一〇月二九日)における松岡の発言(前掲『松岡俊三先生』にも収録)。これに長野県を加えたものが、松岡の考える雪害地であった。

(53) 松岡の支援者、支援組織については詳論を避けるが、地元の地主団体である正道会、そして青森の鳴海文四郎が、財政的政治的援助をしたことについては後述する。秋田では、県内の町村長会長でもあった池田文一郎が代表的支援者であった(例えば「富豪の雪害運動参加」『雪の日本』一九三〇年一〇月)。

(54) これらの点に関しては、前掲拙稿「大正期の東北振興運動」全体を参照されたい。

(55) 「雪問題に早くも此反響」(『雪の日本』一九三〇年一月)。

(56) 黒川生「雪害を抜きにした十五年前の東北振興論」(『雪の日本』一九三〇年六月)。黒川は、浅野源吾の『東北及東北人』（東北社、一九一五年）を材料に、かつての振興論を観念的であると非難した。

なお、一九二七年に浅野を中心に再スタートした（第二次）東北振興会は、二九年に銘産品陳列会を実行するなどしているが、高橋光威の発言や黒川の書きぶりからすると、昭和に入ってからの振興会の活動は、まったく意識されていないように思える。

浅野を中心とする東北振興構想と、松岡を中心とする東北振興構想が具体的に衝突するのは、一九三四（昭和九）年の東北大凶作を経てのことになるが、それについては別稿を期したい。

(57) 山田毅一（民政党、富山）は、「雪害救済に大関係ある裏日本開発問題に就て」（『雪の日本』一九三〇年三月）のなかで、歴代内閣が「裏日本」に冷淡であったと指摘している。

(58) 「雪問題を中心に政界色めく」（『雪の日本』一九三〇年三月）。

(59) 設置をめぐる経緯については、伊藤大介「雪害研究所の誕生」（『山形近代史研究』第一五号、二〇〇一年）が、山形県内の主張を中心に分析している。

(60) 以下、前掲芳井「雪害救済の思想と運動」四頁。

(61) 一九二七年二月一六日「衆議院議事速記録第十三号北陸地方ノ雪害救助ニ関スル緊急質問」。

(62) 前掲芳井「雪害救済の思想と運動」八頁。また、政友会加藤の質問は、越後鉄道買収問題などを挙げ、憲政会内閣を非難する面が強いものであった。

(63) 石田の構想の特徴は、「克雪」だけではなく、雪を利用する「利雪」を訴える点で注目される（前掲芳井「雪害救済の思想と運動」一〇頁）。石田の著作には、スキー場で寒村僻地が「歓楽の郷」になったという状況認識が濃厚に表れている（石田善佐『狸の皮』高田日報社、一九二五年、二四五～二四八頁）。これに対し松岡は、利雪には懐疑的な立場であった。

(64) 加藤知正は新潟選出ではあったが、上越地域ではなかった。新潟県全体が雪害対策に取り組むようになる契機は、東北振興策の進展と、一九三四年、三六年の県全域に亘る雪害をその背景としていた（前掲芳井「雪害救済の思想と運動」二四～二九頁）。

(65) 犬養内閣の外相となる芳澤謙吉（犬養毅の娘婿）も上越出身であり、犬養家との縁談も改進党系の一家に育ったことが影響していたようである（芳澤謙吉「増田義一君と私」梅山紀編『増田義一追懐録』実業之日本社、一九五〇年、一二二頁）。

(66) 増田義一は、第一五回選挙（一九二四年）で石田を破り当選している（高田市）。前掲『増田義一追懐録』に収められた各追懐から浮かび上がる増田義一像は、実業之日本社社長として社務を重視し、議会では円満で温厚な人格者であったというところである。増田は、改進党系の「高田新聞」を経て国民党の衆議院議員となるが、第二次大隈内閣で大隈と対立する立場になったことを苦とし、議員を辞職している。その後政界に復帰するが、中立議員系会派に属していた（のち民政党入党)。

(67) 以下、一九二七年三月二四日「衆議院議事速記録第三十号 決議案(雪害地方ノ鉄道改良ノ件)」。

(68) 松岡がはじめ雪害建議案を(より権威が上である)決議案として提出しようとしたのは、この決議案が念頭にあったからではないかと考えられる。

(69) 地元の名士である関矢はこの時一期目であったが、次の選挙には出馬せず、雪害建議案当時は議員ではなかった(のち、再び議員を一期務める)。また佐藤は、憲政会が派遣した北陸視察議員の一人でこれも一期目であったが、田中内閣下の総選挙で当選した後、政友会にくら替えをし、地元民の批判を受けている(「東朝」一九二八年四月二〇日、二二日。それが影響したのか、次の選挙では落選)。

(70) のちに石田善佐は、「動機の如何を問はず松岡君の労を多とせねばならぬ」として、やや微妙なニュアンスで松岡を評価している(石田善佐『雪に生活する』高田毎日新聞社、一九三六年、七頁)。

(71) これを松岡側は、「氏の血管内に漲る任俠の潮」が、永井を雪害運動に駆り立てたと表現している(「永井柳太郎氏の書翰 雪害問題に寄する熱意」『雪の日本』一九三〇年三月)。

(72) 永井柳太郎「遊説より帰りて」(『加越能時報』一九二一年八月)。

(73) 永井は、中学時代の不慮の事故による脚の怪我が原因で、軍人になる夢を断念していた。また、信心深い家庭に育ち(それは永井の怪我により一層深まることとなった)、キリスト教の影響を受けながら日蓮を崇拝する永井の宗教観は、「永井教」とでも言うべきものであった(これらの点については『永井柳太郎』勁草書房、一九五九年、第一章および五四〇頁)。

(74) JACAR: A05021094700、行政制度審議会書類・七「建議陳情等綴」(国立公文書館)。例えば山形県最上郡の町村長たちが提出した「雪害救済ニ関スル陳情書」は、添付された「参考書」に至るまで、松岡の雪害建議案とほぼ同一のものであり、「昭和四年　月　日　山形県　　郡」と印刷されたものに、郡名を書き入れ、郡下の町村長たちがサインしたものであった。松岡の出身地域であった北村山郡の陳情書もこれと同一のものである。また、青森県町村長会は、全国町村長会を通じて「雪害救済ニ関スル陳情書」(一九二九年六月一五日)を送付している。

(75) 新潟県町村長会の会長である香川錬弥は、松岡が招待した雪害救済問題懇談会に出席したが、松岡と政友会幹事長森恪の挨拶に加え、福島県知事の意見が「政友会に媚ひるが如き態度」であったとして「噴飯」している(「香川錬弥日記」一九二九年六月一七日の条、前掲芳井「雪害救済の思想と運動」一五頁からの再引用)。もっとも、その後香川は松岡の雪害運動を支援しており、松岡の機関誌に何度か登場している。

(76) 前掲「松岡氏の雪害建白書」(『雪の日本』一九三〇年五月)。

(77) 以下、松岡俊三「雪害問題の解決の鍵　先づ社会政策的施設より」(『雪の日本』一九三〇年一月)。優先的課題として、衛生、国営事業、交通、植林、教育、道路改修の問題が列挙されている。

(78)　松岡俊三「雪国町村長の奮起を促す　義務教育費国庫負担金の増額提案を絶好の解決機会たらしめよ」（『雪の日本』一九三〇年二月）、雪国日本人同盟本部理事長松岡俊三「雪害を愬へろ!!!　雪害の確認を叫べ!!!　一千万円は先づ雪国の地方民に与へよ　政治家に肉迫しろ＝議会に吶喊しろ」（『雪の日本』一九三〇年三月）。

(79)　藤井は帝大在学中に、大野伴睦らと政治結社鉄心会を結成し、横田の知遇を得ていた。ワシントン会議中はアメリカに留学中であり、現地で横田に随行していた（斎藤透『藤井達也先生を偲ぶ』一九三五年、九～一三頁）。

(80)　松岡はこの三人を呼び寄せ、議会における雪害運動の実行を託していた（「雪問題を中心に政界色めく」『雪の日本』一九三〇年三月）。

(81)　義務教育費施行規則の七条三項では、震災や火災、風水害の場合に、随時国庫支出金を交付することになっていた。

(82)　一九三〇年五月一日「市町村義務教育国庫負担法中改正法律案委員会議録第一回」。

(83)　「雪害と教育費の分配　当局に多くの期待が出来ぬ」（『雪の日本』一九三〇年一月）。この記事によると、一九二九年秋、文部省から山形県に雪害調査の通牒があり、一一月以降各町村長が調査に当たっていた。山形県知事から文部省普通学務局長に転じていた篠原英太郎にこの調査の意味を尋ねたところ、あくまで参考資料であり、雪国全部を特別扱いするのは不可能だとの回答があったとのことである。また、この記事にあるように、一九二九年度の調査は、一九三〇年度分の教育費の参考に供されるものであった。田中文相が、一九二九年度から考慮していると発言しているのは、これを指すものであると考えられる。

(84)　「文部大臣の陳謝（巻頭言）」（『雪の日本』一九三〇年六月）、松岡俊三「全力を尽して雪害に関する法律の改正に進め」（『雪害』一九三一年一月）。

(85)　松岡俊三「雪害の政治的解決の可能性に就て」（『雪の日本』一九三〇年一一月）。

(86)　黒川久隆・図司安正『雪国の悲惨を語る』（雪の日本社、一九三一年）八三頁。

(87)　政友会側は、超党派的に可決された雪害建議案を浜口内閣が忘却していると非難していた（この点は前掲の「雪害建白書」）。

(88)　「雪害確認県民代表大会」（『雪の日本』一九三〇年五月）。

(89)　松岡俊三「雪行脚の記（三）」（『雪害』一九三一年二月）。一九三〇年一二月一八日の民政党員（青森）への発言や、翌年一月一二日の民政党有力者（山形）への発言。

(90)　前掲松岡「雪行脚の記（三）」。

(91)　松岡は、文相が小橋一太（熊本）から田中隆三に替わっていたため、政府の過ちを認める「陳謝」が生まれたとしていた（松岡俊三「不思議の雪、恐ろしい雪」『雪害』一九三一年三月）。その後田中は、雪害に理解を示した代表的人物として位置づけられるようになり、「陳謝」の件はその後何度も言及されることになる。

(92) 後藤嘉一『松浦東介伝』(松浦東介先生顕彰会、一九六九年)一〇三〜一〇七頁。松浦は当時、新山形新聞の記者であった(のち県議、衆院議員)。

(93) 松岡俊三「士道未だ頽れず雪国黎明の義軍続々現はる」(『雪害』一九三一年三月)。

(94) この点は、前掲永井『青年君主昭和天皇と元老西園寺』第四章「昭和天皇、田中内閣を倒す」を参照されたい。

(95) 一九三〇年一一月二六日付松岡俊三書簡(田中家関係者宛二通、前掲「田中義一関係文書」九四三。目録には大正五年とあるが、内容から見て昭和五〈一九三〇〉年で間違いない)。これは、すでに西園寺の書簡を入手していた松岡が、書簡を後援者二人に行き渡らせるため、もう一通写しを送ってくれるよう懇願する書簡である。

(96) 前掲の雪害建議案の委員会で松岡が述べたところによると、一九二八年一一月[一〇月の誤りか]、天皇は仙台の鉄道局長に対し、雪国における鉄道従業員の状況を尋ねたということである(松岡はこれを伝聞情報としている)。しかし、のちの松岡の説明では、天皇が雪のなかで作業をしている鉄道従業員に侍従を遣わし、従業員を気遣ったということになっているし、場所も盛岡になっている(松岡俊三「聖慮畏し安達内務大臣恐懼せよ」『雪害』一九三一年二月)。

盛岡で陸軍大演習が行われていたのは一九二八年一〇月のことであるが、その時盛岡に雪が降った形跡はない。ただし、豪雨のなかで演習を行った兵士たちの体調を、天皇が気遣ったという話が新聞紙上に見えるので、松岡の話はこうした話を元にしたものかもしれない。

それはともかくとして、松岡が取り上げる天皇の行為が実際にあったとしても、それを雪害問題全体の解決と結びつけるのは無理があろう。そういった事情のためか、あるいは真偽が定かでないためか、松岡はその後これに言及するのを控えるようになったように見受けられるが、運動の初期においては、雪害運動の主張を正当化する重要な要素であった。

(97) 前掲松岡「聖慮畏し　安達内務大臣恐懼せよ」松岡手記「二荒芳徳氏曰く「日本人は手分して天を制すべきだ」」(『雪の日本』一九三〇年六月)

(98) 高橋紘ほか編『昭和初期の天皇と宮中――侍従次長河井弥八日記』第四巻(岩波書店、一九九三年)、以下、「河井日記」)。一九三〇年四月二七日の条に、「松岡俊三氏来訪す。東北地方雪害除去方策を立つるの必要を力説せらる。氏は過日其意見書を贈られしを以て、不取敢返事を出したるに、来訪したるなり」との記述がある。松岡側の記録では、訪問は四月二五日。ここで松岡は、浜口内閣批判に河井を同調させようとして、河井にかわされている(松岡手記「河井弥八氏曰く　雪害運動は当然なり」『雪の日本』一九三〇年五月)。

(99) 「河井日記」一九三〇年五月二一日。

(100) 前掲松岡手記「河井弥八氏曰く　雪害運動は当然なり」(『雪の日本』一九三〇年五月)。ここには、前述の「雪害建白書」に対する河井の返書も掲載されているが、それはのちに松岡側が発刊した『惨酷を極むる雪害地の地租解剖』(正道会、一九三一年）にも収められる。そこでは、「九重の奥深く、親しく側近に奉仕せらる、河井弥八氏」がわざわざ書を寄せ、雪害を「洵に重要事項の一と存居候」と述べたことを強調している（一五〇～一五一頁）。

(101)　松岡俊三「雪行脚の記（三）」（『雪害』一九三一年二月）、一九三〇年一二月一八日、青森県黒石での演説。会津藩家老の家に生まれた山川に対し、松岡は戊辰戦争以来の東北の不遇の歴史を訴えていた（『雪の日本』一九三〇年五月）。

(102)　一九三二年六月三〇日、斎藤實宛有馬頼寧書簡（国立国会図書館憲政資料室所蔵「斎藤実関係文書」書翰の部、三〇四―九）。なお、書簡には六月三〇日とのみ記載されている（一度六月二九日と書いて訂正している）が、宛名が「内閣総理大臣斎藤実閣下」であること、また、当日の斎藤の日記（同関係文書書類の部、二〇八―八三）に、「松岡代議士」と面会したことが記されていることから、その時に有馬が持たせた紹介状だと推定できる。

なお、最近公開された入間野武雄（斎藤首相の秘書官、斎藤の甥）の一九三二年の日記には、六月三〇日の面会者として「松岡俊三」の名が記されている（東京大学大学院法学政治学研究科附属近代日本法政史料センター原資料部所蔵「入間野武雄関係文書」、No.8「Quikref Diary」。原所蔵者は奥州市立斎藤實記念館）。これにより、斎藤の日記にある「松岡代議士」は、同時期に代議士だった松岡洋右ではなく、松岡俊三であると確定できた。

(103)　前掲図司『人生列車』一三四頁。

(104)　児玉は斎藤が朝鮮総督だった当時の政務総監であり、斎藤に近い人物であった（斎藤の死後、斎藤子爵記念会を設立したのも児玉である）。斎藤は首相時代に、関税改正法案の貴族院通過を児玉に依頼している（一九三二年六月一一日付児玉宛斎藤書簡、尚友倶楽部編『児玉秀雄関係文書Ⅱ』同成社、二〇一〇年、二六四頁所収）。地租法改正案についても、ある程度は斎藤の意を受けた行動を取っていたのではないかと思われる。

(105)　松岡の盟友であった森恪は、近衛と貴族院改革論で通じ合うところがあり、一九二一年春に憲法研究会を設置している（前掲『森恪』四七七頁）。松岡もこれに参加していたようであり、そこで近衛と「熟知の間柄」になったという（松岡手記「近衛文麿氏曰く「是非共雪を視察する」」『雪の日本』一九三〇年六月）。

(106)　前掲『結城吉之助自叙伝』六四頁。また、前注の松岡手記も参照のこと。

(107)　近衛の書簡（あるいは談話）は、前掲黒川・図司『雪国の悲惨を語る』三頁に掲載。

(108)　松岡側は、清岡子爵を近衛のブレーンだと見ていた（前掲図司『人生列車』一三四頁）。

(109)　「山形一県のみではと」（『雪害』一九三一年三月、松岡と鳴海の清岡訪問記）、清岡長言「地租改正に進め」（『雪害』一九三一年六月）。

(110)　例えば、「雪国人の血の叫び!!!　雪害確認の請願　貴衆両院で採択さる」（『雪の日本』一九三〇年五月）、松岡俊三

「請願は採択となつた真の突撃はこれからだ」（『雪害』一九三一年四月）、「正義は勝つ!!　貴衆両院共に採択と決す」（『雪害』同号）。

(111) 松岡俊三「雪行脚の記（二）」（『雪害』一九三一年一月）。松岡自身は、正道会を佐倉宗五郎に擬していた（松岡俊三「士道未だ頽れず雪国黎明の義軍続々現はる」『雪害』一九三一年三月）。

佐倉宗五郎（木内惣五郎、佐倉宗吾、とも呼ばれる）は、佐倉藩の重税による農民の窮状を救うため、将軍に直訴して農民を救い、自らは処刑されたと語り伝えられる人物である。

(112)（巻頭言）「法律改正の請願」（『雪害』一九三一年二月）。

(113)『雪の日本』の創刊号表紙一九三〇年一月。同号所収の、前掲松岡「雪害問題の解決の鍵　先づ社会政策的施設より」では、自身の主張を「政治の水準運動」とし、「雪国人を一国文化の水平線上に引上ぐると云ふ国家の大使命」と論じていることから、意味としては「政治の水平運動」と同義であるが、「水平運動」の語を避けて、「水準運動」を用いたのだろう。

なお、「政治水準運動」という語は、『政友山形』号外（一九二九年五月）の「編集後記」で、山形県が政治水準運動の発祥地になる、としてすでに使用されていた。

(114) 近衛と有馬の革新性について詳しく説明する余裕はないが、差し当たり、思想の科学研究会編『共同研究　転向』中巻（改訂増補版、平凡社、一九七八年）所収の、鶴見俊輔「翼賛運動の設計者――近衛文麿」と安田武「創立期の翼賛運動――有馬頼寧」を参考文献として挙げておく。

(115) 以下、事実関係については、沖縄県教育委員会編『沖縄県史』一巻（通史）、二巻（政治）、三巻（経済）による（国書刊行会、一九八九年、原本はそれぞれ一九七六年、七〇年、七二年刊行、以下各巻とも巻号のみ記載する）。

(116) ほかの重要政策としては、一八九九年から一九〇三年にかけて行われた「土地整理」が挙げられる。これにより、一八七三年に発布されていた地租改正条例が沖縄県全域に適用される（一九〇四年）。

(117) 市制・町村制が公布されたのは一八八八年、府県制・郡制の公布は一八九〇年のことであったが、沖縄県には適用されていなかった。

(118) 町村長以下、町村吏員が官選であったこと、助役が置かれなかったこと、町村会の権限が狭く町村条例の制定権がなかったという点で一般的な町村制とは異なっており、選挙制度（複選制）や県参事会を設置しなかった点が、一般的な府県制とは異なっている。なお、市制に相当する区制も同時期に改正されているが、首里区・那覇区に市制が施行され、首里市・那覇市となるのは、一九二一年のことである。

(119)「府県制施行ニ関スル特例ノ件」（『沖縄県史』一三巻〈沖縄県関係各省公文書二〉）、八八二頁、平田東助内相発桂首相宛閣議要請文書、一九〇九年二月一六日。

(120)『沖縄県史』一巻、六一六頁。また、『沖縄県史』一三巻、七六六七頁所収の、芳川顕正内相発桂首相宛閣議要請文書（一九〇四年三月二日）も参照のこと。

(121)『沖縄県史』一巻、六一六～六一八頁。例えば、『琉球新報』の一九一六年の論説は、特別制度を撤廃し「他と均等の権利」を実現するよう求めるものであった。

(122)太田朝敷『沖縄県政五十年』（琉球新報社、一九三二年）二九〇頁。太田は、明治二九年から四〇年までを「画一的の地方制度に至る受験準備の時代」とし、それ以後を自治の本科に入学を許されない「予科程度の地位」とし、大正九年、一〇年に至って、「日本帝国の一地方として押しも押されもせぬ地位に進められた」としている（八八～八九頁）。ここで太田が「長い悪夢からでも覚めたやうな気がする」としているように、画一的制度の適用は、沖縄県の政治的目標であった。

(123)ここでいう形式的平等は、「表面上に過ぎない平等」のことではなく、本質において等しい存在は、等しく扱われるべきであるという意味での平等を指している。

(124)『沖縄県史』二巻、四九七頁。なお、沖縄県内における政治的対抗関係には、旧王政時代から尾を引く、政党とは別次元での対立があったが、本書では触れない。

(125)政友会沖縄支部が発足（一九一二年）したのも、政友会の権勢にあずかろうとする意図だけでなく、「従来世話になりたる鹿児島の党員との友誼的な立場」が影響していたという（『沖縄県史』二巻、五二四頁）。このような経緯もあり、のちに床次が政友本党を結成すると、沖縄選出の代議士、県会議員が一斉に政友本党入りしている。

(126)以下、『沖縄県史』二巻、五〇五～五一一頁。

(127)同建議案については、一九一八年三月一三日「衆議院議事速記録第二十二号」および「沖縄県特別自治制撤廃ニ関スル建議案外一件委員会議録」参照のこと。建議案は、鹿児島県大島郡の特別町村制撤廃の建議案と共に提出されている。これに対し内務省参事官の潮恵之輔は、内地とは異なる事情がある地方に、「画一的の制度」を実施することは不穏当だとして、建議案の趣旨に反対していた（委員会第二回、三月一三日）。

(128)提出者代表者は政友会の奥田栄之進（鹿児島）。本会議では児玉良熊（政友会、鹿児島）が提出理由を述べ、その後我如古が説明をしている。また、委員会には、憲政会の護得久朝惟（沖縄）も参加している。

(129)小久保は、沖縄人は内地では就職が困難なため、結果的に有為な人物が在住していると説明している。

(130)小久保喜七「沖縄状勢」（『政友』一九一八年一二月）。

(131)前述の建議案（本会議）では、同一の建議案を児玉（鹿児島）、我如古（沖縄）の二名が説明したことに対し、憲政会議員から、異例の措置を許した議長への疑念が表明されていた。これに対し大岡育三議長は、我如古は沖縄県選出の議員であるから、（異例の措置を許可した理由は）理由を説明せずとも理解できるはずと述べていた。

(132)「沖縄県ニ関スル府県制特例改正ノ件」（『沖縄県史』一三巻、九六四頁）、床次内相から原首相宛、閣議要請文書、一九一九年八月七日。

(133)寺内内閣下の一九一八年に、貴族院議員多額納税者互選規

則が沖縄にも施行されたが、原内閣下の一九一九年五月に衆議院議員選挙法が改正され、宮古・八重山両郡にも選挙制度を適用、県の議員定数は二名から五名へと増員された。

(134) この点に関しては、差し当たり『沖縄県史』一巻、六三三〜六四八頁を参照。ソテツ地獄とは、食糧に窮した県民が、中毒の恐れがあるソテツで飢えをしのがざるを得ない状態を指し、実際に中毒死した県民もいたと伝えられている。

(135) 沖縄県振興計画調査会については、川平成雄「「沖縄県振興計画」下における農業生産の実相」(『沖縄文化』五七号、一九八一年、のち川平成雄『沖縄・一九三〇年代前後の研究』藤原書店、二〇〇四年所収)が糖業を中心に分析している。

また、高橋芳紀「戦前期東北開発政策をめぐる諸問題」(『経済研究年誌』第一七号、二〇〇〇年)は、同調査会と東北振興調査会(一九三四年一二月設置)、北海道拓殖計画を比較して取り上げている。伊藤大介「近代日本における地域振興策の展開――北海道と沖縄・奄美の地域振興調査会」(『東北文化研究室紀要』第四五集、二〇〇四年)は、高橋論文の問題点を批判しながら、雪害対策調査会を含む地域振興調査会の設置状況や経過を分析している。沖縄と雪害地を比較する本書の視角は、こうした研究状況を基にしたものである。

(136) 親泊康永『窮乏日本の新興政策』(新興社、一九三一年)二〇三頁、二二七〜二二九頁。

(137) 例えば、湧上聾人編『沖縄救済論集』(改造之沖縄社、一九二九年、本書では復刻版〈琉球史料複刻頒布会、一九六九年〉を使用)所収の沖縄救済論では、「大阪毎日」の下田将美「琉球よ何処へ往く」がこのような指摘を行っている。同じ「大阪毎日」の経済部長だった松岡正男は、天恵はむしろ少ないとするが、貯蓄心の欠乏を挙げ、特別制度撤廃を経て救済が必要になったことを、「他府県同様の地位を得ようとした虚栄心」と評していた(同論集所収「赤裸々に視た琉球の現状」)。

(138) 親泊康永は、沖縄人が「暇さへあれば泡盛を飲み蛇皮線を抱へて亡国的哀調に耽溺する」と見られていることに触れ、県民の努力を訴えている(親泊康永『沖縄よ起ち上れ』新興社、一九三三年、一八三頁)。

(139) 以下、前掲太田『沖縄県政五十年』二八四〜二八五頁。

(140) 前掲拙稿「大正期の東北振興運動」三四三〜三四四頁。大正初期〜中期の東北振興論には、内地植民の必要を説くものが見られ、東北振興会は、朝鮮の東洋拓殖会社(東拓)をモデルとする東北拓殖会社案を構想するが、東北地方の関係者からは、東北を植民地扱いし、中央の実業家を富ませるだけだという批判が起こり、最終的には失敗することになる。

(141) したがって沖縄側の主張は、東北と比べより陳情的な性格になっている印象がある。

(142) 新城朝功「瀕死の琉球」(前掲『沖縄救済論集』附録)。一九二五年のこの文章で、新城は三〇〇万円から四〇〇万円の超過があるとしている。前掲親泊『沖縄よ起ち上れ』(一四二頁)では、一九三〇年のデータとして、四六〇万円の国税負担（うち砂糖消費税二五〇万円）、義務教育費など国庫からの収入が一六〇万円という数字を挙げている。この差引三〇〇万円の支払超過という点は、一九二八年時点での、沖縄県内務部長の認識と同様のものであった（「蘇鉄地獄の沖縄県臨時県会に於ける議案説明」、沖縄県内務部長鹿野三郎、一九二八年六月一二日。前掲『沖縄救済論集』所収）。

(143) 当真嗣合「第二次救済案」（前掲『沖縄救済論集』所収）、一九二六年の論説と見られる。

(144) 以下、当真嗣合『沖縄の経済難局とその対策』（新極東社、一九三〇年）六三頁。なお引用した部分は、一九二六年四月に「沖縄朝日新聞」に掲載された文章の再録である。

(145) 沖縄の貴族院議員大城兼義は、発展する台湾を視察した上で、沖縄を植民地同様にする必要はないが、参考にする必要があると説いていた。なお大城は、沖縄県への自治制適用が時期尚早だったと発言した大臣を、好意的に紹介している（大城兼義「台湾南清視察の感想と県救済問題に対する卑見」、前掲『沖縄救済論集』所収）。

(146) 以下、一九二五年三月二四日「衆議院議事速記録第三十二号沖縄県救済ニ関スル建議案」、および同日の「沖縄県財政経済ノ救済助長ニ関スル建議案」。

(147) これに関しては『沖縄県史』別巻、二八三頁を参照のこと。一九二六年から三〇年に至るまで五年間総額二六二万円の「産業助成費」の支出が決定された（財源は砂糖消費税の一部還元）。その後さらに「工業助成費」も支出されたが、一九三三年から沖縄県振興計画が実施されると、振興事業費のなかに組み込まれている。

(148) 前掲当真『沖縄の経済難局とその対策』六五〜六八頁（一九二六年四月公表のもの）。

(149) 前掲新城「瀕死の琉球」三七頁。

(150) これについては、地価調査の実施に当たり、「調査委員会に原案をかけたころには、さあ、これははたして法律になるのかならないのかという疑問が相当もたれておった。それだけに、一応、政府の提案をのんでおこうかということであまり修正されずにその点は成立したとこういっていいと思います」という大蔵官僚松隈の回想を参照のこと（内政史研究会『松隈秀雄氏談話速記録』一九七一年、九六頁）。また、前掲『青木得三氏談話速記録』九〇〜九三頁も参照。

(151) 以下、「地租法案外六件委員会議録」（一九三一年一月二八日以降の各回）。読みやすさを考慮し、議事録の出典については簡略に留める。

(152) 営業収益税との関係で、地租が一種の財産税となっていることへの批判など、当時考慮すべきだった点にも言及されているが、問題提起のみに終わっている。

(153) 松岡俊三「雪害無算定の地租改正」（『雪害』一九三一年六月）。

(154) 一九三一年三月三日「請願委員会第二分科会議事速記録第五号」。この議事経過については、前掲芳井「雪害救済の思想と運動」一七〜一八頁で言及されている。

(155) 野村嘉六（民政党、富山、文部政務次官）は、雪害のような「普遍的に恒久性を帯びて居る」ものは、地価で対応するのがよいと発言し、篠原英太郎（文部省普通学務局長、前山形県知事）も、雪害問題は義務教育費の問題ではなく、大蔵省の地価修正の問題だと答弁していた。

(156)「雪害運動第二期計画を提げて　華々しき正道会総集会」、前掲清岡長言「地租改正に進め」（正道会総集会での演説）、「編輯後記」（それぞれ『雪害』一九三二年六月号所収）。

(157)この点は前掲図司『雪の燈』一九三頁。

(158)雪の日本社発行。松岡の著作という体裁を取っているが、序文以外の部分は、松岡側近の黒川久隆、図司安正の手によるものと見られる。

(159)やや余談めいた話ではあるが、当選した松岡の議員歳費は早速差し押さえの対象となっている（「読売」一九三二年二月二三日夕刊「勝利の喜び瞬間　はや歳費に債鬼」）。松岡の置かれていた金銭的窮乏ぶりを表すエピソードである。

(160)「読売」一九三二年七月二〇日。

(161)議会での答弁は、一九三二年八月二八日「衆議院議事速記録第五号市町村立尋常小学校費臨時国庫補助法案」、八月二九日「市町村立尋常小学校費臨時国庫補助法案委員会議録」第二回。特別町村を全国で約一七〇〇増加、そのうち五七八を東北の町村にまわし、全町村を特別町村にすることとされた。

(162)この問題はすでに前掲芳井「雪害救済の思想と運動」一七〜二一頁でも言及されているが、本書は、これまで述べてきた松岡の論理や人脈、そして沖縄の事情を踏まえた上で、その政治過程を論じるものである。

(163)税率については、「雪国農民の税金は暖国農民の一倍半だ！」という認識を基にしていたと考えられる（前掲『雪害地の地租解剖』、「はしがき」一頁）。

(164)以下、一九三三年二月一九日「衆議院議事速記録第十五号地租法中改正法律案外四件」

(165)以下、同法案の委員会第二回（二月二一日）、第三回（二二日）、第五回（二四日）。

(166)一九三四年二月一四日「地租法中改正法律案外三件委員会」第三回。

(167)例えば、前述した河井弥八訪問の際には、雪害地がソ連と地理的に近いことを挙げ、社会主義思想が雪害地に広がることを懸念してみせていた。

(168)第六四議会、第二回委員会。以後東北振興論を主張する際の決まり文句になる軍事的貢献という点は、第六二議会の松岡提出建議案「雪国日本ノ根本対策ニ関スル建議案」（一九三二年六月八日「衆議院議事速記録第五号」）でもすでに主張されていた。

なお、内ヶ崎のその他の主張は、東北＝アイヌ＝蝦夷の存在が大和民族に刺激を与え、武士道の起源ともなったこと、戊辰戦争で薩長に勇敢な対抗を見せたため、薩長政府が立憲政治を導入したこと、冷やかしの対象になる東北弁も、言語の面で「東京弁」に影響を与えていること、であった（ほぼ同様の主張が第六五議会、第三回委員会でもされている）。これらの点は、内ヶ崎が以前から論じていたことである（内ヶ崎作三郎「東北人の崛起を要求する三大理由」『実業之日本』一九一六年一二月一日号）。

(169) 第六四議会、第三回委員会。

(170) 戊辰戦争以来、薩長の地価が低く、東北は高い地価を設定されてきたと主張する松岡に対し、石渡荘太郎国税課長は、朝鮮、台湾を例に挙げ、「占領致したり、或は今まで反抗して居ったと云ふやうな地方に対しましては」、むしろ税金を安くしているのではないかと答弁している（第三回委員会）。

(171) 委員会第五回、上塚司（大蔵参与官）の答弁。松岡は、調査会に名を借りて現状を放置するのであれば、「無知蒙昧」とされる東北人は、「政治を否認」する方向に行くかもしれない、と反論している。

(172) 三浦新七の質疑は、一九三三年二月二八日、本会議。児玉の質疑は、一九三三年三月一六日、第三回委員会。

(173) 提出代表者は、かつて雪害建議案の新党倶楽部側代表者となった熊谷五右衛門（政友会、福井）であった。

(174) 北陸地方の民政党側は、一応改正案に追随するためか、あとになって同様の法案を提出している（入閣している永井の名前はない）。しかしこれは、議決不要の扱いになっている。また貴族院では、民政党系の小林嘉平治（憲政会議員を経て多額納税者議員）が、公平な賃貸価格に基づく地租法の正当性を主張しているが（一九三四年三月一三日、第六五議会第一回委員会）、これは地租法が民政党内閣で成立したという沿革に基づくものであったと見られる。

(175) 以下、「東朝」一九三四年二月一〇日「地方的に差別を設けよ」。

(176) 委員会第四回、第五回、第七回。

(177) 松岡は第二回委員会で、児玉秀雄が東北の差別的待遇を指摘したことを持ち出して、主張の根拠としている。これが実際にあった発言であったことは前述の通りであるが、前議会において、長州の地価が低いという松岡の主張に否定的反応を見せていた窪井義道（政友会、山口、第六四議会第三回委員会）も、東北への特殊な対応を認めたことにされている。また、中島鉄兵主税局長が雪害対策調査会で東北の主張を認めたという松岡の発言は、中島本人によって遮られ、何かの機会に引用されると困るとして否定されている。

(178) 第六五議会で沖縄側の主張を代弁したのは、鹿児島選出の金井正夫（政友会、大島郡出身）であったが、それは沖縄独自の主張という面を減殺するものになっていた。

(179) ただし、地租に関しては、超党派的な地域間結合の萌芽は見られるものの、党派性の前に対応が分かれていた。すなわち、政友会を基礎とする第一次山本権兵衛内閣（第三一議会）において、野党同志会の東北側議員は、東北六県の地価を五割低減する法律案を提出する。しかし与党政友会の東北議員は、東北地方の地価調査を求める建議案を提出するにとどまっており、法案として一本化されることはなかった（一九一四年三月一日「衆議院議事速記録第十七号」および三月一五日「第二十四号」）。

(180) 田中隆三『県民諸君に告白す』（一九一六年）。寺内内閣の第一三回解散総選挙の際に作成されたと見られるこの冊子のなかで、田中は秋田の地租と山口・鹿児島の地価を比べてその不当を訴えていた（一二〜一八頁）。地租は「全国一様」のように見えるが、山口や鹿児島のような地域は、税率は同じでも地価を安く定めて「知らぬ顔」を通しているというのである。

(181) 地租法が施行された一九三一年度の国税調査額では、県全体で田地租が一万九〇〇〇円から三〇〇〇円程度まで下落し、畑地租はほぼ前年度並みの一〇万四〇〇〇円（これは所得税納入額とほぼ同じ）であった（『沖縄県史』二〇巻〈沖縄県統計集成〉、三八九頁、「一四五 国税」〈調査額、一九三一年〉）。酒税は一一六万四〇〇〇円、砂糖消費税は二二二万円であったから、地租の比重がかなり低いことが理解できよう。

(182) 『沖縄県史』三巻、七五二頁に、振興計画予定額と実際の予算配分額の比較表がある（一九三三年〜四三年分総計）。産業費は約二二〇〇万円（うち糖業費六五〇万円）が予定され、実際の予算計上は一二〇〇万円（糖業費六三〇万円）、土地改良費は一〇〇〇万円ほどが予定され、実際には約二三〇万円が計上されている。予算の多寡や実施の程度を、そのまま政策効果と結びつけることはできないが、ここでは土地改良への対応が重要な政策課題と認識されていたことの証左として、上記の数字を挙げておく。

(183) 一九三四年における新潟県町村長会の陳情を参照のこと（前掲芳井「雪害救済の思想と運動」二一七頁）。なお、沖縄県はすでに全町村が特別町村となっていた（前掲一九三二年八月二九日「市町村立尋常小学校費臨時国庫補助法案委員会議録」第二回における鳩山文相の説明）。

(184) 先に引いた「東朝」の社説は、地租法改正法案は単なる「お土産案」ではないとしていたが、これはつまり、同案が「お土産案」としてイメージされるものだったことを示している。一般的には、「お土産案」とは地方利益に関する建議案に対して用いられる言葉であった。

(185) 詳細は、一九三五年三月二〇日「衆議院議事速記録第二十九号第十八地租法中改正法律案」および委員会を参照のこと。

(186) 関西の台風被害と東北大凶作への対応を主眼とする第六六回臨時議会において、内閣に東北振興調査会を設置することなどが決められていた。

(187) 河野一郎『河野一郎自伝』（徳間書店、一九六五年）一一三頁。「東京朝日」の記者だった河野は、一九三〇年に長野、新潟、福島の農村を取材したのを契機に、農村問題の解決を目指して政界入りを志す。初回の選挙は、終盤まで政友会の公認が得られない戦いであった。なお、河野は、斎藤内閣と距離を置く鈴木総裁派に属しており、斎藤内閣を官僚内閣として攻撃していた（同書八六〜一一三頁）。

(188) ここで河野が触れた神奈川の震災とは、一九三〇年の北伊豆地震を指していると見られる。京都も震災による財政困窮が深刻だとされているが、これは一九二七年の丹後震災を指したものであろう。石渡国税課長は、河野の指摘を大枠で認めている。なお、出席するはずの地方局長が結局現れなかったため、河野の提起はこれ以上議論にはならずに終わっている。

(189) 「地租ノ減額ニ関スル法律案」（一九三五年三月七日「衆議

院議事速記録第二十三号商工中央金庫法案外三件」）。これは結局委員会で審議未了となっている。

(190) 第六七議会、貴族院、一九三五年三月二五日「酒造組合法中改正法律案特別委員会議事速記録第七号」（地租法案が付託）、石渡国税課長の答弁。第六五議会で河野の質疑に答弁したのも石渡である。

また、ここで東北地方の地価が不公平だと訴える菅原通敬に対し、高橋蔵相は、かつての地租委譲論はまさにそれを念頭に置いて考案したものだったとして、過去の菅原の態度を皮肉るかのような応答をしている。

(191) 地方財政調整制度に関する案は、第六四議会で建議案が通過、第六五議会では各派から法案が提出され、政友会・国民同盟案が衆議院を通過していた（貴族院審議未了）。

(192) 第六七議会、委員会第二回（一九三五年三月二二日）における山田佐一（政友会、愛知）の発言。ただし山田が直接的に求めているのは地租委譲であった。

(193) 前掲『三好重夫氏談話速記録』六〇頁。民政党系内務官僚と見られていた三好は、新潟県在任中に政友会系の警察部長と衝突し、新潟県を追われる（一九二八年）。三好は東北六県への赴任を希望しない旨を伝えていたが、結局「いやだ」としていた岩手県に転出させられた（同書五〇頁）。

なお、三好と地方財政調整制度との関わりについては、上記速記録の復刻版のなかで、黒澤良が的確にまとめている（「解説　三好重夫と地方財政調整制度」伊藤隆監修『現代史を語る②三好重夫』現代史料出版、二〇〇一年）。

(194) 三好重夫「財政調整交付金制度の提唱」（『自治研究』一九三一年七月）。三好の画一主義批判は、三好重夫『地方財政読本』（良書普及会、一九三八年）第五章第四「行政の画一主義の打破」などでも展開されている。

(195) 三好は、地租委譲案は税源を付与するという「画一的の形式」によるものであり、個々の地方団体に不合理をもたらす欠点があると指摘していた（三好重夫『地方財政改革論』良書普及会、一九三三年、「自序」四頁）。

(196) 前掲『三好重夫氏談話速記録』六五〜六六頁。

(197) 『三好重夫逸稿集』（一九八二年）四六〜四七頁。三好は続けて、「国費自体を事業に直接支出する北海道方式、民間企業の育成に依り基盤的に経済開発を行う東北方式と並ぶものである」としている（東北については、一九三四年の東北大凶作後に設立された東北興業・東北振興電力の事業を念頭に置いていると思われる）。

(198) 一九三四年二月二三日「衆議院議事速記録第十六号農村救済負担均衡法案外一件」（第六五議会）。地方財政調整制度の実現を図る「地方財政補正交付金法案」への意見。

(199) 以下の点は、「地租軽減の経過」など、『雪害』一九三九年九月所収記事を参照した。もちろんこれは松岡側のまとめであり、それを客観的に分析するのは、今後の課題としたい。

あとがき

本書は、二〇一二年三月に東京大学大学院法学政治学研究科に提出した博士論文『近代日本における「平等」と政治――税制改正と地域』を原型にするものである。この博士論文により、二〇一二年一一月、筆者は博士（法学）の学位を授与された。本書を刊行するにあたり、構成や内容にはあまり手を加えず、論旨がより明確に伝わることを意識した加筆修正を行った。改訂にあたり参考にしたのは、論文審査時のコメントや、論文を読んでいただいた方々からのコメントであった。文責が筆者にあることは言うまでもないことであるが、多くの方に支えられて本書を公刊できたことをとても幸せに思う。

なお、本書は基本的に未発表の論考により構成されている。ただし、本書第3章第3節の「政党政治と地域主義」に関しては、二〇一一年一〇月の日本政治学会大会の分科会「辺境・周縁の政治学」において、『辺境』地域の税制改正問題――画一性と特殊性をめぐって」と題する報告を行い、報告論文を配布した。また、学位取得後、本書第2章の概要については、二〇一四年一月の東京大学政治史研究会において、「税源委譲・財産税・神戸正雄――学問は現実にいかに関わったか」と題する報告を行った。報告の機会を設けて下さった関係者および参加者にお礼を申し上げたい。

さて、本書を手に取られた方のなかには、本書（およびその原型となった博士論文）がどのような歩みを経て一つの論にまとめられることになったのか、その経緯を知っておきたいと思う方もいることであろう。突如湧いたインスピレーションによって一気呵成に書き上げた、と言えるのであれば、少しは格好もつくものだと思うが、実際はそうではない。だからその過程をさらけ出すのは、筆者の恥をさらけ出すものであって、本当は隠しておきたいところなのであるが、本書を読まれた（あるいはこれから読む）方たちに対するお礼の意を込めて、それについて述べておきたい（私自身の研究歴に関心を持つ人はほとんどいないはずだが、行論の都合上触れざるを得ない）。

修士課程に進学した筆者は、漠然とではあるが、地域の視点から日本政治外交史の研究に取り組みたいと思っていた。そこで修士論文のテーマに選んだのが大正期の東北振興問題であった。岩手県で生まれ育った筆者にとって、「東北」という地域概念は、ある種の絆を感じさせるものであるとともに、劣等感というほどまで明確ではない、曖昧でもやもやとした感覚をぬぐえないものでもあった。東北振興問題が国政上の大問題になるのは、一九三四（昭和九）年の東北大凶作後のことであるが、その時期を研究する前段階として必要だと思われたのは、「東北振興会」が設立（一九一三年）される大正期における「東北」の自己認識・認識のされ方、そして「東北」という枠組みにおける東北各県の活動の特性を、いわゆる中央―地方関係の視点から政治史的に考察することであった。史料に恵まれたおかげで、大変未熟なものではあれ、それなりに意味のある修士論文としてまとめることができた。

修士論文を公にしたあと、筆者が意図し、またおそらく周囲からも期待されていたことは、この論文をスタートにして昭和期の東北振興問題に取り組むことであった。修士論文自体が、昭和期の東北振興問題を理解するための序論という位置づけを持っていたのだから、次に研究すべきことは明確であるように思われた。しかしその後研究はなかなか進捗しなかった。理由は主に二つあった。一つは、「東北」という枠組みをめぐる認識の問題は、大正期と昭和期とで本質的にはあまり違わないように感じられた点である。もう一つは、昭和期の東北振興問題の主要事項である東北興業・東北振興電力に関しては、政党政治家が関与した度合いが少ないため、すでに相当の蓄積がある開発経済史的な研究のほうが適していると感じられた点である。この二点を認識した上で、意味あるものとして納得できる研究を行う力量が、筆者には不足していた。

五里霧中の状態のまま中途半端に史料と向き合う日が続いたが、その過程で興味を持ったのが、今日の地方交付税の源流である地方財政調整制度論であった。というのは、政党政治の視点から昭和期の東北振興問題を見た場合に、東北の政党政治家たちの関心は地方財政調整制度の導入問題にあり、選挙公約でもそれをメインに据えていたからである。

そこから研究の方向性が二つ生まれた。それはいずれも筆者の〝さかのぼり癖〟を反映するものであった。一つは、東北の視点から地方財政調整制度を捉えるために、地租法改正法案を意識しながら、東北における雪害運動を政治史的に理解することであった。研究を進めるうちにその視点は北陸と沖縄にも及んだ。本書第3章第3節が、その分析の結果である。

もう一つの方向性が、地方財政を税制の観点から理解することであった。地租法改正法案を理解するためには地租法の理解が必要であり、そのためには地租委譲問題の理解が必要であること、その道筋はすぐに見えた。地租委譲問題は、以前から関心を持っていたテーマであり、優れた先行研究が多数存在することはよく承知していた。だから、臨時財政経済調査会を出発点に先行研究を整理し、その上で地租法改正法案に取り組み、地方財政調整制度論の展開を分析することが当初の予定であった。

予定を変更することになったのは、神戸正雄との出会いが主因である。神戸を軸に財産税論や社会政策的税制論を分析するうち、単に大蔵官僚の意図を代弁していたに過ぎないと思い込んでいた神戸の独自性が見えてきたし、税をめぐる議論が、個人・制度・地域という幾重にも重なる「平等」の問題であることに知的興奮を覚えた。また、神戸の立場から臨時財政経済調査会を見ることによって、高橋是清、三土忠造、浜口雄幸、松本重威といった財調のキープレーヤーたちの存在が、とても身近なものとして感じられるようになった。そして彼らの言動に意外な感じを覚えることもしばしばであった。だからより分析を深める必要性を感じた。

他方、神戸の論文を読み進めるうちに痛感したのは、神戸を理解するためには河上肇を理解し、さらに河上を含めた当時の思想空間を理解することが必要であるということであった（河上肇の魅力に取り憑かれ、一時はメインテーマが何であったのかを忘れるほどであった）。

これらの方向性に基づく研究は、同時並行的に行っていたものであったが、研究が進展したのは、筆者の関心が「平等」にあることを自覚してからであった。その結果完成したのがこの本である。

こうした歩みからわかる通り、やり残したことは多い。またしても、昭和期の東北振興問題を論ずることはできず、地方財政調整制度についても論じることはできなかった。しかも結局、博士課程進学から論文提出まで八年もかかってしまった（モンテスキューは『法の精神』を書き上げるのに二〇年かかったと自ら述べているから、彼の五分の二のスピードで書き上げたことは意外に早いのかもしれない。もちろん人類に与えた意義ということで考えれば、彼の五分の二に遠く及ばないことは言うまでもないことであるが）。

このようにしてできあがった本書を、今まさに手に取っていただいていることに、あらためて感謝したい。

さて、繰り返しになるが、博士論文を書き上げ、本書を出版するまでには、多くの方にお世話になった。まずはいわゆる指導教官の先生方にお礼を申し上げたい。

まず、北岡伸一先生に感謝の言葉を捧げたい。北岡先生には学部三年のゼミから博士論文提出に至るまで、長年にわたりその教えを受けてきた。多忙を極める先生であったが、ゼミには相当な準備をした上で学生に向き合われていた（講義ももちろん含蓄に富むものであった）。今でも思い出すのは、修士課程一年の時のゼミである。宇垣一成関係の文書を扱ったそのゼミで、筆者がある論点をいいかげんに済ませた報告をした際、先生はそれを見逃さず、厳しく批判された。反省するとともに、とても嬉しかったことをよく記憶している。先生は、学生の性格をよく見て、それに合った指導をされていたように思う。修士論文を書き上げたあとは、自称「北岡門下の〝眠れる獅子〟」として、あれこれと方向性が定まらない研究を行っていた筆者を、先生は辛抱強く待ち続けてくれた。

先生の期待にもかかわらず、なかなか博論の草稿を開示しない筆者であったが、ようやく自分自身が納得できる博士論文の草稿を書き上げ、先生の評価を求めると、先生はその草稿を丁寧に読まれた上で、「正直驚いた。出来が良いので」との感想を述べられた（改善のための厳しい批判とセットであったことを特に強調しておきたい）。もちろん先生の感想には、「佐藤君にしては」なかなかよい、という含意が込められていたのであるから、このようなエピソードを引いて本書の免罪符にしようという意図はまったくない。ただ、博士論文提出とほぼ日を同じくして東大を退任された先生に対し、できの悪い弟子として精一杯の論文を書き上げ、先生に大きな度量をもって受けとめていただいたことを、一つの区切りとしてあらためて感謝したい。

論文執筆の途上において、「どうも自分の研究は日本政治外交史の王道から外れているのではないか」という思いに駆られた時期もあった。そんな時、北岡先生の学部ゼミで扱った論文集を開くと、かつて先生が、「理想主義と現実主義は、矛盾するものではない。理想を持たない現実主義は、力を持てない。つまり現実的ではない。また、理想が人を動かす力を計算に入れない現実主義はありえない」、「その逆に、現実可能性を求めて苦闘していないような思想は、理想主義の名に値しないのではないだろうか」（北岡伸一編『戦後日本外交論集』中央公論社、一九九五年、一一～一二頁）と論じていたことを思い出し（本当はずっと記憶しているべきことだったのだが）、北岡先生の問題意識を知らず知らずのうちに共有していた自分に少し自信を持つことができた。当初は『「平等」をめぐる思想と政治』のような題名を考えていた筆者に、「政治とはその根底において思想を持つものである」という含蓄ある言葉でもって政治の奥行きを諭して下さったのも北岡先生である。理想と現実を踏まえながらベターな解を求め歩まれている先生に、博論の完成版として、本書を捧げられることを光栄に思う。

酒井哲哉先生に感謝の辞を捧げたい。酒井先生のゼミに初めて出たのは、学部四年の時であった。橘樸（しらき）を扱ったこのゼミにおいて、東洋思想を通して当時の政治を考えるというフレームワークに強い関心を持った。突然発せられる「ギルド社会主義が……」といった聞き慣れぬ用語に、筆者は胸をときめかせていたのであった。その後もゼミに何度か参加させていただいたが、国際的な視野から日本の政治を論じる先生の一言一言は、とても美しいものに感じられた。先生から学んだことは数多くあるが、論文や書籍を読む際、その欠点に目と心を奪われがちであった筆者をして、著者に寄り添い、その可能性を見出すことも大切だと思わしめたのは、酒井先生のおかげである。また、北岡先生がアメリカに行かれていた時期には、指導教官を務めていただいたし、その後も折に触れ助言をいただいた。いろいろとご迷惑をおかけしてきた酒井先生に、本書を捧げたい。

五百旗頭薫先生に感謝したい。五百旗頭先生には、北岡先生の東大退任後に指導教員を務めていただいている。また、博士論文の審査にも加わっていただいた。博士論文に関し、細部に至るまで詳細なコメントをいただいたことは、生涯忘れることはない。言葉にできない感謝を捧げたい。穏やかでありながら、研究者としてのプロ意識と情熱を持つ「先輩」が身近に存在し、意識的・無意識的を問わず、筆者に限りなく有意義な影響を与えて下さっていることに感謝したい。

御厨貴先生に感謝の念を捧げたい。御厨先生は直接の指導教員ではなかったが、「御厨塾」やそれを機とするさまざまな研究活動を通して、その人柄と教えに接することができた。いにしえの聖人を崇拝するか反発するか、いずれにしても歴史上の人物に対し肩肘張って身構えて接する傾向があった筆者にとって、ついさっき会ってきたかのような雰囲気で『原敬日記』の登場人物を評する先生のスタイルは、面白くかつ衝撃的であった。また、多士済々が集う御厨塾塾生から受けた知的刺激には、はかりしれないものがある。塾長および塾生にあらためて感謝を申し上げるとともに、得てばかりで与えることのなかった筆者の、お詫びの気持ちとして本書を捧げたい。

苅部直先生に感謝を申し上げたい。苅部先生にお会いしたのは、学部二年の時に参加したゼミであった。当時、思想や「価値」の問題を論じることを求めながら、それにいかほどの意味があるのかを自問自答していた自分にとって、アカデミックな思想を体現している苅部先生のゼミに参加できたことは幸運であった。マイケル・ウォルツァーなどの著作を読みながら、同世代の学生たちとミニ思想空間を創り上げたことを今でも懐かしく思い出す。本郷進学後もゼミなどを通して、思想を扱うことの面白さと難しさをお教えいただいた。また、博士論文審査にも加わっていただいた。実は、博士論文を「理念の政治史」という枠組みでとらえ直す示唆を与えて下さったのは、審査にあたられた苅部先生であった。記して感謝の念を捧げたい。

牧原出先生に感謝申し上げたい。本書の内容からもうかがえる通り、筆者の関心は行政学にも向いている。だから、行政学はもちろんのこと、日本政治外交史の分野でもご活躍されている牧原先生の姿は、筆者の憧れるところであった。牧原先生のご厚意により行政学関係の研究会に参加させていただいていること、および東京大学先端科学技術研究センターに受け入れていただいていることを感謝したい。

加藤（野島）陽子先生に感謝したい。野島ゼミに参加したのは修士課程に進んでからであったが、無事に書いたという報告のつもりでお渡しした修士論文に、赤ペンで詳細なコメントを書き入れて下さったことは忘れることができない。また、野島ゼミを通じて、日本近代史専攻の大学院生たちと親交を持つことができたのは、非常に大きな僥倖であった。多様な論点を持ち寄った学生の発表、それを微笑みながら聞いて学生の可能性を見出そうとする先生、いずれも貴重な経験であった。あらためて感謝を申し上げるとともに、今さらながらの研究成果として、本書を捧げたいと思う。

小宮京先生に感謝を申し上げたい。小宮さんには、筆者の学部・大学院の先輩として、また、後述する原資料部助教の前任者として、公私にわたりお世話になってきた。目の前の瑣事にとらわれがちで、放っておくと「孤独な散歩」を決め込みかねない筆者にとって、研究会や学会への参加を勧説し、ふがいない後輩の研究状況を常に心配してくれる小宮さんの存在は、誠にありがたかったし、情熱を持って史料収集に励む姿勢についても学ぶことが多かった。史料を通じて人と人はつながることができる。そう思えるようになったのは小宮さんのおかげである。もちろん、常に前を行く小宮さんの存在は、研究上でも筆者の目標であった。せっかくの助言をなかなか活かせなかった筆者に歯がゆさを覚えることもあったと思うが、おかげさまで本になりました、という感謝の念を込めて、本書を捧げたい。

また、博士論文の審査において、拙稿を精読していただいた上に、それぞれの専門分野から鋭くも温かい質問・コメントをしていただいた谷口将紀先生、高見澤磨先生、石川健治先生にも感謝したい。審査の時間は、終わるのが惜しい有益な空間であった。その時にいただいた課題をすべて解決できたわけではないが、博論の完成版として、あらためて本書を捧げることとしたい。

また本書における分析は、優れた先行研究に多くを負うことによって成り立っている。同じような問題に関心を持ち、筆者よりも早くそれらの問題に取り組まれた先学の方々に感謝申し上げたい。一方的な片思いかもしれないが、同じような関心を持つ方々に対しては、世代や時代を超えた仲間意識を感じる。

なかでも、故・金澤史男先生に、お会いしたことがないにもかかわらず、感謝の言葉を捧げる失礼をお許しいただきたい。本書がたびたび言及した金澤先生の「両税委譲論展開過程の研究」を初めて読んだのは、修士課程の時であった。細部まで理解できたわけではなかったが、堅実でいて創造力にあふれ、綿密に整理された史料たちが生き生きと存在感を放っているその論文に、圧倒的なパワーを感じた。だから、筆者が博士論文を書きながら金澤先生の先行研究に向き合うことになった時は正直気が重かった。そこで筆者が心に誓った目標は、博士論文を書き上げ、それを金澤先生にお見せし、ご叱正をいただくことであった。しかしちょうど五年前の六月、臨時財政経済調査会の審議を読みふけっていた筆者は、突然の先生の訃報を知り、信じられない思いでいっぱいだった。

その後、金澤先生の遺稿集として編まれた『近代日本地方財政史研究』（日本経済評論社、二〇一〇年）の「編者あとがき」（持田信樹）で「執筆当時はマイクロフィルムもコピーもなく、金澤さんは夏休みを利用して国立公文書館に通い、ひたすら鉛筆で議事録をノートに写すという作業に没頭していたという。同書に収められた諸論稿に独特の臨場感が漂っているのは、彼が資料の山と格闘を行っていたからである」という一文に接し、金澤論文の持つ迫力の背景に納得もしたが、後進としての筆者に課せられた責任の重さも感じた。

筆者が本書で用いた国立公文書館所蔵の史料は、「アジ歴」（アジア歴史資料センター）を通してインターネットで閲覧・印刷したものである。また、新聞の閲覧にしても、書籍や論文の検索・閲覧にしても、ＰＣやネットを使うことで、情報収集や史料の閲覧は飛躍的に便利になったのだと思う。後進に課せられた責任は、ネット社会の物理的な効率性と情報収集力を活かしつつ、それでも単なる情報の断片としてではなく、一枚一枚ページをめくりながら真摯に史料と向き合うことであると思う。自分なりにもがき続けた結果として、金澤先生に本書を捧げたい。また、そのほかの先学の方々にも、あらためて感謝の念を申し上げたい。

また、本書の執筆にあたり、貴重な史料を利用させていただいた多くの機関に感謝を申し上げる。特に京都大学大学院経済学研究科・経済学部の図書館および経済資料センター、アジア歴史資料センター、国立国会図書館憲政史料室、秋田県立図書館、大阪商工会議所、奥州市立斎藤實記念館、新潟県立図書館、そして山形県の村山市立図書館、新庄市雪の里情報館には、あらためて感謝の念をお伝えしたい。筆者があの三月一一日を迎えたのは、雪の里情報館で大体の史料収集を終え、貴重な史料に出会えたことに満足していた時のことであった。東北のために何ごともなしえぬまま、いたずらに日が過ぎてしまったことに忸怩たる思いである。本書が東北の復興のために直接役立つものだとは決して思わないが、東北を出発点にした政治史としての面を持つこの本を新たな出発点として、筆者が行いうることを考えて行きたいと思う。

そのほか、博論の構想を発表する場を設けていただいた東京大学政治史研究会と内務省研究会にも感謝申し上げたい。それぞれ二〇〇七年九月と二〇〇八年三月に行ったこの構想報告は、はっきり言ってぼろぼろであり、コメンテーターを引き受けて下さった先生方に対しては、未だに申し訳ないという気持ちを持ち続けているが、結局はこの時の報告が博論の出発点になった。関係者各位に感謝するとともに、当日研究会に参加した方々にはお詫びとお礼を申し上げたい。

筆者は、昨年度まで、東京大学大学院法学政治学研究科附属近代日本法政史料センター原資料部の助教として、近代における法律・政治の一次史料を収集整理し、閲覧に供する任に当たっていた。四年間に及んだ在任中は、関係教職員の厚いご配慮と史料寄贈者の方々のご理解の下、楽しくも充実した時間を過ごすことができた。あらためて感謝申し上げたい。業務の一環とはいえ、史料の調査を通じ、全国の地域の方々と史料を通してふれあうことができたのは、地域に関わる研究を行っている者として、本当に有意義な経験であった。また、閲覧にいらした先生方、若い院生の面々、研究者以外の方々、いずれの方々との出会いも筆者にとって大変有益なものであった。みなさんどうもお世話になりました、とやはり感謝を申し上げておきたい。また、原資料部の歴代担当者として、心配性な筆者の細かな相談に乗っていただいた、土川信男、松浦正孝、中北浩爾、陳肇斌、小宮京の各先生に特に感謝を申し上げたい。頼りない筆者を支えていただいた事務職員の高田香里、小山かほる、中原久美の各氏にもこの場を借りて感謝の念をお伝えしたい。

また筆者は、今年度から立教大学法学部で授業を担当することになった。ゼミのタイトルは「現実と向き合う

「平等」理念――日本政治史と思想の観点から」である。伸びやかな可能性に満ちた若い学生たちと、かつて北岡ゼミで読んだような文献を読んでいると、学生に戻ったような気もするが、北岡先生もこんな気持ちで学生に向き合っていたのだろうか、という感慨にふけることもある。「平等」ということばに強い関心を持つゼミ生に、歴史を踏まえながら「平等」を考えることの大切さを伝えることはけっこう楽しいし、ふとしたきっかけで目覚ましく成長する学生たちに向き合うことも、やはりけっこう楽しい。本書の最終校正段階で念頭にあったのは佐藤ゼミの学生のことであった。つまり、「平等」に興味を持つ学生たち――そしてその背後にいるまだ見ぬ学生や多くの方々――彼・彼女たちが本書を手にした時に、最後まで読んでくれるような文章を書きたい。そして筆者のことばを届けたい。それが筆者の願いであった。それが成功しているのかどうか定かではないが、前進する勇気を与えてくれたゼミ生たちに感謝し、いつかどこかでこの文章を読んでくれることを期待したい。

本来ならば一人一人のお名前をもっと挙げ、感謝の意を表したいところではあるが、研究者として未熟な筆者と親交があるという事実を公表されることによって、不利益を被ったり、もしくはその心配をさせたりすることを考えると、これ以上具体的な人名を挙げることは気が進まない。したがって、個人的にお礼を言うことにしたいと思うので、その旨ご了解いただければ幸いである。

ただし、大学院時代の長い年月を共に過ごした中澤俊輔氏と米山忠寛氏には、この場を借りて特に感謝の念をお伝えしたい。二人は筆者にとってのよき見本であり、目標でもあった。これからももちろんそうであるので、筆者を見捨てずおつきあいいただければ幸いである。

それから、本書の刊行に尽力して下さった吉田書店の吉田真也さんに、感謝の念を伝えたい。筆者が吉田書店を強く意識するようになったのは、坂本一登・五百旗頭薫編著『日本政治史の新地平』（吉田書店、二〇一三年）を手にした時であった。著者の方々に贈られたその本を手にした時、並んだ論文の「わくわく感」に魅せられたのはもちろんであったが、本自体がとても丁寧に作られていることを興味深く感じた。また、同封されていた吉田書店のリーフレットを見て、政治・歴史・教育・地方自治・フランス関係に関心を持っているという吉田さんにも興味を覚えた。

その後、吉田さんにお会いする機会を得た際、一読者として興味を持った点をいろいろ質問してみたが、吉田さんはそれに丁寧に答えてくれた。多くの人が幸せな暮らしを送ることができる社会を作るため、優れた本を多くの読者に届けたいという理念を、実際の出版活動で表現している人が存在することに感銘を受けた（吉田さんも、理念を持って現実に向き合っているのである）。

拙い点が多々あるとしても、自己の責任において論を明らかにし、歴史的な空間を現代の社会につなぐ架け橋になりたい。であるからこそ、本を出していただけるのであれば、その本を出すことに意義を見出し、その本を出すことを喜んでくれる出版社に公刊していただきたい。本当に身の程知らずな願いであるが、筆者はそう考えていた。だから、この本を吉田書店から送り出していただけることを、とてもありがたく思うし、誇りに思う。本を出すのは本当に責任が重く大変な作業である。それを痛感しながらも、吉田さんの導きの下、無事に本書を刊行できそうなことに感謝している。

また、私事で恐縮ではあるが、家族に対して感謝の念を述べておきたい。元社会科の教員として、無意識のうちに筆者を歴史の道に導いてくれた祖父故・佐藤亮弥、祖母故・淑子、研究者として生きていくことを後押ししてくれた両親、佐藤寿と佐藤啓子に感謝したい。そしてもちろん、博論と本書の完成を至近距離で見守ってくれた妻に感謝したい。楽しい時も苦しい時も共に支え合って生きてきたし、きっとこれからもそうだろう。また、妻の実家をはじめ、温かく見守ってくれる親戚の方々にも感謝したい。最後に、博士論文の完成と競い合ってその生を受けた娘に対し、みずみずしく伸びやかな人生を送れることを祈るとともに、この本にいつか目を通してくれることを期待したい（ちょっと個人的な話になってしまった）。

最後に、本書を手に取っていただいた方、目を通していただいた方に感謝を申し上げたい。私がこの本を社会に送り出したいと思ったのは、こうすることで生まれる予期せぬ出会いや化学反応を期待したからでもある。だから今こうして出会っている読者の方々にあらためてお礼を申し上げ、本書の結びとしたい。

二〇一四年六月一四日

佐藤　健太郎

【な行】

【は行】

【ま行】

【さ行】

【た行】

人名索引

【あ行】

【か行】

著者紹介
佐藤　健太郎（さとう・けんたろう）
1976年岩手県に生まれる。東京大学法学部卒業，東京大学大学院法学政治学研究科進学，2012年同大学院博士課程修了。博士（法学）。
東京大学大学院法学政治学研究科附属近代日本法政史料センター原資料部助教を経て，現在，東京大学先端科学技術研究センター協力研究員・立教大学法学部講師（兼任）。
主な論文・著書に「大正期の東北振興運動――東北振興会と『東北日本』主幹浅野源吾」（『国家学会雑誌』118巻３・４号，2005年），「犬養毅」「米内光政」（御厨貴編『宰相たちのデッサン――幻の伝記で読む日本のリーダー』ゆまに書房，2007年）など。

「平等」理念と政治
大正・昭和戦前期の税制改正と地域主義

2014年８月12日　初版第１刷発行

著　者　佐藤健太郎
発行者　吉田真也
発行所　合同会社吉田書店
102-0072　東京都千代田区飯田橋1-6-4 幸洋アネックスビル3F
Tel：03-6272-9172　Fax：03-6272-9173
http://www.yoshidapublishing.com

装丁　折原カズヒロ
DTP　アベル社
印刷・製本　太平印刷社
定価はカバーに表示しております。

ISBN978-4-905497-23-3